全国船舶工业职业教育教学指导委员会推荐教材

U0659237

船舶结构与货运

（第 3 版）

主　编　王　威　范育军
主　审　黄广茂

哈尔滨工程大学出版社
Harbin Engineering University Press

内 容 简 介

本书是"十二五"江苏省高等学校重点教材《船舶结构与货运》(编号 2015-1-018) 的第 3 版,是高等职业教育航海院校与航运企业共同编写的项目式教材,全书共分八个项目。项目一至项目三介绍船舶结构及与货运有关的管系、货舱、舱盖及压载舱、起重设备等内容。项目四和项目五讲述与积载有关的船舶知识和货物知识,并讲述满足船舶稳性、吃水差的要求、强度校核的要求及基本计算技能等内容。项目六杂货船积载,主要讲述普通杂货、特殊杂货,以及包装危险货物的特性、积载及运输要求。项目七散货船积载,分别讲述散装谷物、固体散装货物和散装液体货物在海上船运时的特点与要求。项目八集装箱船积载,主要讲述集装箱船配积载、运输的特点及系固要求。

为满足教学要求和实践需要,本书在附录中增添了两种船型的有关资料及其积载的一般格式、杂货船积载实例、组件货物系固方案的核查计算方法等内容。

本书可作为高职高专院校航海技术专业、航运管理类专业、水路运输与海事管理专业的教材,并可供在职船员及航运企业管理人员自学或培训使用。

本书配备江苏省省级在线开放课程。

图书在版编目(CIP)数据

船舶结构与货运／王威,范育军主编. -- 3 版.

哈尔滨:哈尔滨工程大学出版社,2025. 1. -- ISBN 978-7-5661-4608-3

Ⅰ. U663;U695.2

中国国家版本馆 CIP 数据核字第 202468A75U 号

船舶结构与货运(第 3 版)
CHUANBO JIEGOU YU HUOYUN(DI 3 BAN)

选题策划	雷 霞
责任编辑	唐欢欢
封面设计	李海波

出版发行	哈尔滨工程大学出版社
社　　址	哈尔滨市南岗区南通大街 145 号
邮政编码	150001
发行电话	0451-82519328
传　　真	0451-82519699
经　　销	新华书店
印　　刷	哈尔滨市海德利商务印刷有限公司
开　　本	787mm×1 092mm　1/16
印　　张	24.5
插　　页	2
字　　数	650 千字
版　　次	2016 年 6 月第 1 版　2020 年 12 月第 2 版 2025 年 1 月第 3 版
印　　次	2025 年 1 月第 1 次印刷
书　　号	ISBN 978-7-5661-4608-3
定　　价	69.80 元

http://www.hrbeupress.com
E-mail:heupress@hrbeu.edu.cn

前　言

　　船舶结构与货运是主要研究船舶结构及与海上货物运输有关的船舶设备、各类货物的海运特性,各类船舶的货运性能,货物在船上装载的基本规律,以及编制和实施货物积载计划的程序和方法的一门应用学科;它是航海技术专业、国际航运管理类专业、水路运输与海事管理专业的核心课程之一。

　　本书以船舶驾驶与管理人员在货物积载与装卸方面应具备的基本知识和典型的船员工作任务为主线,以海上货物运输中应遵循的安全、优质、快速、经济为目标,系统地讲述了船舶结构、与货运有关设备的基本知识,以及货物在装载、海上运输、卸载等环节中对船运货物管理的原理、技术和方法,兼顾满足了航海技术专业的学生或在职船员参加海事局组织的"中华人民共和国海船船员适任证书考试"的要求,即满足《STCW公约》关于船舶船长、驾驶员具有履行"货物装卸与积载职能"的能力要求和满足《中华人民共和国海船船员适任考试大纲》的要求。书中选用了国内外最新版本的各类有关规则和规范资料,还介绍了与海上货物运输有关的一些最新技术。

　　全书围绕船员的典型工作任务设定了八个学习项目。项目一至项目三分别讲述船舶结构及与货运有关的管系、货舱、舱盖及压载舱、起重设备等内容;项目四和项目五讲述与积载有关的船舶知识、货物知识、航次货运量的确定,以及满足船舶稳性和强度的条件、吃水差的要求及基本计算技能;项目六讲述杂货船积载,主要包括普通杂货、包装危险货物、货物单元积载与系固、重大件货物、钢材货物、冷藏货物、木材货物和滚装货运输等内容;项目七讲述散货船积载,包括散装谷物、固体散装货物和散装液体货物在海上船运时的特点和要求;项目八进述集装箱船积载。

　　本书作为江苏省省级在线开放课程的配套教材,通过二维码的形式外链了大量数字化资源,书中大部分知识点配备了微课视频,并且在每个项目之后也配备了船舶生产典型工作案例,其项目任务按照货物积载实际生产任务展开。本书可作为高职高专院校航海技术专业、国际航运管理类专业、水路运输与海事管理专业教材,亦可作为船员在船工作的指导书,并可供在职船员及航运企业管理人员自学或培训使用。

　　本书由江苏航运职业技术学院王威、范育军主编。其中,王威编写了项目一、项目二、项目五的第三部分和项目六的第一部分;范育军编写了项目四、项目五的第一部分以及项目六的第二部分。本书还有其他参编人员,即葛圣彦编写了项目七的第一部分;肖金峰编写了项目三的第 1,2 知识点;孔定新编写了项目八;王千编写了项目七的第二部分;长飞宝胜海洋工程有限公司耿兴金船长编写了项目三的知识点 3;中外运长航集团南京油运公司指导船长陈益群编写了项目七的第三部分;江苏海事职业技术学院代其兵编写了项目五的第二部分。全书由黄广茂主审。本书的编写还得到不少同行业人士的关心和支持,特别是汤国杰对书稿提出了宝贵意见,在此表示衷心感谢。

由于编者水平所限,书中难免有疏漏和不足之处,敬请读者批评指正。

编 者

2024 年 10 月

目　　录

"船舶结构与货运"省级在线开放课程网址

项目一　船舶常识与船体基本结构

【目标任务】

本项目主要讲述船舶组成,船舶类型,船舶尺度与性能,船体结构与管系的基本组成、特点、作用与规范要求。通过本项目的学习,应达到以下要求。

一、知识要求

1.熟悉船舶的基本组成、标志、尺度与船型系数;

2.熟悉船舶分类及各类船舶的基本特征;

3.掌握船体各组成部分的结构形式;

4.了解船舶结构、各管系的作用与规范要求。

二、能力要求

1.能够较为流利地说出不同船舶各自特点,以及船体骨架形式、各部分结构特点;

2.能够正确识读常用的船舶图纸;

3.能够讲述船舶主要管系作用与规范要求。

【相关知识】

第一部分　船舶常识

水路运输在整个交通运输行业中占据着重要地位,船舶作为水路运输的工具,近年来正朝着大型化、自动化、现代化的方向发展。作为船舶驾驶与管理人员,有必要了解和熟悉船舶的相关术语及船舶特性等内容。

知识点 1　船舶组成与标志

一、船舶的基本组成

船舶由主船体、上层建筑和其他各种配套设备组成。

1.主船体

主船体是指由上甲板及以下的甲板、舷侧、船底、艏艉及舱壁等结构组成的水密空心结构,是船舶的主体部分。

船舶组成与标志
（微课）

主船体各组成部分的名称如下:

（1）甲板

甲板是船体垂向呈上下层并沿船长方向水平布置的大型纵向连续板架,是主船体的垂向分隔。按照甲板作用及位置的不同,分为上甲板、下甲板、平台甲板、强力甲板、舱壁甲板、干舷甲板、量吨甲板等。对于单甲板船来讲,上甲板、强力甲板、舱壁甲板、干舷甲板、量吨甲板都指的是同一层甲板。

（2）舷侧

舷侧连接上甲板与船底，是主船体两侧的直立部分。

（3）船底

船底为主船体的底部结构，有单层底和双层底两种结构形式。船底横向两侧以圆弧形式逐渐向上过渡至舷侧的部位称为舭部。

（4）艏艉

主船体两舷舷侧在过渡至近前后两端时，逐渐呈线型弯曲接近并最终合龙。其中，前端的合龙部分称为船首，线型弯曲部分称为艏舷（又称艏部）；后端的合龙部分称为船尾，线型弯曲部分称为艉舷（又称艉部）。

（5）舱壁

舱壁为主船体内垂向布置的结构，按布置方式分为横舱壁和纵舱壁两种。

2. 上层建筑

上层连续甲板上由一舷伸至另一舷的或其侧壁板离船壳板距离不大于4%船宽的围蔽建筑称为上层建筑，有艏楼、桥楼、艉楼。其他的围蔽建筑称为甲板室。

（1）艏楼

艏楼是位于艏部的上层建筑，作用是减少艏部上浪，改善航行条件，艏楼的舱室可作储藏室用。

（2）桥楼

桥楼是用来布置驾驶室及船员起居与服务处所的上层建筑。根据不同的船型，桥楼布置的位置有船舯、舯后部及艉部等。

（3）艉楼

艉楼是位于艉部的上层建筑，作用是减少艉部上浪，其内的舱室可用作船员居住舱室或作其他用途。现代船舶为了提高其载货能力，桥楼的位置后移，故很多船舶没有艉楼。

（4）甲板室

甲板室是宽度达不到上层建筑要求的甲板上的围壁建筑。作用是作储藏室、布置起货设备（如其上安装起货设备的桅屋、布置开关舱设备的泵间等）等。

（5）上层建筑内各层甲板的命名

根据船舶种类、大小的不同，上层建筑（桥楼）所具有的甲板层数有所不同，对于其命名方式常见的有以下两种：从上层建筑下部的第一层甲板开始向上按A、B、C…的方式命名；按各层甲板的使用性质不同命名，如罗经甲板、驾驶甲板、船长甲板、高级船员甲板、艇甲板和起居甲板等。

3. 各种配套设备

船舶的配套设备包括机舱内的主机、辅机、锅炉及各种配套设备，甲板上的起货设备、锚设备、系泊设备、系固设备、舵设备、救生消防设备，驾驶室所布置的通信导航设备、各助航仪器及各项生活配套设施等。

4. 主船体内各舱室的名称与作用

（1）机舱

机舱是用于安装主机、辅机、锅炉及其配套设备的舱室，为船舶的动力中心。按机舱位置的不同，分为舯机型、舯后机型、艉机型。现代大型集装箱船多采用舯机型或舯后机型；矿砂船、散货船、油船等多采用艉机型。

（2）货舱

货舱是用于载货的舱室。船舶大小、种类不同，货舱的大小、形状、开口等也各不相同。

（3）压载舱

压载舱是用于调整船舶浮态、装载压载水的舱室。

（4）深舱

深舱为双层底以外的压载舱、船用水舱、货油舱（如植物油舱）及按闭杯试验法测定闪点不低于60 ℃的燃油舱等。深舱由船舶中纵剖面处设置的纵舱壁或制荡舱壁分隔为左右对称的舱室，以减小自由液面的影响。一般对稳性要求较高的船舶设置深舱。

（5）其他舱室

其他舱室是指淡水舱、燃油舱、滑油舱、污油水舱、隔离空舱（其作用是防火、防爆、防渗漏）、舵机间、应急消防泵间等。

二、船舶的主要标志

在船舶的外壳板上、罗经甲板两侧、烟囱上都勘划着一些标记，其作用在于向外界展示相关信息。根据需要，船舶勘划的标志有如下几种：

1.球鼻艏和侧推器标志

对于球鼻型船首的船舶，在其船首两侧满载水线以上勘划球鼻艏标志。对装设有侧推器的船舶，勘划侧推器标志，以引起靠近船舶的注意。图1-1、图1-2分别为球鼻艏标志和侧推器标志，艏侧推器标志位于球鼻艏标志的正后方。

图1-1　球鼻艏标志

图1-2　侧推器标志

2.吃水标志

为确定船舶的吃水，船舶在艏、舯、艉两侧共6处勘划吃水标志。吃水标志（水尺）的标记方法有两种：一种是公制，用阿拉伯数字表示，其数字的高度规定为10 cm，上下相邻两数字间的间隔距离也是10 cm；另一种是英制，用阿拉伯数字或罗马数字表示，每个数字的高度为6 in①，上下相邻两数字间的间隔距离也是6 in，如图1-3所示。

吃水是以水面与吃水标志相切处按比例读取的，当水面与数字的下端相切时，该数字即表示此时该船的吃水。在有波浪时，应至少分别读取波峰和波谷处的吃水数次，以求得的平均值作为该船当时的吃水。

---

①　1 in≈2.54 cm。

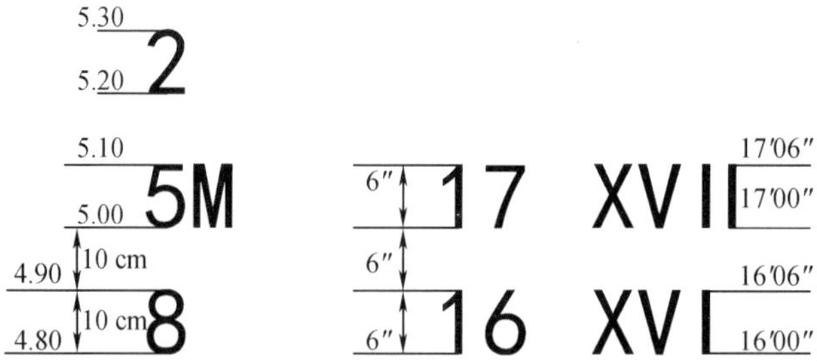

(a)公制　　　　　　　　　　　(b)英制

图 1-3　吃水标志

3.甲板线

为了度量干舷,船舶在船中两侧勘划一条长 300 mm、宽 25 mm 的水平线,其上边缘一般应经过干舷甲板上表面向外延伸,该延伸线与船壳板外表面之交线称为甲板线。

4.载重线标志

为保证船舶在不同航行区带、区域和季节期应具备的最小干舷,船舶在两舷侧勘划载重线标志。某一时刻的水面至甲板线上边缘的垂直距离,即为该船当时的干舷。干舷越大,储备浮力相对越大。

载重线标志由外径为 300 mm、宽为 25 mm 的圆圈,与长为 450 mm、宽为 25 mm 的水平线相交组成。水平线的上边缘通过圆圈中心,圆圈中心应位于船舶两舷的船长中点处,从甲板线上边缘垂直向下量至圆圈中心的距离等于所核定的夏季干舷。勘划载重线时,应在载重线圆圈两侧,以及通过圆圈中心的水平线上方或圆圈的上方和下方加绘表示勘定当局的简体字母。

所勘划的载重线的各线段,均为长 230 mm、宽 25 mm 的水平线段,这些线段与标在圆圈中心前方长 540 mm、宽 25 mm 的垂线成直角,为不同区带、区域和季节期的最大吃水限制线,度量时应以载重线的上边缘为准。对圆圈、线段和字母,当船舷为暗色底者,应漆成白色或黄色;当船舷为浅色底者,应漆成黑色。图 1-4 所示为不装载木材甲板货船的载重线标志。另外还有木材船载重线标志(干舷比一般货船小)、客货船载重线标志(在不装载木材甲板货船载重线垂线的北大西洋冬季载重线下端再增加:C1——客船分舱载重线;C2——交替载运客货分舱载重线)。

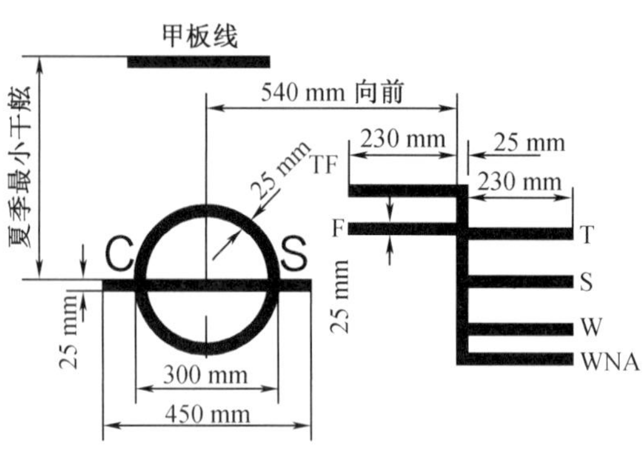

图 1-4　不装载木材甲板货船的载重线标志

所用字母与各载重线的含义：

CS——中国船级社；

TF——热带淡水载重线；

F——夏季淡水载重线；

T——热带载重线；

S——夏季载重线，其上边缘通过圆圈中心；

W——冬季载重线；

WNA——北大西洋冬季载重线。

5. 其他标志

（1）船名和船籍港标志

每艘船舶均在船首左右两侧明显位置处勘划船名，中国籍船在船名下方加注汉语拼音。图1-5所示为船首船名标志。

图1-5　船首船名标志

每艘船舶在船尾自上而下勘划船名、船名汉语拼音及船籍港与船籍港汉语拼音，其中船名字高比船首小10%~20%，船籍港字高为船尾高的60%~70%。有的船舶在驾驶台顶罗经甲板的两侧勘划船名，如图1-6所示。

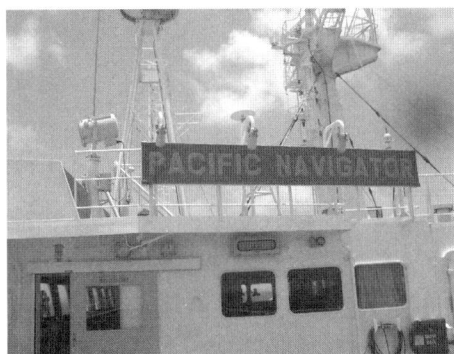

图1-6　驾驶台两侧船名

（2）烟囱标志

为了表示船舶所属公司，船舶在烟囱左右两侧勘划代表公司的图案标志。

（3）分舱与顶推位置标志

为了表示船舶各舱室位置,船舶在船壳板两侧各舱室分界处勘划分舱标志,同时标明所在位置处的肋骨编号,如图 1-7 所示。为了指明拖轮的顶推位置,避免船壳板受损,船舶在船壳板两侧拖轮顶推位置处勘划顶推标志,用字母"T"表示。

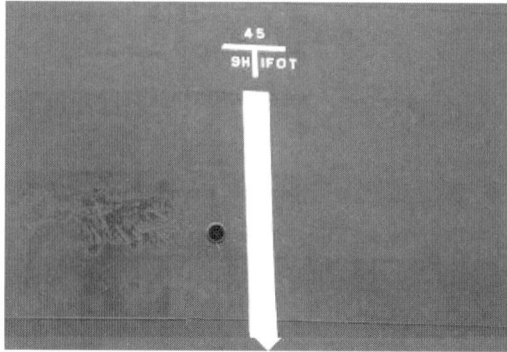

图 1-7　船舶分舱标志

（4）引航员登、离船位置标志

为指示引航员登、离船的位置,船舶勘划此标志,颜色为上白下红,如图 1-8 所示。

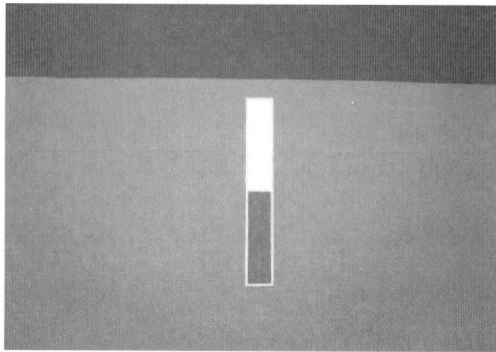

图 1-8　引航员登、离船标志

（5）船舶识别号(IMO 编号)

按国际海事组织规定,100 总吨及以上的所有客船和 300 总吨及以上的所有货船均应有一个符合国际海事组织规定的 IMO 船舶编号体系的识别号,即船舶识别号,用于识别船舶身份。船舶识别号的勘划位置有:船尾船籍港标志的下方、桥楼正前方的上部、机舱明显处、客船可从空中看见的水平表面、油船货油泵舱明显处及滚装船滚装处所等,但较普遍的勘划位置是船尾船籍港标志的下方。图 1-9 所示为勘划在船尾的船舶识别号。

（6）公司名称标志

公司名称标志是航运公司经营理念的一种体现,主要勘划在公司所属的集装箱船上。该标志有两种勘划方式,一种是公司名称的全称,另一种为公司英文名称的缩写。勘划于船舶左右两舷满载水线以上,除用于表示船舶所属的船公司外,尚有一定的广告效应,如图 1-10 所示。

图 1-9　船尾的船舶识别号

图 1-10　公司名称标记

知识点 2　船体形状与参数

一、船舶尺度

船舶尺度根据用途的不同,可分为最大尺度、船型尺度和登记尺度三种。

1. 最大尺度

最大尺度又称全部尺度或周界尺度,是船舶靠离码头、系离浮筒、进出港、过桥梁或架空电缆、进出船闸或船坞,以及狭水道航行时安全操纵或避让的依据。

最大尺度包括最大长度、最大宽度和最大高度。

（1）最大长度（L）

最大长度又称全长或总长,是指从船首最前端至船尾最后端（包括外板和两端永久性固定突出物）之间的水平距离。

（2）最大宽度（W）

最大宽度又称全宽,是指包括船舶外板和永久性固定突出物在内并垂直于纵中线面的最大横向水平距离。

（3）最大高度（H）

最大高度是指自平板龙骨下缘至船舶最高桅顶间的垂直距离。最大高度减去吃水即得到船舶在水面以上的高度,称为净空高度。

2. 船型尺度

船型尺度是《钢质海船入级规范》(以下简称《规范》)中定义的尺度,又称型尺度或主尺度。在一些主要的船舶图纸上均使用和标注这种尺度,且用于计算船舶稳性、吃水差、干舷高度和船体系数等,故又称为计算尺度或理论尺度。

船型尺度包括垂线间长、型宽、型深和型吃水。

(1)垂线间长

垂线间长指沿夏季载重线,由艏柱前缘量至舵柱后缘的长度,对无舵柱的船舶,则由艏柱前缘量至舵杆中心线的长度,但均不得小于夏季载重线总长的96%,且不必大于97%。垂线间长又称型长。

(2)型宽(B)

型宽指在船舶的最宽处,由一舷的肋骨外缘量至另一舷的肋骨外缘之间的横向水平距离。型宽又称船宽。

(3)型深(D)

型深指在船长中点处,沿船舷由平板龙骨上缘量至上层连续甲板(上甲板)横梁上缘的垂直距离,对甲板转角为圆弧形的船舶,则由平板龙骨上缘量至横梁上缘延伸线与肋骨外缘延伸线的交点。

(4)型吃水(d)

型吃水指在船长中点处,由平板龙骨上缘量至夏季载重线的垂直距离。

3. 登记尺度

登记尺度为《1969年国际船舶吨位丈量公约》中定义的尺度。登记尺度是主管机关登记船舶、丈量和计算船舶总吨位及净吨位时所用的尺度,它载于船舶的吨位证书中。

(1)登记长度

登记长度指自龙骨板上缘量得的最小型深85%处水线总长的96%,或沿该水线从艏柱前缘量至上舵杆中心线的长度,取两者中较大者。

(2)登记宽度

登记宽度指船舶最大宽度,对金属壳板船,其宽度是指由登记船长中点处量到两舷的肋骨型线的水平距离;对其他材料壳板船,其宽度是指由登记船长中点处量到船体外表面的水平距离。

(3)登记深度

登记深度指从龙骨上缘量至船舷处上甲板下缘的垂直距离。对具有圆弧形舷边的船舶,则是量至甲板型线与船舷外板型线之交点。对阶梯形上甲板,则应量至平行于甲板升高部分的甲板较低部分的延长虚线。

二、船舶主尺度比

主尺度比是船体几何形状特征的重要参数,其大小与船舶的各种性能关系密切。

1. 船长型宽比 L_{BP}/B

该比值为垂线间长与型宽的比值,其大小影响船舶快速性和航向稳定性。比值越大,船体越瘦长,其快速性和航向稳定性越好,但港内操纵不灵活。

2. 船长型深比 L_{BP}/D

该比值为垂线间长与型深的比值,其大小主要影响船体纵向强度。比值越大对船体纵向强度越不利。

3. 船长型吃水比 L_{BP}/d

该比值为垂线间长与型吃水的比值,主要影响船舶的操纵性。比值越大,船舶的操纵回转性能越差。

4. 型宽型吃水比 B/d

该比值的大小影响稳性、横摇周期、耐波性、快速性等。比值大,船体宽度大,稳性大,但横摇周期小,耐波性差,航行阻力大。

5. 型深型吃水比 D/d

该比值的大小主要影响稳性、抗沉性等。比值大,干舷高,储备浮力大,抗沉性好,但船舱容积大,重心高。

知识点 3　船舶种类与特点

一、船舶种类概述

船舶在用途、航行区域、运动状态、推进方式、动力装置、造船材料和使用范围等方面各不相同,因此船舶种类繁多,各具特色。

船舶种类与特点
（微课）

按用途可分为军用船舶和民用船舶。

按航行区域可分为海洋船舶、港湾船舶和内河船舶三大类。海洋船舶又分为远洋船舶、近洋船舶和沿海船舶三种。航行在湖泊上的船舶一般归于内河船舶类。

按运动状态可分为浮行船、滑行船、腾空船三类。浮行船是指一切水上浮行和水下潜行的船舶。滑行船是指航行时,船身绝大部分露出水面而滑行的船舶。腾空船是指船身在完全脱离水面的状态下运行的船舶。

按推进方式可分为原始的依靠撑篙、拉纤、划桨、摇橹等人力推进的船舶;依靠风帆、风车、风筒等风力推进的船舶;依靠各种机械推进的明轮船、喷水船、螺旋桨船、空气推进船等。

按动力装置可分为往复蒸汽机船、柴油机船、汽轮机船、燃气轮机船、电力推进船、联合动力装置推进船和核动力装置船。

按造船材料可分为木船、水泥船、玻璃钢船、铝合金船和钢船。

二、船舶按用途不同的分类与特点

1. 客船

根据《SOLAS 公约》的规定,凡载客超过 12 人的船舶均应视为客船。这类船舶的一般特点是上层建筑高大,具有较好的抗沉性,且航速较快,航行与操纵性能良好,并设有减摇装置,乘坐平稳、舒适。

按载客性质的不同,客船有以下几种:

(1) 全客船

全客船可分为两类:一类是专用于运送旅客及其所携带的行李和邮件的船舶,主船体以上甲板层数多,生活设施仅满足旅客的一般旅行需要,抗沉性好,为定期定线航行,有的采用双车,航速较高,如图 1-11 所示;另一类是用于休闲、旅游的豪华邮船,该类船舶除主船体以上甲板层数多、抗沉性好之外,还具有设计美观、吨位较大、生活设施豪华及通信导航设备先进等特点,且一般为非定期定线航行,如图 1-12 所示。

图 1-11　全客船

图 1-12　豪华邮船

（2）客货船

客货船是指在运送旅客的同时,还载运相当数量的货物,并以载客为主,载货为辅。客货船一般有 2~3 个货舱,通常设计为"两舱不沉制",并为定期定线航行,如图 1-13 所示。

（3）货客船

该种船舶以载货为主,载客为辅。货客船在抗沉性方面一般以"一舱不沉制"为最低设计要求,如图 1-14 所示。

图 1-13　客货船

图 1-14　货客船

（4）客滚船

客滚船为能载运旅客和滚装车辆的船舶。客滚船有多层甲板,造型特殊,上甲板平整,没有舱口,也没有起重设备。在我国烟台至大连航线上有许多客滚船,如图 1-15 所示。

（5）火车客渡船

火车客渡船是指在船内铺设有铁轨用以载运火车的船舶,以弥补火车无法在水路通行的缺点。在我国琼州海峡、江阴与靖江之间有火车客渡船运营。

（6）高速客船

高速客船主要指在沿海、海峡、江、河、湖泊等水域从事旅客运输的船舶。该类船具有吨位小、航速快的共同特点。其种类有水翼船、气垫船、双体船、地效船和滑行艇等。

图 1-15　客滚船

2. 集装箱船

集装箱船是指在货舱内和甲板上均载运集装箱的船舶,又称货柜船或货箱船,如图 1-16 所示。

图 1-16　集装箱船

集装箱船的主要特点有:船货舱盖强度大;多为单层甲板结构,货舱开口宽且长,在所有种类船舶中货舱开口是最大的;少数集装箱船设计成无货舱盖型;为保证船体强度和提高抗扭强度,船体设计为双层底和双层壳舷侧结构,并在双层舷侧的顶部设置抗扭箱结构,或在保证船体结构强度的前提下,采用双层底和具有抗扭箱或其他等效结构的单层壳舷侧结构代替,如图 1-17 所示;在舱内集装箱角座下方的双层底内设置有纵横向的加强结构,水密横舱壁的顶部和底部一般设置为箱形结构;为防止货箱移动和固定货箱,货舱内设有导轨系统,甲板上设置有固定集装箱用的专用系固设备;一般不设起重设备,而利用专业码头上的设备卸货,装卸效率高,货损货差少;主机功率较大,航速较高。

3. 散货船

散货船指专门用来载运诸如煤炭、水泥、粮谷、糖、化肥等大宗散装货物的船舶。图 1-18 所示为配备起重设备的散货船。

散货船的主要特点有:货舱为单层甲板;舱口较宽大且舱口围板高大;货舱两舷舷侧设置有顶边舱(又称上边舱)和底边舱(又称下边舱),故其货舱横剖面成菱形。大型散货船在货舱前后横舱壁的上下设置顶凳和底凳;总载重量在 5 万吨以上的,一般不配备起重设备;500 总吨及以上国际航行的所有散货船,按规定在货舱、压载舱和干隔舱中安装有能发出声、光报警的水位探测器;有单层和双层两种船壳结构形式,船型肥大,一般单向运输。图1-19及图1-20(a)分别为散货船货舱结构示意图及其横剖面结构示意图。

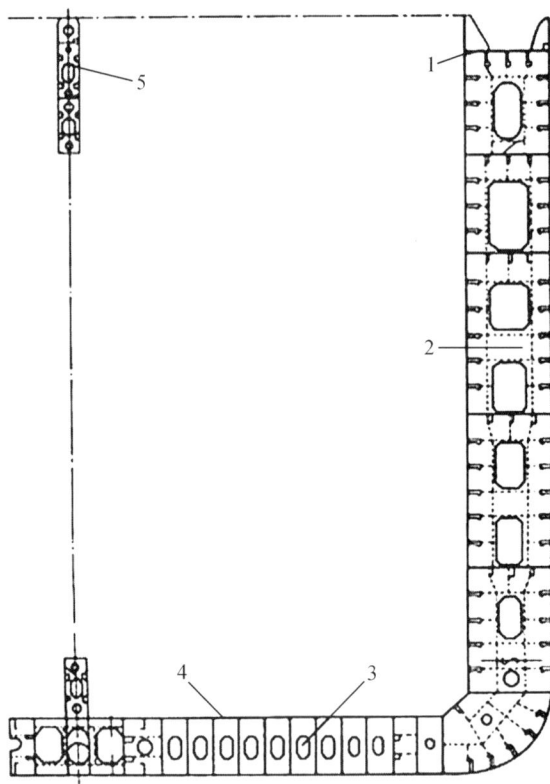

1—上甲板;2—双层壳;3—双层底;4—内底板;5—甲板下纵桁。

图1-17 集装箱船货舱横剖面图

图1-18 配备起重设备的散货船

4. 矿砂船

矿砂船是指专门设计用于装载散装矿砂的舭机型单甲板船,为单向运输船。

矿砂船的主要特点有:货舱为单层甲板,舱口较宽大;货舱由两道纵舱壁将整个装货区域分隔成中间舱和两侧边舱,在中间舱下部设置双层底,中间舱装载矿货,两侧边舱作压载舱使用;为提高船舶重心高度,矿砂船的双层底设计得特别高;有的矿砂船货舱横剖面设计成漏斗形,这样既可提高船舶的重心高度又便于清舱;矿砂船货舱两侧的压载边舱也比散货船大得多;为适应所载货物的特点,一般采用高强度钢,且内底板等构件均采取加厚措施,有的则直接对货舱采取重货加强措施;矿砂船航速较低。图1-20(b)与图1-21分别为矿砂船货舱横剖面结构示意图及矿砂船。

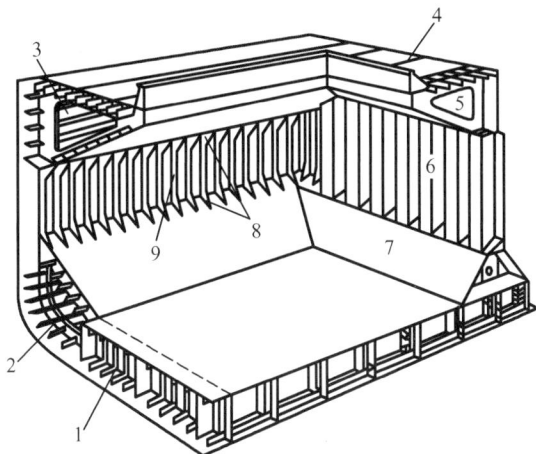

1—双层底;2—底边舱;3—顶边舱;4—甲板;5—顶凳;
6—槽形横舱壁;7—底凳;8—肘板;9—舷侧肋骨。

图1-19　单层壳结构散货船货舱结构示意图

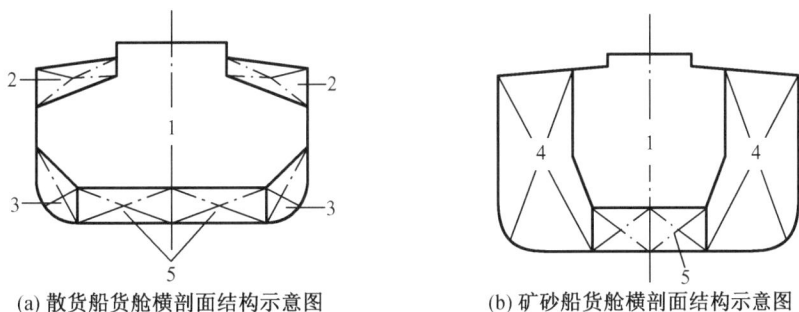

(a) 散货船货舱横剖面结构示意图　　　　(b) 矿砂船货舱横剖面结构示意图

1—货舱;2—上边舱;3—下边舱;4—边舱;5—双层底舱。

图1-20　货舱横剖面结构示意图

5. 杂货船

杂货船指用以载运成捆、成包、成件、成箱货物的船舶。有的杂货船设置一些甲板货位,配备起重设备,设置多层甲板(2层居多)。在抗沉性方面,一般设计成"一舱不沉制"。杂货船如图1-22所示。

6. 滚装船

滚装船是指具有滚装装货处所或者装车处所的船舶,如图1-23所示。

为便于车辆上下,通常在滚装船的艉部、舷侧或艏部设有供车辆上下的跳板。为保证航行安全,在滚装船跳板的外侧船壳处设置艉门、舷门或艏门,并在其内侧布置内门。滚装船的艏门有罩壳式和边铰链式两种形式,且位于干舷甲板之上。滚装船船尾斜跳板如图1-24所示。

图 1-21　矿砂船

图 1-22　杂货船

图 1-23　滚装船

图 1-24　滚装船船尾斜跳板

　　滚装船的结构较特殊,上甲板平整无舷弧和梁拱,无起重设备。其上层建筑高大,并具有多层甲板和双层底结构,有的同时在下甲板以下设置左右边舱(双层船壳结构)。其强力甲板和船底一般采用纵骨架式结构。通常在舱内设置局部横舱壁或强肋骨和强横梁,以保证船体的横向强度。舱内支柱极少,甲板为纵通甲板,抗沉性相对较差,舱容利用率较低,造价也较高,但因其装卸效率高、速度快、对码头要求不高,故主要用于短途运输。

　　7. 木材船

　　木材船是专用于载装各种木材的船舶。其主要特点有:货舱长而大,舱口大;舱内无支柱等障碍物;因甲板需装载木材,故甲板强度要求高,舷墙也较高;在甲板的两舷侧设有立柱或立柱底脚;起重设备以起重机为主,如配备吊杆式起重设备,则起货机均安装于桅楼平台上;木材船的干舷比一般货船低;甲板两侧排水口多,如图 1-25 所示。

图 1-25　木材船

　　8. 冷藏船

　　冷藏船是指专用于运输鱼、肉、水果、蛋品等易腐鲜货的船舶。其特点是具有良好的隔热设施与制冷设备,货舱口小,货舱甲板层数较多(一般为 3~4 层),船速较快而吨位较小。冷藏集装箱的发展可部分代替冷藏船的运输功能,如图 1-26 所示。

图 1-26　冷藏船

9. 多用途船

多用途船是指具有既可单独用于载运普通件杂货、木材、重大货件、袋装货、散装货、集装箱,又可同时载运上述几种货物能力的船舶,如集装箱／杂货船、杂货／特种重大件货／集装箱船及木材／散货船等。该类船舶货舱均经特别设计,货舱口一般较宽大,有的船舶货舱内设有二层甚至三层甲板结构,具有起重设备(以起重机为主),如图 1-27 所示。

图 1-27　多用途船

10. 油船

油船是指从事原油或石油产品运输的专用船,有原油油船、成品油油船及原油／成品油兼运船等几种。图 1-28 所示为原油油船。

图 1-28　原油油船

原油油船是具有双层底、双层舷侧结构,并从事单向运输的艉机型单甲板船;采用艉机型布置形式,在使货油舱连接成整体的同时,也增加了货舱舱容;L_{BP}/B 较小、B/d 及方形系数 C_B 较大,属肥胖型船,干舷亦小;航速中等,15 kn 左右,双层底及双壳仅作专用压载舱使用。

货油舱区域的甲板、船底和内底均为纵骨架式结构,在货油舱区前后两端用隔离空舱将机炉舱、干货舱及居住舱等隔离,且其舱壁间的距离不小于 760 mm。货油泵舱、压载舱、燃油舱、污油水舱可兼作隔离空舱。

为减小自由液面对稳性的影响和提高船舶的总纵强度,原油油船设有纵向水密舱壁,并设置多道横舱壁和大型肋骨框架,用以增加横向强度和适装不同品种的油类。货油装卸作业由油泵、甲板与油舱管路及各种控制阀组成的主货油装卸管系及扫舱管系完成。

11. 液体化学品船

液体化学品船是指用于载运各种散装有毒、易燃、易挥发或有腐蚀性化学液体的船舶。

液体化学品船的主要特点有：

(1) 船体设计成艉机型双层底、双层舷侧的单甲板结构形式；

(2) 液货舱多而小，货舱内壁结构和管系采用高强度不锈钢或用一般强度船体结构钢加特殊涂层制成；

(3) 舱内除槽形舱壁有曲折外，其他均表现为光滑内表面，骨架均设置在双层底与双层壳内及上甲板上表面；

(4) 配载时，将有毒物品装于中间货舱内；

(5) 化学品液货的装卸利用共用泵或单独设置在每个液舱的液货泵与管系完成。图1-29所示为液体化学品船。

图1-29　液体化学品船

12. 液化气船

液化气船按所载运液化气种类的不同，可分为液化天然气船、液化石油气船及液化乙烯运输船三种。

(1) 液化天然气船

液化天然气船简称 LNG 船，主要运输液化天然气。天然气的主要成分是甲烷，为便于运输，通常采用在常压下极低温($-163\ ℃$，$500\ kg/m^3$)冷冻的方法使其先液化，再实现安全运输。液化天然气船的液货舱通常都采用昂贵的特殊镍合金钢或铝合金制造。隔热结构既可使液舱处于恒定低温状态，又可避免低温对船体钢结构造成脆性破坏。液化天然气船设备复杂，技术要求高，与体积和载重吨位相同的油船相比造价高。液化天然气船一般都设有气体再液化装置，也可运送液化石油气。图1-30所示为液化天然气船。

(2) 液化石油气船

液化石油气船主要运输以丙烷和丁烷为主要成分的石油碳氢化合物或两者混合气，包括丙烯和丁烯，还有一些化工产品。液化石油气船按运输方式的不同可分为三种，即全加压式液化石油气船、半冷冻半加压式液化石油气船和全冷冻式液化石油气船。

全加压式液化石油船是将石油气加压液化，可在常温下进行运输和装卸，其货舱常为球形或圆柱形罐；半冷冻半加压式液化石油气船是将石油气加压冷冻液化并运输，其货舱常为球形或圆柱形罐。该种船的特点是液舱与船体结构间设有隔热保护层，船上设有气体再液化装置,可将蒸发出来的石油气再液化送回液货舱;全冷冻式液化石油气船是将石油气冷冻液化并运输,其货舱多为棱柱形。该种船舶的特点是舱容利用率较高,但需设置良好的隔热层,为双壳结构,液货舱用耐低温的合金钢制造并衬以绝热材料,容量大都在10 000 m³ 以上。图 1-31 所示为货舱为圆柱形罐的全加压式液化石油气船。

图 1-30　液化天然气船

图 1-31　全加压式液化石油气船

（3）液化乙烯运输船

目前运输乙烯的通常做法是将其加压液化,可在常温下进行装卸,其货舱结构形式有球形、圆柱形和棱柱形。

13. 工程船

工程船是指从事港口、航道、海洋、水利工程的船舶,主要有挖泥船、起重船、海洋调查船、敷缆船、航标船等。如图 1-32、图 1-33、图 1-34 和图 1-35 所示分别为挖泥船、起重船、敷缆船和航标船。

图 1-32　挖泥船

图 1-33　起重船

图 1-34　敷缆船

图 1-35　航标船

14. 工作船

工作船系指为航行船舶提供服务性或专业性工作的专用船舶,主要有拖船、供应船、破冰船、海难救助船、消防船、科学考察船等。如图1-36、图1-37、图1-38、图1-39 所示分别为三用工作船、多用途破冰船、拖轮和科考船。

图1-36　三用工作船

图1-37　多用途破冰船

图1-38　拖轮

图1-39　科考船

第二部分　船体基本结构

知识点1　船体结构

为满足船舶的安全营运,船体结构必须符合《钢质海船入级规范》的技术要求,同时船舶驾驶人员须掌握船体结构的相关知识,这对于船舶的维修保养、货物合理配积载,以及维持船体强度有至关重要的作用。

一、船体骨架

1. 构件

(1) 主要构件

船体的主要支撑构件称为主要构件,如强肋骨、舷侧纵桁、强横梁、甲板纵桁、实肋板、船底桁材、舱壁桁材等。

(2) 次要构件

次要构件一般是指板的扶强构件,如肋骨、纵骨、横梁、舱壁扶强材、组合肋板的骨

船体结构

(微课)

材等。

2. 船体结构的作用

主船体是水密空心结构,其全部由板材和骨架组成,即由钢板、各种型钢、铸件和锻件等组成。无论是航行、停泊,还是在坞内,船舶都会不可避免地受到各种力的作用,归纳起来主要有重力、浮力、货物的压载力、水压力、波浪冲击力、扭力(如斜浪航行、货载对纵中线左右不对称等)、冰块挤压力、水阻力、推力和机械振动力及坞墩反力等外力,这些力的最终效果就是使船舶产生总纵弯曲、扭转、横向及局部变形。因此,船体结构必须具有承受和抵抗上述各种变形的能力,即在保证船体总纵强度、扭转强度、横向强度和局部强度及坐坞强度的基础上,保持船舶的几何形状,并保证船舶的水密,安装各种设备和生活设施,以载运旅客和货物。

3. 对船体结构的设计与建造要求

不同种类或航区的船舶船体结构不尽相同,但一般均应满足如下要求。

(1)具有足够的强度、刚度、稳定性,保持可靠的水密性,并能满足营运要求;

(2)构件本身应具有良好的连续性,避免产生应力集中,同时应能保证安装在其上的机械设备具有良好的工作性能;

(3)应有合理的施工工艺,以提高劳动生产率,减轻劳动强度,缩短船台建造周期,降低成本;

(4)充分考虑整个船体的美观和今后维修保养的方便性。

4. 船体结构的形式

组成船体的基本构件是骨架和板材。按骨架排列形式的不同可将船体结构分成横骨架式、纵骨架式和纵横混合架式三种结构形式。同一主船体的各个组成部分(如甲板、舷侧、船底或艏艉)可以是横骨架式或纵骨架式结构,整个主船体也可以是横骨架式或纵骨架式结构,但纵横混合骨架式结构仅针对同一主船体而言。

(1)横骨架式

横骨架式船体结构是指在主船体中的横向构件排列密,尺寸小;纵向构件排列的间距大,尺寸也大,如图1-40所示。

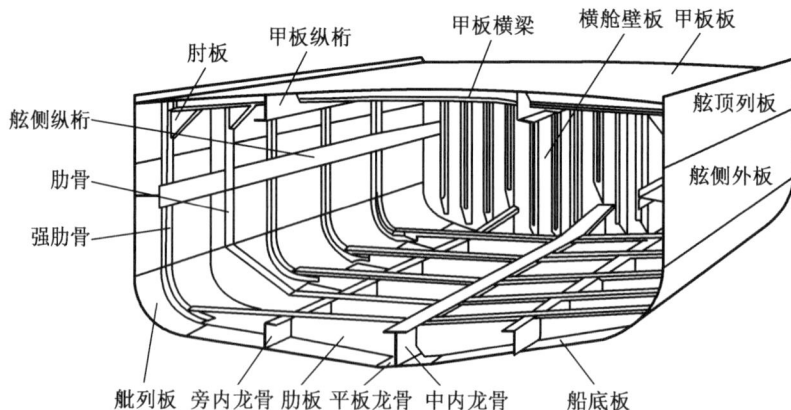

图1-40 横骨架式结构图

横骨架式的船体结构的特点是结构简单、建造容易、横向强度和局部强度好;因其肋骨和横梁尺寸较小,故舱容利用率较高且便于装卸;船体的总纵强度主要由外板、内底板、甲板板以及分布在其上的纵向构件来保证,总纵强度相对较差,故在较长的船上则需加厚钢板来保证总纵强度,从而增加了船舶的自重;船舶的横向刚性比纵向刚性大。横骨架式结构主要用于对总纵强度要求不高的中小型船舶和内河船舶。

（2）纵骨架式

纵骨架式船体结构是指在主船体中的纵向构件排列密,尺寸小;横向构件排列间距大,尺寸也大,如图 1-41 所示。

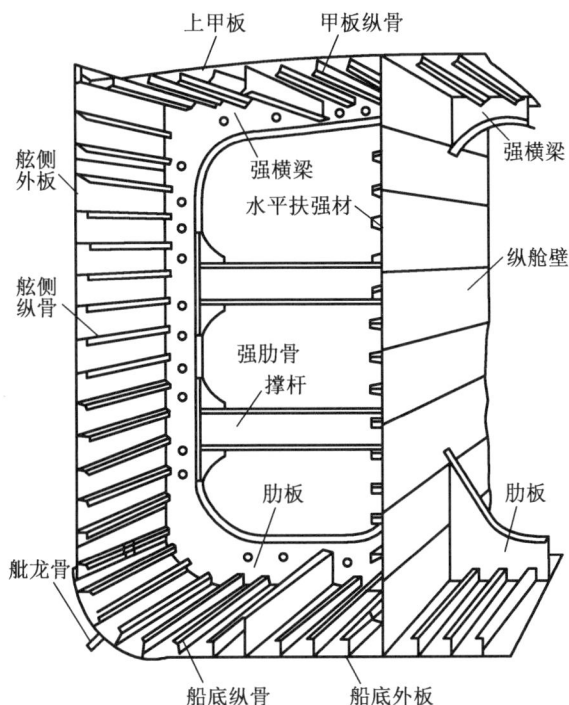

图 1-41　纵骨架式结构图

纵骨架式船体结构的特点是船体的总纵强度好;可选用较薄的板材,使船舶自重减轻;施工建造比较复杂;由于横向构件尺寸的加大使货舱舱容得不到充分利用而影响载货量,且装卸也不便。纵骨架式常用于大型油船和矿砂船。

（3）纵横混合骨架式

纵横混合骨架式船体结构是指在主船体中的一部分结构采用纵骨架式而另一部分结构则采用横骨架式。通常船中部位的强力甲板和船底结构因所受的总纵弯矩大,故采用纵骨架式。而下甲板、舷侧及在受总纵弯矩较小,建造施工不便和首波浪冲击力较大的艏、艉部位则采用横骨架式结构。如图 1-42 所示,船底和上甲板结构采用了纵骨架式结构,二层甲板和舷侧则采用了横骨架式结构。

纵横混合骨架式综合了上述两种骨架形式的优点,既保证了总纵强度,又有较好的横向强度。同时,这种骨架形式也减小了结构质量,简化了施工工艺,并充分利用了舱容,方便装卸。但在纵横构件交界处结构的连续性较差,连接处容易产生较大的应力集中。纵横混合骨架式结构主要应用于大中型散装货船。

二、船底结构

船底结构是保证船体总纵强度、横向强度和船底局部强度的重要结构。作用于船体上的外力有水压力、机械设备和货物的负载、总纵弯曲引起的拉伸力和压缩力、进坞坐墩时墩木的反力以及机械设备运转时的振动力等。船底包括双层底和单层底,海船广泛采用双层底。

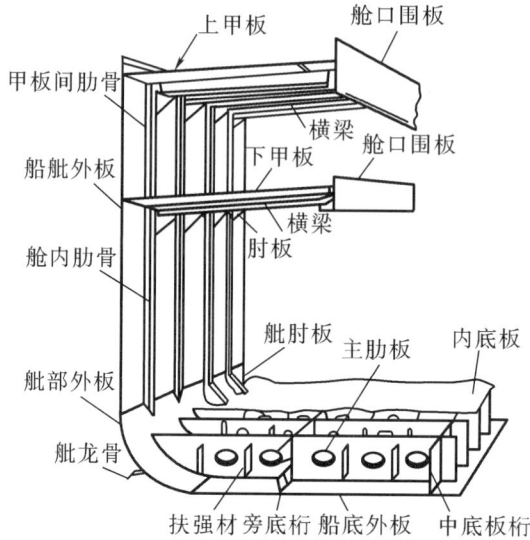

图1-42　杂货船舱室结构图

双层底结构是指由船底板、内底板、内底边板、舭列板及其骨架组成的底部空间。根据《钢质海船入级规范》的要求,船舶应尽可能在艏防撞舱壁至艉间舱舱壁间设置双层底。对于客船,当船长为50~61 m(不含61 m)时,至少应自机舱前舱壁至防撞舱壁或尽可能接近该处之间设置双层底;当船长为61~76 m(不含76 m)时至少应在机舱以外设置双层底,并应延伸至防撞舱壁及艉尖舱舱壁或尽可能接近该处;当船长为76 m(包含76 m)以上时,应在船中部设置双层底,并应延伸至防撞舱壁及艉尖舱舱壁或尽可能接近该处。

双层底内的油舱与锅炉给水舱、食用水舱之间,应设有隔离空舱。

1. 作用

双层底可以增加船体的总纵强度、横向强度和船底的局部强度;可用作油水舱装载燃油、润滑油和淡水;也可用作压载水舱以调整船舶的吃水、纵倾、横倾和稳性,进而提高空载时车叶和舵的效率,改善航行性能;万一船底板意外破损,内底板仍能防止海水进入舱内,从而提高了船舶的抗沉性;对液货船亦可提高船体的抗泄漏能力;还能承受舱内货物和机械设备的压载力。

2. 组成

双层底按骨架结构形式的不同分为纵骨架式和横骨架式两种,如图1-43和图1-44所示。其主要组成部分有船底板、肋板、舭肘板、桁材、纵骨、内底板及内底边板等。

(1)船底板

船底板是指由平板龙骨至舭列板之间的外板。由于船底板各部受力不同,因此其板厚也有所不同,其中平板龙骨最厚。平板龙骨位于受力最大的船底纵中线上,并在船底最低处易于积水腐蚀。相关规范规定其厚度不得小于船底板厚度加2 mm,且均应不小于相邻船底板的厚度,其宽度在整个船长范围内应保持不变,但其宽度不必大于1 800 mm。在船中部由于受总纵弯矩大,因此规范规定在船中部0.4L(L 为船长)区域内的船底板厚度不得小于端部船底板厚度,并使船中部0.4L 区域以外的船底板厚度逐渐向端部船底板厚度过渡。

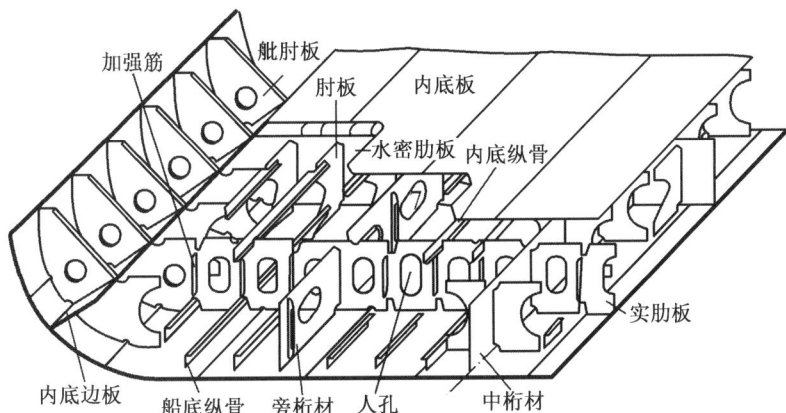

图 1-43　纵骨架式双层底结构

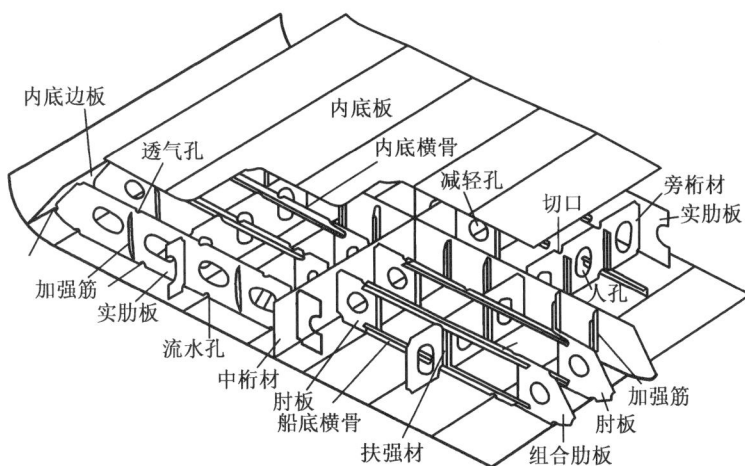

图 1-44　横骨架式双层底结构

（2）肋板

肋板是连接内底板和船底板的横向构件,且是保证船体横向强度和船底局部强度的重要构件。按其结构与用途的不同可分成实肋板、水密肋板和组合肋板。

①实肋板

实肋板又称为主肋板,是非水密横向构件。为减小结构质量、方便人员进出且便于舱室内空气和油水的流动,其上开有减轻孔、气孔和流水孔。有些减轻孔专门设计成便于人员通过的人孔。除轻型肋板外,人孔的高度应不大于该处双层底高度的50%,且其位置在船长方向上应尽量按直线排列,以便人员出入。为增强实肋板的强度,在其上焊有加强筋。实肋板如图 1-45 所示。

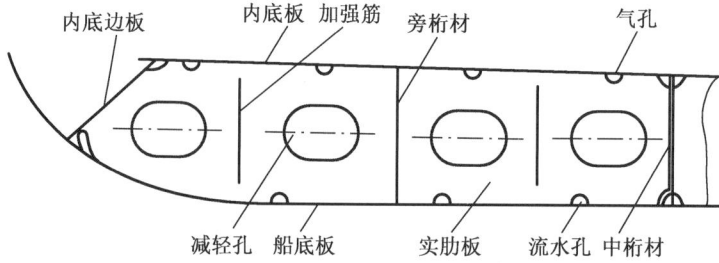

图 1-45 实肋板

对横骨架式双层底结构而言,至少每隔 4 个肋距设置实肋板,且间距不大于 3.2 m,机舱、锅炉座下、推力轴承座下应在每个肋位上设置实肋板,横舱壁及支柱下应设置实肋板,距艏垂线 0.2L 以前区域应在每个肋位上设置实肋板。

对纵骨架式双层底结构而言,应在机舱区域至少每隔一个 1 个肋位上设置实肋板,但在主机座下、锅炉座下、推力轴承座下应在每个肋位上设置实肋板。横舱壁下和支柱下应设置实肋板,距艏垂线 0.2L 以前区域应在每隔 1 个肋位上设置实肋板,其余区域实肋板间距应不大于 3.6 m。

②水密肋板

水密肋板从横向将双层底分割成若干个互不相通的舱室,其上无开口。一般在水密横舱壁下均设有水密肋板。因它可能会受单面液体的压力,因此其厚度比实肋板厚度增加 2 mm,但一般不必大于 15 mm,垂直加强筋也应设置得密一些,其结构如图 1-46 所示。

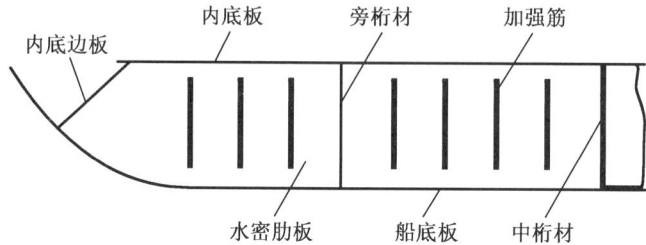

图 1-46 水密肋板

③组合肋板

组合肋板又称框架肋板,由内底横骨、船底横骨、肘板和旁桁材的扶强材组成。横骨架式双层底结构在不设置实肋板的肋位上设置该肋板,目前已较少采用,其结构如图 1-47 所示。

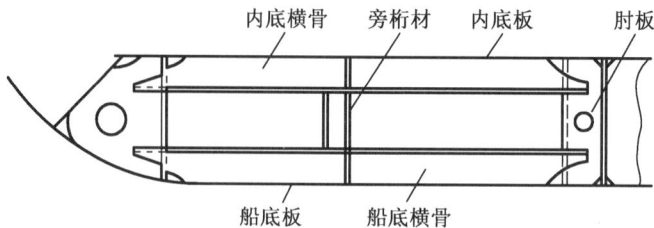

图 1-47 组合肋板

组合肋板可用轻型肋板代替,该肋板的腹板厚度和高度不小于所在区域的实肋板,但允许有较大的减轻孔,且与组合肋板相比施工更方便。轻型肋板结构如图 1-48 所示。

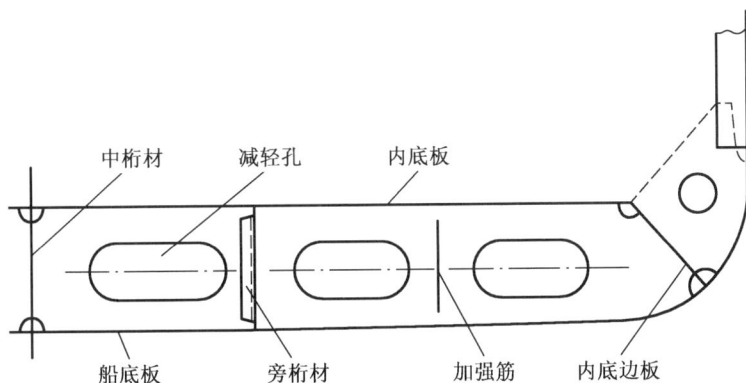

图 1-48　轻型肋板

(3)舭肘板

舭肘板是连接肋板和肋骨使其组成横向框架的一块板材,俗称污水三角板,应在每个肋位上设置。舭肘板的宽度与高度相同,其厚度与实肋板相同。其上有面板或折边以增强其刚度(面板或折边的宽度一般为其厚度的 10 倍),板上开有圆形减轻孔和污水孔,但孔缘任何地方的板宽均应不小于舭肘板宽度的 1/3。舭肘板可保证舭部的局部强度和船体的横向强度。

(4)桁材

①中桁材

中桁材又称中底桁,是设置于船底艏艉纵中线上的纵向梁,它与平板龙骨、中内底板组成工字形纵向构件,是船底结构中重要的强力构件,俗称龙骨。规范规定在船中 0.75L 区域内,其上不得开人孔或减轻孔,其他区域(舱壁前后 1 个肋距内除外)可以开孔,但开孔的高度应不大于该处中桁材高度的 40%。中桁材应尽量向艏艉柱延伸,并应在中部 0.75L 区域范围内保持连续,其厚度规定为船端 0.075L 区域内可比船中 0.4L 区域内减少 2 mm、炉舱内应较船中 0.4L 区域内增厚 2.5 mm。

②箱形中桁材

箱形中桁材又称箱形龙骨,它是由两道对称布置于船底纵中线两侧的纵桁、内底板、船底板和骨材等组成的水密箱形结构,如图 1-49 所示,一般设置于机舱舱壁和防撞舱壁之间。箱形龙骨不仅能起到中桁材所能起到的作用,同时还能用于集中布置各种管路和电气线路,以便于保护和维修这些设备,避免管路穿过货舱而妨碍装卸货。缺点是要占去一部分双层底舱容积,故又称管隧。按规定箱形龙骨的宽度(即侧板之间的距离)不应超过 2 m。箱形中桁材设有水密人孔和通向露天甲板的应急出口,其出口的关闭装置能两面操纵,围壁结构与水密舱壁要求相同。

③旁桁材

旁桁材又称旁底桁或旁龙骨,对称设置于中桁材两侧且平行于中桁材,并与船底板和内底板相连,其上开有减轻孔、流水孔和气孔等,一般间断于实肋板之间。其厚度可比中桁材减少 3 mm,但均不小于相应的肋板厚度。

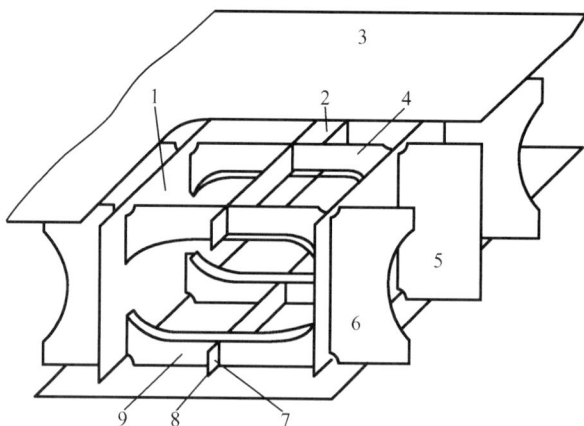

1—水密纵桁;2—内底纵骨;3—内底板;4—内底横骨;
5—主肋板;6—轻型肋板;7—船底纵骨;8—船底中心线;9—船底横骨。

图 1-49　箱形中桁材结构

旁桁材的数量根据船宽而定,对横骨架式双层底结构而言,当船宽大于 10 m 时,中桁材两侧至少应各设一道旁桁材;当船宽大于 18 m 时,中桁材两侧应至少各设两道旁桁材,桁材之间的间距一般不大于 4 m,距艏垂线 0.2L 以前区域,旁桁材间距应不大于 3 个肋距。对纵骨架式双层底结构而言,当船宽大于 12 m 但小于 20 m 时,中桁材两侧至少应各设 1 道旁桁材;当船宽大于 20 m 时,中桁材两侧至少应各设两道旁桁材,桁材之间的间距一般不大于 5 m。

④纵骨

纵骨是纵骨架式结构中设置的纵向构件,一般用尺寸较小的不等边角钢或小尺寸的 T 型钢制成。有内底纵骨和船底纵骨,分别连接在内底板和船底上,它是连续构件,穿过实肋板。当船长超过 200 m 或纵骨采用了高强度钢时,船底纵骨应穿过水密肋板,但也可采用相应的替代结构。内底纵骨剖面模数为船底纵骨剖面模数的 85%,且船底纵骨的最大间距应不大于 1.0 m。纵骨是保证船体总纵强度的重要构件。

⑤内底板和内底边板

内底板是双层底上面的水密铺板,其两侧边缘与舭列板相连接的一列板叫内底边板。内底板和内底边板构成了双层底的内底,其长度也就是双层底的长度。

横骨架式双层底结构内底板在船端部 0.075L 区域内的厚度为船中 0.4L 区域内的厚度的 0.9 倍,对双层底内为燃油舱的区域,内底板厚度应不小于 8 mm。此外,为便于人员进入双层底进行施工、清舱和检修,并从有利于通风的角度出发,在每个内底板上至少开设有两个成对角线布置的长圆形或圆形人孔,同时配有水密的人孔盖。

内底板边处于船底结构向舭侧结构过渡的舭部位置,受力较复杂,且内底边板处易积水、腐蚀,故比内底板厚些。其结构形式有下倾式、上倾式、水平式和曲折式四种,如图 1-50 所示。下倾式内底板与舭列板可构成污水沟,普通干货船较多采用,如图 1-50(a)所示;上倾式内底边板便于散货的装卸,故散货船与砂矿船较多采用,如图 1-50(b)所示;水平式内底边板施工方便,舱内平坦且强度好,一般客船、集装箱船、油船的油舱区域、一些干货船的货舱区域及其他船舶近艏艉区域较多采用,如图 1-50(c)所示;曲折式内底边板因能与舭部外板形成一个有效的双层空间,可提高船舶的抗沉性,主要用于经常航行在复杂水域的船舶,如图1-50(d)所示。上述四种内底边板的结构形式除下倾式外,其他三种均只能在舭部设置污水井。

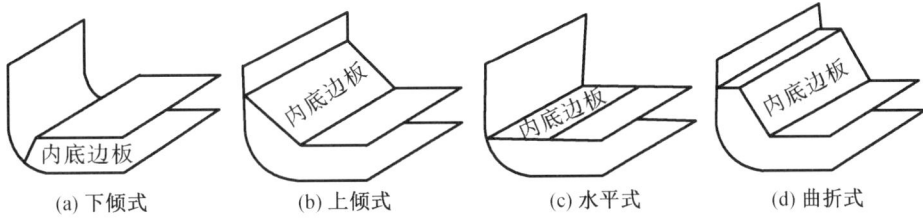

図 1-50　内底边板结构形式

(a) 下倾式　　　(b) 上倾式　　　(c) 水平式　　　(d) 曲折式

三、舷侧结构

舷侧结构是指连接船底和甲板的侧壁部分,其承受水压力、波浪冲击力、碰撞力、冰块的冲击和挤压力、甲板负荷、舱内负荷、总纵弯曲应力和剪切应力等外力的作用,是保证船体的纵向强度、横向强度,保持船体几何形状和侧壁水密的重要结构。

舷侧结构按骨架排列形式的不同有横骨架式和纵骨架式两大类,其主要组成部分有舷侧外板、肋骨、强肋骨、舷侧纵桁、舷侧纵骨及舷边等。图1-51和图1-52分别为横骨架式和纵骨架式舷侧结构。

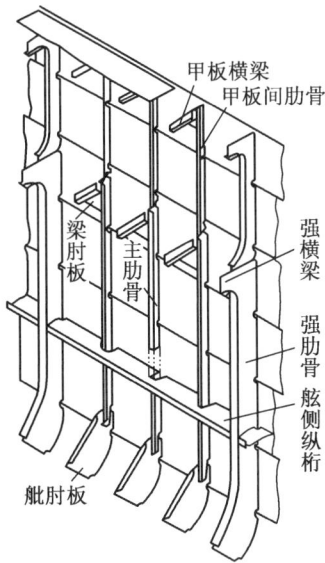

图 1-51　横骨架式舷侧结构

图 1-52　纵骨架式舷侧结构

1. 舷侧外板

舷侧外板是指舭列板以上的船体外板(包括舷侧列板和舷顶列板),与甲板边板连接的舷侧外板称为舷顶列板。舷侧列板在船中部较厚,向两端渐薄,靠近舭列板附近的要比上面的厚一些,同时在靠近艏艉局部受力大的部位和艉轴附近的包板等也要加厚,对航行于冰区的船舶应根据规范的规定对它进行加厚。舷顶列板是受总纵弯矩最大的一列板,规范规定其宽度不得小于0.1D(D为型深),并规定在船中0.4L区域内,其板厚在任何情况下不得小于强力甲板边板厚度的0.8倍,也不得小于相邻舷侧列板的厚度。

2. 肋骨

肋骨是从肋板、舭肘板向上延伸的横向构件,并与梁肘板和横梁组成船体的横向框架。

(1)肋骨的作用

肋骨的作用是支撑舷侧外板,保证舷侧的强度和刚性。而与其他横向构件组成的框架,则可保证船体的横向强度,防止船舶在摇摆和横倾时产生横向变形。

(2)肋骨的分类

肋骨按其所在位置一般可分为主肋骨、甲板间肋骨和尖舱肋骨三种。对某些需要进行局部加强(如冰区加强者)的船舶,还需在位于水线附近每一肋距中间增设一短肋骨——中间肋骨。按肋骨的受力不同可分成普通肋骨和强肋骨。

普通肋骨一般可用不等边角钢、小尺寸的T型钢或球扁钢制成;而强肋骨则由尺寸较大的T型组合材或钢板折边制成。在横骨架式舷侧结构中,一般每隔几个肋位设置一强肋骨(应从内底延伸至上甲板),其目的是增加局部强度,如机舱、货舱的舱口端梁处等;在纵骨架式舷侧结构中,强肋骨是唯一的横向构件,其在支持舷侧纵骨的同时,还起着保证船体横向强度的作用。

(3)肋骨编号及肋距

为便于在船舶修造中指明肋骨位置,以及海损事故后能迅速准确地报告受损部位,必须对肋骨进行编号。肋骨编号以艉垂线为基准,主要有两种:一种是较普遍采用的编号方法,即以舵杆中心线为0号(无论有无舵柱),向艏排列取正号,向艉排列取负号;另一种是少数有舵柱的船舶以舵柱后缘为0号,向艏排列取正号,向艉排列取负号。

按规范规定,肋骨的最大间距应不大于1.0 m。

3. 舷侧纵桁和舷侧纵骨

舷侧纵桁多为横骨架式舷侧结构中设置的纵向构件,通常采用T型组合材,其腹板与强肋骨腹板同高,主要用来支撑主肋骨。

舷侧纵骨是纵骨架式舷侧结构中的主要纵向构件,一般用尺寸较小的不等边角钢、小尺寸的T型钢或球扁钢制成,主要用来保证总纵强度和支持外板。

舷侧纵骨穿过强肋骨,其最大间距不大于1.0 m。

4. 舷边

舷顶列板与甲板边板的连接处称舷边。舷边处于高应力区域,受力大,此处的连接强度对于船体承受总纵弯曲的能力具有重要作用,因此有特殊的连接方法,一般有下列三种。

(1)舷边角钢铆接法

舷边角钢铆接法是一种老式的舷边连接形式,它是将等边角钢,即舷边角钢的两边分别与舷顶列板和甲板边板铆接,如图1-53(a)所示。这种方法利用了铆接能重新分布应力和止裂的特点,但其工艺复杂、工作量大,不适合现代化工艺的要求。在有些船上用扁钢代替角钢,即先将扁钢垂直焊接在甲板边板上,再把扁钢与舷顶列板铆接,如图1-53(b)所示,现已较少采用。

(2)圆弧连接法

圆弧连接法是通过圆弧舷板使舷顶列板和甲板边板连成一个整体,如图1-53(c)所示。采用这种连接方法能使甲板和舷侧的应力过渡较为顺利、分布均匀,且结构刚性较大,但甲板有效利用面积减少,甲板排水易弄脏舷侧,此外由于线型变化问题,这种方法比较适用于船中部位。规范规定圆弧舷板厚度至少应等于甲板板厚度,圆弧半径不得小于板厚的15倍,且在船中0.5L区域内的圆弧舷板上应尽量避免焊接甲板装置。

(3)舷边直角焊接法

舷边直角焊接法是把舷顶列板和甲板直接焊接起来,如图1-53(d)(e)所示。此种连接方法施工简单,但易造成应力集中而产生裂缝,多用于中小型船舶及有舷边水柜的散装货船等。

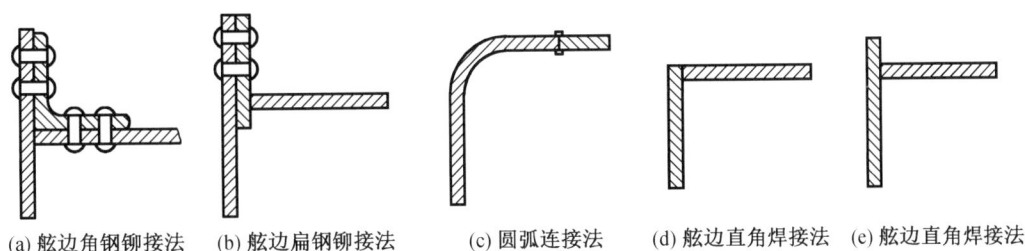

(a) 舷边角钢铆接法　(b) 舷边扁钢铆接法　(c) 圆弧连接法　(d) 舷边直角焊接法　(e) 舷边直角焊接法

图1-53　舷边的连接方法

5. 舷墙与栏杆

船舶在露天干舷甲板及在上层建筑中和甲板室甲板的露天部分均设置舷墙或栏杆。按规定,露天干舷甲板及上层建筑甲板和第一层甲板室甲板的舷墙或栏杆的高度除经特别同意可适当降低高度外,其高度应不小于1.0 m。但对甲板上设计成装运木材的船舶,其舷墙高度至少应为1.0 m。

(1)舷墙

舷墙的作用是保障人员安全,减少甲板上浪,防止甲板上的物品滚落入海。其主要由舷墙板、支撑肘板和扶手等组成。在船中部,舷墙板不和舷顶列板相焊接,而是由支撑肘板支撑在甲板边板上,其下端与舷顶列板上端间留有一定空隙以利于排水,上端由扁钢或型钢做成扶手。对船长大于或等于65 m的船舶,干舷甲板上的舷墙厚度不小于6 mm。舷墙不参与总纵弯曲。图1-54所示为舷墙结构。

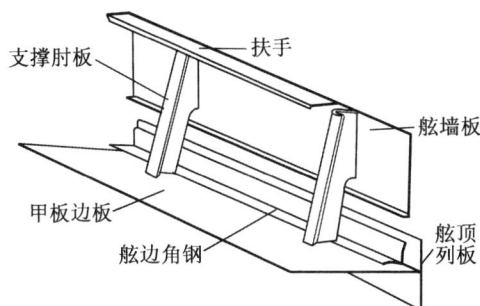

支撑肘板　扶手　舷墙板　甲板边板　舷边角钢　舷顶列板

图1-54　舷墙结构

(2)栏杆

栏杆的作用主要是保障人员安全,防止甲板上的物品滚落入海。栏杆的最低一根横杆距甲板不超过230 mm,其他横杆的间距不超过380 mm。

四、甲板结构

甲板需承受总纵弯曲应力、货物的压载和波浪的冲击力等外力的作用,是保证船体总纵强度、保持船体几何形状及保证船体上部水密的重要结构。

按骨架结构形式的不同,甲板结构可分为横骨架式(图1-55)和纵骨架式(图1-56)两种,其主要组成部分有甲板、横梁、甲板纵桁、甲板纵骨、舱口围板及支柱等。

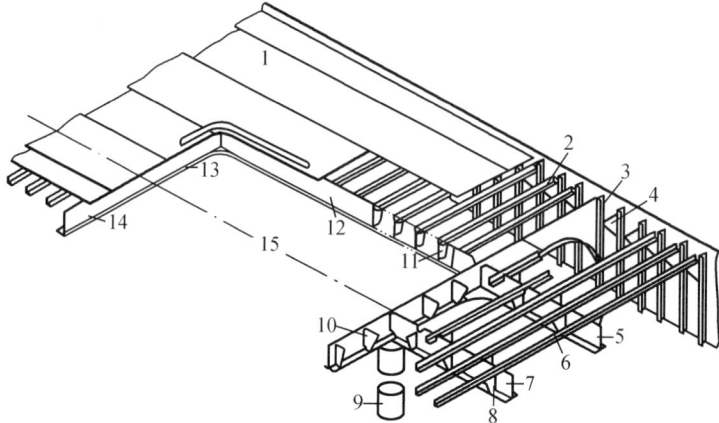

1—下甲板;2—半梁;3—主肋骨;4—梁肘板;5,7—甲板纵桁;6—横梁;8,10—防倾肘板;9—支柱;11—肘板;12—舱口纵桁;13—圆钢;14—舱口端梁;15—甲板纵中线。

图1-55　横骨架式甲板结构

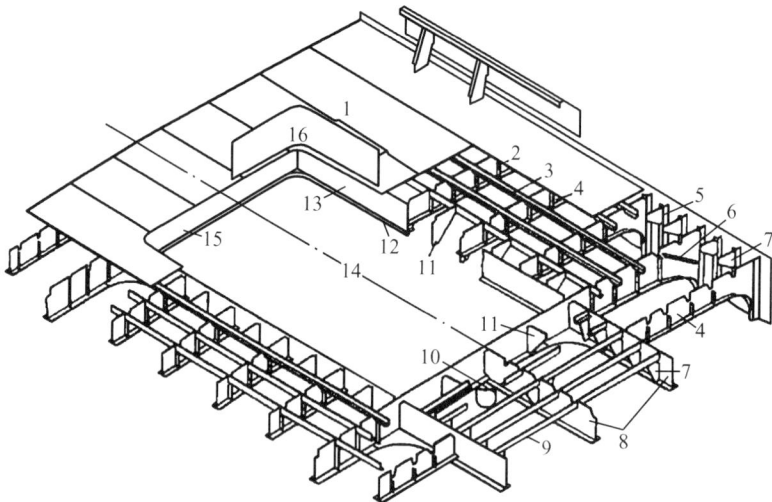

1—上甲板;2—加强筋;3—甲板纵骨;4—强横梁;5—主肋骨;6—斜置加强筋;7—肘板;8—甲板纵桁;9—横梁;10—管型支柱;11—防倾肘板;12—圆钢;13—舱口纵桁;14—甲板纵中线;15—舱口端梁;16—舱口围板。

图1-56　纵骨架式甲板结构

1.甲板

(1)分类

甲板按其作用可分为强力甲板、舱壁甲板、干舷甲板、量吨甲板和遮蔽甲板等。

强力甲板:当船体受总纵弯曲应力时,受力最大的一层甲板称强力甲板,如上层连续甲板及在船中部 0.5L 区域内长度不小于 0.15L 的上层建筑甲板,以及此上层建筑区域以外的上层连续甲板均为强力甲板。

舱壁甲板:水密横舱壁向上延伸到达的连续甲板称舱壁甲板。

干舷甲板:按《1966 年国际载重线公约》量计干舷高度的甲板称为干舷甲板,对除滚装船外的其他货船而言,该甲板通常是上甲板。

量吨甲板:按《1969 年国际船舶吨位丈量公约》量计船舶吨位的基准甲板称为量吨甲板,对除滚装船外的其他货船而言,该甲板通常也是上甲板。

遮蔽甲板:20 世纪 60 年代建造的某些船舶,在其甲板上设有吨位舱口的开口,并在舱口设暂时性非水密封闭装置,这种甲板间舱既可装货又不计入总吨位和净吨位,称为遮蔽甲板。遮蔽甲板不可作为干舷甲板和量吨甲板。

(2)规范要求

上甲板是各层甲板中最厚的一层,规范规定在船中部 0.4L 区域内强力甲板的厚度应保持相同,并逐渐向端部甲板厚度过渡,强力甲板的最小厚度应不小于 6 mm。甲板边板是上甲板受力最大的,且容易被甲板积水腐蚀,因此必须连续,厚度也是上甲板中最厚的一列板。在船中 0.4L 区域内的甲板比艏艉两端和大开口线以内区域的甲板厚。为防止甲板开口角隅处因应力集中而产生裂缝,该处应设计成抛物线形、椭圆形或圆形,并应采取加强措施。

2.横梁

横梁是甲板结构中的横向构件,起着承受甲板货物、机器设备的重力和甲板上浪时的水压力作用,同时还支撑着舷侧,保持船体的横向强度。横骨架式结构中,横梁一般用尺寸较小的不等边角钢或小尺寸的 T 型钢制成,并装设在每一肋位上用肘板与肋骨连接。在纵骨架式结构中一般每隔 3~5 挡肋位装一强横梁,作为甲板纵骨的支架,在其上开切口让甲板纵骨穿过。

3.甲板纵桁与甲板纵骨

在纵骨架式结构中,甲板纵桁用尺寸较大的 T 型组合材制成,主要用来支撑横梁。甲板纵骨是纵骨架式甲板结构中的重要构件,一般用不等边角钢或小尺寸的 T 型钢制成,其间距与船底纵骨相同,主要用来保证总纵强度。

4.舱口围板

(1)作用

保证工作人员安全,防止海水灌入舱内和增加甲板开口处的强度。

(2)规范要求

当舱口是在露天的干舷甲板和后升高甲板上,以及位于从艏垂线起 0.25L 以前的露天上层建筑甲板上时,舱口围板的最小高度应为 600 mm;当舱口是在位于从艏垂线起 0.25L 以后,且在干舷甲板以上至少一个标准上层建筑高度的露天上层建筑甲板上,以及在位于从艏垂线起 0.25L 以前,且在干舷甲板以上至少两个标准上层建筑高度的露天上层建筑甲板上时,舱口围板的最小高度应为 450 mm。舱口围板上缘一般用半圆钢加强,围板的外侧还有水平加强筋和防倾肘板,以增加围板的刚性和防倾。纵向甲板的下部与甲板纵桁处于同一直线上,兼作甲板纵桁的一部分。舱口围板如图 1-57 所示。

图 1-57 舱口围板

（3）加强方式

一种是将舱口围板下伸超过甲板,如图 1-58（a）所示;另一种是将围板分两块,分别焊在甲板开口边缘的上下面,在下面用菱形面板加强,如图 1-58（b）所示。

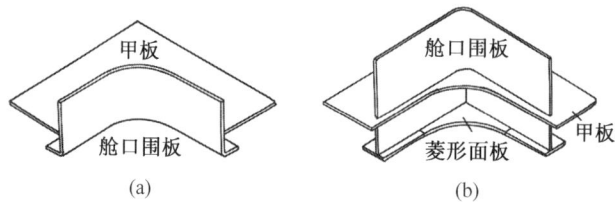

图 1-58 舱口围板的加强方式

5. 支柱

支柱是舱内的竖向构件,其作用是支撑甲板骨架,承受轴向压缩力,保持船体竖向形状。

支柱的上端应位于甲板纵桁和横梁的交叉节点处,下端应在船体纵桁与肋板的交叉节点处。多层甲板船上下层甲板间的支柱一般应设置在同一垂直线上。

6. 梁拱和舷弧

（1）梁拱

在船长范围内,甲板中间高于两侧称为梁拱,如图 1-59（a）所示。

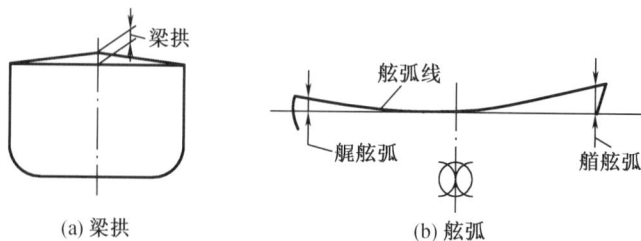

图 1-59 梁拱和舷弧

梁拱的作用是可增加甲板的强度,便于甲板排水,增加储备浮力。梁拱的取值范围一般为船宽(B)的$1/100\sim1/50$,干货船的梁拱通常取$B/50$,客船的梁拱取$B/80$。

（2）舷弧

舷弧在船长范围内,艏艉高而中间低所形成的曲线叫舷弧线,在船长中点处舷弧线最低,从该点画一条与基线平行的直线,则舷弧线任一点量至该线的垂直距离就称为该点的舷弧,如图1-59（b）所示。

舷弧的作用是可增加储备浮力,便于甲板排水,减少甲板上浪和使船体外形更美观。

舷弧的数值见表1-1,其中位于艏垂线处的舷弧叫艏舷弧,位于艉垂线处的舷弧叫艉舷弧,艏舷弧是艉舷弧的2倍。

表1-1　舷弧的数值

位置	舷弧值/mm	位置	舷弧值/mm
艏垂线	$50(L/3+10)$	距艉垂线$L/3$	$2.8(L/3+10)$
距艏垂线$L/6$	$22.2(L/3+10)$	距艉垂线$L/6$	$11.1(L/3+10)$
距艏垂线$L/3$	$5.6(L/3+10)$	艉垂线	$25(L/3+10)$
船中	0		

注:表中L为船长,单位为m。

五、舱壁结构

1. 作用

主船体在设计和建造时按要求设置了若干的横向和纵向舱壁,这些舱壁所起的作用有如下几个方面:

（1）将船体内部分成若干个舱室,以便安装各种机械设备及装载货物、燃油、淡水、备品和压载水等;

（2）横舱壁对保证船体的横向强度和刚性起很大的作用,它是船底、舷侧和甲板等结构的支座,可使船体各个部位构件之间的作用力相互传递,其中水密横舱壁是保证船舶抗沉性能的重要结构;

（3）纵舱壁可减少自由液面对船舶稳性的影响,较长的纵舱壁还可增强船舶的总纵强度;

（4）某些舱壁采用了防火结构,可在一定的时间内防止火势蔓延。

2. 分类

舱壁一般按用途和结构形式的不同分成两大类。

（1）按用途分类

①水密舱壁

水密舱壁一般是指自船底（船底板或内底板）至舱壁甲板的主舱壁,它将船体分隔成若干个水密舱室。水密横舱壁能保证船体因海损事故造成某舱破损进水时不会蔓延至其他相邻的舱室,使船舶仍有一定的浮力和稳性,从而提高船舶的抗沉性能。水密横舱壁根据船长和船型的不同,设置的总数不少于表1-2所示的规定。万吨级的船舶按规定需设置6~7道水密横舱壁,其中船舶最前一道水密横舱壁即艏尖舱舱壁又称防撞舱壁,其上不得开设任何门、人孔、通风管道或任何其他开口,并应通至干舷甲板。位于船尾的最后一道水密横舱壁即艉尖舱舱壁,应通至舱壁甲板,但当艉尖舱水密平台甲板在水线以上时,可仅通至水密平台甲板为止。另一种为水密纵舱壁,一般仅见于液货船。

表 1-2　船舶应设置的水密横舱壁数目

机型	水密横舱壁数目/道						
	$L \leqslant 60$	$60 < L \leqslant 85$	$85 < L \leqslant 105$	$105 < L \leqslant 125$	$125 < L \leqslant 145$	$145 < L \leqslant 165$	$165 < L \leqslant 190$
舯机型	4	4	5	6	7	8	9
艉机型	3	4	5	6	6	7	8

②防火舱壁

防火舱壁是根据规范对船舶防火结构要求而设置的具有一定隔热能力并能在一定时间内防止火势蔓延的舱壁。按规定,机舱和客船起居住所的舱壁采用防火舱壁。

③液体舱壁

液体舱壁是液舱(油舱、水舱等)的界壁,它经常承受液体压力与振荡冲击力,故舱壁板较厚且其上的骨架尺寸也较大,并需保证水密或油密。

④制荡舱壁

制荡舱壁是设于液舱内的纵向舱壁,主要用来减少自由液面的影响,其上开有气孔、油水孔和减轻孔。

(2)按结构形式分类

按舱壁的结构形式来分,可将其分成平面舱壁、对称槽形舱壁及双层板舱壁三类。

①平面舱壁

平面舱壁由舱壁板和其上的垂直与水平骨架组成。大型船舶舱壁板的钢板长边沿水平方向布置,其厚度由下向上逐渐减小。其上骨架竖向排列的称为扶强材,水平方向排列的称为水平桁。

②对称槽形舱壁

对称槽形舱壁由钢板压制而成,以其槽型曲折来代替扶强材。其优点是在保证具有同等强度的条件下,可减小结构的质量,节约钢材,减少装配与焊接的工作量,便于清舱工作。缺点是所占舱容较大,阻碍舱容的有效利用,一般用于油船、散装货船及矿砂船。对称槽形舱壁的剖面形状有三角形、矩形、梯形和弧形,如图 1-60 所示,其中梯形和弧形被广泛采用。图 1-61 为单壳实船对称梯形舱壁。

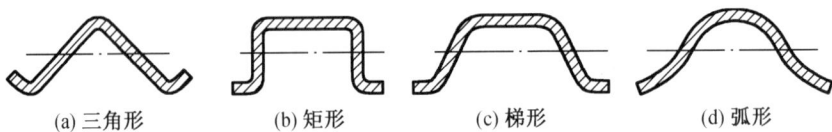

(a) 三角形　　　(b) 矩形　　　(c) 梯形　　　(d) 弧形

图 1-60　对称槽形舱壁的剖面形状

图 1-61　单壳实船对称梯形舱壁

六、艏艉结构

船舶首尾结构须承受各种外力的作用,同时要保证船舶首尾的形状和局部强度,保持船舶水密。

1. 艏艉端的形状

艏端形状如图 1-62 所示,一般有五种类型:

直立型艏　前倾型艏　飞剪型艏　破冰型艏　球鼻型艏

图 1-62　艏端形状类型

(1)直立型艏;

(2)前倾型艏;

(3)飞剪型艏;

(4)破冰型艏;

(5)球鼻型艏,即设计水线以下艏部前端有球鼻型突出体,其作用是减小兴波阻力和形状阻力,目前被海船广泛采用。

艉端形状如图 1-63 所示,一般有三种类型:

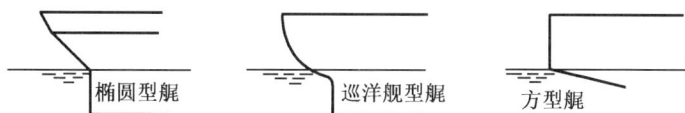

椭圆型艉　巡洋舰型艉　方型艉

图 1-63　艉端形状类型

(1)椭圆型艉,船尾有短的艉伸部,折角线以上呈椭圆体向上扩展;

(2)巡洋舰型艉,有光顺曲面的艉伸部,有利于减少阻力,保护车叶与舵叶,海船广泛采用;

（3）方型艉，艉端有横向的艉封板，以往多用于军舰，近年来商船也广泛采用，如集装箱船。

2. 船首结构的加强

船首结构是指从艏部船底平坦部分起向船首部分的船体结构，其受各种外力作用，而且船壳板在此合拢，因此应加强船首结构。图1-64所示为横骨架式船首结构。

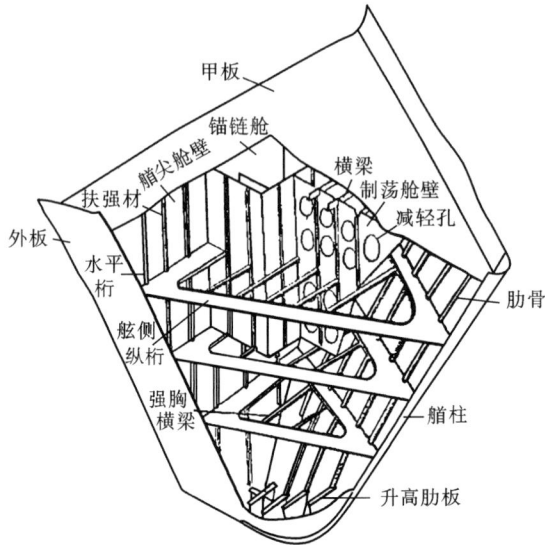

图1-64　船首结构

（1）艏柱

艏柱位于船体最前端，是会拢船首外板、保持船首形状及保证船首局部强度的强力构件。艏柱有钢板焊接、铸钢和混合型艏柱三种。如图1-65和图1-66所示分别为混合型艏柱和钢板焊接艏柱。

（2）艏尖舱内的加强

艏尖舱内采用下列几种方法加强。

①在每挡肋位处设置实肋板，因其高度向船首逐渐升高，故又称为升高肋板。

②在中纵剖面处设置与升高肋板等高、等厚和具有同样面板的中内龙骨，并延伸至与艏柱牢固连接。

③当舷侧为横骨架式时，应在每隔一挡肋位处从肋板的上缘至最下层甲板间垂向设置间距不大于2 m的强胸横梁，且至少应达到满载水线以上1 m处，在每道强胸横梁处还应设置具有折边或面板的舷侧纵桁，并用肋板与肋骨连接。当用开孔平台结构代替强胸横梁和舷侧纵桁时，开孔平台的垂向间距应不大于2.5 m，设置范围为从肋板的上缘至不低于满载水线以上1.0 m，且每一开孔平台的开孔面积应不小于总面积的10%。

④当舷侧为纵骨架式且舱深超过10 m时，应在适当位置设置一层或多层开孔平台，或者在每根肋骨处设置一道或多道强胸横梁，并且肋板与强肋骨连接。

⑤当艏尖舱被用作液舱且其最宽处的宽度超过0.5B时，应在中纵剖面设置有效的支撑构件或制荡舱壁，以支持强胸横梁。当舱长超过10 m时，尚应在舱内设置横向的制荡舱

壁或强肋骨。

图 1-65 中的标注：上甲板、钢板艉柱、下甲板、加强筋、满载水线、外板、外板、中内龙骨、铸钢艉柱

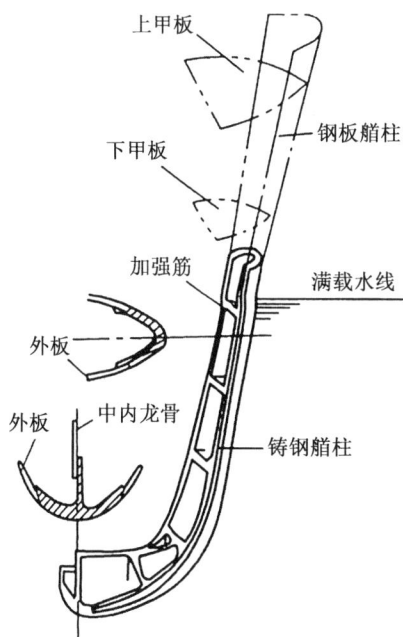

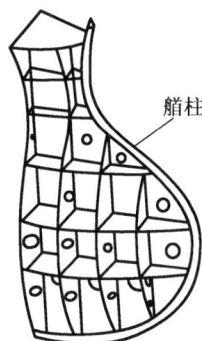

图 1-65 混合型艉柱　　　　**图 1-66 钢板焊接艉柱**

（3）船首底部的加强

当船长大于或等于 65 m，且航行中最小吃水小于 $0.04L$ 时，应对其从艏垂线向后的船底平坦部分进行加强。

①对横骨架式的双层底骨架，应在每挡肋位处设置实肋板，并应设置间距不大于 3 挡肋骨间距的旁桁材，该旁桁材应尽量向艏延伸。

②对纵骨架式的双层底骨架，应在每隔一挡肋位处设置实肋板，同时应设置间距不大于 3 倍纵骨间距并尽量向船首延伸的旁桁材。船底纵骨剖面模数应比舯部大 10%。

③对单层底骨架，应设置间距不大于 3 挡肋骨间距且尽可能向船首延伸的旁内龙骨。

④船底板适当加厚。

3. 船尾结构的加强

船尾结构通常是艉尖舱舱壁以后的区域。该区域需要承受水压力，车叶转动时的振动力和水动力、舵的水动力及车叶与舵叶的荷重等作用，因此必须对组成船尾结构的各部分进行加强。

（1）艉柱

艉柱用来会拢两侧外板，并支撑和保护车叶与舵，同时承受它们工作时的振动力和水动力。

艉柱的上端应与艉肋板或舱壁连接，底骨应向船首方向延伸至少三挡肋距并与平板龙骨连接，一般采用铸造件，大型船舶艉柱可先分段铸造后再焊接装配，如图 1-67 所示。

（2）艉尖舱舱内的加强

①在每挡肋位处设置实肋板，其厚度较艉尖舱肋板加厚 1.5 mm。

②对单螺旋桨船，其肋板应升高至艉轴管以上足够高度。

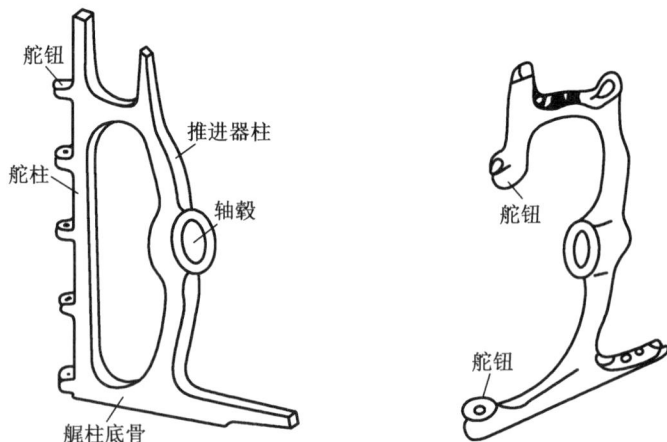

图 1-67 艉柱的形状

③当舷侧为横骨架式时,在肋板以上设置垂向间距不大于 2.5 m 的强胸横梁和舷侧纵桁或开孔平台;当为纵骨架式时,应在舱顶设置适当数量的强横梁。

④在艉尖舱上部和艉突出体或巡洋舰尾的纵中剖面处加设制荡舱壁。

(3)艉尖舱上面的舷侧加强

①加设强肋骨。

②加设腹板与肋骨同高的间断舷侧纵桁或加厚舷侧外板。

(4)艉突出体

艉突出体在船尾部向后悬伸一部分用以扩大艉部甲板面积、安装舵机、保护车叶和舵,并改善航行性能。如图 1-68 所示为采用扇形斜肋骨和斜横梁的巡洋舰式艉突出体。

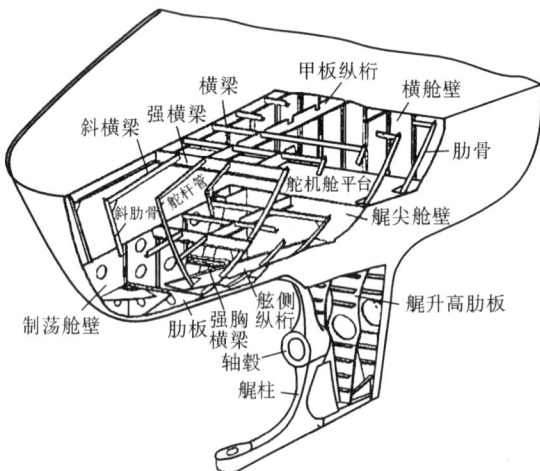

图 1-68 巡洋舰式船尾结构与艉突出体

七、防火结构

船舶防火措施主要包括控制可燃物、控制热源(火源)及控制通风等,另外亦很重要的是结构防火,即用符合规定的耐火材料将船舶划分为若干个主竖区。

1. 相关定义及要求

(1)主竖区,系指由 A 级分隔分成的船体、上层建筑和甲板室区段,其在任何一层甲板上的平均长度和宽度一般不超过 40 m。

(2)不燃材料,系指某种材料加热至约 750 ℃时,既不燃烧,也不发出足以造成自燃的易燃蒸气。

(3)钢或其他等效材料,系指本身或由于所设隔热物,经标准耐火试验规定的适用曝火时间后,在结构性和完整性上与钢具有等效性能的任何不燃材料。

(4)船体上层建筑、甲板室应由钢或其他等效材料制成。

(5)载客超过 36 人的客船,其船体、上层建筑及甲板室应以 A-60 级分隔分为若干主竖区;载客不超过 36 人的客船,在其起居室处所和服务处所的船体、上层建筑和甲板室应以 A 级分隔分为若干主竖区。

(6)客船只要实际可行,舱壁甲板以上主竖区限界面的舱壁,就应与直接在舱壁甲板以下的水密分舱舱壁位于同一直线上。主竖区的长度和宽度最大可延伸至 48 m,但在任一层甲板上主竖区的总面积不得大于 1 600 m²。主竖区的长度和宽度范围为主竖区限界舱壁的最远点之间的最大距离。

(7)起居处所与相邻的机器、货舱服务处所之间应采用甲级分隔。

(8)液货船以外的货船,在任何情况下任一起居处所,用 A 级或 B 级分隔作为限界面的各个处所的面积不得超过 50 m²。

2. 防火分隔(耐火分隔)

用于船舶防火分隔的舱壁和甲板有 A、B、C 三种级别。

(1)A 级分隔

A 级分隔即甲级分隔,系指由符合下列标准的舱壁与甲板所组成的分隔。

①应以钢或其他等效材料作分隔材料,并有适当的防烧加强。

②其构造应在 1 h 的标准耐火试验至结束时,能防止烟及火焰通过。

③应用经认可的不燃材料隔热,使在下列时间内,其背火一面的平均温度与初始温度相比升高不超过 140 ℃,且在包括任何接头在内的任何一点的温度较初始温度升高不超过 180 ℃:

a.“A-60”级 60 min;

b.“A-30”级 30 min;

c.“A-15”级 15 min;

d.“A-0”级 0 min。

④主管机关可以要求按照《耐火试验程序规则》对原型舱壁或甲板进行一次试验,以确保满足上述完整性及温升的要求。

(2)B 级分隔

B 级分隔即乙级分隔,系指由符合下列标准的舱壁、甲板、天花板或衬板所组成的分隔:

①其构造应在标准耐火试验最初的半小时结束时,能防止火焰通过。

②具有的隔热值使之在下列时间内,其背火一面的平均温度与初始温度相比,升高不超过 140 ℃,且在包括任何接头在内的任何一点的温度较初始温度升高不超过 225 ℃:

a."B-15"级 15 min;

b."B-0"级 0 min。

③由认可的不燃材料制成,且建造和装配中所用的一切材料均为不燃材料,但不排除符合相应要求的可燃装饰板的使用。

④主管机关可以要求按照《耐火试验程序规则》对原型分隔进行一次试验,以确保满足上述完整性和温升的要求。

(3)C 级分隔

C 级分隔即丙级分隔,系指用认可的不燃材料制成的分隔,不必满足防止烟和火焰通过以及限制温升的要求。允许使用厚度不超过 2.5 mm 的可燃装饰板。

八、其他结构

1. 轴隧结构与布置

轴隧主要用来保护推进器轴,同时也可作为机舱至艉室的通道,便于人员对艉轴和轴承进行保养和维修。在艉室后端近艉尖舱舱壁处设有向上直通至露天甲板的应急通道,即逃生孔,故轴隧既可作应急时逃生之用,也可作通风用。中机型船的轴隧较长,要经过货舱;艉机型船的轴隧较短。单车船的轴隧不对称于中线面,通常偏于船舶右舷。为便于艉轴的安装与拆卸,轴隧的侧壁离艉轴法兰应有足够的间距。在货舱口下的轴隧顶板应加厚 2 mm,否则应加木铺装。轴隧必须水密,在机舱和轴隧间舱壁上应设有符合规范的滑动式水密门。应急通道的围壁应水密,其关闭装置应能两面操纵。图 1-69 所示为常见的轴隧横剖面,其中图 1-69(a)为拱形顶板,图 1-69(b)为平顶板。

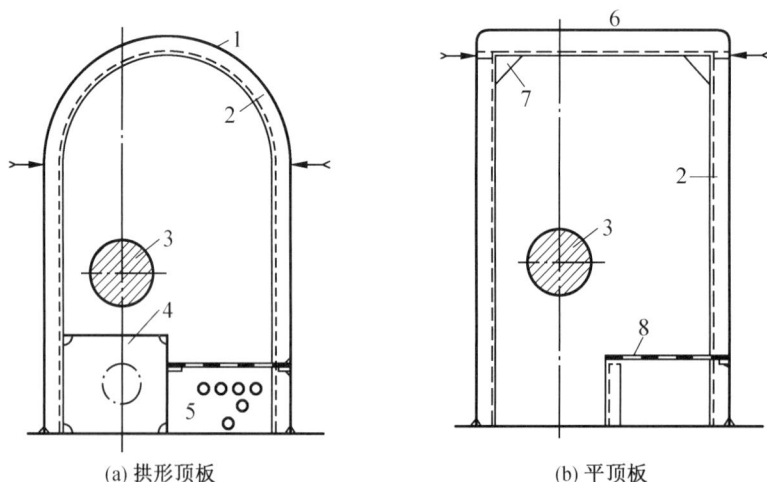

(a) 拱形顶板　　　　　　　　(b) 平顶板

1—拱形顶板;2—扶强材;3—推进器轴;4—轴承基座;5—管系;6—平顶板;

7—肘板;8—格子板。

图 1-69　轴隧横剖面

2. 舭龙骨

舭龙骨设在沿船长方向的舭部,用来减轻船舶横摇,故又称减摇龙骨,如图1-70所示。

在长度方向,舭龙骨装在船中部,长度为船长的1/4~1/3,宽度一般为200~1 200 mm,其原则是不能超出船的舷侧外板型线与船底板型线所围成的区域,以免靠离码头或进坞时碰坏。舭龙骨与外板应尽可能垂直相交,如图1-71所示。为避免因各种原因造成舭龙骨损坏时引起舭部外板受损,舭龙骨应连接在一根连续的扁钢上,此扁钢可焊接在船体上。舭龙骨和扁钢不能突然中断,应逐渐减小,且在端点处的船体内应有适当的内部支持。

图 1-70　舭龙骨

图 1-71　舭龙骨在舭部的位置

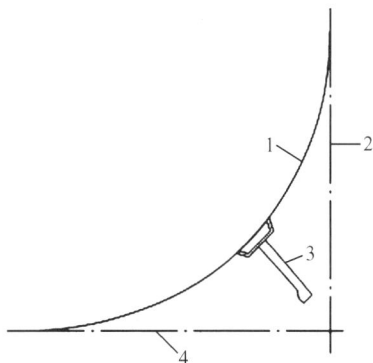

1—舭部外板;2—舷侧型线;
3—舭龙骨;4—船底型线。

连续的舭龙骨上往往开有减轻孔,其作用是既可减小结构质量,减轻横摇,又可避免因舭龙骨受力过大而损坏。冰区加强型船舶,一般将舭龙骨设计成分段的非连续构件,其目的是避免造成连续损坏。舭龙骨不承受船体的总纵弯曲强度。另外,减摇鳍和减摇水舱也能起减摇作用。

3. 船底塞

为便于坞修时能排除舱内积水,一般在双层底舱、艏艉尖舱及其他紧靠船底的每个水舱内至少设置一个船底塞。

船底塞设置在每一水舱后部的水密肋板前一挡肋距处,且在平板龙骨的两侧,并离开舱壁一段距离,以免被坞墩堵塞而无法拆装。为防止海水腐蚀及脱落,船底塞一般用锰黄铜或不锈钢制成,并应在拆装完成后出坞前在船底塞外面用水泥封涂成一个半球形的水泥包。图1-72所示为船底塞示意图。

4. 挂舵臂

挂舵臂用于支撑半悬挂舵。采用钢板焊接或铸钢,挂舵臂应伸入船体,并与加强的主体结构牢固地连接,如图1-73所示。

九、冰区加强

对航行于冰区的船舶,需按规范的规定进行加强,其加强部位主要有甲板、船壳外板、舷侧骨架及艏艉结构等。加强的方法主要有增加板厚、加大骨架尺寸和缩小骨架间距,具体细则在规范中有详细规定。

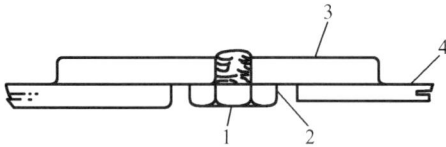

1—船底塞;2—垫圈;3—垫板;4—船底板。

图1-72 船底塞示意图

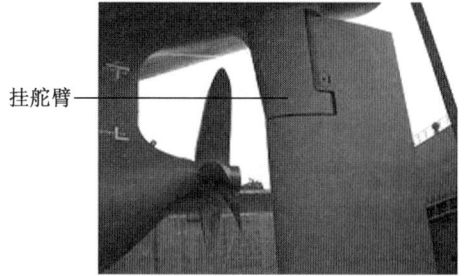

挂舵臂

图1-73 实船挂舵臂

1. 冰级

按不同的冰况,航行冰区的加强分为如下5个冰级标志:

(1) B1* 冰级,最严重冰况,相当于IASuper;

(2) B1 冰级,严重冰况,相当于IA;

(3) B2 冰级,中等冰况,相当于IB;

(4) B3 冰级,轻度冰况,相当于IC;

(5) B 冰级,除大块冰以外的漂流浮冰,如中国沿海情况。

2. B级冰区加强要点

冰带外板厚度至少应为船中部外板厚度的1.25倍,但不必大于25 mm。如果设置中间肋骨,则中间肋骨的垂向设置范围为压载水线以下1 000 mm至满载水线以上1 000 mm处;如果不设置中间肋骨,则肋骨间距应为船中部肋骨间距的60%,但应不大于500 mm。钢板焊接艏柱自满载水线以上600 mm处以下部分的板厚应为规范值的1.1倍,但不必大于25 mm。

知识点2 船体水密抗沉结构与抗沉性

船体水密与抗沉结构主要包括水密横舱壁、双层底、双层舷侧(壳)及各种开口的水密装置(如水密门、窗、水密舱盖与道门盖等)。

一、对船体内水密横舱壁设置的特别要求

1. 对客船

(1) 应设置艏尖舱舱壁或防撞舱壁,该舱壁应水密延伸到舱壁甲板。除有特别说明外,该舱壁应位于距艏垂线不小于船长的5%而不大于3 m加船长的5%处。

(2) 应设置艉尖舱舱壁和将机器处所与前后客、货处所隔开的水密舱壁,这些舱壁应水密延伸到舱壁甲板。

2. 对货船

(1) 应设置防撞舱壁,该舱壁应水密延伸到干舷甲板。除有特别说明外,该舱壁与艏垂线间的距离应不小于船长的5%或10 m,取较小者,但经主管机关允许,可不大于船长的8%。

(2) 应设置舱壁将机器处所与前后客、货处所隔开,该舱壁应水密延伸到干舷甲板。

二、船体开口的关闭设置

1. 水密舱壁上开口的关闭设备

（1）防撞舱壁

防撞舱壁上不准开任何门或人孔、通风管道或任何其他开口。凡穿过防撞舱壁的管子应设有能在舱壁甲板以上操作的截止阀，该阀的阀体应设在艏尖舱内的防撞舱壁上，以便在艏部破损时能立即将其关闭。

（2）水密舱壁上的水密门

任何动力滑动水密门的操纵装置，无论是动力式还是手动式，均应能在船舶向任一舷横倾至15°的情况下将门关闭。

任一动力滑动水密门应既能从驾驶室遥控关闭，也能用设置的独立的手动机械操纵装置从门所在位置的任一边用手开启和关闭。在控制位置应装设显示门是开启或关闭的指示器，并且在门关闭时发出声响报警。在主动力失灵时，动力、控制和指示器应能工作。

除所规定的航行中可以开启的门外，所有水密门在航行中应保持关闭。这些门在港口开启的时间和离港前关闭的时间均应记入航海日志。

（3）客船水密舱壁上的水密门

①结构与遥控操纵要求：每一动力滑动水密门，均应为竖动式或横动式，最大净开口宽度一般限制为1.2 m。其动力系统应和任何其他动力系统分开，且其遥控操纵位置设在符合要求的驾驶室内和舱壁甲板以上的手动操纵处。

②操纵位置：现场用独立的手动机械装置从门所在舱壁的任一侧用手开启和关闭门，其控制手柄应装设在舱壁两侧地板以上至少1.6 m的高度处，开启与关闭门时手柄的运动方向与门的移动方向一致，并清楚地标明；驾驶室集控台集中遥控关闭所有门（不能从集控台遥控开启任何一扇门）；在舱壁甲板以上可达到之处用全周旋摇柄转动或主管机关接受的具有同样安全程度的其他动作关闭该门。

③在船舶正浮时应满足的关门时间要求：现场手动机械装置将门完全关闭的时间应不超过90 s；从驾驶室集控室遥控同时关闭所有门的时间应不超过60 s；用动力关闭门时关闭速率应大致均匀，确保从门开始移动至门完全关闭的时间，在任何情况下应不小于20 s且不大于40 s。

④应设置一个与该区域内其他警报器不同的声响警报器。当该门用动力遥控关闭时，这种警报器应在门开始移动前至少5 s但不超过10 s发出声响，且连续发声报警直至该门完全关闭。在手动遥控操纵的情况下，只要当门移动时声响警报器能发出声响即可。此外，在乘客区域和高噪声环境区域，可以在门上的声响警报器增配一个间歇发光信号器。

⑤驾驶室内的集控台应设有标明每扇门位置的图，并附有发光指示器，以显示出每扇门的开启或关闭状态。用红灯表示一扇门完全开启，而绿灯表示一扇门完全关闭。当遥控关闭门时，红灯闪烁表示门处于关闭过程中。指示器电路应与每扇门的控制电路分开。

⑥动力滑动水密门需要的电源应由应急配电板直接供电，或由位于舱壁甲板上方的专用配电板供电。

⑦在甲板处所之间分隔货舱的水密舱壁上装设的水密门可为铰链式、滚动式或滑动式，但不必是遥控的。它们应装在最高处并尽可能远离外板。此类门应在开航前关妥，并

应在航行中保持关闭,其在港内开启的时间和船舶离港前关闭的时间应记入航海日志中。无60 s内关闭时间的要求。

(4)货船的水密门和舱盖

①用以保证内部开口的水密完整性且通常在航行时关闭的出入门和舱盖,应在该处和驾驶室装设显示这些门或舱盖是开启还是关闭的设施。这类门或舱盖的使用应经值班驾驶员批准。

②可以装设结构良好的水密门用作大型货物处所的内部分隔,这些门可以是铰链的、滚动的或滑动的,但不应是遥控操纵的。此类门应在开航前关妥,并应在航行中保持关闭。在港内开启的时间和船舶离港前关闭的时间应记入航海日志。

2.船壳板上的关闭设备

在限界线以下的船壳板上的开口越少越好,并应根据用途和位置设置相应的关闭设备。

(1)在封闭甲板以下处所或封闭的上层建筑处所的舷窗,应装设铰链式可靠的内侧舷窗,其装置应能有效地关闭和保证水密。

限界线以下的舷窗采用水密性和抗风浪性强的圆形舷窗并装有可靠的铰链舷窗盖。其主要有永久关闭式舷窗、离港前关闭到港后方可开启的舷窗(启闭时间需记入航海日志)及航行中由船长决定是否关闭的舷窗三种。

(2)船壳板上的排水孔都有防止海水意外进入船内的装置。从舱壁甲板以下通到船壳板外的排水孔都配有自动止回阀,并在舱壁甲板上设有可以强制关闭的装置,或者设两个止回阀,其中一个的高度能使其随时可以检查并且是经常关闭型的。

(3)与机器连通的海水进水孔和排水孔,在管系与外板间或管系与装配在外板上的阀箱之间装设有易于到达且可就地控制的阀,设有表明阀处于开启或关闭的指示器。

3.舱壁甲板以上的水密设施

舱壁甲板以上也采取水密措施以保证限界线以上水密的完整性。

(1)舱壁甲板和舱壁甲板的上一层甲板均不透风雨。露天甲板上的所有开口都可以关闭。

(2)舱壁甲板以上、第一层甲板以下所有舷窗都有舷窗盖,可以有效地关闭并保证水密。

(3)露天甲板上设有排水口或排水孔,可以在任何气候情况下将水迅速排出舷外。

三、船舶抗沉性

抗沉性是指船舶在一舱或数舱破损进水后,仍能保持一定的浮性和稳性,使船舶不致沉没或延缓沉没时间,以确保人命和财产安全的性能。各类船舶对于抗沉性的设计要求是不同的。军舰的抗沉性要求要明显高于民用船舶;在民用船舶中,客船的抗沉性要求要高于货船,无限航区船舶的抗沉性要求高于沿海船舶,沿海船舶的抗沉性要求高于内河船舶。为保证船舶安全,国际有关公约和中国海事局《船舶与海上设施法定检验规则》(以下简称《法定规则》)都明确规定了各类民用船舶的抗沉性的具体要求。

1.进水舱的分类

在抗沉性计算中,根据船舱进水的情况,可将进水舱分成下列三类:

（1）第一类舱：进水舱被灌满，其舱顶位于水线以下且未破损。如船底触礁破损，舷外水涌入充满双层底舱，而舱顶完好无损。因这类舱不存在自由液面，在抗沉性计算中可以将进水舱的进水载荷视作如同加载了一定量的固体载荷一样处理。

（2）第二类舱：进水舱未被灌满，舱内外水不相连通。如为扑灭舱内火灾而在舱内注水，或破损舱的破损处已被堵漏器材堵住。与第一类不同的是，在抗沉性计算中这类舱需要考虑自由液面对船舶稳性的影响。

（3）第三类舱：舱顶位于水线以上，舱内外水相连通。这是最典型的船舱进水情况。当船体水面下的破孔和裂缝较小时，这类舱的进水过程会持续较长时间，最终会保持舱内和船外处于同一水平面。在抗沉性计算中这类舱如果进水量不超过 10%～15%，则可以采用重量增加法或浮力损失法来计算。

2. 渗透率

营运中船舶船舱内存在着各种构件、设备、机械、货物等，它们在舱内占据了一定的空间。当船舱进水后，其实际进水体积 V_1 总要小于空舱的型体积 V，两者之比称为体积渗透率 μ_v，即

$$\mu_v = \frac{V_1}{V}$$

体积渗透率 μ_v 的大小与舱室的用途、舱内装载情况有关。我国《法定规则》规定的体积渗透率 μ_v 见表 1-3。各种货物体积渗透率的统计平均值见表 1-4。

表 1-3　货船体积渗透率 μ_v

处所	体积渗透率 μ_v	处所	体积渗透率 μ_v
贮物处所	0.60	机器处所	0.85
起居处所	0.95	空舱处所	0.95
干货处所	0.70	液体处所	0 或 0.95

表 1-4　各种货物体积渗透率的统计平均值表

货物名称	体积渗透率 μ_v	货物名称	体积渗透率 μ_v
包装面粉	0.29	箱装家具	0.80
箱装牛油	0.20	箱装机器	0.80
罐装食品	0.30	箱装轮胎	0.85
包装软木	0.24	汽车	0.95
木材	0.35	烟草、橡胶	0.68

为修正进水舱内自由液面对稳性的影响，引入了面积渗透率 μ_a 的概念。它是指当船舱进水后，其实际进水面积 a_1 与空舱时的面积 a 之比。面积渗透率 μ_a 与体积渗透率 μ_v 之间并无一定的联系，通常 μ_a 大于 μ_v。在一般的计算中可设定 $\mu_a = \mu_v$。通常所谓的渗透率是指体积渗透率。

四、《船舶破损控制手册》简介

国际航行船舶依据《SOLAS 公约》要求,自 1992 年 2 月 1 日或以后建造的都应备有与船舶破损相关的资料手册——《船舶破损控制手册》。配备《船舶破损控制手册》的目的是为船上高级船员提供船舶破损的相关资料和抗沉性的基本知识和计算方法,当船舶发生破损时,帮助船员判断船舶进水情况,以便船员做出正确决策和采取应急措施,最大限度地确保生命和财产的安全。

《船舶破损控制手册》的主要内容如下:

1. 船舶相关技术资料

(1)船舶主要参数、货舱和机舱尺度等

船舶主要参数包括船名、IMO 编号、呼号、船籍港、船型主尺度等。

货舱及机舱尺度包括每个货舱和机舱的最大长度和最大宽度,以便用于在遇船舶舱容资料丢失时估算舱内的进水容量。

(2)排水泵排量和最大排水能力

分别列出船上每一通用泵、压载泵、主海水泵和消防泵的排水能力,并标注船舶货舱、机舱和压载舱的综合最大的排水能力。

(3)船舶破损控制图

船舶破损控制图是一张比例不小于 1:200,为清晰地显示各层甲板及货舱水密舱室的限界、限界上开口及其关闭装置和控制位置,以及扶正由于浸水产生的横倾装置位置等内容而专门绘制的船舶每层甲板的俯视图。船舶破损控制图的张贴位置通常在驾驶台、货物控制室、艇甲板走廊等处。

2. 船舶破损控制

该部分主要包括对船舶破损控制图的说明和要求高级船员熟悉和掌握的内容,以及本手册的日常监控管理、船舶发生破损后的应急措施等。

在船舶发生破损后的应急措施中应包括船舶公司的应急指挥中心办公室电话和传真号码,按照公司 SMS 文件应向公司报告的内容(发生破损的时间和地点、破损原因和部位、破损程度、发展趋势、已采取和打算采取的措施)和详细的"船舶破损/进水应急部署表"。

该部分还包括下列实操指导和注意事项说明:

(1)船舶碰撞造成破损后的应急措施

船首撞入他船或被他船撞入后,可视情采取停车或保持微速前进措施,尽量保持两船咬合状态,防止扩大破损范围或从破损处大量进水造成船舶迅速沉没;应尽可能立即停车以减少破损面扩大,并立即进入堵漏排水部署;尽可能操纵船舶,使受损部位处于下风舷;近岸航行的碰撞,若没有沉没危险,则应考虑抢滩的提前准备工作;对碰撞时的船首向、船位、碰撞时间、与他船碰撞的角度、部位、损坏程度及所采取的措施应尽可能完全准确地记录,并将船名、船籍港、目的港告知对方船长。

(2)调整横倾及纵倾的注意事项

向相反的一舷注水,可以改变船舶的横倾,但应该注意注水会造成船舶储备浮力的减小并形成新的自由液面,进一步恶化船舶的稳性;向前后大量压水可以改变船舶纵倾,但会影响船体强度,因此要谨慎。通过减小吃水可以减小进水量,尤其破损部位在水线附近更是如此。减小吃水的方法可以酌情考虑排水、向他船驳货或抛弃部分货物。

（3）进入或逃出水密舱柜的方法

进入水密舱柜前，应严格执行相关操作规程，确保人身安全。尤其应对水密舱柜的含氧量进行测量，必要时进行通风；确保在水密舱柜道门外留有专人负责通信联络，应为进入水密舱柜的工作人员提供足够的照明。

紧急情况下需要从水密舱柜立即撤离时，水密舱柜内的工作人员应保持冷静，沿进入路线反向迅速撤离。注意行动的有条不紊，前后联络，相互协调，相互照顾；若条件允许，撤离后立即关闭水密舱柜的水密道门，以防止进水情况可能的进一步恶化。

3. 船舶破损控制须知

（1）船舱进水重量和进水速率估算公式

船舱进水重量 $P(\mathrm{t})$ 计算公式（当船舶舱容资料丢失时）：

$$P = \rho \cdot \mu_{\mathrm{v}} \cdot \delta \cdot L \cdot B \cdot D$$

式中　ρ——进水的水密度，$\mathrm{t/m^3}$；

　　　μ_{v}——渗透率；

　　　δ——液舱方形系数，船首尾部舱取 0.4～0.5，船中部舱取 0.95～0.98；

　　　L——船舱最大长度，m；

　　　B——船舱最大宽度，m；

　　　D——船舱内进水的深度，m。

（2）船体破损后进水速率 $Q(\mathrm{m^3/s})$ 计算公式

$$Q = 4.43 \mu F \sqrt{H-h}$$

式中　μ——流量系数（小洞取 0.6，中洞取 0.7，大洞取 0.75）；

　　　F——破洞面积，$\mathrm{m^2}$；

　　　H——破洞中心至舷外水面垂直距离，m；

　　　h——破洞中心至舷内水面垂直距离，m。

破损进水后可视具体情况采取移载法、排水或对称压载法，尽量保持正浮或减小横倾。同时注意剩余储备浮力的损失和对安全的影响。要求船舶向一侧横倾不得超过 20°，采取扶正措施后不得超过 12°。但在任何情况下，海损水线的最高位置不得淹过限界线，以防止船舶出现过度横倾和丧失稳性，导致倾覆。

4. 附录

本轮堵漏器材清单及检查和保养要点；

本轮货舱、水舱和油舱的通风管、测量管、溢流管在甲板上的位置图；

船舶破损时本轮水密装置操作程序及其须知。

知识点 3　船体主要结构图与总布置图

船舶图纸作为船舶的重要技术文件对船舶的安全营运发挥着至关重要的作用。船舶管理人员要能够正确识读图纸，这对于船舶的日常保养、货物的合理积载、船舶的定期修理等至关重要。

一、船体主要结构图

船体主要结构图反映了本船船体结构的尺度,亦用于造船时计算强度和选用构件,修理船舶时根据蚀耗范围决定如何修理各构件。常用的船体主要结构图有以下几种:

1. 基本结构图

基本结构图反映了船体纵、横构件的布置和结构情况,是全船的结构图样之一,既是绘制其他结构图样的依据,也是具体施工时的一张指导性图纸。主要包括纵中剖面结构图、各层甲板图及内底结构图等。

基本结构图

(1)纵中剖面结构图

图上注有肋骨尺度和间距、甲板纵桁尺度、各种支柱尺度、纵舱壁厚度及其以上的扶强材尺度、上层建筑的高度以及板的厚度和扶强材尺度等。

(2)各层甲板图

图上注有甲板的厚度、甲板纵桁的尺度和间距、横梁尺度、舷边角钢尺度和各开口的位置及尺寸等。

甲板由多块钢板焊接组合而成,主体部分钢板的长边沿船长方向布置,艏艉相接,并平行于船体纵中线。但由于甲板边板要保持一定宽度,故沿舷边成折线状布置,且在大开口之间及艏艉两端允许横向布置。

(3)内底结构图

图上注有内底板和内底边板的厚度、舭肘板尺度、内底和船底纵骨的尺度、肋板的厚度和尺度、中桁材和旁桁材的厚度和尺度。该图也叫双层底图。

2. 外板展开图

(1)外板的组成与名称

船壳外板由若干列列板焊接而成,列板又由若干块钢板短边与短边相接焊接而成。船体纵中线的一列船底板称为平板龙骨,由船底过渡到舭侧的转圆部分为舭列板。舭列板以上的列板称为舷侧列板,与上甲板边板连接的这一列板称为舷顶列板。在艏艉部,因线型变化需要,将相邻的某两列板合并为一列板称并板。船壳各列板如图 1-74 所示。外

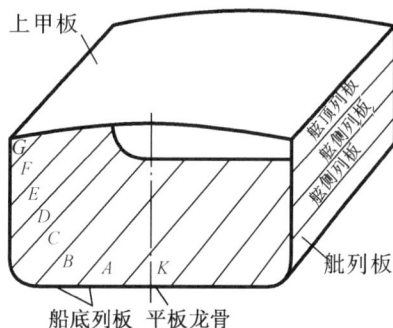

外板展开图

图 1-74   船壳各列板

板展开图是造船或修理时确定船体钢板的规格和数量、申请备料和订货的主要依据,在图上每一块钢板的宽度是其实际宽度,而长度却是其在基线上的投影长度,小于实际尺度,且实际应用时一般仅绘制右舷的外板展开图。

(2)外板的编号方法

编号由列板与钢板序列号两部分组成,以平板龙骨为基准并称为 K 列板,与其相邻的列板分别称为 A、B、C……以此类推,但 I、O、Q 三字母不用,并冠以左舷(P)或右舷(S);而同一列板中每块钢板的排列序号可以从船首排起,也可以从船尾排起,并用阿拉伯数字表示。如船壳外板右舷 C 列第四块板(从船首算起),则可表示为"SC4",同样"K6"则表示平板龙骨第六块板(从船首算起)。

中横剖面图

3.横剖面图

横剖面图主要包括中横剖面图、机舱处横剖面图及货舱口处横剖面图。其上有一些重要的船舶尺度、横剖面形状及剖面处各构件的尺度等。

4.舱壁图

舱壁图上注有舱壁板的排列和厚度、扶强材及其肘板的尺度、水平桁材的尺度等。

5.坞墩图

坞墩图又称进坞图,是一张有关船体底部船壳线型的图纸。图上标明有船底骨架、航海仪器与船底阀所在位置及坞墩的分布形式与数量。其作用是指明船舶进坞时坞墩的正确排放位置与数量,避免因坞墩排放位置不合适而损坏船体、航海仪器船底装置或堵住海底阀,确保航海仪器船底装置和海底阀能及时得到检修。

二、总布置图

总布置图是船舶各舱室的划分及其位置、各种设备及其位置的布置图。该图反映了船舶总的布置情况,比较集中地体现了船舶的用途、任务和经济性。

总布置图

完整的总布置图由船舶的右舷侧视图、货舱正视横剖面图、各层甲板与平台平面图、舱底平面图、船舶主要尺度和技术数据及图纸名称、设计单位与日期和批准主管机关等组成,总布置图见附录 A 所示。

1.右舷侧视图

右舷侧视图是将船舶的右舷侧面投影在艏艉纵中线所在垂直平面上所得到的视图。该图主要包括全船的侧视概貌(如主船体轮廓、上层建筑位置、层高及形式等)、主船体内部机舱位置、货舱分布与数量、甲板及平台位置与数量、甲板与救生设备的分布位置与数量等内容。

2.货舱正视横剖面图

货舱正视横剖面图是从船首正前方投影船舶货舱所得到的视图。该图主要包括货舱、船底及舷侧的布置形式、上层建筑布置形式与层高等内容。

3.各层甲板与平台平面图(俯视图)

4.舱底平面图

(1)对单层底而言,舱底平面图体现船底上的布置情况;

(2)对双层底而言,舱底平面图体现了内底板上有关舱室与设备的布置位置与数量、双层底内部有关舱室的划分位置与数量等。

5.船舶主要尺度和技术数据

船舶主要尺度和技术数据主要包括最大长度、两柱间长(型长)、型宽、型深、设计吃水、服务航速、总吨与净吨、主机型号及功率、续航力、人员定额及船级等。

第三部分　船舶管系

船舶管系作为船舶附属设备,其种类繁多,作用各不相同。其中最常见的是舱底水管系、压载管系、通风管系、消防管系、甲板排水管系。船舶驾驶人员要了解管系的组成及规范要求,保证各管系能正常使用。

知识点1　舱底水管系

舱底水管系
(课件)

一、舱底水管系的作用

舱底水管系又称污水管系,主要用于排除清洗货舱或舱盖渗漏等造成的舱内积水,以及艉轴与舵杆套筒填料函的老化渗漏、机器与管路渗漏等聚于机舱底部的污水。舱底水管系也可用于排除由于海损事故进入舱室的水。

二、舱底水管系的组成

舱底水管系主要由以下几部分组成:

1. 污水沟与污水井

污水沟或污水井用于积聚舱室污水。对双层底船而言,污水沟位于舱内艉部,由下倾式内底边板和舭列板围成。其他形式的内底边板结构,一般在舱底两舷后部的内底板上设置一个凹入双层底的污水井,以便积聚污水。

2. 吸口与舱底水管路

吸口与舱底水管路用于排出污水,一般布置在双层底舱内,也有布置在污水沟内的,具有管隧结构的大型船舶,总管布置在管隧内。

3. 舱底泵

舱底泵用于抽出污水,大多布置于机舱内。

4. 阀箱

为便于集中控制与简化管路,一般在机舱里设置若干阀箱,当需要将某舱污水排出时,只要将该舱所属的阀门打开,舱底泵工作就能将污水经阀排出。

5. 泥箱和油水分离器

泥箱用于过滤污水,使污泥和杂质沉积在泥箱里,以防污物进入管路产生堵塞或损坏泵阀。油水分离器用于分离出污水中的残油,以防污水排出时带出残油而污染海域。

6. 测量管

各舱的污水沟或污水井内均设有一根直通至舱壁甲板以上(一般为主甲板)用来测量其水位的测量管,又称测深管。

三、规范要求

1. 污水沟与污水井

按照规范规定,污水井的容积应不小于 0.15 m^3。污水井通常由肋板将其分为前后相通的两部分,且容积前大后小,容积比一般为 3:1,这样可最大限度地减少污物进入吸口所在的污水井后部区域,减少堵塞污水管路的可能性。此外,对装载散装干货的货舱,还应在装货前将污水井盖用麻布盖好,以免散货颗粒掉入污水井内。

2.吸口与舱底水管路

按规范规定,每舷的污水沟或污水井内均应设置一个吸口,但对内底板向两舷升高及艏、艉端狭窄的货舱,则在中纵剖面处设置一个吸口;当仅有一个货舱且该舱长度大于 35 m时,则在舱的前后端均应设置一个吸口。任何舱室或水密区域内的积水,均能通过至少一个吸口予以排出。

因船舶多处于艉倾状态,故吸口布置在各舱后部规定位置的最低处。为防止污物堵塞管路,货物及除机器处所和轴隧外的其他舱室舱底水吸入管的开口端,应封闭在网孔直径不大于 10 mm 的滤网箱内,滤网箱的通流面积应不小于该舱底水吸入管截面积的 2 倍,滤网箱应便于拆装和清理。

舱底水管路的布置应满足船舶在正浮或向任何一舷横倾小于 5°时,均能排干污水。舱底水支管内径一般应不小于 50 mm,直通舱底泵的舱底水管内径应不小于该船舱底水总管的内径;轴隧舱底水支管内径一般应不小于 65 mm,舱底水总管内径应不小于最大舱底水支管的内径。

3.舱底泵

当客船业务标准数大于或等于 30 时,至少应配备四台动力舱底泵,其中三台应为独立动力泵,另一台可由主机带动或仍为独立动力泵;当客船业务标准数小于 30 时,至少应配备三台动力舱底泵,其中两台应为独立动力泵,另一台可由主机带动或仍为独立动力泵。除客船外的船舶,当船长大于 91.5 m 时,至少应配备两台独立的动力舱底泵;当船长小于或等于 91.5 m 时,至少应配备两台动力舱底泵,但其中一台可由主机带动或仍为独立动力泵。

所有的动力舱底泵均应为自吸式泵或带自吸式装置的泵。每台动力舱底泵应能使流经所需的舱底水总管的水流速度不小于 2 m/s。舱底泵与舱底水管系的连接,应确保当其他舱底泵在拆开检修时,至少有一台泵仍能继续工作。且泵及其管路的布置,应能使所连接的任何泵的工作不受同时工作的其他泵的影响。

4.测量管

该管上口设有盖子,下口位于水位最深处(吸口附近),为避免测量尺下端的重锤(或棒)对船底板频繁撞击而损伤船底板,在下口处的船底板上焊一个圆形垫板,称防击板。除舱底水管外,所有的液舱、隔离空舱及管隧等均设置有测量管,以便测量液位。测量管的内径不得小于 32 mm。

知识点 2　压载管系

一、压载管系的作用及要求

压载管系主要用以向各压载舱打入或排出压载水,从而调整船舶浮态。压载管系的布置应避免压载水进入货舱、机舱或其他舱室,为此,压载管系常设置在双层底内或管隧内,同时应尽可能避免穿过油舱或淡水舱,以防管路泄漏而损坏货物或设备。为使压载水进、出各压载舱,或在压载舱之间互相调拨,压载管路中不得装设止回阀或截止止回阀。

压载管系
(课件)

二、压载管系的组成

1. 压载管路和吸口

压载管路用来输送压载水,通向各个用于压载的舱室。船上压载管系的布置方式大致有独立式、单总管式、环形总管式、分组形总管式及重力排水式五种。其中散装货船及矿砂船多采用单总管式,散装货船也采用重力排水式。

2. 调驳阀箱

调驳阀箱用来控制将舷外海水通过海底阀注入所需的压载舱,或将压载舱内的压载水通过舷侧排水阀排出舷外,以及在各压载舱之间实现调驳。

3. 空气管和测量管

(1)空气管

空气管一般由空气管头和空气管筒体两部分通过法兰连接组成。空气管头形式有浮筒(浮子)式、浮球式、帽式、鹅颈式及测深兼透气式多种,图1-75为船用空气管头。空气管筒体下端与舱柜相通。

(2)测量管

各压载舱均设有测量管,以测量各压载舱的液位,其设置要求同舱底水管系。

图1-75　船用空气管头

三、规范要求

1. 压载管路和吸口

压载管的布置和各压载舱吸口的数量,应能满足船舶在正常营运条件下处于正浮和倾斜位置时均能将压载水注入或排出各压载舱,即在机舱前的各压载支管,布置在内底板以下双层底内或管隧(箱形中桁材)内,机舱里的压载支管布置在内底板上,机舱以后的压载支管布置在轴隧里,为便于集中控制,压载总管布置在机舱内(大型船舶也有布置在专用泵舱内的)。吸口设在各压载舱的后部,但当某压载舱长度超过35 m时,则应在前后端均设置吸口,吸口处还应设过滤器。

2. 调驳阀箱

调驳阀箱设在机舱或专门泵舱内,与各压载支管、总管和压载泵相连接。阀门主要有各压载支管的截止阀、排出舷外的舷侧排水阀(为截止止回阀,以防海水倒灌)、海底阀(或称通海阀,为截止阀)。

3. 空气管和测量管

(1)空气管

按规范规定,除污水沟(井)外,所有液舱(水舱、油舱)及隔离空舱和管隧均应装设空气管,必要时,轴隧也应装设空气管,以便液舱在注入或排出液体时,空气能自由地被排出或进入液舱。

空气管应从舱柜的高处引出并远离注入管,即相应舱室空气管的下端口应延伸且刚好穿过该液舱前部最高处的顶板并与之连接,如双层底舱空气管的下端口应延伸且刚好穿过该舱前部角落的内底板并与之相连接。

空气管的上口应升高至干舷甲板以上的露天地点(如上甲板、上层建筑甲板等)或舱壁甲板以上或机械处所内较小的舱室空气管,终止于机器处所内,其中双层底舱空气管的上口应升高至舱壁甲板以上。燃油和货油舱柜空气管的管端,装设有耐腐蚀且便于更换的金属防火网。

空气管在干舷甲板上离甲板的高度应不小于 760 mm,在上层建筑甲板上的高度应不小于 450 mm。对无法实现独立布置空气管的船舶(如客船),则可将储存同类液体的各舱柜空气管引至舱壁甲板以上后,与空气总管连接,并将该总管引至露天甲板以上,但空气总管的布置一般要有 5°左右的斜度,以免管内积存液体。

一般空气管的内径不小于 50 mm,轴隧与管隧的空气管内径不小于 75 mm,油船空气管内径不小于 100 mm,空气管不得兼作测量管。

(2)测量管

在机舱和轴隧处的测量管上口可升至花钢板以上,并在管口设置自动关闭阀,以免油、水从测量管溢出。

知识点 3　通风管系

一、通风管系的作用

通风管系用于对货舱、机舱、客舱、船员起居处所和服务处所等舱室进行通风,排除废气,补充新鲜空气,调节舱室内的温度和湿度,防止承运的货物变质或自燃,改善旅客和船员的居住和工作条件。

通风管系
(课件)

二、通风方式

船上常见的通风方式有自然通风、机械通风和空气调节系统通风三种。

1. 自然通风

自然通风是借助通风筒,依靠舱室内外气压差,使空气进入舱内或排出舱外达到通风的目的。常用的通风筒有下列几种。

(1)烟斗式通风筒

如图 1-76 所示,该种通风筒又称为风斗。图中风斗套在座管上,风斗上的把手用来转动或取下风斗。这种通风筒主要用于向舱内送入新鲜空气,排出废气的效果不如排风筒。小型船舶的货舱和机舱用得较多,且在大风浪天气时需将风斗取下,用木盖盖住座管口并套上帆布罩扎紧,以防海水浸入舱室。

(2)排风筒

如图 1-77 所示,排风筒的风斗呈喇叭形,风从小口吹入,气流在座管上方加速而使其压力降低,舱内空气则经座管从大口处排出。该种通风筒在小型船舶靠近两舷的舱室用得较多。

(3)鹅颈式通风筒

如图 1-78 所示,筒口除设有铰链式盖板外,还设有滤网。该种通风筒主要用于船舶的物料间、储物间及类似舱室,其中小型船舶用得更多。

(4)菌形通风筒

如图 1-79、图 1-80 所示分别为菌形(又称蘑菇形)通风筒示意图和实船菌形通风筒,它是在座管上设置一形如菌帽的圆盖,这种通风筒在船上广泛使用。一些杂货船和多用途

船则利用其起重设备组成部分中的起重柱作为座管,在其上加设固定的菌形帽盖而构成货船的自然通风筒。用于厨房和起居舱室的通风筒则装有可调节螺杆,只需在室内旋转调节手轮就可达到调节开口大小的目的。

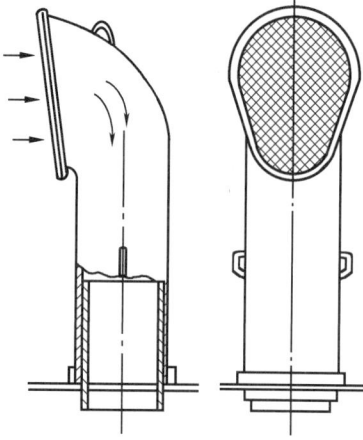

图 1-76　烟斗式通风筒

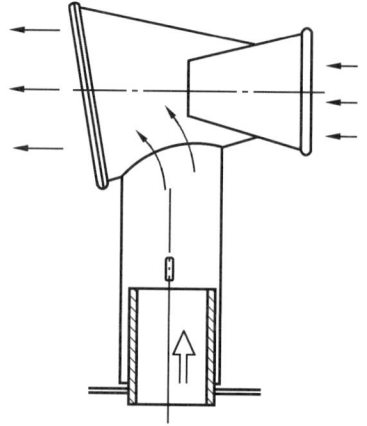

图 1-77　排风筒

图 1-78　鹅颈式通风筒

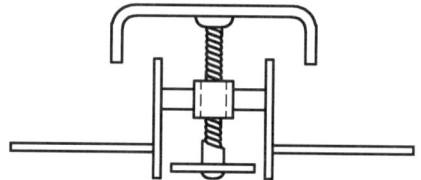

图 1-79　菌形通风筒示意图

图 1-80　实船菌形通风筒

　　置于驾驶室后面用以给机舱通风的菌形通风筒还配备有风机和金属防火网。菌形通风筒配有关闭装置,发生火灾或不需要通风时可将其关闭。

　　值得一提的是,为了节省空间和节约钢材,现在很多货船把通风口开在货舱舱盖侧面,外加金属丝网和盖板,在不需要通风时关闭盖板即可。

　　2.机械通风

　　机械通风是用风机和管道把新鲜空气鼓入舱内或把舱内空气抽出,以达到通风目的。其主要用于起居舱室和货舱。为避免在恶劣或潮湿天气时因通风的原因而使湿空气进入货舱引起货物潮湿,甚至发霉变质造成货损,可在普通机械通风机上加置除湿机或除湿剂,从而使输入舱内的新鲜空气变干燥。

　　3.空气调节系统

　　(1)中央集中式空调装置

　　中央集中式是在船上设置一个中央空调器,由其集中处理空气,然后利用通风管路将处理过的空气送至各舱室以达到调节舱内温度和湿度的目的。这种形式多见于货船。

　　(2)分组集中式空调装置

　　分组集中式是在船上不同区域设置几个中央空调器,分别负担部分舱室。这种形式多见于客船。

　　(3)独立式空调装置

　　独立式是安装在所需舱室的小型空调器,仅对所设置的舱室起空气调节作用,如船上的保鲜库房等。

　　三、规范要求

　　(1)通风帽(筒口)应设在开敞甲板上,并尽量远离排气管口、天窗及升降口等处。

　　(2)当通风筒是在露天的干舷甲板和后升高甲板上,以及位于从艉垂线起 $0.25L$ 以前的露天上层建筑甲板上时,其在甲板以上的围板高度应至少为 900 mm;当通风筒是在位于从艉垂线起 $0.25L$ 以后,且在干舷甲板以上至少一个标准上层建筑高度的露天上层建筑甲板上,以及在位于从艉垂线起 $0.25L$ 以前,且在干舷甲板以上至少两个标准上层建筑高度的露天上层建筑甲板上时,其在甲板以上的围板高度应至少为 760 mm。

　　(3)通风筒结构应坚固,并与甲板牢固连接,当任何通风筒的围板高度超过 900 mm 时,必须有专门的支撑。

　　(4)通风管不得穿过舱壁甲板以下的水密舱壁。

　　(5)应设有能在外部关闭通风筒的有效装置,以防火灾时能利用其迅速关闭通风筒控制火势。

　　(6)必要时通风筒口应设风雨密装置。

知识点 4　其他管系

　　一、甲板排水管系

　　1.作用与组成

　　甲板排水管系是用于排除露天各层甲板或地板积水的系统。其主要由甲板排水器和排水管组成。

2. 规范要求

（1）为防止污水进入排水口而堵塞排水管，在排水口处设有盖板。

（2）非封闭的上层建筑和甲板室的排水管和泄水管应引至舷外。

（3）排水孔应避免开在救生艇及舷梯吊放区域内，否则必须设置挡水罩或其他有效装置。

其他管系
（课件）

（4）穿过外板的排水管和泄水管管壁必须加厚。

（5）为防止海水倒灌，排水管下口处设有止回装置，不论是在干舷甲板以下大于 450 mm 处或在夏季载重水线以上小于 600 mm 处穿过外板，均应在外板处设置止回阀。

二、消防管系

消防管系是指船舶按规范规定设置的各种固定灭火系统。船上常用的固定式灭火系统有水灭火系统、气体灭火系统、泡沫灭火系统、水雾灭火系统、自动喷水灭火系统及惰性气体保护系统等，有关规范对上述灭火系统均做了非常严格和明确的规定。

在上述各灭火系统中，水灭火系统的甲板管系除主要用于灭火外，平时还可用于冲洗甲板，起锚时冲洗锚链和锚。与手提式泡沫枪装置配套使用，散装货船与可装载散装货的多用途船用其对货舱进行冲洗，老式散装货船用其向顶边舱灌装压载水。

三、日用水管系

日用水管系用于供应船舶管理和船员生活用水。主要有日用淡水系统、日用热水系统及饮用水系统等。一般有下列三种供水方法：

（1）重力水柜；

（2）压力水柜；

（3）循环泵。

四、卫生排泄系统

卫生排泄系统是船上冲洗卫生设备的系统。为防止造成海洋污染，必须先经粪便处理系统处理后，方可排放入海。

【项目实施】

任务一　认识船舶基本结构中的部位名称术语

一、训练目标与要求

能正确指认出船舶基本结构中各部位的名称、术语。

二、训练设备

船舶结构模型、船舶结构挂图、船舶结构幻灯片、教棒。

三、训练步骤

1. 教师用教棒等指到船舶结构模型或挂图等的某部位或结构部件,请学生回答出其部位的名称或术语;

2. 教师说出船舶结构名称或术语,请学生用教棒等在船舶结构模型或挂图等上面指出;

3. 教师对学生的学习情况进行评估。

【扩展知识】

舭龙骨图

船体结构理论线图

肋骨线型图

【课后自测】

一、单项选择题

1. 与船舶稳性有关的主尺度比是_____。

A. L/B　　　　　B. B/d　　　　　C. L/D　　　　　D. D/d

2. 双层底内的油舱与饮用水舱之间应_____。

A. 确保水密　　　　　　B. 设置隔离空舱

C. 设水密肋板　　　　　D. 设实肋板

3. 舭肘板的宽度和高度应_____。

A. 宽度大于高度　　　　B. 高度大于宽度

C. 高度等于宽度　　　　D. 无具体要求

4. 舷墙的作用是_____。

(1) 减少甲板上浪;(2) 保证人员安全;(3) 高度不小于 1 m;(4) 防止物品滚落舷外;(5) 增加总纵强度。

A. (1)(2)(3)(4)　　　　B. (1)(2)(4)(5)

C.(1)(2)(4)   D.(1)(2)(3)(4)(5)

5. 货舱容积损失少的骨架排列形式是_____。

A. 纵骨架式   B. 横骨架式

C. 纵横混合骨架式   D. 自由骨架式

6. 槽形舱壁的优点是_____。

(1)质量小;(2)清舱工作方便;(3)焊接工作量少;(4)占舱容大;(5)对包装箱装货物装货不利。

A.(1)(2)(3)   B.(1)(2)(3)(4)

C.(1)(2)(3)(4)(5)   D.(2)(3)(4)(5)

7. 下列属于艏部结构特点的是_____。

(1)多采用纵骨架式;(2)肋骨间距小;(3)构件尺寸大;(4)设有许多空间骨架。

A.(1)(2)(3)   B.(2)(3)(4)

C.(1)(2)(3)(4)   D.(1)(2)(4)

8. 纵骨架式船体结构的优点是_____。

(1)纵向强度大;(2)船体质量小;(3)适用于大型油船;(4)舱容利用率高。

A.(1)(2)(3)   B.(2)(3)(4)

C.(1)(3)(4)   D.(1)(2)

9. 双层底的作用是_____。

(1)增强船体总纵强度和船底局部强度;(2)用作油水舱,并可调整船舶吃水;(3)增加船舶抗沉能力和承受负载。

A.(1)(2)   B.(1)(3)

C.(2)(3)   D.(1)(2)(3)

10. 船壳板的组成有_____。

(1)平板龙骨;(2)船底板;(3)舭列板;(4)舷侧外板;(5)舷顶列板。

A.(1)(2)(3)(4)   B.(2)(3)(4)(5)

C.(1)(3)(4)(5)   D.(1)(2)(3)(4)(5)

11. 按舱壁结构可分为_____。

(1)平面舱壁;(2)防火舱壁;(3)槽形舱壁;(4)制荡舱壁。

A.(1)(2)(4)   B.(2)(3)(4)

C.(1)(2)(3)   D.(1)(3)

12. 下列说法错误的是_____。

A. 中间肋骨是指水线附近两相邻肋骨间设置的短肋骨

B. 平面舱壁抵抗横向压力的能力较对称槽形舱壁弱

C. 船舶采用混合艏柱,既有较大的强度,又不会使空船质量增加很大

D. 肋骨的作用是支持舷侧外板,并保证舷侧的强度和刚性

13. 舭龙骨的作用是_____。

A. 保证船体总纵强度   B. 增强舭部局部强度

C. 减轻横摇   D. 减轻纵摇

14. 总布置图的主要组成部分有_____。

(1)右舷侧视图;(2)货舱正视横剖面图;(3)各层平台和甲板平面图;(4)舱底平面图;

（5）船体主要尺度和技术性能数据。

  A.（1）（2）（3）（4）（5）　　B.（1）（2）（3）

  C.（1）（4）　　　　　　　　D.（2）（3）

15. 有关通风管系的布置，下列说法不正确的是_____。

  A. 通风筒口应设在开敞甲板上，并尽量远离排气管口、天窗和升降口等处

  B. 通风筒穿过甲板时应设钢质接管，但连接管高度无具体要求

  C. 通风管不得通过舱壁甲板以下的水密舱壁

  D. 必须考虑到防火分隔的完整性

16. 船用空调系统的设置形式一般有_____。

（1）集中式空调装置；（2）分组集中式空调装置；（3）独立式空调装置。

  A.（1）（2）　　　B.（2）（3）　　　C.（1）（3）　　　D.（1）（2）（3）

17. 按规定，_____的所有散货船，均应在货舱、压载舱和干燥处所安装符合规定要求和形式认可的_____。

  A. 500 总吨及以上；水位探测器

  B. 500 总吨及以上；火灾探测器

  C. 1 500 总吨及以上；水位探测器

  D. 1 500 总吨及以上；火灾探测器

18. 按规定，当艏尖舱舱长超过 10 m 时，还应在舱内设置_____或_____。

  A. 横向的制荡舱壁；强肋骨　　　　B. 纵向的制荡舱壁；强肋骨

  C. 纵桁；纵骨　　　　　　　　　　D. 横向的水密舱壁；强肋骨

二、简答题

1. 简述横骨架式和纵骨架式船舶的优点。

2. 简述船舶各管系的作用。

项目二　起重设备的安全操作

【目标任务】

本项目主要讲述起重机与吊杆的基本组成、操作方法、受力分析,以及起重设备与相关索具的使用及检查保养注意事项。通过本项目的学习,应达到以下要求。

一、知识要求

1. 熟悉相关索具的各项性能及受力特点;

2. 掌握起重机的操作方法及控制的注意事项;

3. 了解吊杆的组成,掌握吊杆各索具的受力分析;

4. 掌握起重设备与相关索具的检查保养注意事项。

二、能力要求

1. 会正确使用吊杆,能分析出吊杆在不同仰角时的受力特点;

2. 能正确使用各种索具,能按照规范要求对吊杆与起重机进行维护保养。

【相关知识】

为了使船舶具有更强的适货性、满足没有岸吊的港口对装卸货的要求,很多船舶配备起重设备,即装卸设备。目前船上最常见的起重设备是吊杆式起重机和克令吊。本部分主要介绍索具、起重机、轻型吊杆、物料上船,以及起重设备的检查、保养、试验与发证等几部分内容。

知识点 1　索具

起重设备-索具
(课件)

常用索具主要有滑车、卸扣、钩、眼板、眼环、紧索夹、心环、索头环和花篮螺丝等。索具要配合绳索或其他索具一起使用才能发挥作用,比如钩子要配合钢丝绳和滑车才能起吊货物,固艇索要通过钢丝绳、紧索夹、花篮螺丝等共同使用才能达到紧固救生艇的目的。

一、滑车与绞辘

1. 滑车

(1)船用滑车的种类

①按材料的不同分类,有钢质和木质两种,如图 2-1、图 2-2 所示。钢质滑车起重量较大,一般与钢丝绳配套使用。起重设备中使用的均为钢质滑车。木滑车的滑车壳是木质的,木滑车主要与纤维绳配套使用。

②按所具有的滑轮数不同分类,有单轮滑车、双轮滑车和多轮滑车。

③按车壳与车带结构的不同分类,有闭式与开口滑车两种,开口滑车引导绳索改变拉力的方向,无须穿引绳头。起重设备系统中不允许使用开口滑车。

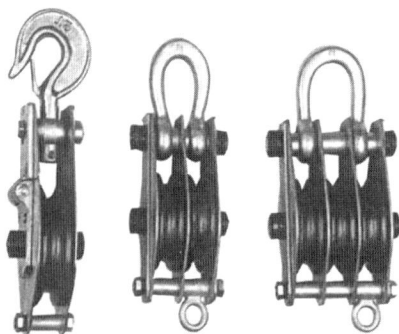

图 2-1 钢质单轮、双轮、三轮铁滑车

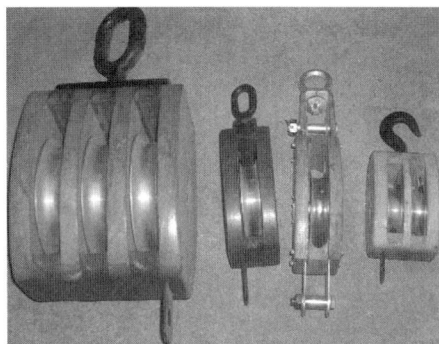

图 2-2 木滑车

（2）组成

不同种类的滑车，其组成结构基本是相同的，主要包括挂头、车壳、隔板、车带、轴、滑轮和轴承。

（3）规范要求

①滑车的构造应使滑轮与外壳及隔板之间保持较小的间隙，其中钢质滑车滑轮与外壳及隔板之间的间隙不得超过 3 mm，以免卡住绳索。

②滑车应具有有效的润滑，并能在不拆卸情况下对所有的轴承及头部吊环加注润滑剂。

③滑车的大小规格是以自索槽底部的滑轮直径（mm）来表示的。起重设备中使用的滑车规格还以其起重量（kN 或 t）来表示，木滑车也可以以车壳的长度（车头至车尾的长度，单位为 in）来表示。

（4）注意事项

使用滑车前应注意检查车壳、滑轮等有无裂缝；滑车使用过程中如发现异常声音，则可能是轴承损坏或是滑轮缺油而转动不灵，应及时调换或加油；滑车的使用强度不应超过其允许的安全工作负荷。

2.绞辘

滑车与绳索配合在一起使用称为绞辘。

（1）组成

如图 2-3 所示为绞辘的各组成部分。

辘绳，即贯穿在滑车上的绳索；力端，即辘绳用力拉的一端；根端，即辘绳固定在滑轮上的一端；定滑车，即固定在某处不动的滑车；动滑车，即吊重受力时移动的滑车。

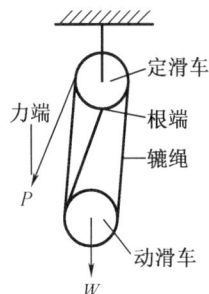

图 2-3 绞辘的各组成部分

（2）种类

①单绞辘

单绞辘由一个单轮滑车和一根辘绳组合而成，如图 2-4（a）所示。

②复绞辘

复绞辘由一个定滑车和一个动滑车与辘绳组合而成，又称滑车组。复绞辘的命名是根据定滑车和动滑车的滑轮数来确定的。如图 2-4（b）所示，由定滑车和动滑车组成的绞辘依次是 1-1 绞辘、2-1 绞辘、2-2 绞辘及 3-2 绞辘，其中前一位数表示定滑车的滑轮个数，后一位数表示动滑车的滑轮个数。当定滑车与动滑车的滑轮数不同时,一般将滑轮数多的滑车用作定滑车。

1-1、2-2 及 3-3 等绞辘,辘绳根端固定在定滑车尾眼上;2-1 及 3-2 等绞辘,辘绳根端固定在动滑车尾眼上。

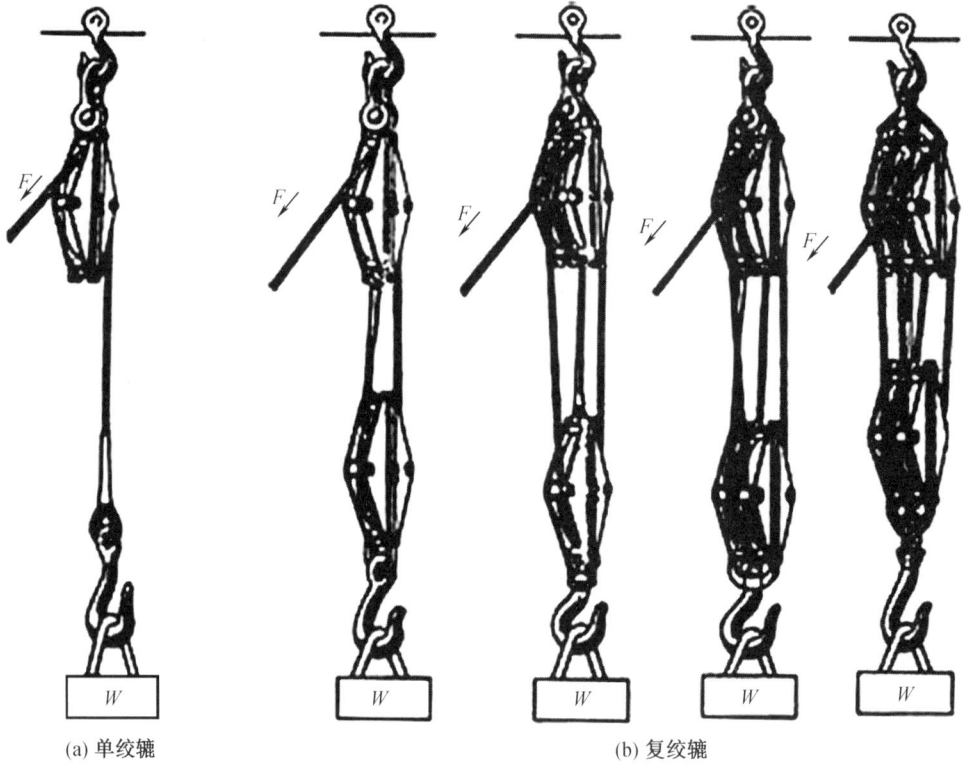

(a) 单绞辘　　　　　　　　　　　　　(b) 复绞辘

图 2-4　绞辘

(3)机械差动绞辘

机械差动绞辘又称差动滑车、机械滑车、神仙葫芦。它利用齿轮传动比来达到省力的目的,具有结构坚固、省力大、占地小及使用方便等优点,适宜于在狭小的地方进行起重作业,但缺点是工作速度较慢且吊升高度有限。其起重能力有 1/2 t、1 t、3 t 及 5 t 等,分别烙印在滑车本体上。

(4)绞辘的省力计算

绞辘省力的近似计算公式为

$$P = 9.8W(1 + f \cdot n)/m \tag{2-1}$$

式中　P——绞辘力端的拉力,N;

　　　W——吊起的货重,kg;

　　　n——绞辘穿过的滑轮数;

　　　m——动滑车上的绳索根数;

　　　f——每一滑轮的摩擦因数,对滑动轴承取 5%,对滚动轴承取 2%,对木滑车取 10%。

（5）使用绞辘时应注意的事项

①必须按规定正确选配绞辘绳，以免造成滑车或辘绳过度磨损。

②辘绳穿法应正确，应确保滑车受力平衡、辘绳不相互摩擦及绞辘工作平稳、安全省力。

③确定绞辘安全工作负荷时，应以系统中最薄弱构件的安全工作负荷作为绞辘使用的强度标准，不允许超负荷使用。

3. 滑车与绞辘的配置

滑车的大小与所配置的辘绳有一定的比例关系，根据规范规定，滑车直径与绳索直径之比应不小于表 2-1 的规定值。

表 2-1　滑轮直径与绳索直径之比

滑轮用途		滑轮直径/绳索直径	
		动索	静索
钢索	吊杆装置	13	8
	起重机、潜水器吊放装置	19	8
纤维索		6	

二、卸扣

卸扣由本体和横销两部分组成，如图 2-5 所示。横销有直插销和螺丝销两种，横销插入本体后，要用细钢丝扎牢或用开口销锁住，以防横销脱落。按卸扣本体形状的不同，有直形卸扣（又称 U 形卸扣）和圆形卸扣（又称马蹄形卸扣）两种。

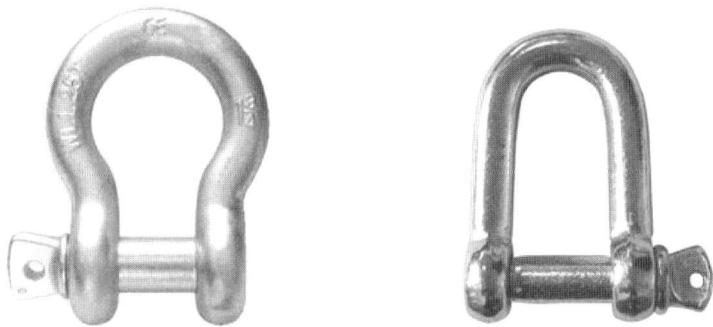

图 2-5　卸扣

卸扣大小以其本体的直径来表示，并在本体上标记其安全工作负荷，可按下式估算其许用负荷，即

$$直形卸扣许用负荷 = 4.5D^2(\text{kg}) = 44.1D^2(\text{N})$$

$$圆形卸扣许用负荷 = 3.7D^2(\text{kg}) = 36.26D^2(\text{N})$$

式中，D 为卸扣本体直径，单位为 mm。

三、钩

钩的种类较多，船上使用最广的是普通钩，如图 2-6 所示。钩使用方便，但它的强度要

比同尺寸的卸扣小。钩的本体上应标记有安全工作负荷,如没有安全工作负荷标记,则可用下式进行计算,即

$$圆背钩许用负荷 = 1.0D^2(\text{kg}) = 9.8D^2(\text{N})$$

式中,D 为圆背钩钩背直径,单位为 mm。

使用时,应使钩背受力,以防钩子被拉直或变形。当钩斜钩在甲板、舷墙等处的活动眼环上时,应使钩尖朝上以防钩受力滑动使钩尖滑落。当钩尖开口部分的间距超过原尺寸的15%时,应更换新钩。

四、眼板

眼板是一块带眼的钢板。在集装箱船的绑扎桥以及杂货船起重桅等处设置眼板,如图2-7所示。眼板安全工作负荷可按下式进行估算,即

$$眼板许用负荷 = 7.7D^2(\text{kg}) = 75.46D^2(\text{N})$$

式中,D 为眼板的厚度,单位为 mm。

眼板强度的衡量标准是眼板的厚度。

图 2-6　普通钩

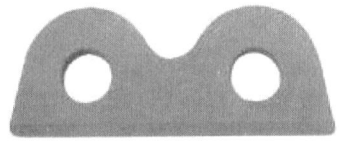

图 2-7　眼板

五、眼环

眼环由一个固定环和一个活动环组成,如图2-8所示。起重设备在使用后,可将吊货钩挂于眼环,并略收紧吊货索。其强度小于眼板,可按下式进行估算,即

$$眼环的许用负荷 = 29.4D^2(\text{N})$$

式中,D 为眼环的直径,单位为 mm。

六、心环

心环又称嵌环,是一种钢制的环。有心形和圆形两种,其中心形嵌环多用于钢丝绳,也可以用于纤维绳,圆形嵌环则用于纤维绳,如图2-9所示。绳索在插接眼环时,将心环固紧在眼环内,可避免绳索受力时急折,并可减少内缘的磨损。

心环的大小以其内圆的直径为准,配绳时应使心环的槽宽比绳索的直径大1.5~2.0 mm。

七、紧索夹

紧索夹又称绳头卸扣或钢丝夹头,由U形螺栓、螺帽和夹座组成,如图2-10所示。用于将钢丝绳的绳端和其绳干扎紧形成一个琵琶头,也可以利用紧索夹将两根直径相近的钢丝绳临时连接在一起。紧索夹经常用于支索端固定和货物的系固,使用方便,拆卸迅速,且

省去了插接所需的大量时间,缺点是易使钢丝绳变形。

图 2-8 眼环

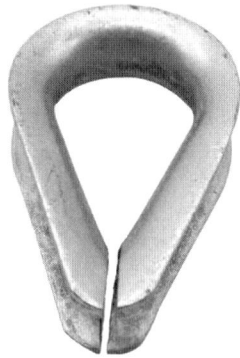

图 2-9 心环

紧索夹的大小以 U 形螺栓的开挡来衡量,单位为 mm。选用时,开挡的尺寸应与钢丝绳的直径相匹配。使用个数应与钢丝绳的直径成正比,数量至少为三只,钢丝绳越粗,使用个数越多,相邻紧索夹之间的间隙约为钢丝绳直径的 6 倍。使用时,其圆头应朝向绳头活端,U 形螺栓上的两只螺帽应逐渐、交替拧紧,以防夹座倾斜损伤螺纹,如图 2-11 所示。

图 2-10 紧索夹

图 2-11 紧索夹的使用方法

平时应注意检查紧索夹的螺纹部分并定期加油润滑,以防螺纹损坏或生锈咬死,同时还应注意检查 U 形螺栓有无压损变形现象,以免无法拆装。

八、索头环

索头环有叉头和环头两种,如图 2-12 所示。环的下部设有上大下小的锥形圆孔,上部为叉头横销或环部,锥形圆孔的下部内径与钢丝绳的直径相同。使用时将钢丝绳绳头由下部小孔穿入,散开绳头后将铅锌金属溶液注入,待冷却后即可使钢丝绳与环连成一体。环部或横销可与卸扣等索具相连,常用于桅支索等强度要求大的静索上。

索头环的强度以环部或横销的强度来衡量。

九、花篮螺丝

花篮螺丝又称松紧螺旋扣,主体由两根带正倒螺纹的螺杆和一个螺纹筒(套)组成,螺杆端部有与其锻成整体的钩头、眼环或卸扣等多种结构形式,如图 2-13 所示。

花篮螺丝适用于收紧钢丝绳、链索或绑扎杆的专用索具,但起重设备系统中不得使用带钩子的花篮螺丝。花篮螺丝的大小以整个螺旋扣的最大与最小长度和螺杆的直径来表示。使用时,以其螺杆上的钩、卸扣或环的强度为依据。平时应注意检查花篮螺丝的螺纹部分并定期加油润滑,以防螺纹损坏或生锈咬死,保证其转动灵活。用于露天静索上的花篮螺丝应先涂油后再用帆布包扎,以防生锈。

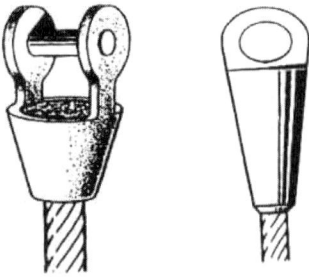

图 2-12　索头环

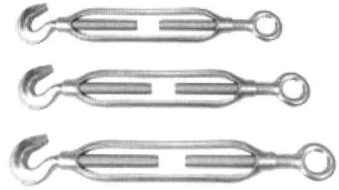

图 2-13　花篮螺丝

知识点 2　起重机

起重设备-起重机
(课件)

　　起重机具有占地面积小、工作面积大、结构紧凑、操纵灵活方便、装卸作业前后没有烦琐准备工作、收检索具工作少及装卸效率高等优点。其缺点是结构复杂、投资高、故障修复难度大。

　　一、起重机的种类

　　船用起重机按动力源的不同,有电动和液压两种,其中电动式应用最为广泛。按其使用方式的不同,又可分为回转式、悬臂式和组合式三种。

　　1. 回转式起重机

　　(1)主要组成

　　回转式起重机又称克令吊,主要由基座、回转塔架、吊臂、操纵控制室和操纵装置等组成,如图 2-14所示。

　　起重机基座下端穿过主甲板与船体主结构进行有效连接,以确保具有足够的强度,上端设有上、下座圈和外围支撑板等旋转支撑,及电动机、小齿轮和大齿轮等旋转机构。回转塔架支撑在基座上端,包括上下两层,上层为操纵控制室,下层装有三部电动机,分别控制吊货索起升、吊臂的变幅及塔架旋转。吊臂根部固定在回转塔架底部,可绕根部支点上下俯仰,其头部设有两套滑车组供吊货索和千斤索用。

　　(2)起重机的操作方式

图 2-14　起重机

　　在起重机操纵控制室内的座椅两侧分别装有三部电动机的运转控制器。位于座椅右侧的控制器为单主令控制手柄,用于控制吊货索的升降,由操作人员的右手控制。手柄向前,吊钩下降;手柄向后,吊钩上升。位于座椅左侧的控制器为双主令控制手柄,用于控制吊臂的变幅和回转塔架的旋转,由操作人员的左手控制。操作动作与人的思维一致,即手柄向前,吊臂幅度增大,仰角减小;手柄向后,吊臂幅度减小,仰角增大;手柄向左,回转塔架左转;手柄向右,回转塔架右转。应注意的是当旋转手柄在"0"位时是空挡,此时刹车合上,电动机定子断电,电动机转子处于自由状态。以上三个动作可单独进行,也可两两组合,甚至三个动作同时进行。

作业完成后,需要先将吊臂转到支架上方,再把旋转手柄放在空挡,然后脚踏转换开关,缓缓将吊臂落到支架上,再将旋转手柄回到零位。此时,变幅钢丝绳稍有收紧,切忌很紧或很松,以免钢丝绳在卷筒上松脱或乱绕,然后关闭各门窗。

2. 悬臂式起重机

悬臂式起重机是一种比较新型的甲板起重机,如图2-15所示。悬臂式起重机主要用于集装箱船或可装集装箱的多用途船装卸集装箱,它利用伸出舷外的水平悬臂和在悬臂上行走的滑车组小车来完成装卸货作业。

图2-15 悬臂式起重机

3. 组合式起重机

组合式起重机又称双联回转式起重机,它是由两台单回转式起重机同装于同一个转动平台上组合而成的,两台单回转式起重机可各自单独作业,也可合并在一起使用,一般情况下合并使用时的起重量为单独使用时的两倍。组合式起重机主要使用在多用途船上,如图2-16所示。

当两台起重机单独作业时,应将操纵控制室内的转换开关置于"单吊"位置。此时安装在公共大转盘上的两台起重机相互脱离,分别绕各自的小转盘旋转,最大旋转角度为220°左右(各自在相反的方向上起算)。这样若两台起重机同时作业于相邻的两个舱,回转时可能进入干涉区域。为有效防止两台起重机相互碰撞,设置了相应的安全装置,即在140°的范围内设置相应的限位开关(回转角度限位器),当一台起重机进入干涉区时,限位开关起作用,使另一台起重机不能超越140°的范围。

当需起吊重量超出单台起重机安全工作负荷的货物时,可将两台起重机的吊货钩通过一吊货横梁连接起来,并将操纵控制室内的转换开关置于"双吊"位置。此时两台起重机相互联锁组合,共同绕公共大转盘一起转动,回转角度正反360°无限制。组合后的起重机有主吊和副吊之分,操纵时由主吊操纵控制室内的控制手柄进行主、副吊的合吊操纵。为保证合吊时的安全和平稳,主、副吊设有吊货索起升同步装置和两吊臂变幅同步装置。

目前,由计算机控制的组合式起重机已在船上使用,可使组合后的起重机实现起升、变幅和回转三个自由度上的同步作业,整个操纵只需要一个人在操纵控制室内即可完成,也可实现遥控操作。

图 2-16　组合式起重机

二、规范要求

(1)应设有起升、回转、变幅与行走(如适用时)机构的控制系统。

(2)如起重机某机构需要超过限位器所限制的位置,则可设有停止限位器动作的越控开关,此开关应适当保护,防止发生意外动作。

(3)应设有超负荷保护或负荷指示器,超负荷保护应调整在不超过110%安全工作负荷时动作。

(4)具有不同安全工作负荷相应不同臂幅的起重机,应设有在给定臂幅能自动显示最大安全工作负荷的载荷指示器,并应在载荷到达95%安全工作负荷时能发出警报,在到达110%安全工作负荷时能自动切断运转动力。

(5)各机构应设有制动器,起升与变幅机构的制动器应为常闭式,并应具有应急释放的装置以使任何载荷能下降与就位,制动器的安全系数(制动力矩与额定力矩之比)应小于1.5。

(6)行走式起重机应装有夹轨装置,以防止起重机在风力或船倾作用下自动滑行。

(7)行走式起重机应设有锚定装置,以供起重机停止时予以固定。

(8)应设有声光信号装置,行走式起重机在轨道上行走时,应同时发出声光信号。

(9)具有不同安全工作负荷相应不同臂幅的起重机,应设有臂幅指示器。

(10)限制吊钩组合进入吊臂头部是由差动性限位装置来限制的。不管吊臂在什么位置,当吊钩组合向吊臂头部接近约剩2 m时,起升的上升方向与变幅的下降方向自动停止,但吊钩能放下,吊臂能上仰。

(11)起重机工作幅度(臂幅)的限制由装在塔架转台侧面,受吊臂脚撞触的限位开关来保证。当吊臂臂幅达最小工作臂幅时,由安装在塔架头上的两个缓冲器顶住吊臂的横挡,使其不再减小。当吊臂要放置于支架上时,脚踏转换开关就能落下。

(12)回转角度限位器适用于回转角度有限制的起重机。

(13)行程限位器适用于行走式起重机与桥式起重机的行走吊车。前述限位器动作后,应发出警报、切断运转动力并应能将吊运的载荷与起重机保持在限位器动作时的位置上，辅助起重机(如食品吊等)除外。

(14)其他。

①吊臂最高、最低位置的限制系由起升卷筒旁边的限位装置保证，同时防止钢丝绳松脱。

②绞车卷筒上钢丝绳长度的设计，应确保吊钩放在舱内最远位置时，卷筒上留有的钢丝绳在任何情况下不少于 3 圈。当吊钩升到最高位置，所需收进的钢丝绳全部绕上卷筒后，绞车卷筒凸缘应高出最上层钢丝绳不少于 2.5 倍钢丝绳直径。

③动力绞车制动器的有效制动力矩应不小于绞车额定值的 1.5 倍。

三、操作注意事项

以回转式起重机为例。

1. 使用前的准备

(1)打开水密门以便检查和通风，天热时需启动轴流风机；

(2)检查卷筒上的钢丝绳排列是否正常；

(3)升起吊臂，使其处于工作臂幅范围内；

(4)检查刹车及安全装置的可靠性。

2. 运转要点

(1)禁止横向斜拉货物；

(2)保持平稳操作，避免急速启动或停止，以使起重机振动达到最低程度，延长起重机的使用寿命；

(3)注意吊钩位置，在吊钩着地后不得再松钢丝绳，也不得在地上拖吊钩；

(4)传动失灵时，可将货物放在地上并将吊臂放下，将电机刹车小心、慢慢地松开；

(5)切记避免吊货钢丝绳在舱口摩擦，平时应加强检查；

(6)发生危险情况时，按紧急开关使各种动作停止；

(7)船舶横倾角度较大(接近 5°)和刮大风时，应避免在最大工作臂幅处旋转；

(8)吊着货物时，操作者不能离开。

知识点 3　轻型吊杆

轻型吊杆系指安全工作负荷等于或小于 98 kN 的吊杆装置和吊杆式起重机。

一、轻型吊杆的种类与组成

轻型吊杆的种类主要有单千斤索轻型单吊杆、双千斤索轻型单吊杆和单千斤索轻型双吊杆几种。轻型单吊杆与轻型双吊杆相比具有承吊重量大、吊杆和属具少、作业时可随时回转和变幅及有利于装卸舱内各部位的货物等优点；缺点是装卸速度慢，常常需要三台起货机。

轻型吊杆主要由起重柱(桅)、吊杆装置和起重设备动力机械(起货机)三大部分组成，如图 2-17 所示。

1. 起重柱(桅)

起重柱一般为空心钢管，为确保其具有足够的强度，应至少有两层甲板作为支点，并与船体主结构做有效连接，具有足够强度的甲板室甲板可作为一个支点，连接处的船体结构或甲板室甲板应做加强。对起重柱上受集中载荷的部位，如吊杆承座、千斤索导向滑车眼板和桅支索眼板等部位,均应做适当加强。起重柱的最小壁厚应不小于 6 mm,如起重柱兼作通风筒,则应不小于 7 mm。起重柱在千斤索眼板处的外径一般不小于其根部外径的 85%。

图 2-17　轻型吊杆

起重柱的结构形式较多,常见的有单桅起重机、门式起重机、人字形起重柱和 V 形起重柱。

2. 吊杆装置

吊杆装置由吊杆、绳索及索具等组成。

(1)吊杆

吊杆为在全长范围内直径与厚度保持不变的圆筒形等截面杆件,或中段直径与厚度保持一定长度不变,再向两端直径逐渐减少的变截面杆件。任何情况下钢制吊杆的壁厚不得小于 4 mm。

(2)绳索与索具

吊杆装置中所使用的绳索与索具主要有千斤索、吊货索、稳索等绳索和吊货与吊货导向滑车、千斤索与千斤索导向滑车、稳索用滑车、有节定位索、三角眼板、卸扣及吊货钩等索具。

3. 起重设备动力机械

船用起货机主要有电动和电动液压两大类。

电动起货机线路比较复杂,需要较高的管理维护水平,但其具有操作简单、运转平稳等特点,船上应用较为广泛。

液压起货机与电动起货机相比具有重量轻、体积小、操作方便、工作平稳等优点,并具有良好的制动能力,但制造安装比较复杂,维护管理要求高,若使用或维护不当,高压油管接头及油管本身易爆裂造成漏油。液压起货机在船上应用广泛,要求其制动器(刹车)的有效制动力矩应不小于其额定值的 1.5 倍。

二、轻型吊杆各组成部分的作用

1. 起重柱的作用

柱的下部设置吊杆承座,用以支持吊杆左右旋转、变幅和承受吊杆在作业时的受力,柱的上部设置千斤索导向滑车眼板座,用以连接千斤索导向滑车并承受吊杆作业时千斤索的拉力。

2. 吊杆装置的作用

(1)吊杆

吊杆用以支撑吊货滑车,其头部设有吊杆环眼箍,以对该部位做适当加强,并用以连接千斤索眼板、吊货滑车眼板和稳索眼板等。吊杆根部由叉头状眼板通过吊杆转轴(俗称鹅颈头)与固定在桅或起重柱上的吊杆承座相连接,以实现吊杆左右回转和上下变幅。

(2)千斤索

千斤索是承受吊杆载荷,并控制吊杆俯仰和/或回转的钢索。千斤索根端通过千斤索滑车组的千斤索滑车与吊杆环眼箍或眼板相连,另一端穿过千斤索导向滑车后垂直向下通至千斤索绞车,利用千斤索绞车的绞收或松放来控制千斤索的长度,实现调整吊杆仰角和/或左右旋转(双千斤索吊杆)。

(3)吊货索

吊货索是吊放货物,控制货物起升或降落的钢索。吊货索的一端与吊货钩相连(采用吊货滑车组的,则是通过吊货动滑车与吊货钩相连),双杆联合作业时,则是通过三角眼板将两根吊货索与吊货钩相连;另一端经吊货杆头部的吊货滑车、中部的过桥滑车及吊杆根部的吊货导向滑车后引至起货机绞车。由于吊货索动作频繁,因此是最易磨损的绳索。

(4)稳索

对于采用单千斤索单杆操作的轻型吊杆来说,稳索的另一端引至稳索绞车,并由绞车操作,此时的稳索称摆动稳索(又称牵索)。摆动稳索通常在吊杆头部左右各设一根,通过绞车一绞一松,即可实现单杆的左右回旋动作。

对于采用双杆联合作业的轻型吊杆来说,每根吊杆头部的外侧设有两根稳索,称为边稳索(俗称边盖),其中一根为调整稳索(俗称软盖),仅用于吊杆的布置与调整,吊杆工作过程中基本不受力;另一根为保险稳索(俗称老盖),用于固定吊杆工作时的位置,并承受吊货时吊货索的水平张力。保险稳索是受力最大的绳索。两吊杆头部内侧间由一纤维索绞辘相连,称中稳索(俗称中盖),用于吊杆的布置、调整及防止吊杆在工作过程中的外张与晃动,受力最小。

3. 起货机

起重设备动力机械(起货机)为布置起重设备与装卸货物的动力源。

三、轻型吊杆的操作

1. 单千斤索轻型单吊杆

单千斤索轻型单吊杆的作业特点是吊杆头部转动带动货物移动。

单千斤索轻型单吊杆为吊杆头部设有一根千斤索和两根摆动稳索的轻型单吊杆。千斤索通过千斤索导向滑车后被引向千斤索绞车,吊杆的俯仰由千斤索绞车控制。吊杆头部两侧的摆动稳索通过相应的导向滑车,最终被引至同一起货机(绞车),并由该起货机进行同步控制,实现控制吊杆的左右摆动。装卸货作业时,吊杆的俯仰由千斤索绞车控制,由摆动稳索绞车控制两根摆动稳索以同一速度一松一绞,配合使用吊货起货机完成货物装卸作业。

２. 双千斤索轻型单吊杆

双千斤索轻型单吊杆由左右分开的两套千斤索来操纵吊杆,无摆动稳索(牵索),如图2-18所示。双千斤索单吊杆的两台千斤索绞车均为双卷筒式,能控制吊杆的俯仰和回转。当两千斤索绞车以相同的转速同步绞进千斤索时,吊杆仰角就增大;当以相同的转速同步松出千斤索时,吊杆仰角就减小;当操纵一台起货机绞收一侧的千斤索,而另一台起货机以相同速度松出另一侧的千斤索时,则可控制吊杆向绞收一侧转出。

３. 单千斤索轻型双吊杆

单千斤索轻型双吊杆由两套单千斤索单吊杆

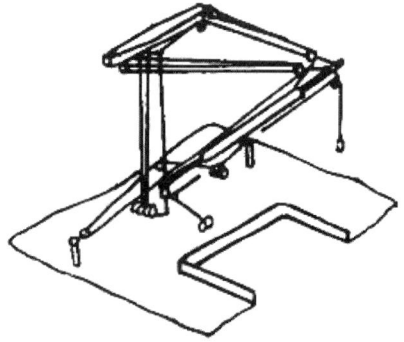

图 2-18　双千斤索轻型单吊杆

通过一定的方式联合起来形成了双杆联合操作系统,其布置如图2-19所示。

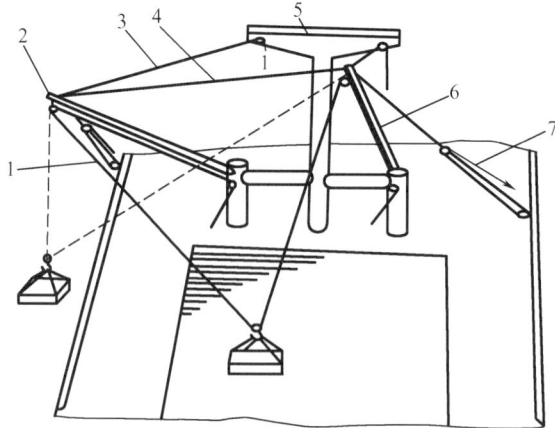

1—吊货索;2—舷外吊杆;3—千斤索;4—中稳索;
5—桅肩;6—舷内吊杆;7—吊杆稳索。

图 2-19　轻型双吊杆

每根吊杆头部均设有千斤索、吊货索、保险稳索、调整稳索及中稳索。两千斤索控制各自吊杆的俯仰角度;两吊杆吊货索的首端通过三角眼板连接,另一端通过吊货滑车、过桥滑车及吊货导向滑车后被引至各自的起货机;保险稳索(老盖)起到减少吊杆受力的作用;吊杆左右位置的调整通过调整稳索(软盖)来完成;中稳索(内牵索或中盖)连接两根吊杆头部内侧,调整两吊杆的张角。

采用双杆联合操作时,布置在舷外的一根吊杆称为舷外吊杆(俗称小关),另一根布置在舱口上方的吊杆称为舷内吊杆(俗称大关)。利用千斤索、调整稳索及中稳索将两吊杆调整到各自所需的位置后,挽牢调整稳索、中稳索及保险稳索,完成吊杆的布置。

卸货时,利用舷内吊杆的起货机绞进吊货索,当绞收吊货索把货物吊起至超过舱口上沿后,再用舷外吊杆的起货机绞进吊货索,同时松出舷内吊杆的吊货索,将货物吊出舷外,最后,同时松出两根吊货索,将货物卸至指定的位置。装货时操作顺序则相反。

四、轻型吊杆的受力分析

吊杆受力分析主要有图解法和解析法两种,其中图解法比较简明、直观。

1. 要求

按规范规定,对轻型吊杆进行受力分析,必须满足以下两方面的要求。

(1)确定吊杆装置受力,所取吊杆与水平的仰角,对轻型吊杆为15°,对重型吊杆为25°。如吊杆不能在此仰角下工作,则吊杆仰角可取为实际工作的最小仰角,但任何情况下,对轻型吊杆不得超过30°,对重型吊杆不得超过45°。

(2)确定吊货滑车与嵌入滑车(如设有时)受力时,吊杆仰角应取实际工作中的最大仰角,一般不小于70°。

2. 单千斤索的轻型单杆各部位的受力情况

单千斤索的轻型单杆各部位的受力可简单假定分别交会在吊杆头部、吊杆根部和千斤索眼板处(千斤索导向滑车)。分析时假设所吊货物重力一定,吊杆自重一半集中在吊杆头部,另一半集中在吊杆根部,且不考虑所有滑车的摩擦力(如考虑,则应加上相应位置滑车的摩擦力)。如图2-20所示。

(1)吊杆头部受力

吊杆头部受力为所吊货物重力(载荷)、过吊货滑车后的吊货索张力、吊杆的1/2自重、千斤索张力及吊杆所受轴向力的反作用力的合力。

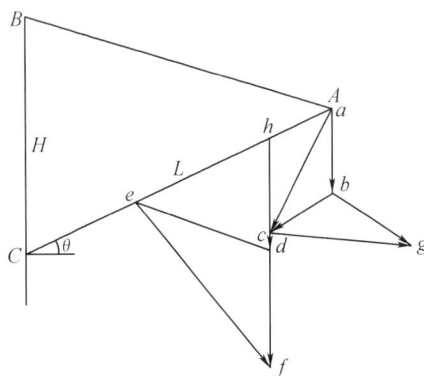

图2-20　轻型吊杆受力分析

(2)千斤索眼板(千斤索导向滑车)受力

千斤索眼板受力为千斤索张力的反作用力及千斤索通过千斤索导向滑车后至千斤索绞车拉力的合力。

(3)吊货滑车受力

吊货滑车受力为载荷与吊货索过吊货滑车后张力的合力。

(4)吊货导向滑车受力

吊货导向滑车受力为过吊货滑车后吊货索张力的反作用力及吊货索通过吊货导向滑车后至吊货绞车拉力的合力。

(5)吊杆承座受力

吊杆承座受力为吊杆轴向压力、1/2吊杆自重与吊货导向滑车受力的合力。

3. 单千斤索轻型单杆受力分析结论

(1)单杆作业时,若吊货索或千斤索采用滑车组,则通过滑车组后的绳索张力,均应按滑车组的省力倍数计算。

(2)对一定的吊杆而言:

①吊杆所受的轴向压力(用 R 表示)与吊杆仰角 θ 无关,它取决于所吊货物的重力及吊货滑车组动滑车所具有的滑轮数 m。即当所吊货物的重力越大,吊杆所受的轴向力就越大;吊货滑车组动滑车所具有的滑轮数越少,吊杆所受的轴向压力也越大。

②千斤索所受的张力(用 T 表示)与所吊货重、吊杆的仰角 θ 有关,与吊货滑车组动滑车所具有的滑轮数 m 无关。即当所吊货物的重力越大,千斤索所受的张力就越大;吊杆仰

角 θ 越小,千斤索所受的张力也越大。

4. 双杆作业系统受力分析基本要求

对双杆操作系统,当舷内、外吊货杆处于同一实际工作的最小仰角下时,吊货杆的工作范围与长度应满足如下要求。

(1)舷外吊杆的舷外跨距不小于中部船宽舷外 3.5 m,或船舶所有人要求的舷外跨距。

(2)舷内吊杆头部在货舱口内的投影位置应位于:

①当货舱口仅配有 1 对吊杆时,离货舱口对边距离不大于 $L/5$(L 为货舱口长度);

②当货舱口同时配有 2 对吊杆时,离货舱口对边距离不大于 $L/3$;

③离货舱口边的距离为 1.5 m。

(3)当吊货索夹角取 120°时,其连接点(三角眼板)距舷墙或货舱口围板上缘的高度应不少于:5 m(当 SWL≤19.6 kN 时,其中,SWL 为双杆安全工作负荷,单位为 kN。);6 m(当 SWL>19.6 kN 时)。

(4)当吊货索间的夹角取 120°时,连接两吊货索的三角眼板位于最高位置。

(5)双杆系统中连接两根吊杆头部的内牵索(中稳索)工作负荷应取双杆系统安全工作负荷的 20%,但不小于 9.8 kN。

(6)双杆操作时,在轴向压力相同的条件下,其 SWL 为单杆操作的 40%~60%。

五、轻型双杆联合作业时的布置要领及操作注意事项

1. 双杆联合作业时的布置要领

(1)舷内吊杆(大关)

①吊杆仰角

为避免千斤索张力降为零或为负值,最大仰角应小于 75°,以防翻关。

②保险稳索

尽量使其水平投影与吊杆水平投影成 90°,以减小吊杆的水平分力,其下端应尽量布置在舷墙眼板或地令上(使其仰角越小越好),以减小其张力。如吊杆的仰角较大,其下端可稍向前布置一些(下端系结点接近舱口中部或中部略偏前),这样可增大稳索与吊杆的夹角。

(2)舷外吊杆(小关)

①吊杆仰角

仰角应大于 15°,一般为 45°左右,仰角太小会导致千斤索张力太大。吊杆与船舶纵中线的水平投影夹角宜保持在 45°~65°,这样既可保证吊杆在舷外有一定的跨距,又可防止两吊杆头部的距离过大,同时可避免使两吊货索受力过大。

②保险稳索

其根部应尽量向后并系结得高一些,即应系结在舷墙上专用于系固舷外吊杆保险稳索根部的眼板或地令上,使其水平投影与吊杆的水平投影夹角不小于 20°,以达到减小其对吊杆的作用力以不影响装卸货的目的。舷外吊杆的跨距应保持在 3.5 m 及以上。

2. 双杆作业时操作注意事项

(1)严禁超关、拖关、游关和摔关。

(2)双杆操作时,两吊货索的水平分力是影响吊杆、稳索、千斤索受力的主要原因。当两吊货索夹角达 120°时,两吊货索的张力将达到所吊货物的自身重力。因此,货物不应吊起太高,以防两吊货索之间的夹角超过 120°,使吊货索的水平分力、稳索与顶攀的受力剧增

而导致严重后果。

（3）装卸货物时应避免突然换向或急刹车。

（4）作业中发现有异常情况或异常声响时，应立即停止工作，待检查并消除故障后再继续工作。

（5）作业过程中是否对吊杆的位置进行调整由值班驾驶员决定，装卸工人不得任意改变吊杆的布置状态。

（6）装卸货过程中，吊杆下方严禁站人，人员也不得从内档甲板通行。暂不工作时，吊货索应收绞起来，使吊货钩不碰到人头，吊货索不应盘在甲板上。

知识点 4　物料上船

一、船舶物料定义及种类

船舶物料是指船舶生产、维修所需的燃润料、航海资料、淡水、生活和劳保用品及其他物品。

船舶物料种类繁多，一般可分为：

（1）燃润料及水，包括各种燃油、润滑油、润滑脂和蒸馏水等；

（2）黑金属，各种型钢、钢板、无缝钢管、接缝钢管、镀锌钢管、碳素钢材和合金钢材等；

（3）有色金属，包括有色金属原材料及合金、紫铜材、黄铜材、青铜材，以及铅、铝、锌材等；

（4）金属制品，包括各种阀门、管接头、螺栓、螺母、垫圈、开口销、焊接材料和其他金属制品等；

（5）化学品，包括各种化学原料、试剂、油漆、清洁剂等；

（6）电工材料；

（7）各种工具；

（8）仪器仪表；

（9）安全设备、劳保用品；

（10）垫料、橡胶及纤维品；

（11）各种杂品。

二、船舶物料的申领、装卸、验收及管理

1. 物料申领

许多国家的船舶供应商和船舶公司都编制有船舶物料手册，手册中有各种物料的编号、规格、性能、材料等，以便指导对物料的选用和订购。

（1）船舶应事先填妥"物料申请单"，一式三份寄给公司机务部，申请单上要清楚地写明物料的型号、规格和数量等。

（2）"物料申请单"分别由各部门主管人员填写：甲板部由大副填写，轮机部由轮机长填写，船长审核签字。

（3）机务部收到"物料申请单"后，应根据船舶消耗量和实际技术状况及时审核，提出供应意见。审核后的"物料申请单"，一份存机务部，一份作为物料供应周转使用，一份存在船上作为领用、验收、登记的依据。

2. 物料装卸

船舶物料的品种较多且一般属于件杂货，因此应按照杂货安全装卸和搬运的要求进行

作业,并特别注意如下事项:

(1)仔细核对物料单上的物料名称、等级、数量、规格和产地是否与现场交接的实物相符。

(2)按照货物种类和包装方式选择合适的装卸属具,有吊点的捆状货物、箱装货物按吊点位置兜套,没有吊点的一般应使用网兜或者托盘吊运。使用网兜吊装时,应注意:

①不同货物和不同包装应采用不同材料的网兜,如小袋、小箱物料用棕绳或绳索和帆布制成的网兜,废钢、铁类的物料应使用钢丝绳网兜。

②同一网兜内有多种物料时,易碎和包装脆弱的物料应放置于避免受挤压的位置;粮食等忌油污物料不应与桶装油类、油脂以及箱装涂有防锈油的五金、机械零件等同一网兜吊装;食品类物料不能与有毒物料同一网兜吊装。

(3)装卸和搬运属于危险货物的物料时,应严格按照危险货物的操作要求进行作业。

(4)油船的物料不应在货油舱的甲板上进行上船和搬运作业,其他船舶也不应在装有易燃易爆品的货舱甲板上进行作业。

(5)鱼、肉等食品类物料应优先上船和入库,避免在高温下长时间停留。

3. 物料验收

(1)物料供船时,轮机长、大副应组织好有关人员到现场严格验收。验收人员根据物料申请单仔细核对所供物料的名称、规格、型号、数量、质量及合格证书等。

(2)涉及安全或者贵重的物料,验收时应检查其说明书、合格证及其他相关证书等,严防三无产品供船。

质量差的、规格不对的、错供的物品应拒收。因其他原因一时不能发现的,一旦发现马上报告公司技术部,以便公司安排补供和索赔。

物料中的钢丝绳、船用气体、索具等均应严格检查。

4. 物料管理

轮机部物料由轮机长负责,甲板部物料由大副负责。

(1)船存物料要建立物料账册,重点物品、技术性物料要建立档案,如主管机关检查的物品、安全物品、直接影响生产的物品等。

(2)供船物料的产品说明书、合格证等应由负责人员妥善保管,船检证书应交船长统一管理。

(3)船舶物料间应做到标准化管理,物品堆放整齐并建立物料卡片,做到账、物、卡相符。

(4)物料季度消耗报表是考核船舶物料基础管理的重要标准。船舶每季度向公司技术部呈报,船舶和技术部各持一份。消耗报表必须与船存及实际消耗相符。

三、物料上船的保安措施

根据《国际船舶和港口设施保安规则》《中华人民共和国国际船舶保安规则》和《中华人民共和国港口设施保安规则》的要求,应制订船舶、港口设施保安计划保护船舶、人员、货物、货物运输单元和船上物料免受保安事件威胁。其中,为了监控船舶物料的交付,应制订在各保安等级下应采取的保安措施。

船舶保安等级从低到高分为三级,分别是保安等级1、保安等级2和保安等级3。保安等级1是指应当始终保持的最低防范性保安措施的等级;保安等级2是指由于保安事件危险性升高而应在一段时间内保持适当的附加保护性保安措施的等级;保安等级3是指当保安事件可能或者即将发生(尽管可能尚无法确定具体目标)时应在一段有限时间内保持进一步的特殊保护性保安措施的等级。

1.保安等级1时应采取的保安措施

(1)在装船之前进行检查,确认送船物料与订单是否相符;

(2)确保立即对上船物料的堆放采取系固等保安措施。

2.保安等级2时应采取的保安措施

(1)制订交付船舶物料时适用的附加保安措施;

(2)在接收物料上船之前进行核对并加强检查。

3.保安等级3时应采取的保安措施

保安等级3时,船舶应遵守负责应对保安事件或威胁的人员的指令。船舶应详细制订与这些人员和港口设施部门密切合作时船舶应采取的保安措施,可包括:

(1)对船舶物料进行更详细的检查;

(2)限制或停止船舶物料装船;

(3)拒绝接收船舶物料装船。

【项目实施】

任务一　正确操纵吊杆

一、训练目标与要求

能正确操纵吊杆,通过对各控制手柄的操作,完成装卸货的目的。

二、训练设备

吊杆模型、实船吊杆装置操作视频、吊杆图片幻灯片、教棒。

三、训练步骤

1.教师首先讲解吊杆各操作手柄的使用方法及注意事项,并实操演示;

2.教师让学生把某一货物通过吊杆装到某一指定位置;

3.教师对学生操作吊杆的整个过程与完成情况进行评价。

任务二　单吊杆的受力分析

一、训练目标与要求

能根据所吊货物质量,分析吊杆不同仰角时各系索和吊杆的受力。

二、训练设备

吊杆模型、实船吊杆装置操作视频、吊杆图片幻灯片、教棒。

三、训练步骤

1.分析讲解后,学生操纵吊杆到某一仰角,根据已知货重、吊杆自重求取各系索和吊杆的受力;

2.改变吊杆仰角与所吊货物质量,让学生求取各系索和吊杆的受力;

3.教师对学生就吊杆的受力分析的过程与结果进行评价。

【扩展知识】

克令吊操作(视频)

【课后自测】

一、单项选择题

1. 眼环强度的估算方法是_____。

A. 固定眼环直径　　　　　　　　B. 活动眼环直径

C. 与所用材料有关　　　　　　　D. 眼环的质量

2. 使用卸扣时应注意_____。

(1)不可横向受力;(2)不许超负荷;(3)注重日常保养。

A. (1)(3)　　　　　B. (2)(3)　　　　　C. (1)(2)(3)　　　　　D. (1)(2)

3. 估算绞辘省力的倍数是看_____。

A. 定滑车上经过的辘绳数　　　　B. 动滑车上经过的辘绳数

C. 定、动滑车上经过的辘绳数　　D. 辘绳根端的系结位置

4. 如不计滑车自重及摩擦阻力,那么一副复绞辘的省力倍数可以看作是_____。

A. 动滑车滑轮两侧的辘绳数　　　B. 定滑车滑轮两侧的辘绳数

C. 定、动滑车的滑轮数之和　　　D. 定、动滑车的滑轮数之和再加 1

5. 下列为船上常用索具的是_____。

(1)卸扣;(2)钩;(3)眼环;(4)吊货索。

A. (2)(3)(4)　　　　　　　　　　B. (1)(3)(4)

C. (1)(2)(4)　　　　　　　　　　D. (1)(2)(3)

6. 克令吊操纵室内座椅左侧的双主令控制手柄用于控制_____。

A. 吊臂变幅　　　　　　　　　　B. 塔架旋转

C. 吊货索升降　　　　　　　　　D. 吊臂变幅和塔架旋转

7. 配合绳索使用的配件统称为_____。

A. 索头环　　　　　B. 心环　　　　　C. 滑车附件　　　　　D. 索具

8. 绳头卸扣使用的个数和排列间隔取决于_____。

A. 绳头卸扣 U 形环尺寸　　　　　B. 绳头卸扣夹座尺寸

C. 钢丝绳直径　　　　　　　　　D. 钢丝绳固定段的长度

9. 眼板的强度是根据_____来估算的。

A. 眼板的大小　　　　　　　　　B. 眼板外缘至眼孔外缘的距离

C. 眼板质量　　　　　　　　　　D. 眼板厚度

10. 索具是指_____。

(1)稳索;(2)卸扣;(3)眼环;(4)固定索;(5)索头环。

A. (1)(2)(3)　　　　　　　　　　B. (2)(3)(4)

C.(2)(4)(5)　　　　　　　　　D.(2)(3)(5)

11. 克令吊的吊臂仰角一般应控制在_____。

A.15°~80°　　B.20°~70°　　C.25°~70°　　D.27°~79°

12. 克令吊单主令、双主令三个动作可_____。

A. 单独或组合同时操作　　　　B. 最多两两组合操作

C. 只能单独进行操作　　　　　D. 单独或两两或三个动作同时进行均可操作

13. 关于使用克令吊应注意的事项,下列说法不正确的是_____。

A. 允许横向斜拉货物

B. 不能在地上拖钩子

C. 紧急开关使各动作停止

D. 在横倾角较大和刮大风时不应在最大幅度时旋转

14. 悬臂式甲板起重机起吊和移动货物是靠_____来进行的。

A. 水平悬臂、吊杆　　　　　　B. 塔架、滑车组

C. 吊臂、塔架　　　　　　　　D. 水平悬臂、滑车组

15. 组合式起重机俗称_____。

A. 多用途起货机　　　　　　　B. 多联式克令吊

C. 双联回转式起货机　　　　　D. 双联悬臂式起重机

16. 组合式起重机双吊位时,两台起重机一起绕_____旋转。

A. 公共小转盘　　　　　　　　B. 吊杆轴

C. 公共大转盘　　　　　　　　D. 塔架底座

17. 行走式悬臂起重机可沿甲板上轨道_____移动,悬臂可向_____伸出。

A. 左右;前后　　　　　　　　B. 前后;前后

C. 前后;两舷　　　　　　　　D. 上下;首尾

18. 单吊杆轴向压力 R 是下面哪几个力的合力_____。

(1)载荷 Q;(2)吊杆自重 $G/2$;(3)吊货索张力 Q;(4)千斤索张力 T;(5)起货机的拉力 K。

A.(1)(2)(3)(4)　　　　　　　B.(2)(3)(4)(5)

C.(1)(3)(4)(5)　　　　　　　D.(1)(2)(4)(5)

19. 在普通轻型单吊杆受力分析中,吊杆自重 G 估算的依据是_____。

(1) $G/2$ 作用在千斤索(吊杆头部)上;(2) $G/2$ 作用在桅柱(吊杆承座)上;(3) $G/2$ 作用在稳索上。

A.(1)(2)　　　　　　　　　　B.(2)(3)

C.(1)(3)　　　　　　　　　　D.(1)(2)(3)

20. 据单吊杆受力计算公式,千斤索张力_____。

A. 与仰角 θ 有关　　　　　　B. 与仰角 θ 无关

C. 与滑轮数 m 及仰角 θ 有关　　D. 与滑轮数 m 无关,与仰角 θ 有关

二、简答题

1. 简述 2-2 绞辘的穿绳方式、受力特点与使用注意事项。

2. 简述双联回转式起重机在单吊与双吊时的操纵特点。

3. 简述轻型单吊杆的操纵方法。

4. 简述起重设备与各相关索具的使用及保养注意事项。

项目三　货舱设备的安全检查

【目标任务】

本项目主要讲解与货舱安全使用有关的舱内设施使用方法及规范要求、各种舱盖的组成与开闭方法,对货舱和舱盖的检查、保养、试验注意事项。通过本项目的学习,应达到以下要求。

一、知识要求

1. 了解舱内水位探测系统的规范要求;

2. 了解不同种类舱盖的组成与正确开启、关闭的方法;

3. 掌握舱底板与护舷板的正确使用与规范要求;

4. 掌握货舱、货舱盖的检查保养注意事项。

二、能力要求

1. 能正确使用舱内水位探测系统,能根据规范要求正确铺设舱底板与护舷板;

2. 能根据不同舱盖的组成特点,正确开启和关闭各种舱盖;

3. 根据规范要求,能正确检查、维护保养货舱与舱盖相关设施。

【相关知识】

知识点1　舱内设施

一、散货船舱内水位探测系统

1. 作用

散货船舱内水位探测系统的作用是及时了解船舶舱室意外进水的情况,以便及时采取相应的措施,保障生命财产安全。

2. 类型

散货船舱内水位探测系统有超声波探测型、压力变送器探测型、压力开关探测型、磁浮子开关探测型和电极探头探测型等。

3. 规范要求

(1)500总吨及以上国际航行的所有散货船,均应在货舱、压载舱和干燥处所安装符合规定要求和型式认可的水位探测器。

(2)对水位探测器的安装要求:

①传感器应安装在货舱后部尽可能靠近中心线或在货舱的左右舷有保护的位置上,该位置能使传感器探测出的水位代表货舱的实际位置;

②探测器的安装不应阻碍任何测深管或其他用于测量货舱或其他舱室水位测量器具的使用;

③传感器和设备应安装在便于对其进行检测、维护和修理的地方;

④探测器设有的任何过滤器部件应能在装货前予以清洗；

⑤安装在货舱内的电缆和任何相关联的设备应进行防护。例如,装在结构牢固的管道内或有类似防护的位置上,以免其被货物或与散货船操作相关的装卸机械损坏。

（3）每一货舱内安装的水位探测器,均应能在该舱水位达到或高出货舱内底0.5 m时发出一个听觉和视觉报警,并应在水位高度达到不小于货舱深度的15%但不超过2 m时发出一个听觉和视觉报警。

（4）对于用于水压载的货舱,可安装一个报警越控设备。

（5）视觉报警器应能将每一货舱中探测到的两种不同的水位明显区分开。

（6）防撞舱壁前方的任一压载舱中,当舱内的液位达到不超过舱容的10%时应发出一个听觉和视觉报警。应安装一个报警越控设备以便当使用该舱时,使其水位报警越控。

（7）除锚链舱以外,任何干燥处所或空舱,延伸至艏货舱前方的任何部分,在水位高出甲板0.1 m时应发出一个听觉和视觉报警。

（8）听觉和视觉报警器应安装在驾驶室。

（9）水位探测系统由两个独立的电源供电,并有故障报警指示。

二、舱底板与护舷板

1. 作用

在装卸货物时,为了保护货舱内的双层底顶板和船壳板不被碰撞、船舶在航行途中因船体"出汗"使紧贴钢板的货物免遭湿损,一般在杂货船及舱内装载杂货的多用途船的货舱内,装有舱底木铺板和舷侧护舷木条,如图3-1所示。

2. 对舱底木铺板的规范要求

在双层底船的艉部污水沟上以及单层底船的肋板、舭肘板上,应铺设遮蔽板并应设有局部的活动铺板,以便对污水沟及双层底进行检查。如果在货舱口下方的内底板上铺设木铺板,则木铺板下方应垫横向木条,该木条的厚度应至少为30 mm。如在双层底舱内不装燃油,则可直接铺设在先涂好一层沥青化合物或其他有效敷料的内底板上。活动铺板间及与舱底板之间的缝隙应塞严密,每次装货前,尤其装谷物时应检查缝隙情况,以免堵塞舱底水管路吸口处的过滤网。

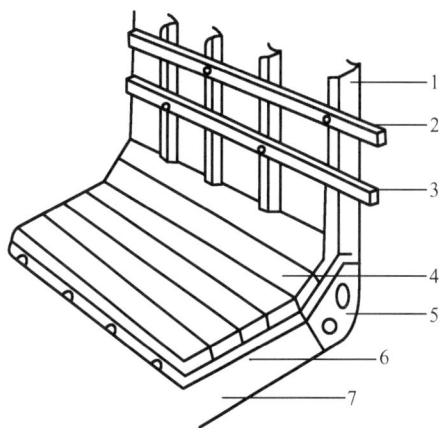

1—肋骨;2—钩;3—护舷板;4—舱底板;
5—舭肘板;6—内底板;7—双层底。

图3-1　舱内设施

无论是单层底还是双层底船,如果在货舱内铺设木铺板,则其厚度应根据船长L按下列规定选取：

（1）L≤60 m时,木铺板应不小于50 mm;

（2）60 m<L≤90 m时,木铺板应不小于55 mm;

（3）L>90 m时,木铺板应不小于60 mm。

但如果位于货舱口下方的内底板或轴隧顶板增厚2 mm,可免铺木铺板;如使用抓斗或其他类似机械进行装卸,则在货舱口下方的内底板上铺设上述要求的双层木铺板;如内底板已增厚 5 mm,则可免铺设木铺板。

货舱内的人孔盖及其附件,应尽量不高出内底板或木铺板。如高出内底板,则对每一个人孔应先加钢镶框,再加上木铺板或钢盖板,使其逐渐过渡。

当货舱舱壁的另一侧为深油舱且具有加热设备时,应在货舱一侧铺设木铺板或敷设绝缘材料。如铺设木铺板,其厚度按以上规定。

铺设木铺板的双层底柜顶板或轴隧顶板的外表面,应涂刷沥青溶液或其他有效的涂料;不铺设木铺板的双层底柜顶板或轴隧顶板应涂刷油漆。

舱内设有二层舱或三层舱的,则二层舱或三层舱通常不铺设木铺板。

3. 对护舷木板的规范要求

护舷木条边缘的间距不超过 300 mm,其宽度与厚度应根据船长 L 按下列规定选取:

(1)$L \leqslant 60$ m 时,护舷木条的宽度应不小于 100 mm,厚度应不小于 30 mm;

(2)60 m$<L \leqslant 90$ m 时,护舷木条的宽度应不小于 120 mm,厚度应不小于 40 mm;

(3)$L>90$ m 时,护舷木条的宽度应不小于 150 mm,厚度应不小于 50 mm。

也有在货舱两舷舷侧相邻肋骨间垂向设置护舷木条的,护舷木条亦可采用钢制材料。

木铺板及护舷木条经常在装卸货物时被碰断。舱底板受水湿后易腐烂,因此舱内应尽量保持干燥,发现腐烂及折断的木板,应及时更换。

知识点 2　货舱盖

货舱设备-货舱盖
（课件）

一、作用

货舱盖用于封闭货舱口,是保证船舶货物安全并使之保证船体水密的一种封闭设备,有些船舶的货舱盖还应具有一定承载大件货的能力。

二、货舱盖的类型

货舱盖主要有以下几种分类方法:

(1)按结构形式和开关方式的不同,可将货舱盖分为滚动式、折叠式和吊移式三种;

(2)按实现货舱盖开关动力的不同,可将货舱盖分为机械牵引式和液压式两种;

(3)按制造材料的不同,可将货舱盖分为木质、钢制、铝制及玻璃钢制四种。

以下重点介绍按结构形式和开关方式不同所分的三种类型。

1. 滚动式货舱盖

滚动式货舱盖主要有滚翻式、滚移式和滚卷式三种。下面介绍较常用的滚翻式和滚移式两种。

(1)滚翻式货舱盖

①组成

滚翻式货舱盖由盖板、水密装置、滚轮装置、导向曳行装置和压紧装置五部分组成。

各盖板之间用链条连接,每块盖板上都有一对行走滚轮(为偏心轮),可沿舱口围板两边的轨道面板行走。还有一对平衡轮,该平衡轮不设置在板宽的中心线处,而是稍偏上,这样,当盖板进入舱口端的收藏坡道时,在重力作用下盖板便翻转成直立状态而存放,舱口较长时可将全部盖板分成两半,开启后,分别存放在舱口的两端,如图 3-2 所示。

经改进后的滚翻式货舱盖,其行走滚轮不再偏心,而是利用设置在两侧舱口面板下部的千斤连杆来代替偏心轮作用,这样就最大限度地减少了船员的劳动强度和工作量,也提高了该类舱盖开关舱的效率。

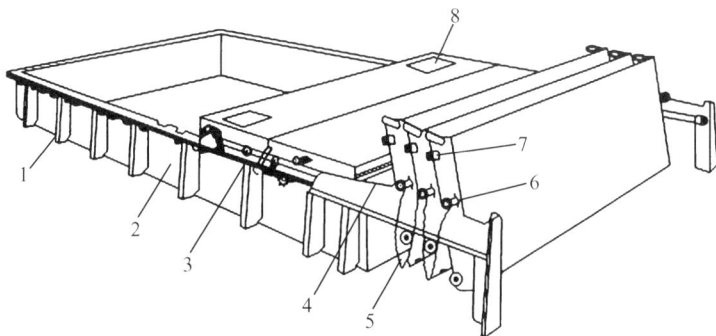

1—舱口围板扶强材;2—舱口围板;3—偏心轮;4—上升轨;
5—连接链条;6—上滚轮;7—压紧器;8—导装面板。

图3-2 滚翻式货舱盖

②开舱

a.打开盖板顶和盖板周围的全部压紧楔与压紧器;

b.将开舱钢丝一端通过卸扣与第一盖板前中部的眼板相连,另一端通过舱口后端正上方桅屋壁或其他相应结构上的开口导向滑车后,最终将其端部眼环套在吊货钩上;

c.用千斤顶将每个偏心滚轮顶起并转动,使其轴处于中心的位置(改进型舱盖仅需要利用千斤顶将千斤连杆顶起即可),使舱盖脱离舱口围板水平材;

d.操纵起货绞车或克令吊起重手柄,利用吊货钩牵引开舱钢丝拉动第一块盖板,并由该盖板驱动其他盖板向后移动至逐块盖板滚至导轨,最后翻转直立在舱口后端的收藏处;

e.扣住舱盖固定钩,整理好索具。

③关舱

关舱操作步骤和开舱基本相反:

a.打开舱盖固定钩;

b.将开舱钢丝穿过在舱口正前上方桅屋壁或其他相应结构上的开口导向滑车后,将其端部眼环套在吊货钩上;

c.全面检查舱口围板,看有无影响盖板滚动的物品及其他杂物,若有则清理干净;

d.操纵起货绞车或克令吊起重手柄,利用吊货钩牵引开舱钢丝拉动第一块及其他盖板,直至第一块盖板前端与止动器相碰为止;

e.用千斤顶将每个偏心滚轮顶起并转动,使其轴处于偏心位置(改进型舱盖仅需利用千斤顶将千斤连杆落下即可),使舱盖压合在舱口围板水平材;

f.打上所有压紧楔及压紧器,以防舱盖移动并保证舱口水密;

g.整理好所有的索具。

④开关舱注意事项

a.开关舱的指挥者为水手长(如认为有必要,值班驾驶员也可亲自指挥),所有操作人员应听从指挥,精力集中;

b.开舱前必须确认所有压紧楔和压紧器全部打开,且压紧器放置到位,以免阻碍行走滚轮的正常滚动;

c.盖板之间的连接链条应保持两面对称,否则将因两侧拉力不对称而使舱盖板脱轨,

严重的会使舱盖掉入舱内;

  d. 起货机或克令吊开关手在操作时,动作应缓、稳,要特别注意第一块盖板,曳行速度要慢,如操作不当,同样会使舱盖板脱轨,严重的会使舱盖掉入舱内;

  e. 船舶有较大纵倾时关舱,要特别注意可能发生的盖板自由滑动的现象;

  f. 当船舶有较大横倾时,应特别注意防止盖板脱落,必要时可用压载水调整后再进行开关操作;

  g. 开舱后,必须用固定钩或链条将盖板固定,防止脱落;

  h. 开关舱时所有操作人员均要注意安全,规范操作,以防止发生事故;

  i. 开关舱操作过程中如发生盖板脱落事故,可利用起重设备或机械差动绞辘,将盖板吊起调整到位后,再继续操作。

  (2)滚移式货舱盖

  滚移式货舱盖主要有横移式(又称侧移式)和背载式两大类型。

  ①横移式货舱盖

  横移式货舱盖通常由两块盖板组成,舱口较小的船则用一块盖板制成,舱口四周的盖板边缘设有规定数量的盖板压紧装置。每块盖板的四角都安装有行走滚轮,用液压动力驱动。按盖板数量的不同,该类型货舱盖可分为单侧横移式和两侧横移式两种,两侧横移式如图3-3所示。开舱时,盖板向单侧或分别向舱口两侧平移,并存放在存放轨道上。

图3-3 两侧横移式货舱盖

  横移式货舱盖具有结构简单、操作方便、便于维修且不需要翻转或折叠的优点。但其具有需要较大的存放空间、人员行走不便的缺点。因此,对配备两侧横移式货舱盖的船舶,其舱口宽度不得超过船宽的一半。横移式货舱盖广泛应用于大型散货船和油/矿兼用船。

  ②背载式货舱盖

  背载式货舱盖也为横移型,其两块盖板中有一块带有动力滚轮,另一块不带。开舱时,先利用四个液压顶杆将不带动力的盖板顶到足够的高度,带有动力的盖板滚到其下面,两块盖板一起移向存放处。如无须将舱口完全打开,则可将盖板存放在舱口的一侧,这样可以减少占用甲板的存放空间,该种类型货舱盖在船上较少使用。

  2.折叠式货舱盖

  折叠式货舱盖(又称铰链式货舱盖),按驱动方式的不同可分为液压驱动式(用液压)、钢索驱动式(用绞车)、直接拉动式(用船上起重机或吊杆)。下面仅介绍液压驱动式折叠货舱盖。

(1)组成

液压驱动式折叠货舱盖由盖板、滚轮、压紧器、上升轨、铰链、液压千斤顶和固定钩组成。盖板成对互相铰接。舱盖开启后,借助固定钩使盖板保持在直立状态存放。图3-4所示为液压折叠式货舱盖。其中靠近舱口端的盖板因与铰接臂相连,故而较短,其转轴离舱口也有一定距离。图3-5所示为实船两页液压折叠式货舱盖处于开启状态。

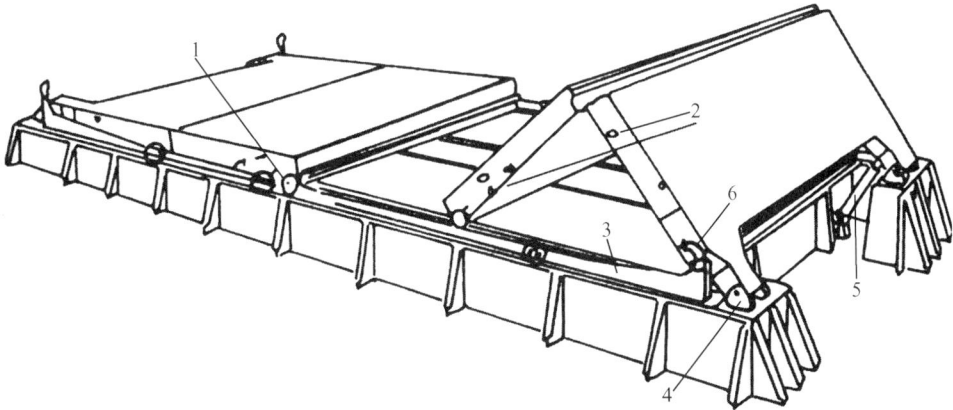

1—滚轮;2—压紧器;3—上升轨;4—铰链;5—液压千斤顶;6—固定钩。

图3-4　两页液压折叠式货舱盖

对于大小适中的货舱口,一般均采用两组两页液压铰接盖板实现关舱,并分别收藏在舱口的两端。对货舱较大且舱口也长的船舶,也可采用多页铰接式盖板,且为一端收藏。如图3-6所示为四页液压铰链式舱盖。

图3-5　实船两页液压折叠式货舱盖开启状态

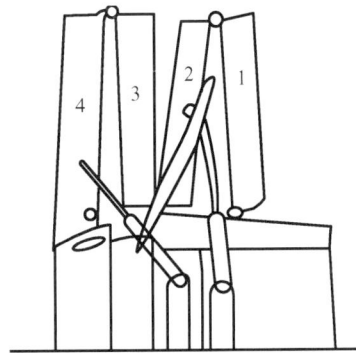

图3-6　四页液压铰链式货舱盖

(2)开舱

打开舱盖周围所有压紧器,操纵开舱机手柄,使铰接点缓慢抬升,两块盖板逐渐转折合起来。当舱盖开启到储存位置时,固定钩自动落下,扣住舱盖,达到完好固定。

（3）关舱

打开固定钩，操纵开舱机手柄(和关舱时操作方向相反)，使铰接点下降，当舱盖即将完全关闭时，注意控制关舱速度，使舱盖完全关牢，而不使千斤顶受力，最后固定好压紧器。

（4）液压折叠式货舱盖开关舱操作注意事项

①如果开关舱的液压动力是与起重设备共用，则在使用前必须检查换向阀的导向；

②开启共用液压动力时，必须先开辅助油泵，约 1 min 后再开主油泵，同时检查整个系统的压力状况；

③操纵控制手柄的动作特征与人的思维方式相同，即手柄向前关舱，手柄向后开舱，手柄处于中间(直立)位置为停止；

④开舱前必须完全打开所有的压紧装置，并放置到位；关舱后必须将所有压紧装置上紧；

⑤开关舱前必须注意检查轨道上有无障碍物或其他杂物，并及时清除；

⑥当滚轮接近斜轨时，应减慢速度，以防盖板碰撞压弯活塞杆；

⑦盖板完全开启后用固定钩将盖板固定，使其在收藏处保持直立状态；

⑧当盖板将要闭合时，同样放慢速度，直至盖板完全关好；

⑨操作过程中，当发觉液压系统或其他部分有任何不正常声音或现象时，应立即停止操作，直到排除故障为止。

3. 吊移式货舱盖

吊移式货舱盖又称箱形货舱盖。该种货舱盖由箱形骨架与面板焊接组合而成，其盖板平面内设有若干埋置吊环，或根据所配备的船舶种类特征配备同类型的吊放装置(如集装箱船，则该种盖板配备配套的底座)。图 3-7、图 3-8 所示分别为集装箱船配备的吊移式货舱盖和货舱盖的吊移过程。

图 3-7　吊移式货舱盖

图 3-8　货舱盖的吊移过程

吊移式货舱盖本身不设置专用的驱动装置，而是由船上或港口的起货机械来进行吊移。开舱时，可将盖板堆放在甲板上或码头边(绝大多数船都是将盖板堆放在码头边)，如该种盖板设计成水密结构，还可将其存放在舷边的水中。

吊移式货舱盖具有结构简单、操作方便、结构强度大及可满足在盖板上堆装大量货物等优点，且可获得最大的甲板开口面积，因此，该种货舱盖被集装箱船广泛使用。

知识点 3　货舱、舱盖及压载舱的检查、评估与报告

目前对于干散货船的检查，主要有三种形式：港口国监督检查、船旗国监督检查以及Rightship 检查。对船舶的货舱、舱盖及压载舱进行有效的检查、评估和报告，是《SOLAS 公约 2010 马尼拉修正案》的规定，亦是应对以上检查和保证船舶营运安全的保障。

一、船舶抵港前检查、评估与报告

船舶抵港前应重点检查船壳板、舱盖及舱口、梯道、栏杆和管路盖板的锈蚀程度与损坏情况，做好自查自检工作，部分自查项目及要求见表 3–1。

表 3–1　部分自查项目及要求

类别	检查项目	检查要求	自查结果
与载重线有关的结构与设备	通风筒	通风筒的围壁、支撑结构状况良好，无明显锈迹及破损洞穿或其他临时性修理措施（如粘贴胶布等）	
		通风挡板完整、活络、无破损洞穿	
		风雨密关闭装置结构完好，开关活络，能有效开启和关闭，"开""关"方向及舱名标志清晰	
	空气管	空气管及管头结构（特别是管子根部及背部不易保养的部位）良好，无明显锈迹及破损洞穿。浮球活络水密，工作正常，防火网无破损	
	载重线标识	甲板线、所有载重线标识清晰、准确且与背景颜色反差明显	
	货舱舱口	舱盖、舱口围板及附连的肘板结构良好，无明显锈蚀、裂纹、破损洞穿及变形	
		舱盖关闭正常，橡皮胶条完整且有弹性，表面无油漆，无明显漏水痕迹	
		开关装置的滚轮、导轨、铰链状态正常，无过度腐蚀，液压管路无泄漏，系固螺栓完好且无过度腐蚀，舱盖上的卡扣、舱口围下的止回泄水阀状况良好	
	干舷甲板上除货舱口外的各种开口	盖板、围板及附连的加强结构良好，无明显锈迹、破损洞穿及变形	
		盖板关闭正常，橡皮胶条完整且有弹性，表面无油漆，无明显漏水痕迹	

表 3-1(续)

类别	检查项目	检查要求	自查结果
与载重线有关的结构与设备	干舷甲板上除货舱口外的各种开口	各种人孔、小导门、测量管结构良好,无明显锈迹、破损洞穿及变形	
		盖板关闭正常,橡皮胶条完整且有弹性,表面无油漆,无明显漏水痕迹	
		各种标示清楚	
船体结构	船壳板	水线上船壳板无开裂、洞穿、严重变形(每挡肋距范围内不超过8 mm),无漏水现象	
	压载舱	压载舱液位无异常变化,其周围处所无进水发生,压载舱导门状况良好,无严重锈蚀、螺栓丢失	
		压载舱内构件无严重腐蚀、裂纹或洞穿	
	货舱	货舱污水井液位无异常变化,具备条件时进入货舱对货舱内部构件进行目视检查,无明显锈蚀、洞穿、裂纹及严重变形(每挡肋距范围内不超过8 mm),无明显渗水痕迹	
	水密门	水密门结构状况良好,能有效关闭,就地及遥控开关正常,声光报警正常,液压系统无渗漏痕迹	
	甲板	主甲板结构良好,无明显破损、洞穿、裂纹及严重变形(每挡肋距范围内不超过8 mm),无明显渗水痕迹	

二、平时维护保养和自查时应注意的事项

(1)船体结构因锈蚀或受损而造成的穿孔、裂口、裂缝等应进行永久性修复。

(2)舱口舱盖、通风筒、水密门、货舱道门都要保持良好的水密性能与封闭功能。

(3)测量孔盖齐全有效。

(4)压载舱空气管透气正常。

(5)散装船要特别注意各横舱壁、上边舱的纵桁、横框架、斜底板等处是否有扭曲变形现象。

(6)舱盖操作系统。

①锁紧装置:目视检查锁紧装置的腐蚀情况和变形情况,功能检查和验证操作灵活性。

②止动装置:目视检查止动装置的腐蚀情况和变形情况,检查止动装置与其下面的加

强构件对位准确,加强构件焊接及腐蚀变形情况。

③导向装置:目视检查导向装置的腐蚀情况和变形情况,功能检查和验证操作灵活性。

④操作装置与舱盖操作试验功能检查和验证。

⑤液压系统:目视检查、功能检查和验证。

⑥液压油:取油样。

⑦舱盖的液压管路:应图层完好,无明显腐蚀。

三、货舱、舱盖和压载舱缺陷和损坏的评估及采取的措施

本航次的装载计划,包括排压载水的计划要完善,检验人员要查看计划是否周全,强度、吃水和稳性是否在允许值之内。风暴压载舱的压载水操作要有相关的操作程序。同样,装卸期间和海上置换的压载水操作过程要有详细的记录。

对于较新的船,检验人员检查的重点往往会放在管理上;而对于老旧的船,重点则放在船体结构的腐蚀程度、压载舱及货舱涂层状况和甲板机械的状况等上面。检验人员会仔细查找各舱室的各个部分边角的腐蚀和裂缝,对于结构性的缺陷,会如实记录。因此,船舶在平时的自检自查中,对舱室的状况应予足够的重视。

对于压载舱,上边柜基本上选择前中后各一,左右交替,如果需要可能会要求多开两个上边柜及艏、艉尖舱。通常风暴压载舱是必查的。检验人员将按其提纲检查,每个舱都有十多个检查项目。十年以上的船舶,压载舱的状况很难令人满意,主要表现为腐蚀,舱内涂料脱落,阴极保护不到位,加快钢板和框架的腐蚀速度,骨架、纵骨等构件边缘严重锈蚀,从而导致强度减弱。老旧船舶的艉尖舱、上边柜等,应利用进厂机会,通过测厚更换超耗构件,对这些舱做涂料处理。

其次是货舱的舱口围和舱盖。因舱口围构架较多,还吸附各种管系,如开舱液压管、电缆管等,船员日常保养很难到位,导致舱口围衬板边缘锈蚀严重,与甲板连接处产生锈裂等现象;在修船时,这些部件要尽可能做割换处理,同时应加强对这些部位的保养力度,如一次性做喷砂处理。舱盖边缘、胶条槽及舱口边水槽也容易产生锈蚀,这些部位因开关舱盖滚动,油漆很快被破坏,是生锈的重灾区,船舶应重点做好这些部位的保养。

对压载舱、货舱和空舱的检查,通常是根据五年自检计划的周期来做的,但船员给船东的自检报告,多数没有做到位,公司应详细列出检查部位,做出评估。

双层底内的淤泥,厂修时要进行清理,掏出淤泥既减少船舶常数,也保护了压载舱。在保证安全的前提下,船舶在有泥沙的港口,应尽可能不加载压载水,待到海上再进行压载。

【项目实施】

任务一　货舱的安全检查

一、训练目标与要求

通过正确开启货舱盖、对舱内设施与舱盖相关设备的检查,以达到对整个货舱安全检查的目的。

二、训练设备

实训模拟船货舱,货舱检查操作视频,货舱检查幻灯片。

三、训练步骤

1. 教师首先讲解货舱盖的开启方法、舱内设施的检查方法及注意事项,并实操演示;

2. 教师让学生指出货舱盖的各组成部分,并正确开启货舱盖;

3. 学生检查舱盖橡皮胶条、滚轮、液压管路、舱口泄水阀、舱内水位探测系统、舱底板、护舷板等;

4. 教师对学生开启舱盖和检查货舱的整个过程与完成情况进行评价。

【扩展知识】

货舱盖的组成及
操作(微课)

【课后自测】

一、单项选择题

1. 有关散货船舱内水位探测系统,下列描述不正确的是_____。

A. 视觉报警器应能将每一货舱中探测到的两种不同的水位明显区分开

B. 对用作水压载的货舱,可安装一个报警越控设备

C. 由两个独立的电源供电,并有故障报警指示

D. 听觉和视觉警报器应安装在机舱集控室

2. 按规定,_____的所有散货船,均应在货舱、压载舱和干燥处所安装符合规定要求和型式认可的_____。

A. 500 总吨及以上;水位探测器

B. 500 总吨及以上;火灾探测器

C. 1 500 总吨及以上;水位探测器

D. 1 500 总吨及以上;火灾探测器

3. 除_____外,任何干燥处所或空舱,延伸至艏货舱前方的任何部分,在水位高出

甲板 0.1 m 时应发出一个视觉和听觉报警。

　　A. 锚链舱　　　　　B. 深舱　　　　　C. 干隔舱　　　　　D. 污油水舱

　　4. 按规定,每一货舱内安装的水位探测器,均应能在该舱水位达到或高出货舱内底_____时发出一个听觉和视觉报警。

　　A.0.3 m　　　　　B.0.5 m　　　　　C.1.0 m　　　　　D.1.2 m

　　5. 一般在_____的货舱内设置舱底木铺板和舷侧护舷木条。

　　(1)杂货船;(2)舱内设计成可装载杂货的多用途船;(3)木材船。

　　A.(1)(2)　　　　　B.(2)(3)

　　C.(1)(3)　　　　　D.(1)(2)(3)

　　6. 杂货船和多用途船在货舱内铺设木铺板和护舷板的作用是_____。

　　(1)保护内底板和船壳板;(2)保证货物不致因船体"出汗"造成货损;(3)使货舱显得整齐美观。

　　A.(1)(2)　　　　　B.(1)(3)

　　C.(2)(3)　　　　　D.(1)(2)(3)

　　7. 以下不属于货舱盖类型的是_____。

　　A. 滚动式　　　　　B. 滑动式　　　　　C. 折叠式　　　　　D. 吊移式

　　8. 滚动式舱口盖又分为_____。

　　(1)滚翻式;(2)滚移式;(3)滚卷式;(4)推提式。

　　A.(1)(2)(3)　　　　　B.(2)(3)(4)

　　C.(1)(3)(4)　　　　　D.(1)(2)(4)

　　9. 按舱盖结构或启闭方式划分,舱口盖主要分为_____。

　　(1)滚动式;(2)液压启闭式;(3)折叠式;(4)吊移式。

　　A.(1)(2)(3)　　　　　B.(2)(3)(4)

　　C.(1)(3)(4)　　　　　D.(1)(2)(4)

　　10. 滚翻式舱口盖主要由_____组成。

　　(1)盖板;(2)水密装置;(3)滚轮装置;(4)导向曳行装置;(5)压紧装置;(6)链条。

　　A.(1)(2)(3)(4)(5)　　　B.(2)(3)(4)(5)(6)

　　C.(1)(3)(4)(5)(6)　　　D.(1)(2)(4)(5)(6)

　　11. 开关较简便的折叠式货舱盖是_____。

　　A. 绞车式　　　　　B. 起重机式

　　C. 吊杆式　　　　　D. 液压式

　　12. 滚翻式货舱盖的主要优点有_____。

　　(1)结构简单;(2)价格便宜,维修简单;(3)在尺度、布置和用途上限制少;(4)所需存放空间小、作业时间短。

　　A.(1)(2)(3)　　　　　B.(2)(3)(4)

　　C.(1)(3)(4)　　　　　D.(1)(2)(3)(4)

　　13. 滚翻式舱口盖关闭时,是由_____操纵。

　　A. 舱口液压开关　　　　　　　B. 起货绞车或克令吊

　　C. 专用绞车　　　　　　　　　D. 液压传动装置

　　14. 滚翻式舱口盖盖板进入舱口端收藏坡道时,盖板便_____。

A.顺序纵向叠加　　　　　　B.顺序横向并靠

C.顺序纵向叠加或横向并靠　D.自动翻转成直立状态顺序存放

15.滚翻式货舱盖各块盖板之间的连接方式是_____。

A.焊接　　　　B.链条连接　　　　C.铆接　　　　D.铰接

16.折叠式舱口盖,按其驱动方式可分为_____。

(1)液压驱动式;(2)钢索驱动式;(3)直接拉动式;(4)绞辘启动式。

A.(1)(2)(3)　　B.(2)(3)

C.(1)(3)　　　　D.(1)(2)(3)(4)

17.船舶抵港前针对散货船舱内水位探测系统的 PSC 自查要求是检查_____进水报警系统是否正常。

(1)货舱;(2)压载舱;(3)油舱;(4)干隔舱。

A.(1)(2)(3)　　B.(2)(3)(4)

C.(1)(2)(4)　　D.(1)(3)(4)

18.船舶抵港前针对与载重线有关的结构与设备的 PSC 自查项目一般应包括_____。

(1)通风筒;(2)空气管;(3)载重线标志;(4)货舱舱口;(5)干舷甲板上除货舱舱口外的各种开口。

A.(2)(3)(4)(5)　　B.(1)(3)(4)(5)

C.(1)(2)(3)(4)　　D.(1)(2)(3)(4)(5)

19.箱形舱口盖通常用_____制造。

A.木质材料　　　B.钢质材料

C.铝质材料　　　D.金属或玻璃钢

20.箱形舱口盖(吊移式舱盖)较多使用在哪些类型的船上_____。

(1)集装箱船;(2)木材运输船;(3)杂货船;(4)冷藏运输船。

A.(2)(3)　　　B.(1)(4)　　　C.(1)(2)　　　D.(3)(4)

二、简答题

1.简述各舱内设施及其规范要求。

2.简述折叠式液压舱盖的组成及开启方式。

项目四　航次货运量的确定

【目标任务】

航次货运量的确定是船长和船舶驾驶人员在海上货物运输业务中的基本能力要求之一。通过本项目的学习,应达到以下要求。

一、知识要求

1. 熟悉船舶的重量性能和容积性能;

2. 掌握船舶静水力资料的正确使用;

3. 熟悉船舶吃水的取得、载重线标志及其使用事项;

4. 了解货物的基本性质、货物亏舱率和积载因数概念;

5. 掌握航次净载重量的确定方法。

二、能力要求

1. 能正确区分船舶舱容系数与货物积载因数的区别和联系;

2. 能正确运用船舶静水力资料、载重线标志;

3. 熟悉充分利用船舶装载能力的主要途径;

4. 能够进行航次净载重量的确定。

【相关知识】

知识点1　船舶的重量性能和容积性能

船舶的重量性能
（微课）

一、船舶的重量性能

船舶的重量性能包括排水量和载重量。

1. 排水量(displacement)Δ

排水量是指船舶在静水中处于自由漂浮状态时所排开水的重量。它等于装载状态下船舶的总重量。

按照船舶装载状态的不同,排水量可分为以下三类。

(1)空船排水量(light ship displacement)Δ_L

空船排水量指船舶装备齐全但无载荷时的排水量。它等于空船重量,包括船体、机器、设备,以及锅炉中的燃料和淡水、冷凝器中的淡水等重量的总和。空船排水量可在船舶资料中查得。

船舶的容积性能
（微课）

(2)满载排水量(full loaded displacement)Δ_S

满载排水量指船舶满载时,吃水达到某一载重线时的排水量。通常是指船舶吃水达到夏季载重线时的排水量,又称夏季满载排水量。满载排水量等于船舶满载时的总重量,包括空船重量以及货物、燃润料、淡水、压载水、船员及行李、粮食和供应品、船用备品和船舶常数等各类重量的总和。不同载重线所对应的满载排水量数据可在船舶

资料中查得。

(3)装载排水量 Δ

装载排水量指船舶在空载吃水与满载吃水之间任一吃水时的排水量,其数值由船舶的装载吃水确定。

2. 载重量

船舶所能装载的载荷重量称为载重量,通常可分为以下四类。

(1)总载重量(dead weight)DW

总载重量指船舶在任一装载吃水时船上所有载荷的总重量。其数值等于该装载吃水时的船舶排水量 Δ 与空船排水量 Δ_L 的差值,即

$$DW = \Delta - \Delta_L(t) \tag{4-1}$$

总载重量值因船舶的排水量(或吃水)的不同而异。船舶资料中提供有对应于不同载重线的船舶总载重量值,其含义是船舶使用某一载重线时所允许的最大装载量。

(2)净载重量(net dead weight)NDW

净载重量指船舶在具体航次中所能装载货物的最大重量。净载重量值等于由具体航次所确定的总载重量 DW 与航次储备量 $\sum G$ 及船舶常数 C 的差值,即

$$NDW = DW - \sum G - C(t) \tag{4-2}$$

同一艘船舶在不同航次中由于使用的载重线、航程、油和水的存量以及吃水是否受限制等条件的不同,其净载重量值是不同的,需要经过计算才能确定。

(3)航次储备量(stores) $\sum G$

航次储备量指船舶在具体航次中为维持生产和生活的需要而必须储备的所有重量的总和,包括燃油、淡水、船员及行李、粮食、备品和日用品等重量。

(4)船舶常数(constant) C

新出厂的船舶经过营运一段时间后,船舶重量中产生的一些难以确切计量的重量的总和称为船舶常数。它可以通过测定求得,其值等于测定时空船排水量(已包含船舶常数) Δ_{L+C} 与新出厂时空船排水量 Δ_L 之差。

船舶常数由以下几部分重量组成:

①船体、机械等进行定期修理和局部改装而导致的空船重量的改变量;

②船上库存的破旧机件、器材和各种废旧物料;

③货舱内的残留物、垫舱物料及垃圾;

④油、水舱柜及污水井内残留的污油、污水及沉淀物;

⑤船体外附着物如海藻、贝壳等。

船舶常数的大小随以上各项重量的变化而变化,因此不是一个固定值。为了较准确地掌握船舶常数的大小,一般在年度修理后对其测定一次,测得的常数值一般延续使用到下次重新测定时为止,或者在必要的情况时做重新测定。

关于船舶航次的总载重量、净载重量、航次储备量的计算及船舶常数的测定方法在后面讲述。

综上所述,船舶的排水量和载重量之间的关系为

$$
船舶排水量 \Delta
\begin{cases}
空船重量 \Delta_L \\
总载重量 DW
\begin{cases}
净载重量 NDW \\
航次储备量 \sum G \\
船舶常数 C
\end{cases}
\end{cases}
$$

二、船舶的容积性能

表示船舶容积性能的有舱容、舱容系数、登记吨位。

1. 舱容(compartment capacity)

舱容可分为散装舱容、包装舱容、液货舱容积和液舱柜容积、甲板货位。

杂货船上同一货舱的舱容分为散装舱容和包装舱容两种。同一货舱的包装舱容比散装舱容要小,包装舱容为散装舱容的 90% ~ 95%。因为散货可装进货舱内肋骨之间、横梁之间等的狭小空间,另外,舱内的支柱、管系等对装散货比包装货的影响要小,舱容的利用率不同。装载无包装的小块状、颗粒状、粉末状的散装货物时使用散装舱容;而装载具有一定尺度的成件包装或裸装货物时则使用包装舱容。

船舶资料中均附有各货舱容积表。从表中可查取各货舱的包装舱容、散装舱容以及货舱的舱容中心的资料。附录 B 中表 B-2 为"Q 轮"货舱容积表。

装载液体散货的货舱容积称为液货舱容积。

装载燃料、淡水、压载水等的舱柜容积称为液舱柜容积。附录 B 中表 B-4 为"Q 轮"液舱容积表。

甲板货位:如集装箱船甲板可用货位与舱内容积之比为 1:2 ~ 1:1,而木材船甲板可用货位与舱内容积相比,也基本接近。

2. 舱容系数(coefficien to fload)α

舱容系数指船舶的货舱总容积与净载重量的比值,即船舶每吨净载重量所能提供的货舱容积。舱容系数可用下式表示,即

$$
\alpha = \frac{\sum V_{ch}}{NDW} \ (m^3/t) \tag{4-3}
$$

式中, $\sum V_{ch}$ 为船舶货舱的总容积,单位为 m^3。

舱容系数的大小能反映船舶的载货性能,表示该船适宜装载重货还是轻货。显然,舱容系数大的船舶适宜装轻货;反之适宜装重货。

由于各具体航次的净载重量不同,因此相应的舱容系数也不同。船舶资料中的舱容系数是船舶在满载状态下保持最大续航能力时的数值。

3. 登记吨位(registered tonnage)

登记吨位指船舶为登记注册的需要,按照国家主管机关制定的船舶吨位丈量规范的各项规定丈量确定的船舶容积。我国船舶根据 2005 年的《海船法定检验技术规则》(以下简称《法定规则》)中的"丈量吨位"的各项规定丈量确定登记吨位并核发"吨位证书",并获国际上的承认。

船舶的登记吨位可分为总吨位、净吨位及运河吨位三种。

(1)总吨位(gross tonnage)GT

总吨位系指根据有关国家主管机关规定的丈量规范,丈量船舶所有围蔽处所总容积后所核算的专门吨位。

我国《法定规则》规定,船舶的总吨位按下式计算,即

$$GT = K_1 \cdot V \tag{4-4}$$

式中　V——丈量确定的船舶所有围蔽处所的总容积,m^3;

　　　K_1——系数,$K_1 = 0.2 + 0.02 \lg V$

船舶总吨位的用途:

①表示船舶规模的大小,作为船舶拥有量的统计单位;

②作为船舶规范、国际公约中划分船舶等级及对船舶进行技术管理和设备要求的依据和标准;

③作为船舶登记、检验和丈量等收费的标准;

④作为估算船舶建造、买卖、租赁的费用及海损事故最高赔偿额的基准;

⑤作为某些港口费的计算基准;

⑥作为计算净吨位的基础;

⑦作为船公司向船东保赔协会交付保险费用的依据。

(2)净吨位(net tonnage)NT

净吨位系指根据有关国家主管机关规定的丈量规范所确定的船舶有效容积(也叫营运容积)。根据我国《法定规则》的规定,船舶的净吨位按下式计算,即

$$NT = K_2 \cdot V_c \left(\frac{4d}{3D}\right)^2 + K_3 \cdot \left(N_1 + \frac{N_2}{10}\right) \tag{4-5}$$

式中　K_2——系数,$K_2 = 0.2 + 0.02 \lg V_c$;

　　　V_c——各载货处所的总容积,m^3;

　　　D——船长中点处的型深,m;

　　　d——船长中点处的型吃水,m;

　　　K_3——系数,$K_3 = 1.25 \times \dfrac{GT + 10\,000}{10\,000}$;

　　　N_1——不超过 8 个铺位的客舱中的乘客铺位数;

　　　N_2——其他客舱中的乘客铺位数。

《法定规则》规定,在式(4-5)中,当 $\left(\dfrac{4d}{4D}\right)^2$ 大于 1 时取为 1;当 $K_2 \cdot V_c \left(\dfrac{4d}{4D}\right)^2$ 小于 0.25GT 时取 0.25GT;当 NT 小于 0.3GT 时取为 0.3GT;当乘客总铺位数小于 13 时,N_1 及 N_2 均取零。由此可见,净吨位是一个与船舶载货处所容积和载客处所容积有关的量值。关于丈量和计算的具体细节,可参阅我国《法定规则》。

净吨位的用途是作为计算各种港口费用或税金的基准,如港务费、引航费、码头费、进坞费、吨税等。各国港口的规定不尽相同,有些港口按船舶总吨、吃水等计收港口使费。

(3)运河吨位(canal tonnage)CT

运河吨位系指由运河当局按其规定的丈量规范丈量确定的船舶登记吨位。凡航经苏伊士和巴拿马运河的船舶必须具备运河当局主管部门颁发的运河吨位证书。运河吨位也分总吨位及净吨位两种。

船舶通过运河时,运河当局按运河吨位作为征收运河通航费的基准。

表4-1为"Z轮"登记吨位数值表。

表4-1　"Z轮"登记吨位数值表

总吨位	净吨位	苏伊士运河吨位		巴拿马运河吨位	
GT	NT	GT	NT	GT	NT
48 311	16 601	51 749.59	44 463.92	52 615.10	40 907.46

知识点 2　船舶静水力参数资料及其使用

在计算或调整具体装载状态下船舶的稳性、纵向受力及吃水差等时,经常要用到如横稳心距基线高度 KM、浮心距基线高度 KB、浮心距船中距离 X_b、每厘米吃水吨数 TPC、每厘米纵倾力矩 MTC、漂心距船中距离 x_f 等参数。这些参数都可以根据某装载状态下的船舶平均吃水在静水力参数资料中直接查取。

静水力参数图表中所涉及的参数,若无特别说明,都是指船舶处于静止正浮状态下得出的计算结果。船舶静水力参数资料包括静水力曲线图、静水力参数表和载重表尺。这些资料由船舶设计部门根据船体的几何型线计算绘制而成,是船舶驾驶人员经常使用的重要的船舶资料。

船舶静水力参数
资料及其使用
(微课)

一、静水力曲线图(hydrostatic curves)

静水力曲线图是表示船舶在静止正浮状态下,平均吃水与船舶浮性、稳性和船型系数三类参数的一组关系曲线。如图4-1所示为"Q轮"的静水力曲线图。

1. 静水力曲线图的组成

(1)排水量(displacement)Δ 曲线

它是表示船舶排水量随平均吃水变化而变化的关系曲线,通常包括标准海水排水量 Δ 与标准淡水排水量 Δ_f 两条曲线。

(2)型排水体积(volume of moulded displacement)V_M 曲线

它是表示船舶型排水体积 V_M 随平均吃水变化而变化的关系曲线。

船舶的排水体积分型排水体积 V_M 和排水体积 V 两种。型排水体积由船体型线图的型值用近似计算方法求得。其值不包括船舶水下部分的船壳及船壳外的螺旋桨、舵、舭龙骨等附体的排水体积在内。排水体积是型排水体积和水下部分的船壳及船壳外的螺旋桨、舵、舭龙骨等附体的排水体积之和。

型排水体积可根据船舶的平均吃水利用型排水体积曲线直接求得。

有些静水力曲线图上无排水体积曲线,但排水体积可利用淡水排水量曲线求得。淡水排水量与排水体积数值上相等,只是单位不同,所以利用淡水排水量曲线即可求取船舶排水体积。

船舶排水体积也可按下式求取,即

$$V = k \cdot V_M \tag{4-6}$$

式中,k 表示船壳系数,$k = 1.006 \sim 1.030$。一般情况下,对于不同的船舶,小船 k 值较大,大船 k 值较小;对于同一船舶,吃水较小时 k 取值大些,吃水较大时 k 取值小些。新船 k 值可在船舶资料中查取。

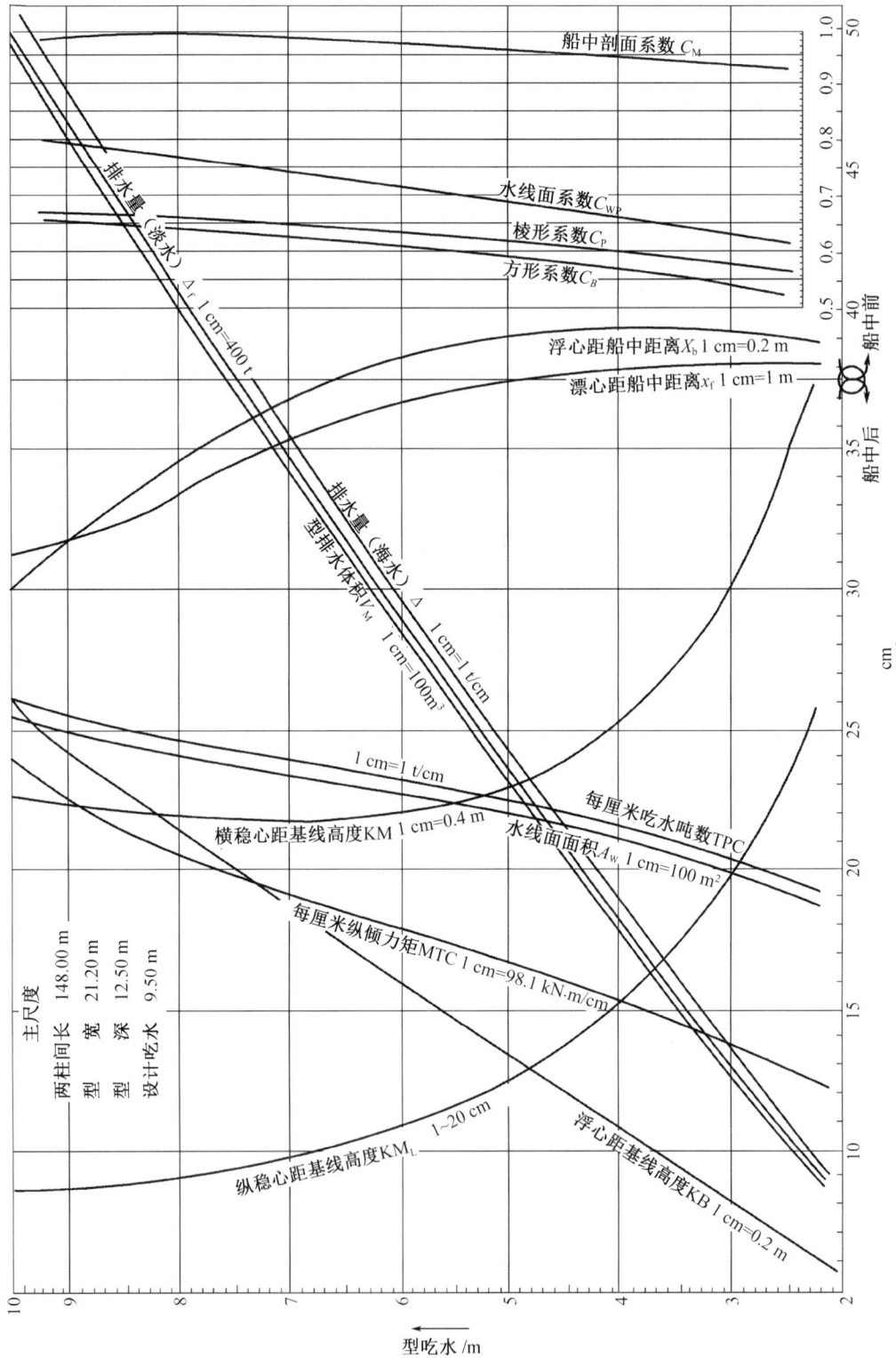

图 4-1 "Q 轮"静水力曲线图

（3）浮心距船中距离（longitudinal center of duoyancy from mid-ship）X_b 曲线

它表示船舶的浮心距船中距离 X_b 随平均吃水变化而变化的规律。通常情况下，船舶的浮心随平均吃水的增大从船中前向船中后移动。静水力曲线图中标有"⊠"符号的直线表示船中位置。我国规定，浮心的纵向位置用其距船中的距离表示，并规定：浮心距船中前的距离为正，浮心距船中后的距离为负。有些国家规定，浮心的纵向坐标用距艉垂线的距离表示。

（4）浮心距基线高度（vertical center of buoyancy above Baseline）KB 曲线

它表示船舶的浮心 B 距基线的垂直距离 KB 随平均吃水变化而变化的规律。

（5）水线面面积（area of waterplanes）A_W 曲线

它表示船舶的水线面面积随船舶平均吃水变化而变化的规律，平均吃水增大，水线面面积增大。

（6）漂心距船中距离（longitudinal center of floatation）x_f 曲线

船舶水线面面积的中心（或形心）称为漂心，用符号 F 表示。漂心距船中距离曲线表示船舶水线面面积的中心 F 距船中的距离随平均吃水变化而变化的规律。船舶漂心的移动规律与浮心的移动规律相同，x_f 的正负号取法同 X_b。有些国家规定，漂心的纵向坐标用距艉垂线的距离来表示。

（7）每厘米吃水吨数（metric tons per centimeter lmmersion）TPC 曲线

每厘米吃水吨数是指船舶平均吃水变化 1 cm 时，船舶排水量的变化值，或表示船舶加载（或卸载）多少吨，才能使船舶平均吃水增加（或减少）1 cm。

每厘米吃水吨数曲线则表示船舶平均吃水变化（增减）1 cm 时，船舶排水量随平均吃水的变化（增减）而变化的规律，即

$$TPC = \frac{\rho \cdot A_W}{100} \ (t/cm) \tag{4-7}$$

显然，每厘米吃水吨数曲线与水线面面积曲线的变化规律是一致的。TPC 值随平均吃水的增大而增大，其单位为 t/cm。

船舶平均吃水变化量 δd 与船上少量载荷变动量 P 及每厘米吃水吨数 TPC 之间存在以下关系，即

$$\delta d = \frac{P}{100TPC} \tag{4-8}$$

但必须指出，利用上式求取船舶平均吃水变化量 δd 时，在载荷变动量 $P \leqslant 10\% \Delta_S$ 的情况下才能得到较为准确的结果，否则误差将会较大。

（8）横稳心距基线高度（transverse metacenter above baseline）KM 曲线

它是表示船舶横稳心 M 点距基线的高度 KM 值随平均吃水变化而变化的关系曲线。

（9）纵稳心距基线高度（longitudinal metacenter above baseline）KM_L 曲线

它是表示船舶纵稳心 M_L 点距基线高度 KM_L 值随平均吃水变化而变化的关系曲线。

（10）每厘米纵倾力矩（moment to change trim one centimeter）MTC 曲线

每厘米纵倾力矩是指船舶的艏艉吃水的差值每变化 1 cm 所需的纵倾力矩值，即船舶纵倾 1 cm 所需的力矩值。

（11）船型系数曲线（包括 C_{WP} 曲线、C_M 曲线、C_B 曲线和 C_P 曲线等）

其中，V_M 曲线、Δ 曲线、X_b 曲线、KB 曲线、A_W 曲线、x_f 曲线、TPC 曲线等是浮性曲线；KM 曲线、KM_L 曲线、MTC 曲线等是稳性曲线。

2.静水力曲线图的特点及使用方法

在船舶的静水力曲线图上共汇集了十几条曲线,且各参数的单位不尽相同。为了使这些曲线在同一平面直角坐标系内表示且布局合理,曲线的横坐标值与各曲线所表示的参数值之间须采用不同的比例。

在图4-1中,纵坐标表示各条曲线共同的自变量平均吃水,横坐标则表示与各参数值有关的参考坐标值,称为计量长度,单位为cm。在各条曲线上都标有各自符号及每1cm计量长度代表的参数值。因此,根据船舶某装载状态时的平均型吃水及求得的计量长度可以求取有关的参数值。

静水力曲线图的使用方法如下:

根据某装载状态下的船舶平均型吃水在静水力曲线图的纵坐标上确定相应的位置点,经过该点作一水平横线与所要求取的某参数值的曲线相交,经此交点再作横坐标的垂直线,在此垂直线与横坐标的相交处,可以读出相应的计量长度,所读取的计量长度与该曲线上所标示的1cm计量长度所代表的参数值相乘,即可求得该装载状态下相应参数的数值。

读取计量长度时需注意,浮心距船中距离 X_b 及漂心距船中距离 x_f 这两条曲线的计量长度是从船中起算,船型系数直接在其横坐标上读取。

二、载重表尺(deadweight scale)

载重表尺又称载重表(图4-2),是以刻度标尺的形式给出,反映船舶的实际平均吃水值与排水量、总载重量、每厘米吃水吨数、每厘米纵倾力矩、横稳心距基线高度等参数之间的对应关系的标尺。

利用载重表尺求取有关参数比使用静水力曲线图更直观和实用。

载重表尺的使用方法很简单,根据船舶在某装载状态时的平均吃水($\rho = 1.025 \text{ g/cm}^3$ 时)在吃水标尺上找到其位置点,经该点作一条水平直线,从该直线与各参数标尺的交点处就可直接读出各参数的数值。同样,也可以根据船舶排水量查取平均吃水及其他各参数值。

有些载重表尺上还标示出不同吃水和不同水密度时的排水量及总载重量标尺。

三、静水力参数表(hydrostatic data table)

静水力参数表又称船舶性能数据表(附录B中表B-3),是以数值表格的形式给出船舶在静止正浮条件下其平均吃水与各性能参数之间的关系。必要时需内插计算。

知识点3　船舶吃水

船舶吃水(draft)表示船体浸在水面下的深度,即水线面与船底基平面之间的垂直距离。船舶吃水的大小随排水量改变而变化。根据量取方法的不同,吃水可以分为实际吃水(real draft)和型吃水(moulded draft)两种。实际吃水是指水线面至船底龙骨板下缘的垂直距离,型吃水是指水线面至船底龙骨板上缘的垂直距离,两者相差船底龙骨板的厚度(如"Q轮"的龙骨板的厚度为0.26 m)。船舶吃水大小可根据水尺标志读取。

船舶吃水
(微课)

一、水尺标志及其观测方法

船舶的水尺标志勘划在船体的艏、舯、艉部的左右两舷的船壳外板上,共6处,是以数字表示船舶实际吃水的一种标记。水尺标志有公制与英制两种形式,如图4-3所示。公制水尺标志以阿拉伯数字表示,字体高度为10 cm,字与字之间的垂向间隔也为10 cm;英制水尺标志以罗马数字表示,字体高度为6 in,字与字之间的垂向间隔也为6 in。

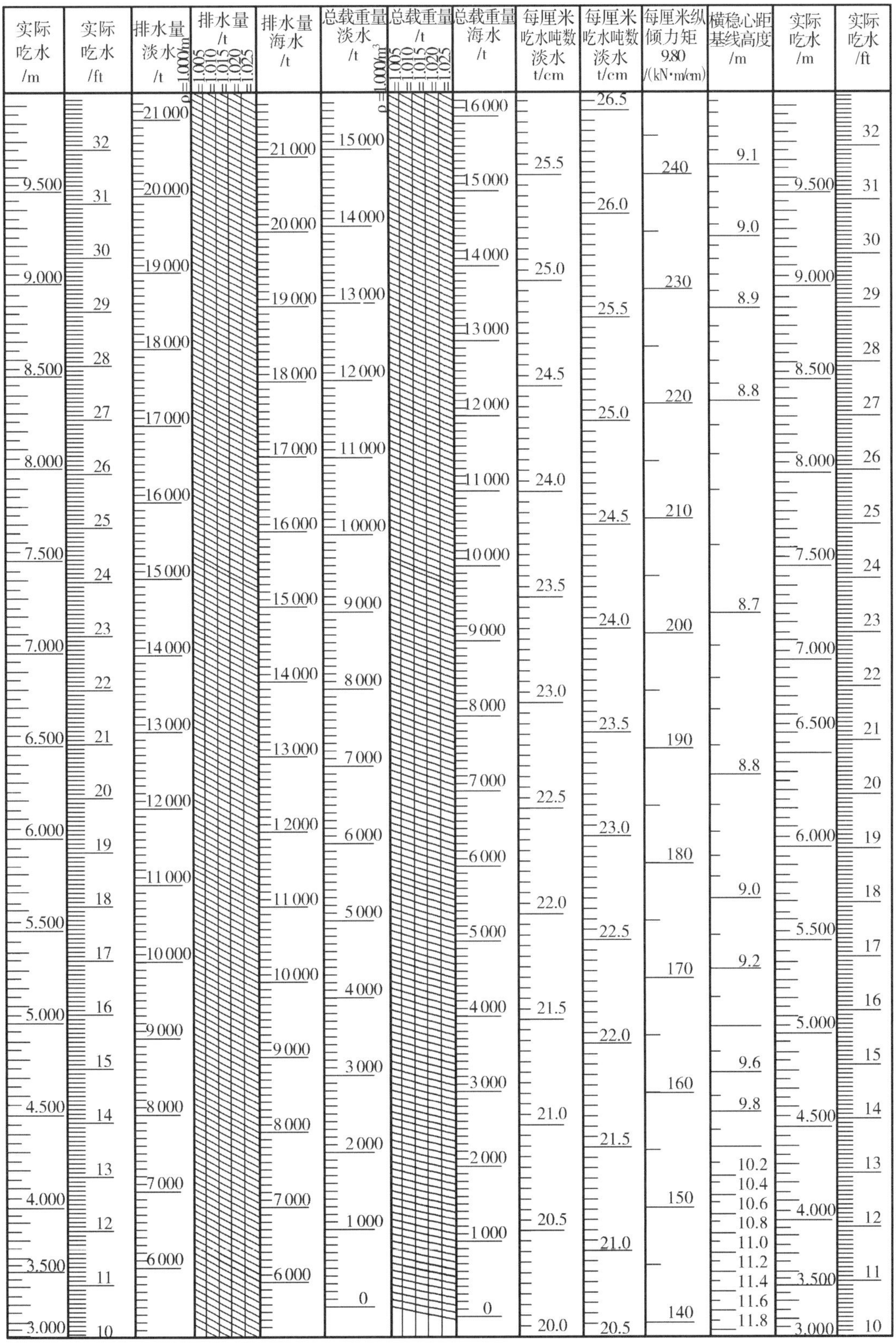
实际吃水/m
9.500 9.000 8.500 8.000 7.500 7.000 6.500 6.000 5.500 5.000 4.500 4.000 3.500 3.000
实际吃水/ft
32 31 30 29 28 27 26 25 24 23 22 21 20 19 18 17 16 15 14 13 12 11 10
排水量淡水/t ρ=1.000t/m³
21 000 20 000 19 000 18 000 17 000 16 000 15 000 14 000 13 000 12 000 11 000 10 000 9 000 8 000 7 000 6 000
排水量/t
1.005 1.010 1.015 1.020 1.025
排水量海水/t
21 000 20 000 19 000 18 000 17 000 16 000 15 000 14 000 13 000 1 2000 11 000 10 000 9 000 8 000 7 000 6 000
总载重量淡水/t ρ=1.000t/m³
15 000 14 000 13 000 12 000 11 000 1 0000 9 000 8 000 7 000 6 000 5 000 4 000 3 000 2 000 1 000 0
总载重量/t
1.005 1.010 1.015 1.020 1.025
总载重量海水/t
16 000 15 000 14 000 13 000 12 000 11 000 10 000 9 000 8 000 7 000 6 000 5 000 4 000 3 000 2 000 1 000 0
每厘米吃水吨数淡水 t/cm
25.5 25.0 24.5 24.0 23.5 23.0 22.5 22.0 21.5 21.0 20.5 20.0
每厘米吃水吨数淡水 t/cm
26.5 26.0 25.5 25.0 24.5 24.0 23.5 23.0 22.5 22.0 21.5 21.0 20.5
每厘米纵倾力矩 9.80/(kN·m/cm)
240 230 220 210 200 190 180 170 160 150 140
横稳心距基线高度/m
9.1 9.0 8.9 8.8 8.7 8.8 9.0 9.2 9.6 9.8 10.2 10.4 10.6 10.8 11.0 11.2 11.4 11.6 11.8
实际吃水/m
9.500 9.000 8.500 8.000 7.500 7.000 6.500 6.000 5.500 5.000 4.500 4.000 3.500 3.000
实际吃水/ft
32 31 30 29 28 27 26 25 24 23 22 21 20 19 18 17 16 15 14 13 12 11 10

图 4-2　载重表尺

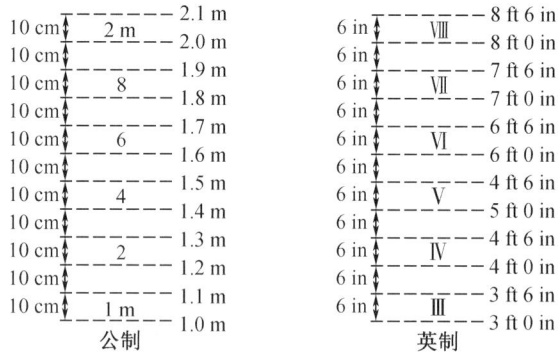

图 4-3　水尺标志

从水线面与船舶水尺标志的相交处便可观测船舶的实际吃水值。其观测方法是：水线达到水尺标志上某数字的底边缘时，表示该处的实际吃水值为该数字所表示的数值，其余类推。船舶的吃水很难观测准确，原因是水面常有波动，且观测时人的视线不可能与水面相平。为了提高观测精度，应选择水面较平静，且保持视线与水面的夹角尽可能地小。

二、平均吃水及其计算方法

据前述可知，从船舶静水力参数资料中查取有关参数时，均是以船舶的平均吃水为依据查取的。因为静水力参数资料中所涉及的数值都是按船舶正浮状态时得出的计算结果。船舶处于正浮状态且无船体变形时，船舶各处的吃水值应均相等，任一处的吃水值均为平均吃水。如果船舶不处于正浮状态或存在变形，则从各水尺标志上读取的吃水值不尽相等，这时就需将这些吃水值换算成一个与正浮状态相等的吃水值（又称等容吃水），然后才能查取有关参数值。

下面介绍船舶平均吃水的求取方法。

若忽略船体变形，则船舶的平均吃水可根据船舶的不同浮态分别按以下方法计算。

（1）船舶处于正浮状态时，船舶各处的吃水值完全一致，此时，任何位置的吃水值都为实际平均吃水 d_m。

（2）当船舶处于纵倾（无横倾）状态时，其实际平均吃水可按下式计算，即

$$d_m = \frac{d_F + d_A}{2} + \frac{(d_F - d_A)}{L_{BP}} \cdot x_f \text{(m)} \tag{4-9}$$

式中　d_F——船首水尺标志处的吃水，即艏吃水，m；

　　　d_A——船尾水尺标志处的吃水，即艉吃水，m；

　　　L_{BP}——船舶垂线间长，m；

　　　x_f——船舶漂心距船中距离，m。

当漂心在船中，即 $x_f = 0$ 时，船舶的平均吃水可按下式求取，即

$$d_m = \frac{d_F + d_A}{2} \text{（m）} \tag{4-10}$$

（3）当船舶既有纵倾又有横倾时，其平均吃水 d_m 按下式计算，即

$$d_m = \frac{d_{FP} + d_{FS} + d_{MP} + d_{MS} + d_{AP} + d_{AS}}{6} + \frac{x_f}{L_{BP}} \cdot t \text{（m）} \tag{4-11}$$

式中　d_{FP}，d_{FS}——船舶首部左、右舷吃水，m；

　　　d_{MP}，d_{MS}——船舶中部左、右舷吃水，m；

　　　d_{AP}，d_{AS}——船舶尾部左、右舷吃水，m；

　　　t——船舶的吃水差，$t=\dfrac{d_{FP}+d_{FS}-d_{AP}-d_{AS}}{2}$。

必须指出，用以上这些公式计算求得的平均吃水值，尚未考虑船体纵向变形对平均吃水的影响。当要求精度更高时，还须对观测吃水值做多次修正，详见项目七水尺检量部分。

三、舷外水密度变化对船舶吃水的影响

同一船舶在排水量相同的情况下，在不同密度的水域所排开水的体积是不同的，因此吃水也就不相同。船舶由密度大的水域进入密度小的水域，吃水会增大；反之吃水会减小。所以，当船舶舷外水密度发生改变时须对船舶吃水进行修正。

当船舶在非标准海水密度的水域时，从水尺标志上观测到的船舶吃水换算成平均吃水后不能直接从静水力参数资料中查取有关参数，须将其换算成标准海水（$\rho=1.025 \text{ g/cm}^3$）中的平均吃水后才能查取有关参数值。

当利用水尺计算装卸货物重量以及为了船舶能安全通过有水深限制的浅水区域时，必须用密度计测定当地水的实际密度，以修正由于水密度不同对船舶吃水的影响。

在不同密度的水中，船舶平均吃水的变化值的计算方法如下：

1. 水密度变化对船舶平均吃水的影响

设船舶舷外水密度由 ρ_1 变为 ρ_2，且船舶排水量 Δ 不变，则船舶平均吃水的变化量为

$$\delta d=\frac{\Delta}{100\text{TPC}}\left(\frac{\rho_S}{\rho_2}-\frac{\rho_S}{\rho_1}\right) \tag{4-12}$$

式中　δd——舷外水密度变化引起的船舶平均吃水的变化量，m；

　　　ρ_1，ρ_2——不同密度水域中水的密度值，g/cm^3；

　　　ρ_S——标准海水密度，1.025 g/cm^3；

　　　Δ——船舶排水量，t；

　　　TPC——每厘米吃水吨数，t/cm。

2. 淡水水尺超额量（fresh water allowance）FWA

淡水水尺超额量简称淡水超额量，是指船舶由标准海水水域驶入标准淡水水域时船舶平均吃水的增量。其计算式可由式（4-12）推导出：

$$\text{FWA}=\frac{\Delta}{40\text{TPC}} \text{（cm）} \tag{4-13}$$

3. 半淡水水尺超额量（semifresh water allowance）SFWA

半淡水水尺超额量指船舶由标准海水水域驶入半淡水（$1.000 \text{ g/cm}^3<\rho<1.025 \text{ g/cm}^3$）水域时，船舶平均吃水的增量。SFWA 可用以下近似公式计算，即

$$\text{SFWA}\approx40(1.025-\rho)\cdot\text{FWA} \text{（cm）} \tag{4-14}$$

4. 新水域船舶平均吃水的近似计算

$$d_2=\frac{\rho_1}{\rho_2}d_1 \tag{4-15}$$

知识点 4　载重线标志及载重线海图

一、船舶干舷(freeboard)

载重线标志
及载重线海图
(微课)

船舶干舷是指在船中处从干舷甲板的上边缘量至有关载重线的上边缘间的垂直距离,可分为热带干舷、夏季干舷、冬季干舷、(夏季)淡水干舷、热带淡水干舷等。干舷的大小可用干舷高度表示。

二、干舷与吃水、储备浮力的关系

从船舶营运的角度出发,要求船舶能装载尽可能多的货物,但为了保证船舶的安全,则要求船舶满载后水线以上仍然留有一部分水密空间。船舶满载水线以上船舶主体水密部分的体积所能提供的浮力称储备浮力。储备浮力大,则航行较安全。

储备浮力的大小根据船舶尺度、类型、航区和航行季节等因素确定。海船的储备浮力为排水量的 20%~50%,河船的储备浮力为排水量的 10%~15%。

船舶干舷的大小可作为衡量储备浮力大小的尺度。显然,干舷越大储备浮力越大。船舶干舷 F 与型深 D、型吃水 d 和干舷甲板厚度 ε 的关系为

$$F = D + \varepsilon - d \tag{4-16}$$

船舶在任何装载情况下都不得使干舷小于所核定的最小干舷,即船舶的实际吃水不得超过船舶的满载吃水。核定船舶最小干舷时考虑的因素有储备浮力、船舶强度、船舶稳性及抗沉性等。

船舶最小干舷分为夏季、热带、冬季、北大西洋冬季和淡水最小干舷,其中夏季最小干舷是确定其他最小干舷的基准,而夏季最小干舷是由船舶主尺度、丰满度、船舶类型、上层建筑、舷弧等因素所决定的。

三、船舶的载重线标志

船舶载重线是按照有关公约及规则的规定,在船中左右两舷船壳板外面勘划载重线标志,是限定船舶的最大吃水,以确保船舶最小干舷的标志。

《法定规则》规定,勘划载重线确定相应的干舷高度时除必须满足《国际载重线公约》对储备浮力的要求外,还必须根据船舶用途、航区和船舶结构,全面满足《法定规则》对于船舶强度、完整稳性、破舱稳性等各方面的综合要求。当按上述要求所核定的干舷值不一致时,应取其中的最大值作为最小干舷,以最大限度地确保船舶的安全航行。

《法定规则》规定,我国船舶的载重线标志由中国船级社或由其委托指定机关负责勘划。下面介绍各类船舶的载重线标志。

1. 国际航行船舶的载重线标志

它由甲板线、载重线圈及水平横线、各载重线三部分组成,如图4-4所示。

(1)甲板线

甲板线系指勘划于船中左右两舷,其上边缘与干舷甲板上表面处于同一水平位置,是一条长 300 mm、宽 25 mm 的水平直线。对于舷缘为圆弧形的船舶,其甲板线可勘划在船中每侧某一适当位置。

(2)载重线圈及水平横线

载重线圈及水平横线系由一外径为 300 mm、线宽为 25 mm 的圆环和与圆环相交的一条水平横线组成。水平横线长 450 mm、宽为 25 mm,水平横线的上边缘通过圆环中心,圆环中心位于船中。从圆环中心至甲板线上边缘的垂直距离即为按《法定规则》所核定的夏季

干舷。圆环两侧的字母"C"和"S"表示勘划载重线标志的主管机关为中国船级社(China Classification Society)。

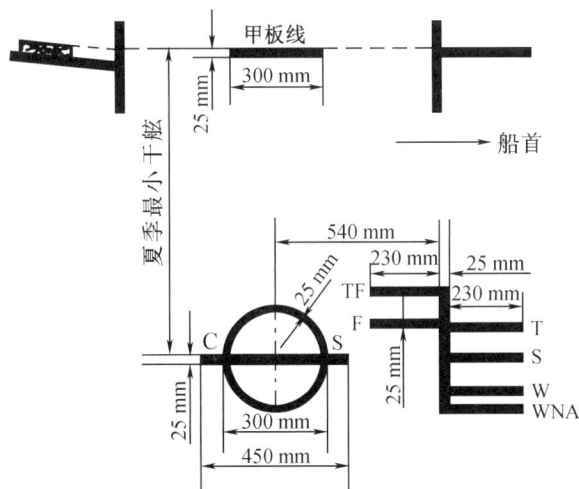

图 4-4　国际航行船舶的载重线标志

(3)各载重线

船舶按其航行海区和季节期而定的各载重线,分别以长为 230 mm、宽为 25 mm 的水平线段表示。各载重线与一根位于圆环中心前方(船首方向)540 mm、宽为 25 mm 的垂直线相垂直。各载重线的上缘就是船舶在不同区带和季节区域中所允许的最大装载吃水的限定线,也表示相应情况下船舶所允许的最小干舷。

各载重线的名称及位置介绍如下:

①夏季载重线

以标有字母"S"(summer)的水平线段表示,该水平线段与水平横线相平行。夏季干舷是由圆环中心至甲板线上边缘的垂直距离。通常称为夏季最小干舷。

②热带载重线

以标有字母"T"(tropical)的水平线段表示。热带干舷等于夏季干舷减去夏季吃水的1/48。

③冬季载重线

以标有字母"W"(winter)的水平线段表示。冬季干舷等于夏季干舷加上夏季吃水的1/48。

④北大西洋冬季载重线

以标有字母"WNA"(winter north atlantic)的水平线段表示。北大西洋冬季干舷等于冬季干舷加上 50 mm。船长超过 100 m 的船舶,不勘划此载重线,处在北大西洋冬季季节期海区时仍使用冬季载重线。

以上各载重线勘划于垂直线的船首一侧。

⑤夏季淡水载重线

以标有字母"F"(fresh)的水平线段表示。夏季淡水干舷等于夏季(海水)干舷减去 Δ_S/40 TPC(cm)或 1/48 的夏季吃水,此处的 Δ_S 或 TPC 均为夏季满载吃水时在标准海水中的排水量和每厘米吃水吨数。

⑥热带淡水载重线

以标有字母"TF"(tropical fresh)的水平线段表示。热带淡水干舷等于热带(海水)干舷减去 $\Delta_S/40$ TPC(cm)或夏季吃水的1/48。

以上淡水载重线均勘划于垂直线的船尾一侧。

2.国际航行装载木材货物船舶的载重线标志

我国《法定规则》规定,对于在干舷甲板或上层建筑甲板的露天部分装载木材货物,且船舶的结构、设备、装载满足《法定规则》要求的装载木材的船舶,可以勘划和使用木材载重线标志。

木材载重线加绘在载重线圈及横线的船尾一侧,在各载重线的原字母前加标字母"L"(lumber)。其具体规定如下:热带木材干舷等于夏季木材干舷减去夏季木材吃水的1/48;冬季木材干舷等于夏季木材干舷加上夏季木材吃水的1/36;冬季北大西洋木材干舷与其他货船的冬季北大西洋干舷相同;其他木材干舷和上述货船的有关规定相同;装载木材货物船舶的干舷比一般货船的小。

木材船载重线标志如图4-5所示。

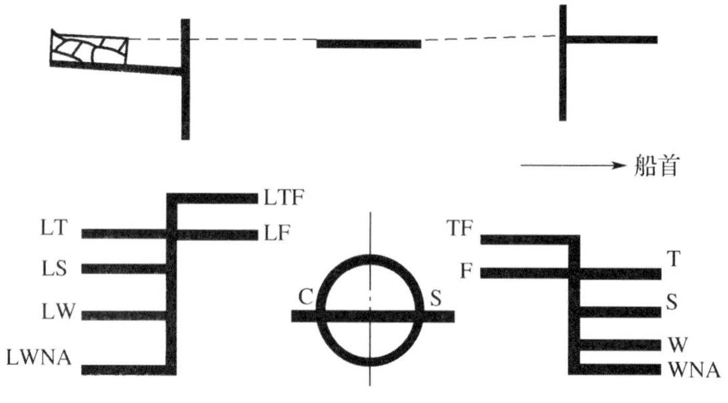

图4-5　木材船载重线标志

3.国际航行船舶的全季节载重线标志

对于所有货船,如果按《法定规则》的全面要求所核定的干舷大于《国际载重线公约》所要求的最小干舷,其载重线勘划于相当于或低于该公约所核定的最小干舷的最低季节性载重线位置时,则仅需勘划淡水载重线。此时,载重线标志如图4-6所示。

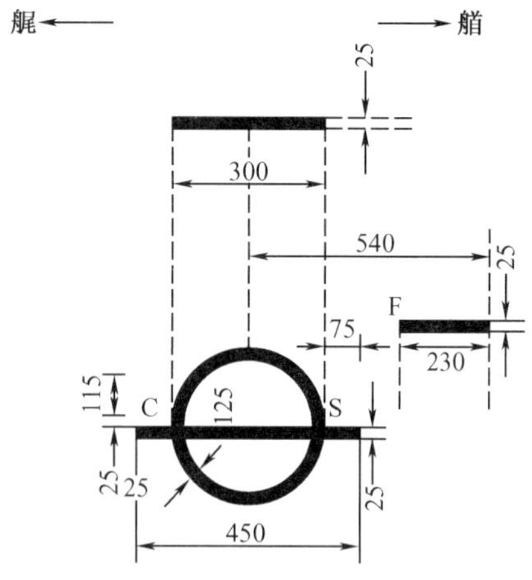

4.国内航行船舶的载重线标志

仅在国内沿海航行的我国船舶,由于沿岸海域的风浪较小,对稳性、强度、抗沉性等的要求可低于国际航行船舶,因此,《法定规则》规定,国内航行船舶的最小干舷比国际航行船舶的最小干舷小。

图4-6　全季节载重线标志

国内航行船舶的载重线标志如图4-7所示。

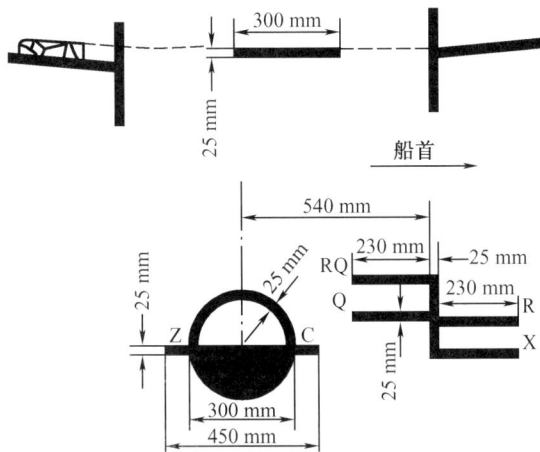

图4-7　国内航行船舶载重线标志

载重线及载重线圈的下半部与标志同色,载重线圈两侧标以字母"Z"和"C",所勘划的载重线有热带载重线(标以字母"R")、夏季载重线(标以字母"X")、热带淡水载重线(标以字母"RQ")和夏季淡水载重线(标以字母"Q"),因为我国沿海海区定为季节热带区域,所以在载重线标志中没有冬季载重线。

四、《载重线海图》的使用和船舶载重线的确定

载重线的使用是根据船舶航行的海区和季节期来确定的,所以确定使用哪一条载重线需使用《商船用区带、区域和季节期海图》。该图简称《载重线海图》。

根据长期观测和积累的全球各海区在不同季节期内风浪大小及其频率,将世界海区进行划分并绘制成《载重线海图》。

《1966年国际载重线公约》规定世界海区划分的标准是:

①夏季:蒲氏8级及以上风力不超过10%。

②热带:蒲氏8级及以上风力不超过1%,并且10年内任一单独日历月份在5°×5°区域内热带风暴不多于一次。

③冬季:其余风力情况。

在《载重线海图》上,世界海区划分为以下几类,按海区的划分情况分别确定使用不同的载重线。

1. 区带(zones)

区带是指一年各季风浪大小变化不大,因而允许船舶终年使用同一载重线的海区。区带又分为热带区带和夏季区带。

(1)热带区带(tropical zones)

热带区带是指在热带区带海区航行的船舶,允许终年使用热带载重线。

(2)夏季区带(summer zones)

夏季区带是指在夏季区带海区航行的船舶,允许终年使用夏季载重线。

2. 季节区带或季节区域(seasonal zones or seasonal areas)

季节区是指一年各季中风浪大小变化较大,因而要求在该海区内航行的船舶需根据不

同的季节期使用不同的载重线的海区。季节区带或季节区域又分为以下几种。

(1)季节热带区域(seasonal tropical area)

季节热带区域分为两个季节期,在该海区内航行的船舶,在风浪较小的季节期内使用热带载重线,在风浪较大的季节期内使用夏季载重线。在《载重线海区图》上,两个不同季节期的起止时间标注在该海区内。

(2)冬季季节区带或区域(winter seasonal zones or areas)

冬季季节区带或区域也分为两个季节期,在该海区航行的船舶,在风浪较小的夏季季节期内使用夏季载重线,在风浪较大的冬季季节期内使用冬季载重线。在《载重线海图》上,两个不同季节期的起止时间标注在该海区内。

(3)北大西洋冬季季节区带(north atlantic winter seasonal zone)

船长小于或等于100 m的船舶航行于北大西洋冬季季节区带Ⅰ的全部和Ⅱ中位于15°W和50°W子午线之间部分这两个海区时,在冬季季节期内使用北大西洋冬季载重线,而在夏季季节期内使用夏季载重线(两个季节期的起止时间分别标注在该海区内)。

对于船长大于100 m的船舶,不勘划北大西洋冬季载重线,航行于该海区内时,在冬季季节期内使用冬季载重线,在夏季季节期内使用夏季载重线。

五、我国沿海海区的划分及船舶载重线的使用

我国政府在加入1966年《国际船舶载重线公约》时,对该公约中将我国东部沿海(包括台湾海峡、东海、黄海、渤海)划分为夏季区带,南部沿海划分为热带季节区域的规定声明保留。我国政府规定,我国沿海海区划分为两个热带季节区域,将我国东部沿海的夏季区带改为热带季节区域,并将南部沿海的热带季节区域的热带季节期的时间延长。两个热带季节区域的区域及季节期划分规定如下所述。

1. 我国国际航行船舶的海区及季节期划分

(1)香港—苏阿尔恒向线以北的中国沿海

夏季季节期:自10月1日至次年4月15日,使用夏季载重线。

热带季节期:自4月16日至9月30日,使用热带载重线。

(2)香港—苏阿尔恒向线以南的中国沿海

夏季季节期:自10月1日至次年1月20日,使用夏季载重线。

热带季节期:自1月21日至9月30日,使用热带载重线。

所有我国国际航行船舶可照此执行,悬挂缔约国国旗的外国船舶仍可执行《国际船舶载重线公约》的规定。

2. 我国国内航行船舶的海区及季节期划分

(1)汕头以北的中国沿海

热带季节期:自4月16日至10月31日,使用热带载重线。

夏季季节期:自11月1日至次年4月15日,使用夏季载重线。

(2)汕头以南的中国沿海

热带季节期:自2月16日至10月31日,使用热带载重线。

夏季季节期:自11月1日至次年2月15日,使用夏季载重线。

知识点5 货物的基本性质

由于货物的种类繁多,性质各异,为保证船舶与人员的安全,以及货物运输的质量,需

要了解所运货物的特性。

货物的基本性质通常可以分为化学性质、物理性质、生物性质和机械性质。

一、货物的化学性质

货物的化学性质是指货物化学成分受环境因素或货物与物质的影响而发生化学变化的性质。与海上运输有关的货物化学性质主要有锈蚀性、自热性与自燃性、化学爆炸性和腐蚀性等。

1. 锈蚀性

锈蚀性是指金属及其制品在潮湿环境下与空气中的氧气发生氧化反应生成氧化物的性质。为防止锈蚀,一般在金属及其制品表面涂以油漆或防锈油等保护层,船舶货舱需保持干燥、水密。金属及其制品不能与挥发水分的货物装于同一货舱。

2. 自热性与自燃性

某些货物在运输过程中发生缓慢的氧化反应会释放出热量导致货物内部温度升高的性质称为自热性。

某些货物的自热会导致温度升高,当温度达到其着火点时,便会不用引火而自行燃烧,这种特性称为自燃性。

较为典型的具有这一性质的货物有煤粉、鱼粉、受油污的棉麻等。例如煤在空气中会因不断氧化而放出热量,热量若不及时排出就会使煤温不断升高而自热;同时,煤的自热引起温度升高又会加速煤的氧化而使煤温继续升高,当温度升高达到着火点时就会引发其自燃。

装运具有这类特性的货物应针对其特性采取相应有效的措施,防止危及船、货与人员的安全。

3. 化学爆炸性

化学爆炸性是指货物在外界的高温、高压或机械冲击等的诱发下所发生的剧烈的氧化反应,在瞬时产生大量的高温高压气体,放出大量的热量和产生强大的冲击波,会造成极大的破坏。

4. 腐蚀性

腐蚀性系指一些化学性质比较活泼的物质,能与很多种金属、有机物及动植物机体发生化学反应,使金属表面受到破坏,使有机物炭化甚至燃烧,引起生物体化学灼伤等的性质。

二、货物的物理性质

货物的物理性质是指货物受外界因素作用或由其本身性质决定而发生物理变化的性质。与海上运输有关的货物物理性质有吸湿性、挥发性、冻结性、熔化性、胀缩性、扬尘性、散发及吸收(沾染)气味性、毒性、物理爆炸性及放射性等。

对于具有毒性、爆炸性和放射性等性质属于危险性的货物,在装运、操作时需按《国际危规》及我国《水路危规》执行(详见项目六部分)。

对于具有吸湿性的货物如谷物、食糖、茶叶等在货物积载时须与潮湿货和散发水分的货物隔离装载。

散装货物如煤炭、矿砂等因含有较多水分,在低温时易冻结而妨碍装卸,需注意控制其含水量。

有些货物如松香、石蜡、巧克力糖之类的货物,遇高温会熔化,从而失去形状,或污染其他货物或影响食用,所以装载时应远离机舱、锅炉舱等热源。

有些货物会散发异味,有些货物会吸收异味,串味后会影响货物的质量,所以需分舱装载。有些货物具有扬尘性,如水泥、矿砂等装运时需防止其对其他货物造成污染,宜先装后卸,作打底货。

有些货物具有胀缩性,如石油及其产品受热膨胀后若溢出舱外会污染水域环境,所以装舱前需事先计算留出空当舱容。

三、货物的生物性质

货物的生物性质是指货物的有机成分受微生物的作用发生腐败或霉变的性质。

鱼、肉、蛋、奶及其制品内部含有大量的水分、脂肪、蛋白质等营养成分,水果、蔬菜类货物含有大量水分、糖分和纤维素。这些货物若在常温下运输,会引起内部微生物大量繁殖,营养成分分解而腐败变质。使货物发生腐败的主要因素有温度、酸碱度、氧气浓度及外界的紫外线、射线、溶液的渗透压等。运输这类货物需要满足一定的条件,采取一定的措施,如采取冷冻、冷藏、保持环境的臭氧或二氧化碳浓度,或将货物盐渍、糖渍等,以控制微生物的活动,防止货物腐败,如果船上没有冷藏设备或不采取相应措施,则不符合货物的承运条件。

谷物、纸张、丝棉织品、地瓜干、烟叶、橡胶等货物因内含淀粉、糖分、纤维素及少量的蛋白质等,受真菌的作用会发生霉变。使货物产生霉变的主要因素为水分和温度。高温潮湿的环境会促使货物发生霉变。谷物类货物的霉变还与谷物的呼吸作用有关,谷物的缺氧呼吸会放出水分和产生热量,导致霉变。因此,防止霉变的措施有控制货物的含水量,保持货舱低温干燥,正确进行货舱通风。

四、货物的机械性质

货物的机械性质是指货物及其包装所具有的抵抗外界的压力和机械冲击避免使其发生变形或结构破坏的能力。

货物的机械性质可用耐压强度(单位为 kPa)和允许冲击加速度(即重力加速度 g 的倍数)来表示。

影响货物机械性质的主要因素为货物本身的材质、结构及包装的材料和类型。

在装卸运输过程中防止货物受压变形、压碎破损可采取的措施有避免货物受冲击,装卸时防止货物跌落,限制货物的堆码高度,防止货物移动,易碎物品不能受重压,货物堆码必须平整紧密,在包装内采用缓冲材料作衬垫等。

不同的货物各具特性,有些货物多种特性兼而有之,因此在货物积载、装卸、堆码、隔离及运输过程中需按不同情况正确处置。为防止货损,保证货运质量,做到船、货、人员安全,应熟悉掌握了解所运货物的特性。

知识点 6　货物的亏舱率、积载因数和自然损耗

一、货物的亏舱及亏舱率

1. 亏舱(broken space)

货物在货舱中所占的货舱容积总是比货物的体积要大。货物所占的货舱容积与货物体积之差称为亏舱。

2. 造成亏舱的原因

(1)货物的包装形式与货舱的形状不相适应而造成亏舱;

（2）货舱在某一方向上的尺度不等于货件在相应堆码方向上尺度的整倍数而造成亏舱；

（3）某些货物装于舱内需系固，因系固造成亏舱；

（4）有些装于舱内的货物需留出通风道，因而造成亏舱；

（5）舱内货物堆装不紧密而造成亏舱。

3. 亏舱率（ratio of broken space）C_{bs}

各类货物亏舱的大小通常以亏舱率（又称亏舱系数）来表示，即亏舱舱容与货物所占舱容的百分比，可用下式表示，即

$$C_{bs} = \frac{\delta V}{V_{ch}} \times 100\% = \frac{V_{ch} - V_c}{V_{ch}} \times 100\% \qquad (4-17)$$

式中　δV——亏舱舱容，m^3；

V_{ch}——货物所占舱容，m^3；

V_c——货物的量尺体积，m^3。

显然，亏舱率的大小随货物的种类、包装形式、包装尺寸、堆码质量、堆码位置、货舱的结构形状及装载的其他要求而变化。同种货物因不同的包装形式，亏舱率不同；相同包装的货物装于不同的货舱内亏舱率也不同，所以亏舱率的大小一般凭经验估算，在实际工作中需注意积累资料。

二、货物的积载因数（stowage factor）

每吨货物所占的舱容或量尺体积称为货物的积载因数。积载因数分为包括亏舱的积载因数和不包括亏舱的积载因数两种。

1. 包括亏舱的积载因数 SF

包括亏舱的积载因数是指每吨货物所占的舱容，其计算公式为

$$SF = \frac{V_{ch}}{Q} \quad (m^3/t) \qquad (4-18)$$

式中　V_{ch}——货物所占的货舱容积，m^3；

Q——货物的质量，t。

2. 不包括亏舱的积载因数 SF′

不包括亏舱的积载因数是指每吨货物所占的货物量尺体积，其计算公式为

$$SF' = \frac{V_c}{Q} \quad (m^3/t) \qquad (4-19)$$

式中，V_c 为货物的量尺体积，单位为 m^3。

不包括亏舱的积载因数通常可根据托运人提供的货物重量与货物体积求得。而包括亏舱的积载因数则需根据该货物的种类、包装形式、包装尺寸、装载舱室等情况凭经验估算出亏舱率，然后将不包括亏舱的积载因数换算成包括亏舱的积载因数，才能计算货物所占的舱容。

3. 包括亏舱的积载因数与不包括亏舱的积载因数的换算

根据亏舱率的定义，可得

$$SF = \frac{SF'}{1 - C_{bs}} \qquad (4-20)$$

货物的亏舱率、积载因数（微课）

4. 积载因数的作用

(1)用于判断货物的轻重。货物积载时有一个原则,即重货不能压轻货,包装牢固的货不能压包装不牢固的货,而其轻重则是根据货物的积载因数大小的比较而确定的。显然,积载因数大的货比积载因数小的货为轻;反之为重。

(2)计算某票货物装舱所需的舱容。

三、货物计量与自然损耗

1. 货物计量

按照航运业务的惯例,除贵重或高价货物以外的普通货物,均按货物的毛重或货物的体积计算运费。在计算运费时将货物分为计重货物(重货)和容积货物(轻货)两种。

(1)计重货物(weight cargo)

计重货物是指按货物的毛重计算运费的货物,计重单位为重量吨。凡 1 t 的货物其体积小于 40 ft³ [①](国际上较常用,或 1.132 8 m³)或 1 m³(我国规定)时,即为计重货物(运价表中以"W"标注),在货物装运、交接和计算运费时均按重量吨作为货物的计量单位。

(2)容积货物(measurement cargo)

容积货物是指按货物的体积计算运费的货物,其计量单位为容积吨或称尺码吨。凡 1 t 的货物其体积大于 40 ft³(国际上较常用,或 1.132 8 m³)或 1 m³(我国规定)时,即为容积货物(运价表中以"M"标注),以 40 ft³ 或 1 m³ 为 1 容积吨。值得注意的是,货物的容积吨只是在计算运费时用以作为容积货物的计量单位,而在货物的装运、交接时仍以货物的重量吨为依据。在计算货物的运费时,货物的计费重量吨及计费容积吨统称为运费吨。

若重量为 1 t 的货物其体积约为 40 ft³ 者,在运价表中标注有"W/M",表示重量吨和容积吨中按较高者计收运费。

2. 自然损耗(natural loss of quantity)

按重量交接的货物,在运输装卸过程中因其本身的性质、自然条件和运输装卸条件等因素的影响而造成的货物重量的不可避免的减少量称为自然损耗,也称自然减量。造成自然损耗的原因如下:

(1)干耗和挥发

含有水分多的货物(如水果、蔬菜等)或液体货物(如石油),因其中的水分或液体自然蒸发而使货物重量减少。

(2)渗漏和沾染

液体货物因包装(如木桶)不严密而发生非人为的渗漏,或沾染在装运容器(油舱或杂货船的深舱)内的残液而造成货物重量的减少。

(3)飞扬与散失

粉状、颗粒状的货物(如矿粉、面粉)在装卸运输途中的飞扬或通过包装空隙和装卸运输工具的空隙散漏而造成货物重量的减少。

以上列举的非人为因素造成的货物重量的减少量占运输货物原来总重量的百分比称为货物的自然损耗率。

自然损耗率的大小与货物的装卸方式、装卸次数、气候条件和运输时间长短等因素有关,一般在买卖双方的贸易合同中规定损耗限度。在运输过程中货物的自然损耗若在规定

---

① 1 ft³ = 0.028 317 m³。

的损耗限度以内,或在某些货物公认的自然损耗率范围内(一般散装固体货物的自然损耗率不超过3‰),承运人不负任何赔偿责任。

3.货物数量的交接

船方应对不能免除赔偿责任的货物数量短缺负责赔偿。船方对货物数量的责任一般限为重量、体积或件数之一,根据不同货种确定。对包装件杂货,船方只对件数负责;对于固体散装货,船方只对重量负责;对木材等货物,船方只对体积负责。

知识点7　船舶载货能力概述及航次净载重量计算

一、船舶载货能力及其表示

船舶的载货能力是指船舶在具体航次中所能承运货物的重量和体积的最大限额以及承运特殊货物或忌装货物的可能条件和数量限额。它包括载货重量能力、载货容量能力和其他载货能力三个方面。

航次净载重量计算
(微课)

(1)载货重量能力是指船舶在具体航次中所能承运货物重量的最大限额,用净载重量表示。

(2)载货容积能力是指船舶所能容纳货物体积的最大限额。载货容积能力可用货舱总容积表示。

(3)其他载货能力是指船舶载运有特殊要求货物的舱室、容量、结构、设备的条件和性能。对于杂货船而言,指对于性质互抵货物的隔离能力及对重大件、危险货物、冷藏货、散装液体货等的承运能力。

二、核算船舶载货能力的目的

船公司在为所属的具体船舶下达货运任务时,需核算该船舶的载货能力,然后以装货清单的形式送交船上大副。船舶大副根据船公司下达的货运任务,在编制货物积载计划时,也需核算该船的载货能力。如果装货清单中所列货物的总重量超过了本船的航次净载重量(航次最大载货重量),或货物总体积大于货舱总容积(不考虑上甲板载货),或特殊货物和忌装货物过多,则船舶不能承运装货清单中的所有货物。此时应及早退掉部分货物,如果发现亏载过多,应联系追加货物,以便充分利用船舶的载货能力,达到满载满舱,提高船舶营运效益。

对于某一艘具体船舶而言,其载货容量能力及其他载货能力是固定不变的,船舶驾驶人员查阅有关的船舶资料及根据平时对船舶熟悉了解的情况便可以确定。船舶的载货重量能力,随航行区域、所处季节、航程长短、航线(港口)水深是否受限制等而变化,每个航次都需根据以上条件的不同通过计算才能确定。

船舶航次最大载货重量,即净载重量NDW可按下式计算,即

$$NDW = DW - \sum G - C \text{ (t)} \tag{4-21}$$

式中　DW——船舶总载重量,t;

　　　$\sum G$——航次储备量,t;

　　　C——船舶常数,t。

在式(4-21)中,总载重量DW、航次储备量$\sum G$及船舶常数C均为变量。要求取航次净载重量,则需要逐一确定总载重量、航次储备量及船舶常数。

下面分别介绍总载重量、航次储备量及船舶常数的确定方法。

一、船舶总载重量的确定

当船舶的吃水不受水深限制时,总载重量根据该航次所允许使用的载重线来确定;当船舶的吃水受水深限制时,总载重量则根据允许的最大装载平均吃水来确定。

1. 船舶的吃水不受水深限制时总载重量的确定

船舶的吃水不受水深限制时,可利用《载重线海图》根据本航次船舶航行经过的海区及所处的季节期,确定船舶所允许使用的载重线,据此确定船舶的总载重量。具体又分以下几种情况。

(1)当船舶整个航次在使用同一条载重线的海区航行时,船舶的总载重量可根据该载重线求得。例如,船舶整个航次在使用热带载重线的海区航行时,船舶的总载重量可根据热带载重线确定,按下式求取,即

$$DW_T = \Delta_T - \Delta_L (t) \tag{4-22}$$

式中　DW_T——使用热带载重线时的总载重量,也可在船舶资料中直接查取;

　　　Δ_T——使用热带载重线时的排水量即热带满载排水量,可查船舶资料求得;

　　　Δ_L——空船排水量,可查船舶资料求得。

(2)当船舶由使用较低载重线的海区航行至使用较高载重线的海区时,应根据较低载重线确定总载重量。例如,当船舶由使用夏季载重线的海区航行至使用热带载重线的海区时,总载重量按夏季载重线确定,即

$$DW_S = \Delta_S - \Delta_L (t) \tag{4-23}$$

(3)当船舶由使用较高载重线的海区航行至使用较低载重线的海区时,总载重量需通过计算、比较才能确定。

①计算求出使用高、低两条载重线时排水量的差值,符号记作 $\delta\Delta_{H-LO}$。

②计算求出船舶在高载重线航段内的燃料、淡水的消耗量,符号记作 δG_H。

船舶在高载重线航段内的燃油、淡水的消耗量可根据船舶在高载重线航段内的航行天数乘以每天燃油、淡水的消耗定额求得,见表4-2。

表4-2　"Q轮"航次其他储备量及油水消耗定额表

项目	船用备品、粮食、供应品、船员和行李			燃料消耗量/(t·d⁻¹)				淡水消耗量/(t·d⁻¹)		燃料和淡水消耗量/(t·d⁻¹)		
				航行		停泊					停泊	
	粮食和供应品	船员及其行李	船用备品	主机	辅机	使用装卸设备	不用装卸设备	航行	停泊	航行	使用装卸设备	不用装卸设备
数量	8	10	10	25	2	2	1	20	15	47	17	16

当计算求得的船舶在高载重线航段内的燃料、淡水的消耗量大于或等于计算求得的船舶使用高、低两载重线时排水量的差值时,则总载重量可按高载重线确定,即当 $\delta G_H \geqslant \delta\Delta_{H-LO}$ 时,有

$$DW = \Delta_H - \Delta_L (t) \tag{4-24}$$

当计算求得的船舶在高载重线航段内的燃油、淡水的消耗量小于计算求得的船舶使用

高、低两载重线所对应的排水量的差值时,则总载重量可按低载重线确定,再加上船舶在高载重线航段内燃油、淡水的消耗量,即当 $\delta G_H < \delta \Delta_{H-LO}$ 时,有

$$DW = \Delta_{LO} - \Delta_L + \delta G_H(t) \tag{4-25}$$

式中,Δ_{LO} 为根据低载重线确定的船舶排水量。

此外,根据《国际载重线公约》的规定,当船舶从内河港口驶出时,允许船舶超载,允许的超载量等于从出发港到入海口航行所需消耗的燃料、淡水的重量。如果入海航程较长,则应充分利用这一允许超载的船舶载重量。

2. 船舶吃水受水深限制时总载重量的确定

当船舶的吃水受航线(港口、航道)水深限制时,可根据航线上最浅处的水深及其他一些影响水深的因素来确定船舶在装货港允许装载的最大平均吃水,然后根据该平均吃水及港水密度在载重表尺上求取船舶的总载重量。

船舶在装货港允许的最大装载平均吃水可由下式求得,即

$$d_{max} = D_d + H_w + \delta d_g \pm \delta d_\rho - D_a - \delta d_t(m) \tag{4-26}$$

式中　D_d——港口或航道最浅处的基准水深,即最浅处的海图水深,m;

　　　H_w——航道最浅处可利用的潮高,可从潮汐表查取,m;

　　　δd_g——由始发港到航线上最浅处船舶燃料、淡水的消耗量对平均吃水的影响值,m;

　　　δd_ρ——始发港与航线上最浅处舷外水密度不同引起的平均吃水变化量,m;

　　　D_a——船舶通过浅水区时应留出的富裕水深(该值应根据船舶大小、浅水区的底质及船上所载货种等因素来确定。显然,当船舶较大,装载危险货物,浅水区为石底质时,富裕水深应取得大些,否则可小些。富裕水深一般可取 0.5~0.7 m。),m;

　　　δd_t——船舶过浅区时,最大吃水与平均吃水的差值,m。

二、船舶航次储备量的确定

航次的储备量可以分成两类。

1. 油、水储备量(可变部分)G_1

这类储备量包括燃油、润滑油及淡水。航次所需的燃油及淡水的储备量随航次时间的不同,其数量变化较大。它的数量取决于燃油及淡水的补给方案。燃油及淡水的补给方案可以选择在始发港一次性装足,也可考虑在中途港进行补给。航次燃油、淡水的装载及补给方案应根据具体情况及考虑充分发挥船舶的运输能力、达到良好的营运效益等因素来确定。

航次所需的燃油、淡水的储备量可按下式计算,即

$$G_1 = \left(\frac{S}{24v} + t_{rs} \right) \cdot g_s + t_b \cdot g_b(t) \tag{4-27}$$

式中　S——从始发港到油水补给港的距离,n mile;

　　　v——船舶航速,kn;

　　　t_{rs}——船舶航行储备时间(也称荒天储备时间),是船舶航行途中可能受恶劣天气影响而延长的航行时间,该值取决于船舶的航行区域、季节期以及航程,一般近洋航线取 3 d,远洋航线取 5~7 d;

　　　g_s——船舶航行每天油、水消耗定额,在确定淡水消耗定额时,对具有制淡设备的船舶,只需考虑船员生活用水的消耗量,t/d;

t_b——到下次补给油水前在各港口的总停泊时间,d;

g_b——船舶停泊每天的油水消耗量,通常又分为使用和不使用装卸设备两个值,t/d。

2. 其他储备量(固定部分)G_2

其他储备量包括粮食、供应品、船员和行李、船用备品等。因其数量变化较小,总重量也相对较小,所以对特定船舶不论航次时间长短,一般均取为定值。例如,"Q"轮每个航次可按 28 t 计算。

船舶航次储备量 $\sum G$ 可按下式求取,即

$$\sum G = G_1 + G_2(\mathrm{t}) \tag{4-28}$$

三、船舶常数的测定

船舶常数是船舶营运一段时间后,船舶总重量中产生的一些难以确切计量的重量的总和。因此,船舶常数只能用实际测定的方法求得。

测定船舶常数的步骤如下:

(1)观测船舶的六面水尺标志的吃水值,并用密度计测定舷外水密度;

(2)计算测定时的船舶平均吃水;

(3)根据船舶的平均吃水及舷外水密度求取测定时的船舶排水量 Δ;

(4)根据实际装载状况计算船上油水存量 $\sum g$(不包括船舶常数);

(5)从测定时的船舶排水量中扣除船上油水存量 $\sum g$,得到测定时的空船排水量(包括船舶常数),即

$$\Delta_{L+C} = \Delta - \sum g(\mathrm{t})$$

(6)按下式计算船舶常数 C,即

$$C = \Delta_{L+C} - \Delta_L(\mathrm{t}) \tag{4-29}$$

测定船舶常数须在船舶卸空后,选择在较为平静的水面进行。

知识点 8　充分利用船舶的装载能力的主要途径

如前所述,船舶的载货能力包括载货重量能力、载货容积能力和其他载货能力三项。要充分利用船舶的载货能力就需从这三个方面分别加以考虑。

充分利用船舶的
载货能力的主要
途径(微课)

一、提高船舶的载重能力

(1)正确确定和使用船舶的载重线或装载吃水;

(2)合理确定船舶航次所需的燃料及淡水重量;

(3)及时清除船上垃圾、废物等以减少重量,进而减小船舶常数。

二、充分利用船舶的容量能力

在确定了船舶航次的载重能力,即确定了船舶航次净载重量后,还有一个如何同时充分利用船舶容量能力的问题。在配积载时,应尽量做到载货重量等于航次净载重量,载货体积接近于货舱容积,即通常称之为"满载满舱",否则就会造成船舶运力的浪费。显然,若船舶装运大量轻泡货,则货物体积很大,重量却很轻,船舶的货舱装满了,但船舶的载重能力没有充分利用;若船舶装运大量重货,使船舶的载重能力得以充分利用,但因货物体积较小,货舱没有装满,同样造成船舶运力的浪费。所以既要充分利用船舶的载重能力,又要充

分利用船舶的容量能力,使之达到满载满舱。具体办法如下。

1. 轻重货物合理搭配

对于杂货船,在货源充足且航次货载有较大的选择余地时,船公司货运部门在为船舶分配货载任务时,应注意轻重货物合理搭配,尽量使船舶能够满载满舱。船上驾驶人员在编制货物积载计划时,同样需要做到轻重货物合理搭配,在满足各舱装货重量的同时,使各个货舱都达到满舱。

设船舶货舱总容积为 $\sum V_{ch}(m^3)$,航次净载重量为 NDW(t),现拟装轻重两种货,轻货的积载因数为 SF$_L(m^3/t)$,重货的积载因数为 SF$_H(m^3/t)$。为使船舶达到满载满舱,可通过解下列二元一次联立方程组,分别求取轻货 P_L 及重货 P_H 的重量。

$$\begin{cases} P_L + P_H = \text{NDW} \\ \text{SF}_L \cdot P_L + \text{SF}_H \cdot P_H = \sum V_{ch} \end{cases} \tag{4-30}$$

通常航次货载不止两票,但同样可以用此方法解决。这是因为配载时往往是多种货物的品种及数量已经确定,而待选的货物品种及数量是其中的若干种,此时,在待选的货物中选择一票重货和一票轻货,就能通过求解上述类似的方程组,以求取所选重货和轻货的重量。

2. 合理确定货位、紧密堆装、减少亏舱

除了货种的轻重搭配外,在编制货物积载图时需根据货种特点合理选择舱位,如将笨重大件货、大的箱子货、大的桶装货等考虑配装在船舶中部的大舱并配装一些小件货填补空位;体积小的货物、软包装货应配装在狭窄的舱位。同样,二层舱因高度较小,一般不宜配装包装尺寸很大的货件,以避免二层舱上部出现无法被利用的舱容。另外,装货的质量也直接影响到舱容的利用程度,因此,还要和港方搞好协作关系,驾驶人员及看舱人员需经常下舱察看货物的堆装情况,要求装卸工人紧密堆装,尽量减少亏舱。

三、充分利用船舶的其他载货能力

当船舶承运有特殊要求的货物或遇舱容不足时,应当创造条件,挖掘船舶潜力,尽可能充分利用船上的特殊舱室或舱面装载货物。例如可考虑把一些重量轻,易于搬运的小、软包装的货物装于未被利用的深舱或冷藏舱内,把一些在航海习惯上或有关货运单证上确认可以装于舱面的货物装于舱面等,以充分利用船舶运力,增加船舶营运效益。

【项目实施】

任务一   载重线标志识读

一、训练目标与要求

能正确指认出各类船舶载重线标志及其含义。

二、训练设备

船舶模型或船舶载重线挂图、载重线幻灯片、教棒。

三、训练步骤

1. 教师用教棒等指到船舶模型或载重线挂图等的某条载重线,请学生回答出其名称;

2. 教师说出某条载重线,请学生用教棒等在船舶模型或载重线挂图等上面指出;

3. 教师根据学生(员)对船舶载重线的理解与掌握情况给予评价。

任务二   航次净载重量的确定

一、训练目标与要求

根据航次货运任务、船舶资料、港口以及航线情况,能正确确定出本航次的净载重量。

二、训练设备

船舶资料、装货清单(或航次预配货物总重量、总体积)、港口以及航线情况;计算器、笔和纸等。

三、训练步骤

1. 航线或港口水深受限时,航次净载重量的确定。先确定航次允许装载的船舶的最大吃水,然后根据吃水查出该吃水所对应的船舶排水量。

2. 航线水深不受限时,航次净载重量的确定。根据航线跨区情况(使用高、低载重线)确定航次总载重量后,再确定本航次净载重量。

3. 分别对航次净载重量与货物总重量、货物总体积与船舶总舱容进行比较,并得出结论。

4. 对每一位或每一组学员的任务完成情况进行评估、总结。

【扩展知识】

教你计算航次
货运量(示例)

【课后自测】

一、单项选择题

1. 船舶资料中列出的满载排水量通常是指_____。

A. 冬季排水量　　　　　　B. 夏季排水量

C. 热带排水量　　　　　　D. 淡水排水量

2. 船舶的总载重量 DW 一定时，NDW 与_____有关。

(1)航线长短；(2)油水消耗定额；(3)船舶常数。

A. (1)　　　　　B. (2)　　　　　C. (3)　　　　　D. (1)(2)(3)

3. 通常以_____为指标统计船舶建造能力。

A. 净吨　　　　　　　　　B. 总吨

C. 运河净吨　　　　　　　D. 运河总吨

4. 船舶的空船重量包括_____。

A. 船体、机器设备及船员行李的重量

B. 锅炉中的燃料、冷凝器中水的重量及备件

C. 船体、机器设备及船舶舾装的重量

D. 船上库存的破旧机件、器材和各种废旧物料

5. 对一般干散货船而言，表征其重量性能的指标有_____。

A. 净吨　　　　　　　　　B. 总吨

C. 舱容系数　　　　　　　D. 载重量

6. 船舶静水力曲线图是表示船舶在静止、正浮状态下，其_____。

A. 船体受力情况的曲线

B. 吃水与各特性参数的关系曲线

C. 吃水与载荷弯矩的关系曲线

D. 静稳性力臂与船舶横倾角的关系曲线

7. 在实际工作中，为了计算不同吃水时的装货重量，船舶可供查取的资料是_____。

(1)船舶载重表尺；(2)船舶静水力曲线图；(3)船舶静水力特性参数表。

A. (1)　　　　　B. (2)　　　　　C. (3)　　　　　D. (1)(2)(3)

8. 静水力曲线图中，关于漂心的曲线一般包括_____曲线。

A. 漂心距船中　　　　　　B. 漂心距基线

C. 漂心距船首　　　　　　D. 漂心距船尾

9. 下列_____一定位于船舶水线以下。

A. 船舶稳心　　　　　　　B. 船舶漂心

C. 船舶浮心　　　　　　　D. 船舶重心

10. 根据我国的规定，在使用静水力曲线图查取漂心距船中距离 x_f 时，以下说法正确的是_____。

A. 不论漂心 F 在船中的前或后，x_f 均为负($-$)

B. 不论漂心 F 在船中的前或后，x_f 均为正($+$)

C. 漂心 F 在船中后，x_f 为负($-$)；在船中前为正($+$)

D. 漂心 F 在船中后，x_f 为正($+$)；在船中前为负($-$)

11. 船舶少量装载时,可用_____来计算吃水改变量。

A. 每厘米纵倾力矩　　　　B. 每厘米吃水吨数

C. 初稳性高度　　　　　　D. 静稳性力臂

12. 船舶的厘米吃水吨数与船舶_____有关。

A. 初稳性　　　　　　　　B. 纵稳性

C. 水线面面积　　　　　　D. 水线下船体形状

13. 以下哪项措施有利于提高观测吃水的精度_____。

(1)利用吊板、绳梯或小艇使观测者与水尺的观测位置尽可能接近;

(2)观测者视线与水面的角度应尽可能减小,观测者视线应尽可能与曲面表面垂直;

(3)携小尺至水尺的水线处,量取水线的确切位置。

A. (1)　　　　B. (2)　　　　C. (3)　　　　D. (1)(2)(3)

14. 图 4-8 为某船一处水尺标志及水线,试判断该处的吃水读数
是_____。

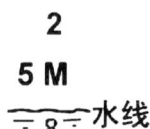

A. 5. 82　　　　B. 4. 93　　　　C. 4. 83　　　　D. 8. 03

15. 当船舶有纵倾和横倾时,平均吃水为_____。

A. 艏舯艉的平均吃水加漂心修正

B. 艏艉的平均吃水加漂心修正

C. 左右舷的六面平均吃水加漂心修正

D. 中部两舷的平均吃水加漂心修正

图 4-8　题 14 图

16. 船舶干舷越大,表示船舶的_____越大。

A. 纵强度　　　　　　　　B. 设计吃水

C. 吃水差　　　　　　　　D. 储备浮力

17. 我国沿海航行干散货船的载重线标志不同于远洋船舶的载重线标志的地方
是_____。

(1)载重线圈的横线以上部分涂没;

(2)不勘划冬季载重线、北大西洋冬季载重线及热带淡水载重线。

A. (1)　　　　　　　　　　B. (2)

C. (1)(2)都是　　　　　　D. (1)(2)都不是

18. 根据经验,海船的储备浮力为其满载排水量的_____。

A. 10% ~ 15%　　　　　　B. 20% ~ 50%

C. 25% ~ 40%　　　　　　D. 40% ~ 60%

19. 航行于热带季节区域的货船,允许使用_____带载重线。

(1)冬季;(2)夏季;(3)热带。

A. (1)　　　　B. (2)　　　　C. (3)　　　　D. (2)或(3)

20. 根据国际载重线公约的规定,我国香港以北的沿海属于_____。

A. 冬季季节区域　　　　　B. 热带季节区域

C. 夏季区带　　　　　　　D. 热带区带

21. 在季节区域内航行的船舶根据季节期的不同,可以使用_____。

(1)热带载重线;(2)夏季载重线;(3)冬季载重线。

A. (1)　　　　B. (2)　　　　C. (3)　　　　D. (1)(2)(3)均有可能

22. 货船的舱容系数是指_____。

A. 全船货舱总容积与船舶净载重量之比

B. 每一净载重吨所占有的货舱容积

C. 船舶对每一吨装在船上的货物所提供的货舱容积

D. A、B、C 均是

23. 货物的耐压强度属于货物的_____。

A. 物理特性　　　　　　　B. 化学特性

C. 机械特性　　　　　　　D. 生物特性

24. 船舶装运亏舱率大的货物,则_____。

A. 舱位利用率高　　　　B. 该航次装货数量多

C. 航次净载重量大　　　D. 航次亏舱大

25. 某票货物重量为 1 500 t,包括亏舱的积载因数 $SF = 0.795$ m^3/t,亏舱率 $C_{bs} = 12\%$,则该货物不包括亏舱的积载因数为_____ m^3/t。

A. 0. 8　　　　B. 0. 56　　　　C. 0. 7　　　　D. 0. 65

26. 装于某一船上的同一种包装货物,其亏舱率_____。

A. 一样　　　　　　　　　B. 装于艏艉部舱室的大

C. 装于舯部舱室的大　　　D. 装于艏艉部舱室的小

27. 海运货物在运输途中因其本身的理化性质等原因,产生的货物重量的不可避免的减少量占原来运输货物总重量的百分比,称为_____。

A. 自然耗损　　　　　　　B. 自然耗损率

C. 亏舱率　　　　　　　　D. 亏舱

28. 远洋运输中,货物的交接、装运应以_____作为货物的计量单位。

A. 容积吨　　　　　　　　B. 重量吨

C. 容积吨或重量吨　　　　D. 既非容积吨又非重量吨

29. 远洋运价表中用"W/M"标记的货物表示_____。

A. 按重量吨计算运费

B. 按容积吨计算运费

C. 重量吨和容积吨中按高者计算运费

D. 以上都不对

30. 某件杂货不包括亏舱的积载因数 $SF' = 1. 12$ m^3/t,按国际海运惯例,该货应为_____。

A. 容积货物

B. 计重货物

C. 容积货物或计重货物

D. 既非容积货物又非计重货物

二、简答题

1. 简述船舶常数由哪几部分组成。

2. 简述国际航行船舶的载重线标志由几部分组成,各条载重线是如何确定的。

3. 造成亏舱的原因有哪些?

4. 积载因素与舱容系数有何区别与联系?

项目五　船舶稳性、吃水差和强度校核

【目标任务】

保证船舶具有适度的稳性、保证船舶强度不受损伤是保证船舶安全的重要条件,保证船舶具有适当的吃水差,增强船舶的适航性。通过本项目的学习,应达到以下要求:

一、知识要求

1. 熟悉船舶稳性、吃水差和强度的概念及其要求;

2. 掌握船舶初稳性高度的求取及调整方法;

3. 掌握船舶吃水差的求取及调整方法;

4. 掌握满足船舶强度要求的经验方法及校核方法。

二、能力要求

1. 能根据船舶的装载状态求取船舶的初稳性高度、吃水差以及校核船舶强度是否满足要求;

2. 能根据给定的条件,对船舶的稳性、吃水差进行调整(确定调整方案与进行相关的计算);

3. 能说出满足船舶强度的经验方法。

【相关知识】

第一部分　保证船舶具有适度的稳性

本部分仅限于讨论船舶完整稳性中的横稳性(以下简称稳性),包括初稳性和大倾角稳性。稳性不足,会导致船舶倾覆;稳性过大,又会引起船舶在风浪中剧烈横摇,同样产生不利影响。因此,应当保证船舶在航行的整个过程中都具有适度的稳性。

知识点 1　船舶稳性及平衡状态

一、稳性

船舶稳性(stability)系指船舶在外力(如风、浪等)作用下向一侧倾斜,当外力消失后,船舶能够自行恢复到原来平衡位置的能力。

船舶稳性通常可按以下方法分类:

1. 按船舶倾斜方向分

按船舶不同的倾斜方向,可分为横稳性和纵稳性。横稳性指船舶绕纵向轴(x 轴)横倾时的稳性,纵稳性指船舶绕横向轴(y 轴)纵倾时的稳性。

纵稳性力矩远大于横稳性力矩,实际营运中不可能因纵稳性不足而导致船舶倾覆,因此重点研究船舶横稳性的影响。

船舶稳性及
平衡状态

2. 按横倾角大小分

按船舶横倾角大小,可分为初稳性(initialstability)和大倾角稳性(stability at large heeling angle)。初稳性指船舶微倾时所具有的稳性(小倾角稳性),微倾在实际营运中将倾斜角扩大至 10°~15°或甲板边缘入水角(取小者);大倾角稳性指当倾角大于 10°~15°或甲板边缘入水角时的稳性。

3. 按作用力矩的性质分

船舶稳性按其所受作用力矩的性质可分为静稳性(statical stability)和动稳性(dynamical stability)。静稳性指船舶在倾斜过程中不计及角加速度和惯性矩时的稳性;动稳性指船舶在倾斜过程中计及角加速度和惯性矩时的稳性。

4. 按船舶是否破舱进水分

按船舶是否破舱进水,稳性分为完整稳性(intact stability)和破舱稳性(damaged stability)。船体在完整状态时的稳性称为完整稳性,而船体破舱进水后所具有的稳性则称为破舱稳性。本部分仅限于讨论船舶完整稳性中的横稳性(以下简称稳性),包括初稳性、大倾角稳性和动稳性。稳性不足会导致船舶倾覆;稳性过大又会引起船舶在风浪中剧烈横摇同样产生不利影响,故应当保证船舶在航行的整个过程中都具有适度的稳性。

二、平衡状态

如图 5-1 所示为船舶稳性示意图,船舶漂浮于水面上,其重力为 W,浮力为 Δ,G 为船舶重心,B 为船舶初始位置的浮心。在某一性质的外力矩 M 作用下船舶发生微横倾,由于微倾后水线下排水体积的几何形状改变,浮心由 B 点移至 B_1 点,倾斜前后浮力的作用线交于点 M,该点称为横稳心或初稳心(transverse metacenter or initial metacenter)。此时,重力和浮力虽然大小相等、方向相反,但二者的作用线却不再是共垂线,二者形成了一个恢复力矩,称为稳性力矩 M_R(righting moment),也称复原力矩。当外力矩消失后,复原力矩能够促使船舶回到原来的平衡位置。自重心 G 作浮力作用线的垂线,垂足为 Z,则该复原力矩可表示为

$$M_R = \Delta \cdot GZ \qquad (5-1)$$

式中 M_R——复原力矩,9.81 kN·m;

Δ——船舶排水量,t;

GZ——复原力臂(statical stability lever),m,是船舶重心 G 至倾斜后浮力作用线的垂直距离,通常称作稳性力臂或复原力臂。

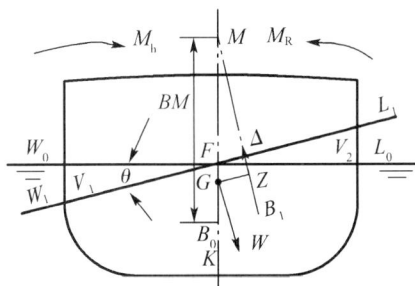

图 5-1 船舶稳性示意图

　　外力矩消失后船舶能否恢复到初始平衡位置,取决于复原力矩与船舶倾斜方向的关系,由此可以判断船舶处于哪种平衡状态。

1. 稳定平衡

　　如图 5-2(a)所示,船舶倾斜后,重心 G 在初稳心 M 之下,重力 W 和浮力 Δ 产生一恢复力矩,方向与倾斜方向相反,在此力矩作用下,船舶将会恢复到初始平衡位置,所以称为稳定平衡(stable equilibrium)。

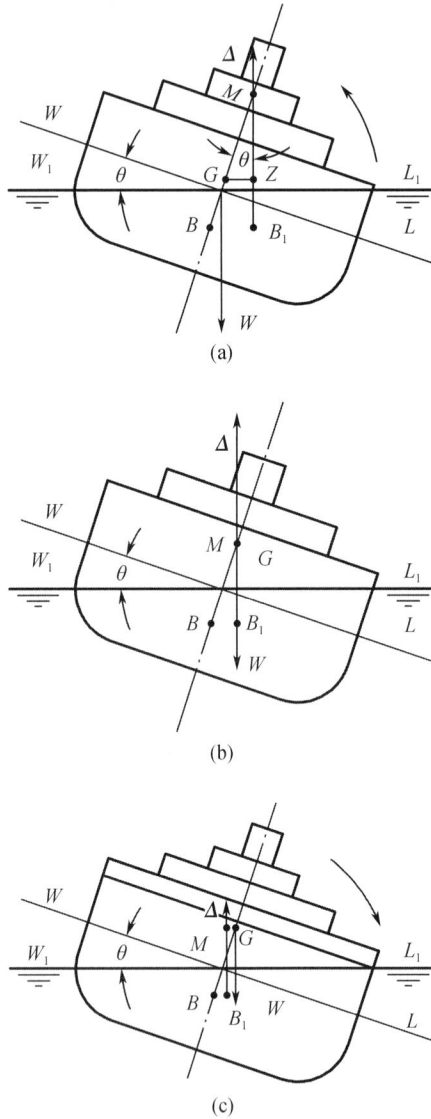

(a)

(b)

(c)

图 5-2

2. 随遇平衡

　　如图 5-2(b)所示,船舶倾斜后,重心 G 与初稳心 M 重合,重力 W 和浮力 Δ 虽然作用在同一垂线上但不产生力矩,因而船舶不能恢复到初始平衡位置,所以称为随遇平衡或中性平衡(neutral equilibrium)。

3. 不稳定平衡

如图 5-2(c) 所示，船舶倾斜后，重心 G 在初稳心 M 之上，重力 W 和浮力 Δ 产生一倾覆力矩，方向与倾斜方向相同，在此力矩作用下船舶将继续倾斜，所以称为不稳定平衡 (unstable equilibrium)。

知识点 2　初稳性

初稳性是船舶稳性在小角度(微倾扩大至 $10° \sim 15°$)横倾的前提下的一个特例。初稳性之所以有其特殊性，是因为船舶在小倾角横倾时，具有将稳性问题简化的条件。

一、初稳性的特征

如图 5-1 所示，在假定正浮时水线附近的舷侧垂直于水面的前提下，可以认为船舶的小倾角横倾具有以下特点。

(1) 等体积倾斜，即入水体积 V_1 等于出水体积 V_2。

(2) 横倾前后两水线面的交线(即倾斜轴)通过正浮时的漂心 F。

(3) 横倾前后浮力作用线的交点，即横稳心 M 点固定不变。浮心 B 随横倾角变化而移动的轨迹是以横稳心 M 为圆心的圆弧的一段。圆弧的半径即为浮心 B 至横稳心 M 之间的距离 BM，称为横稳心半径。

二、初稳性的表示

基于船舶小倾角横倾的假设，我们可以用几何方法建立初稳性条件下复原力矩与横倾角之间的关系。如图 5-1 所示，船体倾斜后由重力和浮力构成的复原力矩 M_R 可表示为

$$M_R = 9.81\Delta \cdot GZ \text{ (kN · m)} \tag{5-2}$$

式中　Δ——船舶排水量，t；

GZ——船舶复原力臂，即重力作用线与浮力作用线之间的垂直距离，m。

因将横稳心 M 视为定点，重心 G、横稳心 M 和过 G 点向倾斜后的浮力作用线所作的垂线的垂足点 Z 构成一个直角三角形，因此，复原力矩又可表示为

$$M_R = 9.81\Delta \cdot GM \cdot \sin \theta \text{ (kN · m)} \tag{5-3}$$

式中，GM 为初稳性高度，即重心 G 至稳心 M 之间距离，单位为 m。

由此可见，在排水量和横倾角一定的前提下，初稳性高度 GM 与复原力矩成正比。初稳性高度的大小决定着船舶在小倾角横倾后所受的复原力矩的大小。因此，船舶的初稳性可用初稳性高度 GM 表示。

三、初稳性高度的基本计算方法

从几何角度理解，初稳性高度 GM 可按以下公式计算，即

$$GM = KB + BM - KG \text{(m)} \tag{5-4}$$

式中　KB——正浮时浮心距基线的高度，m；

BM——横稳心半径，m；

KG——船舶重心距基线高度，m。

1. KB 及 BM 的确定

如前所述，浮心距基线高度 KB 可根据平均吃水或排水量在有关船舶资料中查取。

稳心半径 BM 是浮心随横倾角增加而向一侧移动轨迹的曲率半径。计算分析表明，船舶稳心半径 BM 可根据下式计算，即

初稳性
(微课)

影响初稳性的
因素及计算(微课)

$$BM = \frac{I_X}{V_M} \quad (\text{m}) \qquad\qquad (5-5)$$

式中　V_M——船舶型排水体积,m^3;

　　　I_X——水线面对通过漂心的横倾轴的面积惯性矩,m^4。

由式(5-5)可知,无论是排水体积 V_M,还是水线面面积惯性矩 I_X,都随平均吃水 d_m 而变化。为了便于计算初稳性高度,船舶设计部门已将稳心半径随平均吃水变化的关系计算整理成船舶资料,以备查用。

由图 5-1 可知,稳心距基线高度 KM,应等于浮心距基线高度 KB 与稳心半径 BM 之和,即

$$KM = KB + BM \quad (\text{m}) \qquad\qquad (5-6)$$

显然,对于特定船舶,稳心距基线高度也随平均吃水而变化,所以有些船舶资料直接提供随平均吃水或排水量变化的 KM 数据。在静水力曲线资料和载重表尺中,都可以根据平均吃水查取横稳心半径 BM 或横稳心距基线高度 KM 的数值。

2. KG 的确定

除浮力之外,构成复原力矩的另一要素就是重力。重力作用线通过船舶的重心 G。重心距基线高度 KG 的计算是否准确,直接影响到初稳性高度 GM 的计算精度。根据力矩合成原理(合力矩等于各分力矩之和),船舶的重心高度 KG 可按下式计算,即

$$KG = \frac{\sum (P_i \cdot Z_i)}{\Delta} \quad (\text{m}) \qquad\qquad (5-7)$$

式中　P_i——组成船舶总重的第 i 分项的重量,t;

　　　Z_i——重量 P_i 的重心距基线的高度,m。

在船舶总重量的所有组成部分中,空船重量及其重心高度由船舶资料提供。船用备品、船舶常数及船员、行李等重量及其重心高度可经测定获得或根据经验确定;各货舱和液体舱柜的载荷重量 P_i 可根据具体航次的装载计划确定,而相应的重心高度 Z_i(除集装箱外)的确定通常由以下几种方法。

(1)估算法

估算法适用于确定货舱内杂货的合重心垂向位置。估算过程是先将同一货舱内货位相邻、数量较少或积载因数相近的货物归并成若干堆,并将每堆货物视为匀质货物。随后分别确定舱内第 j 堆货物的重量 P_j 并估算其重心距基线高度 Z_j。最后按下式计算该舱货物的合重心距基线高度 Z_j,即

$$Z_j = \frac{\sum (P_j \cdot Z_j)}{\sum P_j} \quad (\text{m}) \qquad\qquad (5-8)$$

或者根据货物在该舱堆高来确定货堆重心距舱底高度:舯部货舱可取堆高的 0.5 倍,舯艉部货舱可取堆高的 0.54~0.58 倍。

(2)利用舱容曲线图或舱容数据表

在船舶任何一个特定的货舱或液舱内,因货舱形状是固定不变的,若舱内载荷表面平整,则载荷所占的舱容、载荷表面距基线的高度和载荷所占舱容的中心距基线高度三者之间的关系就可以确定。这一关系有时在船舶资料中以舱容曲线图或舱容数据表的形式提供。图 5-3 为"Q 轮"No. 2 货舱的舱容曲线图。其纵坐标为货堆表面距基线的高度,下部

横坐标为货物所占舱容,上部横坐标为相应的舱容中心距基线的高度。图中舱容曲线反映货堆表面高度与货物所占舱容之间的关系,舱容中心高度曲线反映货物所占舱容中心距基线的高度与货堆表面距基线高度之间的关系。

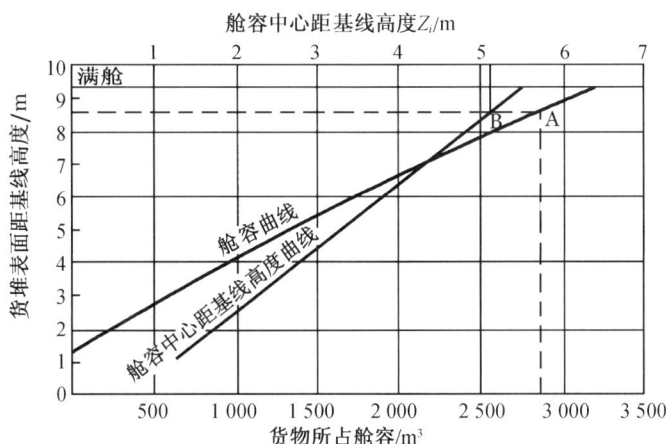

图 5-3　"Q 轮"No. 2 货舱舱容曲线图

当货舱或液舱内装载表面平整的匀质杂货、经平舱后的匀质干散货或液体载荷时,利用舱容曲线图或舱容数据表可方便地根据货物所占舱容或液体表面高度查取载荷重心距基线的高度。

利用舱容曲线图表确定舱内货物合重心高度,在各层货物表面平整的前提下,计算精度较高。但在舱内货物种类较多时,其手算工作量很大。

(3)取舱容中心高度为舱内载荷的合重心高度

各货舱及液体舱柜的舱容中心距基线的高度是最基本的船舶资料之一。取舱容中心高度作为舱内载荷重心高度是最方便的。显然,在舱内载荷未满舱或舱内载荷密度不均时,这种方法产生的误差是较大的。但舱柜的容积中心,一般都高于舱内载荷的实际合重心高度。用舱容中心高度取代舱内载荷实际合重心高度所计算得到的船舶初稳性高度,要比船舶实际的初稳性高度小。或者说,初稳性高度的实际值比计算值大,偏于安全。因此,使用这一方法是安全的,产生的误差也是在可以接受的范围内。

四、自由液面对初稳性高度的影响

除了固体载荷之外,船上还存在着大量的燃油、淡水、压载水等液体载荷。由于液体具有流动性,舱内未装满的液体,或称具有自由液面的液体,在船舶横倾的过程中会自动向倾斜的一侧流动,使其重心向船舶倾斜的方向移动。液体重心移动所产生的力矩称自由液面倾侧力矩。它将部分抵消复原力矩,从而降低船舶的初稳性高度。

设经自由液面修正后的船舶初稳性高度为 GM_0,自由液面对初稳性高度的修正值为 δGM_f,则

$$GM_0 = GM - \delta GM_f \ (m) \tag{5-9}$$

其中

$$\delta GM_f = \sum \frac{\rho_i \cdot i_{xi}}{\Delta} \ (m) \tag{5-10}$$

式中　ρ_i——第 i 液舱内液体的密度,g/cm³;

i_{xi}——第 i 液舱内液面的面积惯性矩,m^4。

上述公式表明,自由液面对 GM 的修正值与存在自由液面的液舱个数有关。对于单个液舱,该修正值与舱内液体的密度 ρ 和液面的面积惯性矩 i_x 成正比,与排水量 Δ 成反比。液舱自由液面惯性矩的具体数值,一般可从船舶资料中查取。附录 B 中表 B-5 为 Q 轮各液舱自由液面惯性矩的数据表。

在船舶营运过程中,应尽量减少存在自由液面的舱室并注意左右均衡使用燃油、淡水,以便既减小自由液面对稳性的影响,又使船舶不会因此出现初始横倾角。

对于单个液舱,影响自由液面对初稳性高度的修正值的主要因素是液面惯性矩,它是一个与液舱水平截面形状有关的参数。对沿船舶纵向的长度为 a,沿船舶横向的宽度为 b 的矩形液舱,其液面面积惯性矩为

$$i_x = \frac{1}{12}a \cdot b^3 \ (\mathrm{m}^4) \tag{5-11}$$

对沿船舶纵向的长度为 a,沿船舶横向的一边的宽度为 b 的等腰三角形液舱,其液面面积惯性矩为

$$i_x = \frac{1}{48}a \cdot b^3 \ (\mathrm{m}^4) \tag{5-12}$$

对沿船舶纵向的长度为 a,沿船舶横向一边的宽度为 b_1 和横向另一边的宽度 b_2 的等腰梯形液舱,其液面面积惯性矩为

$$i_x = \frac{1}{48}a(b_1+b_2)(b_1^2+b_2^2) \ (\mathrm{m}^4) \tag{5-13}$$

由式(5-10)至式(5-12)可知,自由液面惯性矩与液舱宽度的三次方成正比。不难证明,若将矩形液舱横向分 n 等份,自由液面惯性矩将减少到原来的 $1/n^2$。因此,油轮等液体货船,由于货舱横向尺度较大,通常在液舱内设置 $2\sim3$ 道纵向隔壁,以降低液货舱的宽度,减少自由液面对船舶稳性的影响。

五、悬挂载荷对初稳性高度的影响

处于悬挂状态的固体载荷,例如处于使用船吊装卸过程中的重大件货物,其重心位置也会随着船舶的横倾而向倾斜的一侧移动。由此产生的倾侧力矩也会部分抵消复原力矩的作用,从而对船舶稳性产生不利影响。当悬挂载荷的重量较大时,其对稳性的影响不应被忽视。

设悬挂载荷被悬挂前的船舶初稳性高度为 GM_1,载荷被悬挂后的船舶初稳性高度为 GM_2,则

$$GM_2 = GM_1 - \frac{P \cdot l}{\Delta} \ (\mathrm{m}) \tag{5-14}$$

式中 P——悬挂载荷的重量,t;

l——悬挂高度,即悬挂载荷被悬挂前的重心距悬挂点的垂直距离,m。

六、少量载荷变动对初稳性高度的影响

少量载荷变动是指船舶因装卸部分货物,消耗或补充燃油、淡水或打入、排放压载水等导致的总重量 $\sum P$ 不超过排水量 10% 的船舶装载重量变化。少量载荷变动将导致船舶所受的重力和浮力的大小及作用点位置同时发生变化,因而必然导致初稳性高度的变化。在实际工作中,计算少量载荷变动对初稳性高度影响的方法有以下两种。

1. 近似计算法

初稳性高度 GM 除了与船舶重心高度 KG 有关外,还与横稳心距基线高度 KM 有关。但如果载荷变动的重量较小,变动前后船舶平均吃水的变化不大,则可假设载荷变动前后 KM 不变。在此情况下,载荷变动所引起的初稳性高度变化可认为完全是由于船舶重心高度变化所引起的,即 $\delta GM = -\delta KG$。假如先使变动的载荷重心与变动前船舶重心 G 位置重合,然后再使其向载荷变动的实际位置移动,则可把装卸载荷所引起的重心高度变化看成是因载荷移动所引起的。由此,载荷变动后的初稳性高度 GM_2 可按下式计算,即

$$GM_2 = GM_1 + \frac{\sum \left[P_i \cdot (KG - Z_i) \right]}{\Delta + \sum P_i} \quad (\text{m}) \qquad (5\text{-}15)$$

式中　GM_1——载荷变动前的初稳性高度,m;

　　　P_i——所变动的第 i 项载荷的重量,加载时取正值,减载时取负值,t;

　　　KG——载荷变动前船舶重心距基线高度,m;

　　　Δ——载荷变动前船舶的排水量,t;

　　　Z_i——载荷 P_i 的重心距基线高度,m。

应该指出,近似计算法是以载荷变动前后横稳心距基线高度 KM 不变为前提的,由此会产生一定的误差。为减小误差,可采用下述第二种方法。

2. 精确的计算方法

加载后处于横倾状态的船舶所受的复原力矩与加载前所受的复原力矩的差值 δM_R,是由增加部分的浮力 $\delta\Delta$ 和增加部分的重力 P 所构成的。设加载重量为 P,相应的重心距基线高度为 Z_p,加载引起平均吃水变化,即加载前的平均吃水为 d_m,加载前船舶的排水量为 Δ,初稳性高度为 GM_1,则加载后船舶的初稳性高度 GM_2 为

$$GM_2 = GM_1 + \frac{P}{\Delta + P}\left(d_m \frac{\delta d}{2} - Z_p - GM_1\right) \quad (\text{m}) \qquad (5\text{-}16)$$

式中　GM_1——载荷变动前的初稳性高度,m;

　　　P——所变动的载荷的重量,加载时取正值,减载时取负值,t;

　　　δd——所变动的载荷的重量,其计算式为

$$\delta d = \frac{P}{100\text{TPC}} \quad (\text{m})$$

这一方法得出的计算结果虽较近似计算法准确,但在确定增加部分的浮力作用中心时,仍存在误差,因此,也只适合少量载荷变动的情况,即要求满足 $P \leqslant 10\%\Delta$。

知识点 3　大倾角静稳性

海上航行的船舶受风浪作用,往往会发生大幅度的横摇,最大摆幅可能为 $10° \sim 15°$,或者使干舷甲板边缘浸入水中。因此,作为航海船舶,不仅要有足够的初稳性,还必须具有足够的大倾角静稳性。

一、大倾角静稳性的表示

由于不同国家或地区设计船舶所提供的船舶资料的形式不同,船舶复原力臂的求法有下列三种。

大倾角静稳性
（微课）

影响静稳性曲
线的因素（微课）

1. 基点法

如图 5-4 所示,船舶发生大倾角横倾或干舷甲板入水后,由于船体的出水体积 V_1 和入水体积 V_2 形状差异较大,导致船舶初稳性的另外两项假设明显不能成立,稳心点 M 和稳心半径 BM 不能再假设为固定值,因此,船舶的大倾角稳性不能用初稳性高度 GM 表示。然而,船舶横倾后所受的重力和浮力构成复原力矩这一事实没有改变。所以,仍可根据图 5-3 所示的几何关系表示大倾角条件下的复原力矩,即

$$M_R = 9.8\Delta \cdot GZ$$
$$= 9.81\Delta(KN - KH)$$
$$= 9.81\Delta(KN - KG_0 \cdot \sin\theta) \quad (kN \cdot m) \qquad (5-17)$$

式中　GZ——复原力臂,即从船舶重心点 G 量到倾斜后的浮力作用线的垂直距离,m;

　　　　KN——形状稳性力臂,即从基点 K 量到倾斜后的浮力作用线的垂直距离,m;

　　　　KH——重量稳性力臂,即从基点 K 量到倾斜后的重力作用线的垂直距离,由图 5-3 可知,$KH = KG_0 \cdot \sin\theta(m)$,其中 $KG_0 = KG + \delta GM_f$,即通常将自由液面对大倾角稳性的影响被简化为将其重心距基线高度 KG 提高 δGM_f 一段作为修正;

　　　　θ——船舶横倾角,(°)。

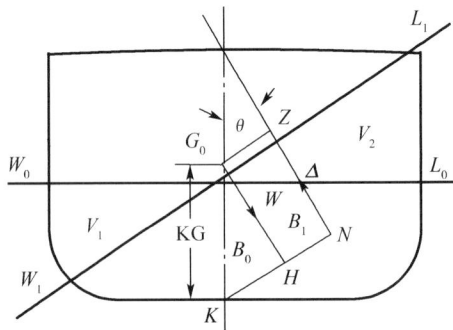

图 5-4　大倾角下 M_R 表示

船舶倾斜后所受的浮力对基点 K 所取的力臂的大小取决于倾斜后船体的浮心 B_1 的位置。而 B_1 所处的位置由倾斜后水线面下的排水体积的形状决定,形状稳性力臂的名称由此而来。在横倾角不变的前提下,形状稳性力臂随船舶排水量变化而变化。形状稳性力臂随排水量变化的关系曲线如图 5-5 所示,称为稳性横交曲线(也称稳性交叉曲线)。该曲线由船舶设计单位制作并提供。

2. 假定重心点法

不少国家常使用假定重心法,即先假设船舶在任何排水量下都拥有一个固定的合重心点,即假设重心点 G_A,据此提供假定重心稳性力臂曲线,如图 5-6 所示。

利用该资料可以查取不同横倾角下的假定重心静稳性力臂 $G_A Z_A$,假定重心高度 KG_A 一般直接标于图上。显然船舶实际重心点 G 不同于假定重心点 G_A,因此,可用以下公式对假定重心静稳性力臂 $G_A Z_A$ 进行修正,求得不同横倾角下未经自由液面修正的静稳性力臂值 GZ_0。

$$GZ_0 = G_A Z_A - (KG_0 - KG_A) \cdot \sin\theta \quad (m) \qquad (5-18)$$

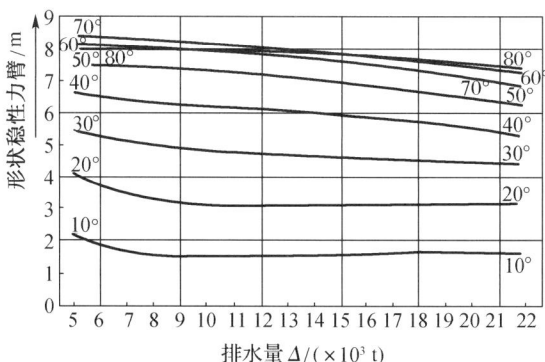

图 5-5　"Q 轮"稳性横交曲线

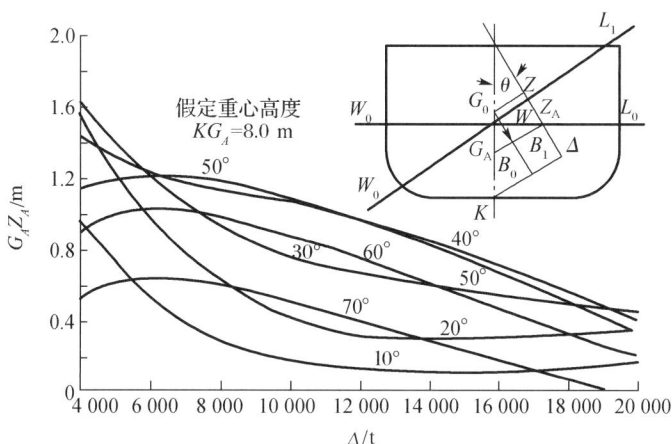

图 5-6　某轮稳性横交曲线(假定重心点法)

式中　$G_A Z_A$——假定重心高度的静稳性力臂,可由船舶排水量从图 5-6 稳性横交曲线上查取不同横倾角所对应的值,m;

　　　KG_0——未经自由液面修正的船舶重心高度,m;

　　　KG_A——假定重心高度,m。

3. 稳心点法

由图 5-7 可知,若将表示浮力作用线和重力作用线位置的参考点设在横稳心点 M 处,则 M 点至倾斜后的浮力作用线的垂直距离即为 MS,被称为剩余稳性力臂。根据不同平均吃水下剩余稳性力臂随横倾角变化关系曲线,船舶未经自由液面修正的静稳性力臂 GZ_0 可按下式计算,即

$$GZ_0 = MS + GM_0 \cdot \sin\theta \text{ (m)} \tag{5-19}$$

式中　MS——剩余静稳性力臂,m;

　　　GM_0——未经自由液面修正的初稳性高度,m。

二、静稳性曲线

由式(5-17)及稳性横交曲线可知,船舶装载状态一定时,复原力矩 M_R 和复原力臂 GZ 都是横倾角 θ 的函数。这一函数关系的曲线形式,称为静稳性曲线,如图 5-8 所示。若纵

坐标为复原力矩 M_R,称静稳性力矩曲线;若纵坐标为复原力臂 GZ,称静稳性力臂曲线。

1. 静稳性曲线的绘制

根据船舶特定的装载状态绘制静稳性力矩曲线或静稳性力臂曲线的步骤如下:

(1)将稳性横交曲线所给出的各横倾角填写于表5-1的第一行;

(2)计算船舶排水量,并根据各横倾角在稳性横交曲线中查取相应的形状稳性力臂,填写于表5-1的第二行;

(3)计算船舶重心高度 KG,并按公式 $KH = (KG+\delta GM_f) \cdot \sin \theta$ 计算各横倾角下的重量稳性力臂,填写于表5-1的第三行,δGM_f 为自由液面修正值;

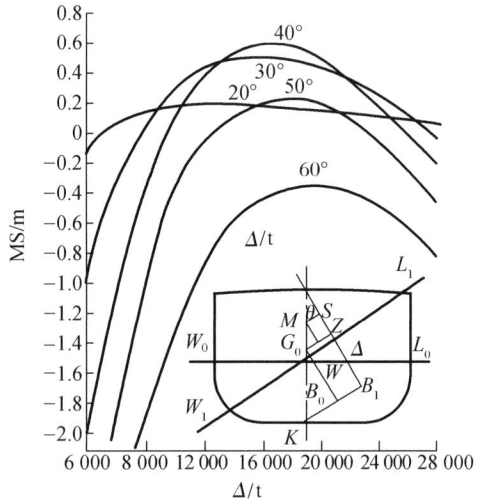

图5-7　某轮稳性横交曲线(稳心点法)

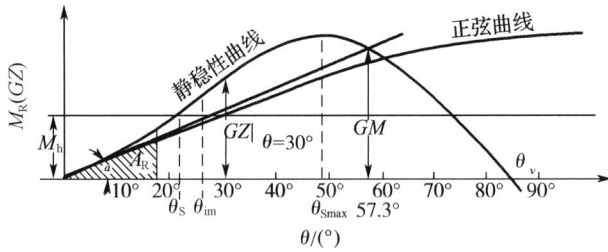

图5-8　船舶静稳性曲线

(4)按公式 $GZ=KN-KH$ 计算各横倾角下的静稳性力臂,填写于表5-1的第四行;

(5)按公式 $M_R=\Delta \cdot GZ$ 计算各横倾角下的静稳性力矩,填写于表5-1的第五行;

(6)以船舶横倾角为横坐标,以复原力臂为纵坐标,由表5-1数据便可绘制静稳性力臂曲线;若以复原力矩为纵坐标,则可绘制静稳性力矩曲线。

表5-1　复原力臂和复原力矩数值计算表

$\theta/(°)$	10	20	30	40	50	60	70
KN/m	1.60	3.25	4.62	5.78	6.50	7.09	7.45
KH/m	1.40	2.76	4.04	5.19	6.18	6.99	7.85
GZ/m	0.20	0.49	0.58	0.59	0.32	0.10	−0.13
M_R	3 372	9 143	10 823	11 009	5 971	1 866	−2 426

2. 静稳性曲线的特征参数

利用图5-8所示的静稳性力矩(臂)曲线,不仅可以掌握复原力矩(臂)随船舶横倾角变化的全貌,还可以求得曲线上的某些特征参数。这些特征参数可以帮助我们掌握静稳性力矩(臂)曲线在某一方面的特征。

（1）曲线在原点处的斜率

在静稳性力臂曲线的原点处作一切线。在 57.3°（即 1 rad）处量取切线的纵坐标值 h。显然在数值上，h 等于静稳性力臂在原点处的导数。在小倾角范围内，可假定 $GZ = GM \cdot \sin\theta$。对其求导并设 $\theta = 0°$，可得 $h = GM$。据此，可以在静稳性力臂曲线上根据原点处切线的斜率求得初稳性高度 GM。

（2）特定横倾力矩（臂）下的船舶静倾角 θ_S

假设船舶受到一个恒定不变的横倾力矩（臂）的作用，则该力矩（臂）可在图上表示成一条高度不变的横线。根据静稳性的假设条件，可以证明横线与静稳性力矩（臂）曲线的第一个交点 n_1 为一稳定平衡点，该点所对应的横倾角 θ_S 称为静倾角。横倾角达到静倾角 θ_S 时，复原力矩（臂）与横倾力矩（臂）达到静态平衡。

（3）最大复原力矩（臂）M_{Rmax}（GZ_{max}）

静稳性力矩曲线和静稳性力臂曲线的最高点所对应的纵坐标分别称为最大复原力矩 M_{Rmax} 和最大复原力臂 GZ_{max}。

（4）极限静倾角 θ_{Smax}

最大复原力矩 M_{Rmax} 或最大复原力臂 GZ_{max} 所对应的横倾角称为极限静倾角。它表示船舶在静稳性的假设条件成立的前提下船舶可能出现的最大静态稳定平衡角。

（5）稳性消失角 θ_V

静稳性力矩（臂）曲线与横坐标轴右侧交点所对应的横倾角称为稳性消失角。当船舶横倾角超出 θ_V 时船舶复原力矩（臂）将从正值变为负值。稳性消失角表示复原力矩（臂）取正值的横倾角范围，称为稳性范围。

（6）甲板浸水角 θ_{im}

当船舶横倾达到一定程度，干舷甲板边缘将开始入水。此时船舶的横倾角称为甲板浸水角。从甲板浸水角开始，水线面以下船体的形状将发生一个突变，复原力矩（臂）增大的趋势将减缓。反映在静稳性力矩（臂）曲线上，甲板浸水角处的曲线将出现一个反曲点。由此，可以用在曲线上寻找反曲点的方法确定甲板浸水角 θ_{im}。

3. 影响静稳性曲线的因素

在影响船舶静稳性曲线的若干因素中，包括船舶尺度和装载状态参数两部分。前者就不同船舶而言，后者则对同一船舶而论。

（1）干舷

对于船宽、吃水和重心高度相同条件下的干舷高度相异的不同船舶：干舷越大，最大静稳性力臂 GZ_{max}、极限静倾角 θ_{Smax}、稳性消失角 θ_V 也越大；另外，干舷大小对船舶初稳性不产生影响。船宽较大而干舷较小的船舶适宜在风浪较小的水域，如河道或湖区中航行。

（2）船宽

对于吃水和重心高度相同而船宽不同的船舶：船宽越大，最大静稳性力臂 GZ_{max} 越大，而 θ_{Smax} 和 θ_V 越小，静稳性曲线形状越陡峭。船宽适中而干舷较大的船适宜在海洋中航行。

（3）排水量（或吃水）

若船舶重心高度相同，由于排水量（或吃水）较小时，甲板浸水角较大，形状稳性力臂 KN 值亦呈现增大趋势，因而表征静稳性曲线的特征值 GZ_{max}、θ_{Smax} 和 θ_V 等也比排水量（或吃水）较大时大些。

应该注意的是，由于排水量不同，因此相应装载状态时的静稳性力矩 M_R 也不同。

（4）船舶重心高度

对于同一艘船舶，在排水量相同时，当重心高度增大时，GZ_{max}、θ_{Smax} 和 θ_V 均减小。

（5）自由液面

液舱内存在自由液面时对船舶稳性的影响相当于增大船舶重心高度，因而自由液面的存在使静稳性曲线下降，GZ_{max}、θ_{Smax} 和 θ_V 均减小。

（6）初始横倾

当船舶重心偏离中纵剖面时，船舶会出现初始横倾角，设船舶重心横坐标为 GG_1，船舶在倾侧一方的静稳性力臂 G_1Z_1 与船舶重心位于中纵剖面时的静稳性力臂 GZ 的关系为

$$G_1Z_1 = GZ - GG_1 \cos \theta \qquad (5-20)$$

即静稳性曲线下降，GZ_{max} 和稳性范围减小。

知识点 4　动稳性

海上航行的船舶经常受到阵风的突然吹袭和海浪的猛烈冲击。此时，船舶横倾角的增加相对缓慢，复原力矩不能及时平衡于横倾力矩，导致船舶横倾的角速度和角加速度明显增大，已不能被忽略。在此情况下，必须将横倾力矩视为动态横倾力矩，并从动稳性的角度来讨论船舶的稳性问题。

动稳性
（微课）

一、动态力矩作用下的船舶运动

如图 5-9（a）所示，动态横倾力矩 M_h 突然作用于船体，导致船舶开始横倾。在横倾的初始阶段，因 M_h 大于复原力矩 M_R，合力矩 $M_h - M_R$ 与倾斜方向相同。在外力矩作用下，船舶将加速倾斜。当横倾角达到静倾角 θ_S 时，合外力矩等于零，但由于前一阶段合力矩均为正值，合力矩所做的功达到最大，因而船舶在 θ_S 处将具有最大的转动动能，在惯性的作用下，船体将继续倾斜。当横倾角超过 θ_S 后，M_h 小于复原力矩 M_R，合力矩 $M_h - M_R$ 与倾斜方向反向，在合力矩作用下，船舶将减速倾斜。当船舶横倾至横倾角 θ_d 时，船舶在 θ_S 处所具有的转动动能将被反向合力矩所做的功抵消，横倾角达到最大。此后，船舶在反向合力矩的作用下开始回复，并越过 θ_S 角继续回复到合外力矩与倾斜方向相同的区间，开始了下一轮的运动。若假定外力矩 M_h 作用于船舶的大小和方向保持不变，则因受水和空气阻尼的作用，船舶通过 θ_S 时所具有的转动动能将逐渐减小。经过多次摆动后，船舶最终将静止于 θ_S 处，如图 5-9（b）所示。

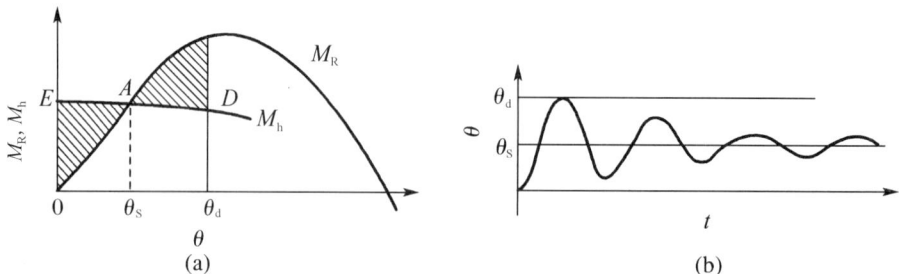

图 5-9　外力矩作用下船舶横倾过程分析

二、动稳性的表示

由以上分析可知，在动态横倾力矩的作用下，船舶可能达到的最大横倾角为 θ_d，称为动

倾角。在忽略水和空气阻尼的前提下,船舶横倾角达到 θ_d 的条件是:从 0 至 θ_d 范围内,合力矩所做的功等于零,即复原力矩所做的功与横倾力矩所做的功相等。由此,在特定的横倾力矩作用下,船舶的动倾角能否保持在某一特定值之内,使船舶不致因非水密开口进水而沉没,取决于正浮位置到该特定横倾角之间复原力矩所做的功的大小。因此,船舶的动稳性可以用复原力矩所做的功 A_R 表示,即

$$A_R = \int_0^\theta M_R \cdot d\theta = 9.81\Delta \cdot \int_0^\theta GZ \cdot d\theta \ (m \cdot rad) \tag{5-21}$$

随横倾角 θ 变化而变化的复原力矩所做的功称为动稳性力矩。动稳性力矩与船舶排水量的比值称为动稳性力臂,用 l_d 表示,即

$$l_d = \frac{A_R}{\Delta} \int_0^\theta GZ \cdot d\theta \ (m) \tag{5-22}$$

三、动稳性曲线及其制作

动稳性力矩(臂)是静稳性力矩(臂)的积分函数。因此,横倾角 θ 所对应的动稳性力矩(臂)值,可在静稳性力矩(臂)曲线图 5-10(a)上用 $0° \sim \theta$ 之间曲线下的面积来表示。由于曲线下的面积无法直接度量,因此,需要绘制以动稳性力矩(臂)为纵坐标的动稳性力矩(臂)曲线,即图 5-10(b)所示的动稳性力臂曲线。

四、动稳性曲线的特点及动稳性参数

1. 动稳性曲线与静稳性曲线的关系

由动稳性力矩(臂)曲线的定义可知,动稳性曲线是静稳性曲线的积分曲线,或者说静稳性曲线是动稳性曲线的导数曲线。因此,从图 5-10 中,可以发现动稳性曲线与静稳性曲线之间存在如下关系:

(1)当横倾角 $\theta=0°$ 时,静稳性力臂 GZ 和动稳性力臂 l_d 均为 0;

(2)当横倾角 $\theta=\theta_{max}$ 时,在静稳性力臂出现曲线上的最高点,而在动稳性力臂曲线上则出现反曲点;

(3)当横倾角 $\theta=\theta_V$ 时,静稳性力臂等于零,而在动稳性力臂曲线上则出现最高点。

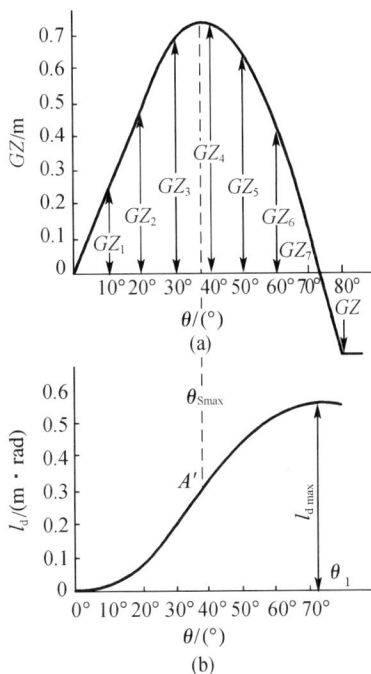

图 5-10　静稳性与动稳性曲线关系

2. 动稳性参数

动稳性参数是指表示船舶动稳性在某一方面的特征的参数,通常可以在静稳性曲线上求取,也可以在动稳性曲线上求取。

(1)根据横倾力矩求动倾角 θ_d

在静稳性力矩曲线上,一个大小不变的横倾力矩 M_h 可表示成一条纵坐标为 M_h 的水平线。横倾力矩所做的功可用横倾角范围内水平线下的面积来表示。复原力矩所做的功可用 $0°$ 至特定横倾角之间静稳性力矩曲线下的面积表示;当上述两个面积相等时,也就是图 5-9(a)所示的两部分阴影面积相等时,复原力矩所做的功与横倾力矩所做的功相等,阴影区域的右边边界线的横坐标值即动倾角 θ_d。

在动稳性力矩曲线上,恒定不变的横倾力矩 M_h 所做的功可用一条斜率为 M_h 的直线表示。这条直线可通过连接原点与坐标点($57.3°$, M_h)绘出。该直线与动稳性力矩曲线交点处,表明此时横倾力矩与复原力矩所做的功相等,交点处所对应的横坐标即为动倾角 θ_d。

(2)求最小倾覆力矩 M_{hmin} 和极限动倾角 θ_{dmax}

在静稳性力矩曲线上增大横倾力矩 M_h,使图 5-11(a)所示的两部分阴影面积相等。此时,水平线的高度即为最小倾覆力矩 M_{hmin},即船舶可以承受的最大动态横倾力矩。任何大于 M_{hmin} 的动态横倾力矩都将导致船舶倾覆。

在静稳性力矩曲线图上,不计初始横摇角和船舶进水角修正时,使复原力矩与横倾力矩做功相等,则阴影区域的最右端所对应的横坐标值即为极限动倾角 θ_{dmax}。

最小倾覆力矩与排水量的比值称为最小倾覆力臂,用 l_{dmin} 表示,即

$$l_{dmin} = \frac{M_{hmin}}{\Delta} \ (m \cdot rad) \tag{5-23}$$

最小倾覆力臂可以用同样的方法在静稳性力臂曲线或动稳性力臂曲线上求得。

对船舶动稳性可以这样理解:动稳性就是船舶横倾到某一角度时其静稳性曲线下所围成的面积;或理解为船舶横倾到某一角度时,复原力臂所做的功。

知识点 5   对船舶稳性的要求

为保证船舶的营运安全,各航海国家的主管机关都以法规形式对与船舶稳性有关的各项指标做出强制性的规定,以便对船舶的设计、建造和使用中的有关问题进行约束。同时,国际海事组织 IMO 对船舶稳性也提出了相应的标准要求。

对船舶稳性的要求
（微课）

一、我国《法定规则》对国内航行海船的完整稳性的基本要求

《法定规则》规定,经自由液面修正后,船舶稳性在所核算装载状况下必须同时满足以下四项基本标准要求:

(1)初稳性高度 GM 应不小于 0.15 m;

(2)横倾角为 $30°$ 处的复原力臂值 $GZ\big|_{\theta=30°}$ 应不小于 0.20 m,如船体进水角 θ_f 小于 $30°$,则进水角 θ_f 处的复原力臂应不小于 0.20 m;

(3)最大复原力臂对应的横倾角 θ_{Smax} 应不小于 $25°$,且进水角应不小于 θ_{Smax};

(4)稳性标准数 K 应不小于 1。

当船舶的宽深比 B/D 大于 2 时,以上对 θ_{Smax} 的要求可降低 $\delta\theta$,其计算公式是

$$\delta\theta = 20\left(\frac{B}{D} - 2\right)(K-1) \ (°) \tag{5-24}$$

式中 D——船舶型深,m;

B——船舶型宽,m,当>2.5 时,取 $B/D = 2.5$;

K——稳性标准数,当 $K > 1.5$ 时,取 $K = 1.5$。

《法定规则》对非国际航行的船舶还规定,当江海的自航船舶装载甲板货时,其所核算的各种装载状态下,横摇加速度标准数 K_a 应符合下式要求:

$$K_a = \frac{C}{\alpha_c} \geqslant 1 \tag{5-25}$$

式中 C——系数,海上航行至近海或远海航区的船舶取 0.25,对海上航行至沿海、遮蔽航

区的船舶取 0.30；

α_c——横摇加速度因数。

其中，α_c 按下式计算，即

$$\alpha_c = \frac{0.035B\theta_1}{T_\theta^2} \tag{5-26}$$

式中　B——型宽，m；

　　　θ_1——船舶横摇角；

　　　T_θ——船舶横摇周期。

《法定规则》所指的稳性标准数，是指最小倾覆力矩（臂）M_{hmin}（l_{hmin}）与风压力矩（臂）M_w（l_w）的比值，即

$$K = \frac{M_{hmin}}{M_w} = \frac{l_{hmin}}{l_w} \tag{5-27}$$

在确定规则所述的最小倾覆力矩或最小倾覆力臂时，要求进行以下两项修正。

（1）船舶横摇角 θ_1 的修正

如图 5-11 所示，船舶在周期性横浪的冲击下发生摆幅为 θ_1 的谐振横摇，当船体摇至迎风一舷的最大摆幅时，突然受到来自正横方向的风压力矩的作用。此时，船舶的动稳性较之未经横摇角修正的状况存在两种差别：一是横摇角为 $-\theta_1$ 至 0°，风压力矩做了功，做功产生的能量可用图 5-11（a）中第二象限中的阴影部分的面积，或者用图 5-11（b）中 A 点的纵坐标表示；二是船舶的横摇具有能量，横摇机械能可用图 5-11（a）中第三象限中的阴影部分的面积，或者用图 5-11（b）中直线 AC 与纵坐标轴的交点与 A 点的纵坐标的差值来表示。这两部分能量都需要复原力矩做功加以平衡。在这种情况下，必须减小倾侧力矩，才能使复原力矩所做的功抵消风压力矩所做的功和船舶横摇机械能之和。

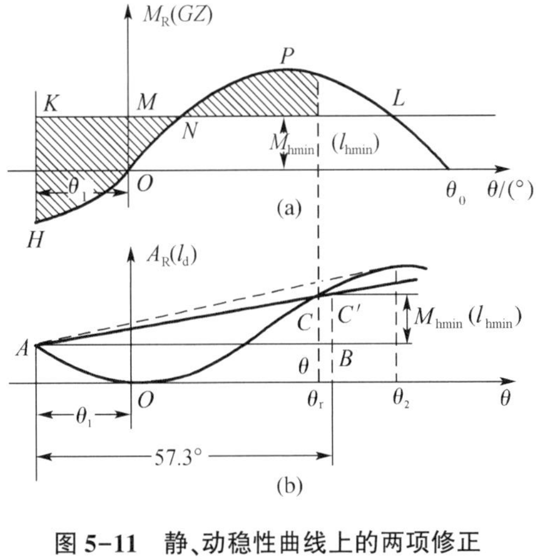

图 5-11　静、动稳性曲线上的两项修正

根据《法定规则》规定，初始横摇角 θ_1 由下式确定，即

$$\theta_1 = 11.75C_1C_4\sqrt{\frac{C_2}{C_3}} \tag{5-27}$$

式中　C_1——与稳性航区横自摇周期有关的系数(具体确定见《法定规则》,下同);

　　　C_2——与核算装载状态下的型吃水及重心高度有关的系数;

　　　C_3——由型宽与核算装载状态下的型吃水值所确定的系数;

　　　C_4——由船舶类型和舭龙骨尺寸所确定的系数。

(2)船舶进水角 θ_f 修正

当船舶的横倾到其甲板上最低处的非水密开口开始入水时的横倾角称为船舶进水角。特定船舶的进水角随排水量变化而变化,可在图 5-12 所示的曲线上根据排水量查取。当船舶横倾角超过进水角后,船舶可能因船体大量进水而处于危险状态。因此,船舶进水角对静稳性曲线或动稳性曲线的修正方法是将曲线在 θ_f 处截断。这一修正减小了复原力矩的做功范围,降低了船舶抵御横倾力矩的能力,最小倾覆力矩将进一步减小。

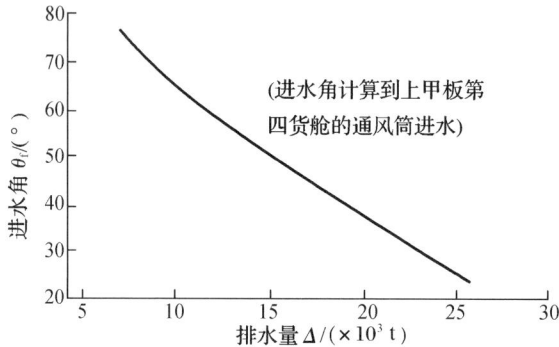

(进水角计算到上甲板第
四货舱的通风筒进水)

图 5-12　"Q 轮"船舶进水角曲线

经上述两项修正后,利用静稳性力矩(臂)曲线和动稳性力矩(臂)曲线求取规则要求的最小倾覆力矩(臂)的方法如下:

在图 5-11(a)所示的静稳性曲线上,将原点附近的曲线向第三象限延长。延长部分的曲线与原曲线保持对于原点的中心对称,并与横坐标为 $-\theta_1$ 的垂直线相交于 H。根据排水量查取船舶进水角 θ_f,并据此作垂直线与静稳性曲线相交。自适当位置开始向下移动一条水平横线。当图 5-11(a)所示的两部分阴影面积 a 和 b 相等时,水平横线的纵坐标即为规则要求的最小倾覆力矩(臂)。

在图 5-11(b)所示的动稳性曲线上,则应将原点附近的曲线向第二象限延长。延长部分的曲线与原曲线保持对于纵坐标轴的轴对称。随后自曲线上 A 点起作一通过曲线与过横坐标 θ_2 垂线的交点的直线,其中 θ_c 取进水角 θ_f 和曲线自 A 点作曲线的切线上切点所对应的横倾角 θ_2 两者中较小者,该直线的斜率,即自横坐标 $\theta=-\theta_1$ 向右 57.3° 处直线的纵坐标与直线始点 A 的纵坐标的差值,就是规则要求的最小倾覆力矩(臂)。

《法定规则》规定,风压倾侧力矩 M_w 可按下式计算,即

$$M_w = P_w \cdot A_w \cdot Z_w = 9.81 \cdot \Delta \cdot l_w (kN \cdot m) \tag{5-29}$$

式中　A_w——船舶正浮时水线以上船体及甲板货的侧投影面积,m^2;

　　　Z_w——A_w 的面积中心至水线面的垂直距离,m;

　　　P_w——单位计算风压,根据船舶的限定航区和 Z_w 从《法定规则》提供的曲线中查取,kPa;

l_w——风压倾侧力臂,即风压倾侧力矩与船舶排水量的比值(可以从船舶资料中查取(图5-13)),m。

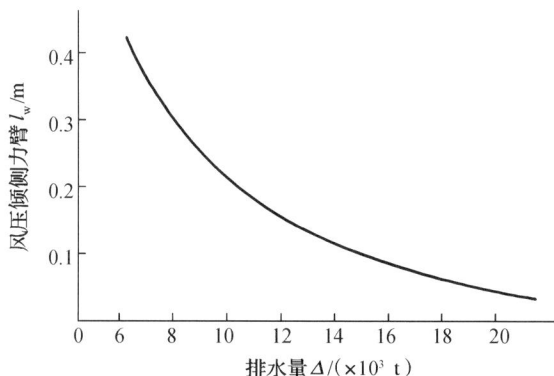

图5-13　"Q轮"风压倾侧力臂曲线

二、我国《法定规则》对国际航行船舶完整稳性的基本要求

我国现行《法定规则》(适合于国际航行船舶)规定,除军舰、运兵船、非机动船、木质船、非营运的游艇、渔船和长度小于20 m的排水型船舶之外的国际航行的海船,其完整稳性应符合《IMO稳性规则》的规定。

《IMO稳性规则》规定,船舶各装载状态下经自由液面修正后的完整稳性应同时满足以下要求:

(1)初稳性高度不小于0.15 m;

(2)复原力臂曲线下的面积从0°~30°之间,应不小于0.055 m·rad;

(3)复原力臂曲线下的面积从0°~40°或进水角两者中较小者,应不小于0.090 m·md;

(4)复原力臂曲线下的面积从30°~40°或进水角两者中较小者,应不小于0.030 m·rad;

(5)横倾角大于或等于30°处的复原力臂应不小于0.20 m;

(6)最大复原力臂对应角(极限静倾角)应不小于25°;

(7)满足天气标准要求(仅适合于船长大于或等于24 m的船舶)。

设定的船舶抵抗横风横浪联合作用的倾侧模型是:

(1)如图5-14所示,船舶受到来自正横方向的一个稳定风压,其风压力臂为l_{w1},所产生的船舶静倾角为θ_0(该角不应超过16°或甲板边缘浸水角的80%,取小者),l_{w1}按下式计算:

$$l_{w1} = \frac{P_w \cdot A_w \cdot Z_w}{1\ 000 \cdot g \cdot \Delta} \qquad (5-30)$$

式中　P_w——单位计算风压,取504 Pa,限定航区的船舶若经主管机关批准后,P_w可以减小;

　　　A_w——水线以上的船体、上层建筑和甲板货的侧投影面积,m^2;

　　　Z_w——A_w面积中心至水下船体侧投影面积中心或吃水一半处的垂直距离,m;

　　　g——重力加速度,取9.81,m/s^2。

(2)假定由于波浪的作用,船舶自θ_0向上风向横倾,其横倾角位移为θ_1。

(3)然后,船舶受到阵风作用,其阵风风压力臂为l_{w2},并规定:

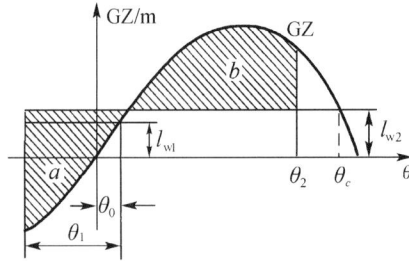

图 5-13 IMO 天气标准要求示意图

$$l_{w2} = 1.5\, l_{w1}(\text{m}) \tag{5-31}$$

（4）取 θ_2 等于船舶进水角 θ_f，$50°$ 和 l_{w2} 与静稳性力臂曲线第二个交点的对应角 θ_c 三者中的最小值，即

$$\theta_2 = \min\{\theta_f,\, 50°,\, \theta_c\}$$

（5）在此情况下，规则要求图 5-13 中的面积 b 应不小于面积 a，即 $b \geqslant a$。

应当指出，按照《IMO 稳性规则》的规定，在计算以上各项稳性标准指标时，须按规定对初稳性高度和静稳性力臂曲线进行自由液面修正，具体方法见《IMO 稳性规则》。

波浪作用下的初始横摇角 θ_1 按如下方法确定，即

$$\theta_1 = 109.3kx_1x_2\sqrt{rs} \tag{5-32}$$

式中　k——与船舶舭部形状、龙骨面积有关的系数（具体确定方法见《IMO 稳性规则》，下同）；

　　　x_1——与船宽与装载吃水有关的系数；

　　　x_2——与方形系数有关的系数；

　　　r——与 d 和重心位置有关的数；

　　　s——与船舶横摇周期有关的数。

三、许用重心高度和最小许用初稳性高度

按照《法定规则》的要求，船舶在每一航次的整个过程中，都必须保证五项标准要求全部得到满足。如果用手工计算的方法逐项计算并校核《法定规则》要求的所有指标，将是一项非常烦琐的工作。因此，《法定规则》要求船舶设计单位提供最小许用初稳性高度或许用重心高度资料，以简化稳性的标准计算。

1. 许用重心高度

《法定规则》所要求的所有稳性标准指标的取值，都是由排水量 Δ 和经自由液面修正的船舶重心高度 KG 两者决定的。而当排水量一定时，所有稳性指标均由 KG 唯一确定。进一步分析可知，特定船舶在排水量不变的情况下，规则所指的所有稳性标准指标都是随 KG 的增加而减小的单调下降函数。所以，若能求得特定排水量下《法定规则》规定的某一稳性标准指标的临界值所对应重心高度，并保证船舶实际合重心高度不超过该数值，则该稳性标准指标不会小于规则所规定的临界值。进而言之，若能求得《法定规则》所规定的所有稳性标准指标所对应的重心高度中的最小值，并保证实际船舶重心高度不超过该最小值，则《法定规则》所规定的所有完整的稳性标准要求都能得到满足。上述最小值，就是特定排水量下船舶的许用重心高度 KG_c，也就是同时满足《法定规则》对船舶稳性的所有要求的情况

下,经自由液面修正后船舶重心高度的最大值。

2. 最小许用初稳性高度

当排水量一定时,船舶的横稳心距基线高度 KM 是确定的。按公式 $GM_c = KM - KG_c$ 计算得到的初稳性高度称为最小许用初稳性高度,也就是指恰能同时满足《法定规则》完整稳性的全部要求时,对船舶经自由液面修正后的初稳性高度的最小值。

同样,特定船舶的最小许用初稳性高度 GM_c 随排水量变化而变化。图 5-15 所示的曲线图为最小许用初稳性高度曲线图。图中各条曲线分别为船舶稳性恰好满足《法定规则》所要求的某一标准指标时,初稳性高度随排水量变化的关系曲线。连接这些曲线最高线段所组成的包络线,即构成最小许用初稳性高度曲线。

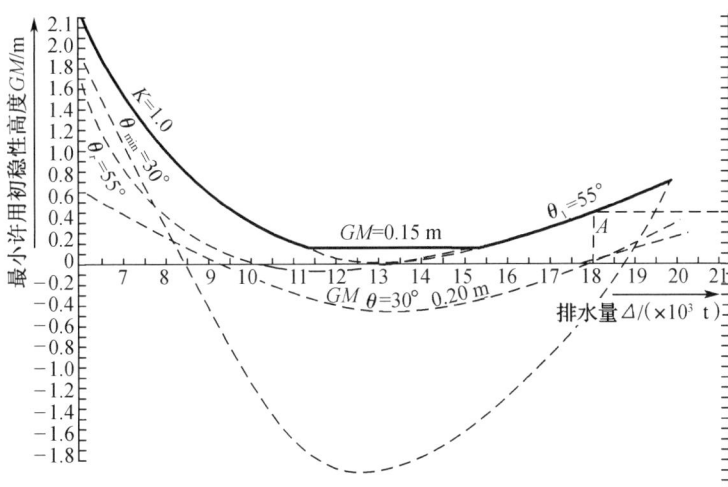

图 5-15　"Q 轮"最小许用初稳性高度曲线图

在某些船舶资料中提供有按照《IMO 稳性规则》计算求出的许用重心高度或最小许用初稳性高度的曲线图或数据表。

四、船舶适度的稳性范围

1. 对船舶稳性高度下限的要求

为保证船舶在风浪中不致倾覆,船舶稳性必须满足《法定规则》或《IMO 稳性规则》所规定的最低要求。若船舶执行《法定规则》,则只需保证经自由液面修正后的初稳性高度 GM 不小于当时排水量下的最小许用初稳性高度 GM_c。但是,《法定规则》提出的对船舶稳性的最低要求,是以一定的假设条件为前提的,如假设船舶无航速,在遭受横浪冲击、发生谐振横摇的同时遭受横风作用,风力达到限定航区的最大值;船舶无横倾,船上所有的非液体载荷的重心在横倾中固定不变。但实际上,船舶所处的海况以及船舶的运动状态往往与《法定规则》的假定不同,如船舶遭遇热带风暴、在高速行驶时用大舵角转向、船舶处于随浪中航行、舱内货物移动等。一旦出现这种情况,船舶稳性仅仅满足最低要求就会显得不够。所以,为了保证船舶的安全,船舶稳性必须在满足《法定规则》的最低要求的基础上保留一定的安全余量。由此,在任何装载状态下,船舶经自由液面修正后的初稳性高度应满足如下要求,即

$$GM \geqslant GM_c + C_h (\text{m}) \tag{5-33}$$

或者,经自由液面修正后的船舶重心高度应满足:

$$KG \leqslant KG_c - C_h (m) \tag{5-34}$$

式中,C_h 为最小许用初稳性高度或许用重心高度的安全余量(常取 0.15~0.20 m),可根据船舶种类及排水量的大小、所处的海况及所载货物的移动可能性等因素确定。

2. 对船舶初稳性高度上限的要求

船舶的横摇周期(自摇周期)T_θ 与未经自由液面修正的初稳性高度 GM 之间存在着一定的关系。《法定规则》规定,这一关系可以用以下公式表示,即

$$T_\theta = 0.58f \sqrt{\frac{B^2 + 4KG^2}{GM}} \ (s) \tag{5-35}$$

式中　f——根据船宽吃水比 B/d 查表 5-2 确定的系数;

　　　B——船舶型宽,m;

　　　d——核算装载状态下的型吃水,m;

　　　KG——核算装载状态下未经自由液面修正的船舶重心高度,m;

　　　GM——核算装载状态下未经自由液面修正的初稳性高度,m。

表 5-2　横摇周期计算公式中 f 系数查算表

B/d	2.5 及以下	3.0	3.5	4.0	4.5	5.0	5.5	6.0	6.5	7.0 及以上
f	1.00	1.03	1.07	1.10	1.14	1.17	1.21	1.24	1.27	1.30

IMO《稳性规则》给出的 T_θ 与 GM 关系式为

$$T_\theta = \frac{2.01C \cdot B}{\sqrt{GM}} \ (s) \tag{5-36}$$

式中,C 为横摇周期系数,按下式计算,即

$$C = 0.372\ 5 + 0.022\ 7(B/d) - 0.004\ 3(L/10)$$

如船中部舷侧为倾斜式或外漂式,则

$$C = 0.308\ 5 + 0.022\ 7(B/d) - 0.004\ 3(L/10)$$

对于船长不足 70 m 的船舶,IMO 建议使用如下简便公式,即

$$T_\theta = \frac{C \cdot B}{\sqrt{GM}} \ (s)$$

式中,C 为横摇周期系数,其值与船舶的大小、形状、装载情况、液体数量等因素有关。当空船或压载时,C 取 0.88;当满载船舶,液体占总载重量的 20%、10% 和 5% 时,其 C 分别取 0.78、0.75 和 0.73。

显然,船舶的横摇周期 T_θ 随初稳性高度的增大而减小。T_θ 过小,意味着船舶横摇剧烈。这不仅会使船上人员感到不适,还会使船舶操纵性恶化,使主机和航海仪器处于不良的工作条件中。更为严重的是,船体剧烈横摇,有可能导致集装箱或重大件的系固松动,或者使舱内货物发生横向位移,使船舶出现初始横倾角。因此,必须控制初稳性高度,使船舶的横摇周期不小于 9 s,即

$$GM \leqslant GM \Big|_{T_\theta = 9\ s} \ (m) \tag{5-37}$$

五、判断与保证船舶稳性的经验方法

1. 船舶稳性的判断

船舶稳性的标准计算依赖于对船舶装载状态全面和准确的掌握。然而在实际工作中，船员对装载状态掌握的及时性和准确性往往受到限制。例如，装货清单或航次订舱单所声明的货物的重量、体积或集装箱的重量与实际不符；船舶在航行中发生海事，造成破舱进水，而进水重量无法准确判断。在此情况下，船舶驾驶员应该运用自己的经验，根据船舶的某些运动特征，及时地判断和掌握船舶的稳性状况。具体方法如下。

（1）测定横摇周期推算初稳性高度

船舶在风浪中航行时，不断受到海浪的冲击。在多数情况下，海浪可以看成许多不同波长、不同波幅、不同方向规则波的随机叠加。在小摆幅横摇的前提下，船体运动对波浪的响应，也可以看成是不同摆幅、不同周期横摇的随机叠加。由于舷外水和空气的阻尼力矩的作用，凡是周期与船舶横摇周期不同的横摇将很快衰减；而周期与船舶横摇周期相同的横摇，则因发生谐振而得到维持。因此，在复杂的海况中，船舶所表现的横摇周期与在静水中无阻尼的自由横摇周期（即自摇周期 T_θ）非常接近。所以，《法定规则》规定船舶在风浪中的横摇周期与未经自由液面修正的初稳性高度之间的关系可按式（5-35）确定。

按照式（5-35），不难根据测量得到的船舶横摇周期 T_θ 推算未经自由液面修正的初稳性高度 GM。

此外，许多船舶的《稳性报告书》中也提供了 T_θ 与 GM 的关系曲线图或数据表。这类资料使用方便，计算精度较高。

应当注意的是，船舶在波长与周期比较规则的涌浪的横向冲击下所表现出的横摇，其周期与涌浪的周期相等，而与初稳性高度无关。因此，应避免根据在周期性的横浪冲击下测得的横摇周期计算初稳性高度。

（2）测定船舶静倾角推算初稳性高度

船舶在停泊时，可以采用沿横向移动船上载荷的方法人为地使船舶产生横倾角 θ，然后根据测量得到的横倾角来推算船舶的初稳性高度。如图 5-16 所示，船舶的排水量为 Δ，处于无纵倾状态时，将船上重量为 P 的载荷沿横向移动距离 Y，由此产生静倾角 θ。根据所产生的横倾力矩与复原力矩平衡的原理，应有

$$P \cdot Y = \Delta \cdot GM \cdot \tan \theta \tag{5-38}$$

由此，船舶经自由液面修正后的初稳性高度可按下式计算，即

$$GM = \frac{P \cdot Y}{\Delta \cdot \tan \theta} \ (\text{m}) \tag{5-39}$$

（3）船舶稳性不足的征兆

船舶初稳性不足的特征为船舶受到较小外力矩的作用就发生明显的横倾，且横摇过程很缓慢。由此，当船舶在航行中出现以下情况时，即可断定其初稳性不足：受较小横风时就发生明显的倾侧，而且横摇缓慢，待风停止后才缓缓回复；操舵转向时船体发生明显倾侧；从一舷的舱柜中使用油水时，船体很快倾向另一侧；拖轮在一侧顶推、拖带时，船体明显倾侧等。此外，船舶在出港时若因重心偏离中线面而出现横倾角，则有可能因船舶的稳性范围降低而造成稳性不足。

2. 保证船舶稳性的经验积载方法

不同船舶在不同的排水量下确定货物重量的垂向分布以控制合理的初稳性高度，需要

借助长期积累的实践经验。这些经验一旦形成,就会对排水量相同或相近的情况下确定货物重量的垂向分布具有指导作用。例如,对于具有两层舱的万吨级杂货船,在接近满载时,二层舱的装货重量应占全船装货总重量的35%左右,底舱的装货重量则应占65%左右。若需装载甲板货,则甲板货的重量不应超过10%,此时非底舱装货重量为25%,底舱仍占65%。甲板货的堆装高度一般不得超过船宽的1/6~1/5。

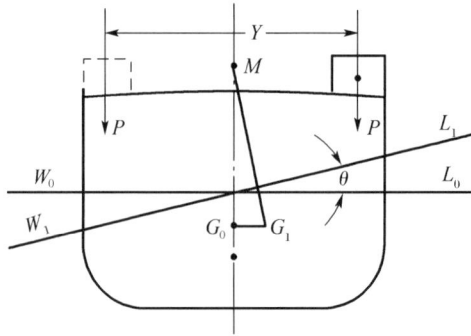

图5-16 横向移动载荷

知识点6 稳性的调整

《法定规则》和《IMO稳性规则》从保证船舶安全出发,对船舶稳性的最低要求做出了强制规定。对于特定船舶,当船舶资料中有按规则要求计算的最小许用初稳性高度图表时,规则的要求最终表现为对船舶经自由液面修正后的初稳性高度的要求。为此,必须对具体航次的每个装载状态经自由液面修正后的初稳性高度进行计算,并参照 GM 值上、下限范围进行比较判断。若比较结果符合要求,则校核通过。否则,就必须对

稳性检验与调整
(微课)

积载计划或实际装载状态进行调整,最终使船舶稳性既符合规则的要求,同时又满足对船舶横摇周期的要求。

一、初稳性高度的调整

在决定稳性调整计划之前,必须通过计算切实掌握调整前经自由液面修正后的初稳性高度 GM_1。同时,在所要求的初稳性高度的上、下限之间选取一个适当的数值作为调整后初稳性高度的要求值 GM_2。这样,初稳性高度的调整值为

$$\delta GM = GM_2 - GM_1 (\text{m}) \tag{5-40}$$

调整初稳性高度的方法通常有以下两种,以适应船舶不同的装载情况。

1. 垂向移动载荷

当调整前船舶已处于满载状态,不能再加载任何重量时,只能采取垂向移动载荷的方法调整初稳性高度。另外,如果被调整的积载计划还未实施装货,也可用此方法对积载计划进行调整。因船舶排水量保持不变,故初稳性高度的变化完全由船舶重心高度的变化所引起,根据重量移动原理由图5-17可得

$$\delta GM = \frac{P \cdot Z}{\Delta} (\text{m}) \tag{5-41}$$

式中　P——垂向移动载荷的重量,t;

　　　Z——载荷重心移动的垂向距离,上移为负,下移为正,m;

　　　Δ——船舶排水量,t。

通常,可根据需要调整的积载计划的实际情况,预先确定移动载荷的初始位置和目标位置。例如,当稳性不足时,可将装于二层舱的货物向底舱移动,并根据二层舱和底舱的舱容中心的高度差确定载荷重心移动的垂向距离 Z,按式(5-41)即可计算出需要移动的载荷重量 P。如果当时的装载舱容紧张,拟定货物移动的目标位置无足够的舱容容纳更多的货物时,可采用在高度不同的舱位间等体积互换货物的方法达到同样的目的。在此情况下,需要移动的重货重量 P_H 和轻货重量 P_L 可根据以下方程组求得

$$\begin{cases} \delta GM = \dfrac{(P_H - P_L) \cdot Z}{\Delta} \\ P_H \cdot SF_H = P_L \cdot SF_L \end{cases} \qquad (5-42)$$

式中,SF_L、SF_H 分别表示轻、重货包括亏舱的积载因数,单位为 m^3/t。

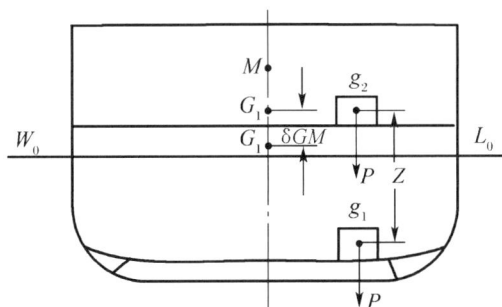

图 5-17　垂向移动载荷调整 GM

2. 选择合适的舱位加、减少量载荷

当发现船舶稳性不符合要求且积载计划已被付诸实施,同时船舶未满载,允许加载少量载荷;或者船上有压载水可以利用时,可用加、减少量载荷的方法调整初稳性高度。以调整压载水为例,若船舶稳性不足,应向船舶底部的压载水舱内打入压载水;若稳性过大,则可从船舶底部的压载水舱向外排放压载水。如果加、减载荷的重量较小,则可忽略因加、减载荷所引起的横稳心高度的变化。在此情况下,加、减载荷的重量 P(其重心距基线高度设为 Z_p)可根据少量载荷变动对初稳性高度影响的公式计算,即

$$\delta GM = \frac{P \cdot (KG - Z_p)}{\Delta + P} \ (m) \qquad (5-43)$$

式中,KG 表示船舶打(排)压载水之前船舶重心高度,单位为 m。

若所计算的载荷重量 P 为正值,则说明需要向该位置加载载荷;若重量 P 为负值,则说明应在该位置减载载荷。应该指出,如果是通过打压载水来解决船舶稳性不足的问题,注意应尽可能将该压载水舱打满,减少自由液面对船舶稳性的不利影响。

二、船舶横倾角的调整

船舶装载左右不均将产生初始横倾角。此时,因船舶重心发生了横向移动,在横倾角变化的过程中将产生横倾力矩。复原力矩在扣除了这一横倾力矩后,其数值将减小。这将

导致静稳性曲线的高度下降,稳性范围变小,各项稳性指标全面下降。因此,船舶在离、到港状态和航行中,必须消除初始横倾角。消除和调整船舶横倾角的方法有以下两种。

1. 横向移动载荷

沿船舶横向移动载荷所产生的横向重量力矩可以抵消导致船舶横倾的力矩,从而达到调整船舶横倾角的目的。设船舶初始横倾角为θ,需将横倾角调至θ_1,则移动载荷的重量可按下式计算,即

$$P \cdot Y = \Delta \cdot GM \cdot (\tan\theta - \tan\theta_1)$$

$$P = \frac{\Delta \cdot GM(\tan\theta - \tan\theta_1)}{Y} \tag{5-44}$$

式中,Y表示载荷P重心横移的距离,单位为m。

2. 在船舶一舷加、减少量载荷

若船舶未满载,或者一舷有多余的压载水时,则可通过向一舷加、减少量载荷的方法调整船舶横倾角。设船舶初始横倾角为θ,需将横倾角调至θ_1,根据调整后船舶的横倾力矩与复原力矩平衡的原理,加、减载荷的重量可根据以下方程求得

$$P \cdot Y + (\Delta + P) \cdot GM_1 \cdot \tan\theta_1 = (\Delta + P) \cdot GM \cdot \tan\theta$$

$$P \cdot [Y + (KM - KP)\tan\theta_1] = \Delta \cdot GM(\tan\theta - \tan\theta_1)$$

整理可得

$$P = \frac{\Delta \cdot GM(\tan\theta - \tan\theta_1)}{Y + (KM + KP)\tan\theta_1} \tag{5-45}$$

式中　P——加、减载荷的重量,加载时取正,减载时取负,m;

　　　Δ——加、减载荷前船舶排水量,t;

　　　Y——加、减载荷P重心距纵中线面的距离,m。

三、船舶稳性资料的内容

根据《法定规则》的规定,船舶稳性资料应由船舶设计或建造部门负责提供并经船舶检验机构(船级社)审核批准,至少应包括下列内容:

(1)船舶主要参数;

(2)基本装载情况稳性总结表;

(3)主要使用说明;

(4)各种基本装载情况稳性计算;

(5)液舱自由液面惯性矩表及初稳性高度修正说明;

(6)进水点位置及进水角曲线;

(7)许用重心高度曲线图或最小许用初稳性高度曲线图。

应该指出,不同国家的船舶稳性资料,对于不同船舶其所包括的内容不尽相同,在使用时应首先了解其基本内容及所适用的稳性规则。

此外,船舶纵倾对船舶稳性有一定的影响,若条件许可应根据船舶纵倾时的静水力参数和稳性横交曲线查取船舶KM和KN。

第二部分　保证船舶具有适当的吃水差

当船舶重力作用线与正浮时的浮力作用线不在同一条垂直线上时,产生纵倾力矩使船舶纵倾,就会产生吃水差。吃水差与船舶的快速性、操纵性等航海性能密切相关。为使船舶具有良好的航海性能,船舶驾驶员必须对船上载荷重量沿纵向的分布进行控制,以保证船舶具有适当的吃水差。

知识点 1　船舶吃水差及要求

一、吃水差的概念

吃水差是指船舶艏吃水 d_F 与艉吃水 d_A 的差值,用符号 t 表示,即

$$t = d_F - d_A \, (\text{m}) \tag{5-46}$$

艏吃水大于艉吃水,即吃水差为正,称为艏倾(trim by head),俗称拱头；艉吃水大于艏吃水,即吃水差为负,称为艉倾(trim by stern),俗称艉沉；艏吃水等于艉吃水,即吃水差为零,称为平吃水(even keel)。

对船舶吃水差的要求（微课）

二、吃水差对船舶航海性能的影响

吃水差主要影响船舶的操纵性、快速性和耐波性。对于船舶稳性、船体纵向受力状况、通过浅水区时允许的船舶最大排水量以及部分港口费用的支出等也有影响。

一般货船在艏倾时,若处于空载特别是艉吃水较小,则因船舶推进器和舵的入水深度减小,在船舶剧烈纵摇时易于露出水面,影响船舶的推进效率和舵效,还会出现打空车现象,对船体和机器会造成一定程度的损伤。船舶在艏倾时若处于满载特别是艏吃水较大时,则船体艏部甲板易于上浪使船舶耐波性下降。一般货船在过大艉倾时,若处于空载特别是艏吃水较小时,则船首瞭望盲区增大,波浪中船首底板易遭海浪猛烈拍击(拍底)使船舶耐波性下降,船体结构易于受损。船舶在过大艉倾时若处于满载特别是艉吃水较大时,则船舶水下转船作用点后移过多引起转船力臂减小,影响舵效。计算和船模试验表明,船舶艏倾时实船的稳性指标要差于设定为平吃水时的计算指标值。此外,保持船舶平吃水状态,减小船舶最大吃水,可以有效地增加船舶通过浅水区时的装载量,同时进出某些港口时,能节约与此有关的部分港口费用支出等。

三、适当的吃水差范围

船舶适当的吃水差范围,是随船长和平均吃水变化而变化的。一般认为,船舶保持适度的艉倾,对于提高航速、减少艏部甲板上浪和改善操纵性都是有利的。经验认为万吨级船舶满载时以 t 为 $-0.5 \sim -0.3$ m 为好,半载时以 t 为 $-0.8 \sim -0.6$ m 为好,轻载时 t 为 $-1.9 \sim -0.9$ m 较为适当,空载时则要求 $|t| < 2.5\% L_{BP}$(即纵倾角小于 $1.5°$, L_{BP} 为船舶的垂线间长)。对于有些小型高速船舶,在开航前可保持一定的艏倾。当开航后处于高速航行状态时,船舶仍能因船首抬起而保持一定艉倾。此外,大吨位船舶因满载通过浅水区而吃水受限时,应尽量保持平吃水状态,以增加船舶的载重能力。

四、空载航行时对吃水及吃水差的要求

许多船舶,如油轮、散粮船、矿石船等,因货流的原因,往往只是单程运输,回程时空载航行。船舶在空载航行时,有可能因吃水太小,螺旋桨部分露出水面而使推进效率下降；同时,空船重心一般较高,横向受风面积较大,给船舶稳性带来不利影响。因此,船舶在空载

航行时,必须使用压载手段来达到增加吃水、保持适当的吃水差及改善稳性等多种目的。

船舶空载航行时的吃水,至少应达到夏季满载吃水的 50% 以上;冬季航行时则应达到夏季满载吃水的 55% 以上。同时,还应保证船舶具有适当的艉倾,使螺旋桨达到一定的沉深比(即螺旋桨桨轴的浸水深度 h 与其盘面直径 D 的比值 h/D),当其比值小于 0.5 时,将明显影响螺旋桨的推力和转矩。对于不同的船型,沉深比在 0.65~0.75,可改善其快速性。

此外,IMO 提出了压载航行最小吃水的要求。我国船研所分析了 IMO 浮态后,建议远洋船舶的纵向浮态应满足以下要求。

对 $L_{BP} \leqslant 150$ m 的船舶:

$$\begin{cases} d_{\text{F min}} \geqslant 0.025 L_{BP} \ (\text{m}) \\ d_{\text{M min}} \geqslant 0.02 L_{BP} + 2 \ (\text{m}) \end{cases} \tag{5-47}$$

对 $L_{BP} > 150$ m 的船舶:

$$\begin{cases} d_{\text{F min}} \geqslant 0.012 L_{BP} + 2 \ (\text{m}) \\ d_{\text{M min}} \geqslant 0.02 L_{BP} + 2 \ (\text{m}) \end{cases} \tag{5-48}$$

知识点 2　吃水差的计算和调整

船舶吃水差是由于船舶的重力作用线和正浮时的浮力作用线在中线面上的投影不重合而产生的。对于特定的船舶,重力作用线的位置最终是由航次积载所确定的。因此,根据积载计划计算船舶的吃水差并按照要求进行调整,是船舶实际营运中的一项经常性的工作。

吃水差的计算和调整(微课)

一、吃水差的计算原理

吃水差是船舶纵倾的一种表示方法。船舶出现吃水差,说明船舶在相应的纵倾状态下,纵倾力矩与纵向复原力矩达到静态平衡。在一般情况下,吃水差所对应的纵倾角都在小角度范围内,纵向初稳性的假设条件可以得到满足。由此,船舶纵向复原力矩 M_{RL} 可按下式计算,即

$$M_{RL} = 9.81\Delta \cdot GM_L \cdot \sin \varphi \ (\text{kN} \cdot \text{m}) \tag{5-49}$$

式中　GM_L——纵向初稳性高度,m;

　　　φ——船舶纵倾角,(°)。

在小倾角条件下,由于 $\sin \varphi \approx \tan \varphi$,且根据图 5-18 可知,$\tan \varphi = \dfrac{t}{L_{BP}}$。同时注意到纵倾力矩 M_t 与纵向复原力矩达到静态平衡时,纵倾力矩 M_t 与纵向复原力矩 M_{RL} 相等,由此可得

$$M_t \approx 9.81\Delta \cdot GM_L \cdot \frac{t}{L_{BP}} \tag{5-50}$$

纵向初稳性高度 GM_L 是纵稳心高度 KM_L 与船舶重心高度 KG 的差值。但对于一般船舶,KM_L 与船长处于同一数量级,数值较大,因此可以用浮心距基线高度 KB 代替船舶重心高度 KG,所产生的误差忽略不计,即可以认为 $BM_L \approx GM_L$。由此,使正浮状态下的船舶产生吃水差 t 所需要的纵倾力矩 M_t 为

$$M_t = 9.81\Delta \cdot BM_L \cdot \frac{t}{L_{BP}} \ (\text{kN} \cdot \text{m}) \tag{5-51}$$

在上式中,令吃水差 $t = 1/100(\text{m})$,则计算所得的纵倾力矩称为厘米纵倾力矩,用 MTC

表示,即

$$\text{MTC} = \frac{9.81\Delta \cdot BM_{\text{L}}}{100L_{\text{BP}}} \quad (\text{kN} \cdot \text{m/cm}) \tag{5-52}$$

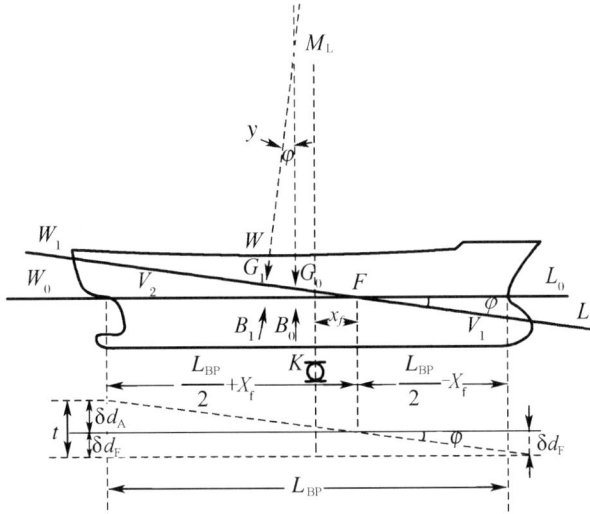

图 5-18　吃水差计算原理

显然,对于特定船舶,厘米纵倾力矩 MTC 随排水量或平均吃水的变化而变化。因此,具体装载状态下的厘米纵倾力矩可根据排水量或平均吃水在船舶静水力资料中查取。

由式(5-52)可知,排水量一定时,纵倾力矩与吃水差成正比。由此,如果厘米纵倾力矩 MTC 和纵倾力矩 M_t 已知,则实际装载状态下的吃水差 t 可按下式计算,即

$$t = \frac{M_t}{100\text{MTC}} \quad (\text{m}) \tag{5-53}$$

二、吃水差和艏艉吃水的基本计算方法

1. 吃水差的基本计算方法

如图 5-18 所示,使船舶产生吃水差的纵倾力矩由重力和正浮时船体所受的浮力构成,前者的作用线通过重心 G_1,后者的作用线通过正浮时的浮心 B_0,由此,船舶的吃水差为

$$t = \frac{9.81\Delta(X_{\text{g}} - X_{\text{b}})}{100\text{MTC}} \quad (\text{m}) \tag{5-54}$$

式中　Δ——船舶排水量,t;

X_{b}——正浮时浮心距船中的距离,船中前取正值,船中后取负值,m;

X_{g}——重心距船中的距离,船中前取正值,船中后取负值,m。

根据力矩合成原理,重心距船中的距离 X_{g} 可按下式计算:

$$X_{\text{g}} = \frac{\sum P_i \cdot X_i}{\Delta} \quad (\text{m}) \tag{5-55}$$

式中,$\sum P_i X_i$ 为纵向重量力矩,包括空船在内的全船所有载荷对船中所取力矩的代数和,即 9.81 kN · m。

2. 艏艉吃水的基本计算

由图 5-18 可见，由于吃水差的存在，艏、艉吃水与船舶平均吃水，即漂心处的吃水出现了差值，在图中分别以 δd_F 与 δd_A 表示。根据图 5-18 下部所示的几何关系，纵倾状态下船舶的艏、艉吃水可按以下公式计算，即

$$d_F = d_M + \delta d_F = d_M + \frac{\frac{L_{BP}}{2} - x_f}{L_{BP}} \cdot t = d_m + \frac{t}{2} - \frac{x_f}{L_{BP}} \cdot t \ (\text{m}) \tag{5-56}$$

$$d_A = d_M - \delta d_A = d_M - \frac{\frac{L_{BP}}{2} + x_f}{L_{BP}} \cdot t = d_m - \frac{t}{2} - \frac{x_f}{L_{BP}} \cdot t \ (\text{m}) \tag{5-57}$$

当漂心在船中处时，即 $x_f = 0$ 时，简化为

$$\begin{cases} d_F = d_m + \dfrac{t}{2} \ (\text{m}) \\ d_A = d_m - \dfrac{t}{2} \ (\text{m}) \end{cases} \tag{5-58}$$

式中　d_m——船舶平均吃水，m；

　　　L_{BP}——船舶垂线间长，m；

　　　x_f——漂心距船中的距离，m；中前为正，中后为负。

三、少量载荷变动对于吃水差和艏艉吃水的影响

在船舶生产实践中，经常会发生装卸货物、消耗或补充燃料、淡水及打入或排放压载水等载荷变动。如果载荷变动的总重量小于排水量的 10%，则认为是少量载荷变动。少量载荷变动所引起的船舶平均吃水变化很小，因此可以认为载荷变动前后船舶的静水力性能参数不变。以图 5-19 所示的少量加载为例，设加载的重量为 P，加载前船舶的厘米吃水吨数为 TPC，则加载所引起的平均吃水增量为 $\delta d = \dfrac{P}{100\text{TPC}}$；同时，设加载重量的重心纵坐标为 X_p，因加载所引起的增加部分浮力的作用中心的纵坐标可认为是原水线面漂心的纵坐标 x_f，则因加载所引起的吃水差改变量为

$$\delta t = \frac{P(X_p - x_f)}{100\text{MTC}} \ (\text{m}) \tag{5-59}$$

根据图 5-19 所示的几何关系，显然，加载后船舶的艏艉吃水分别为

$$\begin{cases} d'_F = d_F + \delta d + \left(\dfrac{L_{BP}}{2} - x_f\right) \cdot \tan\varphi = d_F + \dfrac{P}{100\text{TPC}} + \dfrac{\left(\dfrac{L_{BP}}{2} - x_f\right)}{L_{BP}} \cdot \dfrac{P(x_p - x_f)}{100\text{MTC}} \\ d'_A = d_A + \delta d - \left(\dfrac{L_{BP}}{2} + x_f\right) \cdot \tan\varphi = d_A + \dfrac{P}{100\text{TPC}} - \dfrac{\left(\dfrac{L_{BP}}{2} + x_f\right)}{L_{BP}} \cdot \dfrac{P(x_p - x_f)}{100\text{MTC}} \end{cases} \tag{5-60}$$

在少量减载的情况下，只要把重量 P 看作负值，以上公式仍可适用。

四、舷外水密度改变对吃水差的影响

大型船舶装载吃水通常受港口水深限制，为了尽量多装货物，要求船舶平吃水进出港；同时，船舶往往进出于不同水密度的水域。在积载时需解决船舶进出不同水密度时的吃水

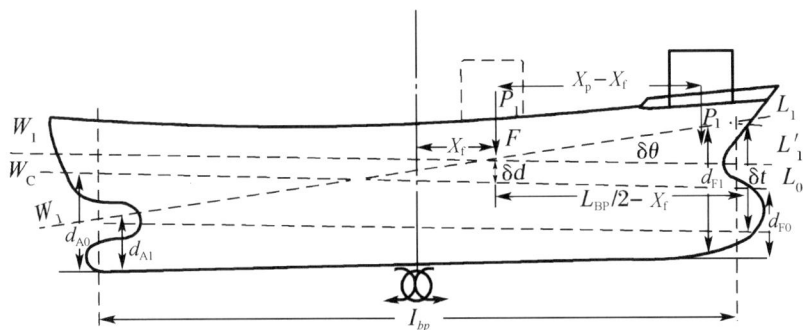

图 5-19　少量载荷变动艏艉吃水计算原理

改变量和吃水差改变量。

船舶由水密度为 ρ_1 水域进入水密度为 ρ_2 水域前，其初始水线为 WL，此时重力通过重心 G 与浮力通过浮心 B 构成平衡力系。

设船舶排水量为 Δ，每厘米吃水吨数为 TPC，则船舶进入水密度为 ρ_2 时平行下沉后吃水改变量 δd_ρ 为

$$\delta d_\rho = \frac{\Delta}{100\text{TPC}}\left(\frac{\rho_s}{\rho_2} - \frac{\rho_s}{\rho_1}\right)$$

相应水线为 W_1L_1，则 WL 和 W_1L_1 之间的排水量改变量为 $\delta\Delta$，而 $\delta\Delta$ 的作用中心近似位于漂心 x_f 处，这就相当于原排水量 Δ 内的 $\delta\Delta$ 由原浮心 B 点移至漂心 x_f 处，纵移距离为 $X_b - x_f$，使船舶产生吃水差改变量为

$$\delta t = \frac{\delta\Delta \cdot (X_b - x_f)}{100\text{MTC}}$$

将 δd 和 δt 的表达式代入，可求得船舶进入水密度水域 ρ_2 时吃水差改变量 δt 表达式，即

$$\delta t = \frac{\text{TPC} \cdot (X_b - x_f)}{\text{MTC}} \cdot \delta d_\rho \tag{5-61}$$

五、吃水差的调整

为保证船舶具有良好的航海性能，吃水差必须处在合适的范围之内。当发现按积载计划或实际装载状态确定的吃水差不符合要求时，就必须进行调整。调整的方法有以下两种。

1. 纵向移动载荷

当在计算校核时发现吃水差不符合要求，且积载计划还未被实施时，则可通过纵向移动载荷的方法来调整吃水差。在一般情况下，可根据计划移动载荷的起止位置确定载荷纵向移动的距离 X。通常规定，载荷前移，X 取正值；载荷后移，X 取负值。根据调整前的吃水差 t_0 和调整后要求的吃水差 t_1，按公式 $N_t = t_1 - t_0$ 计算吃水差的调整值。在此情况下，需要移动的载荷重量 P 可按下式计算：

$$N_t = \frac{P \cdot X}{100\text{MTC}} \ (\text{m}) \tag{5-62}$$

即

$$P = \frac{100N_t \cdot \text{MTC}}{X} \ (\text{t}) \tag{5-63}$$

用纵向移动货物的方法来调整吃水差时,若因计划移货的目标舱位没有足够的舱容而无法实现单向移货,可用轻、重货物前后等体积互换舱位的方法达到同样的目的。此时,需要移动的重货重量 P_H 和轻货重量 P_L 可从以下方程组中求得,即

$$\begin{cases} P_H - P_L = P \\ P_H \cdot SF_H = P_L \cdot SF_L \end{cases} \quad (5\text{-}64)$$

上述方程组中的 SF_H 和 SF_L 分别为重货和轻货包括亏舱的积载因数,X 为重货重心和轻货重心纵坐标的差值。

2. 打入或排放压载水

如果积载计划所列的所有货物及其他载荷均已装船,同时船舶未满载,则可通过向合适的压载水舱打入压载水的方法调整吃水差。营运中的船舶因消耗或补充燃油、淡水而引起吃水差超出合适范围,同时船上合适的位置有压载水可供排放,也可通过排放压载水的方法调整吃水差。一般情况下,压载水的打入和排放均属少量载荷变动,需要打入或排放的压载水(压载水舱中心距船中距离为 X_p)重量可按下式计算,即

$$P = \frac{100 N_t \cdot MTC}{X_p - x_f} \quad (t) \quad (5\text{-}65)$$

知识点3　吃水与吃水差计算图表

在船舶营运过程中,吃水差和艏艉吃水的计算是一项经常性的工作。为减少计算工作量,船舶设计单位预先计算并制作了几种吃水和吃水差的计算图表,随船舶资料提供。常用的吃水和吃水差计算图表有以下两种:

一、吃水差曲线图

1. 吃水差曲线图的组成

吃水差曲线图的形式如图 5-20 所示,其纵坐标为载荷对舯力矩 M_x,即船舶总载重量的所有组成部分所受的重力对舯的力矩之代数和;横坐标为船舶排水量。图中共有三组等值曲线族:第一组是吃水差曲线族,表示吃水差为某一特定值时,载荷对舯力矩随排水量变化而变化的关系,特定的吃水差值标于曲线的上方;第二组是艏吃水曲线族,表示艏吃水为某一特定值时,载荷对舯力矩随排水量变化而变化的关系,曲线上方标有相应的艏吃水;第三组是艉吃水曲线族,表示艉吃水为某一特定值时,载荷对舯力矩随排水量变化而变化的关系,曲线上方标有相应的艉吃水。

2. 吃水差曲线图的使用方法

(1)吃水差和艏艉吃水的查取

根据船舶的装载状态计算出排水量 Δ,并据此在横坐标轴上找到相应的数值点,通过该点作垂直线。计算载荷对舯力矩 M_x,即除空船外的所有载荷重量对舯力矩的代数和,据此在纵坐标轴上找到数值点,通过该点作水平线。根据水平线与垂直线的交点所处的位置,即可从吃水差曲线、艏吃水曲线和艉吃水曲线上读得吃水差 t、艏吃水 d_F 和艉吃水 d_A。若交点落于图上的两条曲线之间,可用插值法求得相应数值。

(2)纵向移动载荷调整吃水差

设某装载状态下船舶的排水量为 Δ,吃水差为 t_0,希望通过纵向移动载荷的方法将吃水差调整为 t_1,计划移动载荷的纵向距离为 X(载荷前移为正,后移为负)。则借助吃水差曲线图计算需要移动的载荷重量 P 的方法:根据排水量 Δ 和调整前的船舶吃水差 t_0 在图上查得

吃水差曲线图及比尺(微课)

调整前的载荷对中力矩 M_{x0}；根据排水量 Δ 和调整后的船舶吃水差 t_1 在图上查得调整后的载荷对中力矩 M_{x1}。由此，需要移动的载荷重量为

$$P = \frac{M_{x1}-M_{x0}}{X} \text{（t）} \tag{5-66}$$

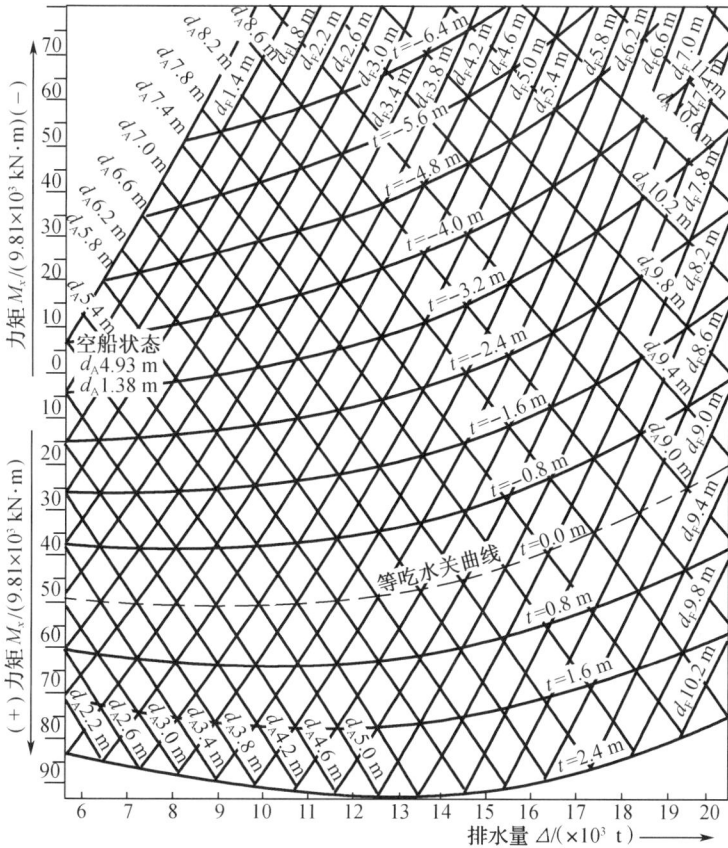

图 5-20　"Q 轮"吃水差曲线图

二、吃水差比尺

吃水差比尺是表示在船上任意纵向位置装载 100 t（小型船舶为 30 t）载荷时，艏艉吃水改变量的曲线图，又称加载 100 t 艏艉吃水改变量曲线图。它适合于少量载荷变动时，对吃水差和艏艉吃水进行修正。

1. 吃水差比尺的组成

图 5-21 为"Q"轮加载 100 t 艏艉吃水改变量曲线图，其下部横坐标为船舶各纵向位置距船中的距离，上部横坐标为船体肋位号，曲线上部绘有船舶舱室分布正视图与之对应；曲线的纵坐标为平均吃水。根据式（5-60），当加载重量 P 为 100 t，且艏艉吃水的改变量为某一特定值时，因公式中的厘米吃水吨数 TPC 和厘米纵倾力矩 MTC 均随平均吃水 d_m 而变，故加载位置的纵坐标 X_p 与平均吃水 d_m 之间存在着确定的函数关系。如果令艏吃水改变量为一系列确定的数值，便可得到一系列 X_p 随 d_m 变化的函数关系。将这些函数用曲线（实线）形式在曲线图上表示出来，曲线上标注相应的艏吃水改变量，即得到艏吃水改变量曲线

族。按同样方法也可得到用虚线表示的艉吃水改变量曲线族,曲线上标注有相应的艉吃水改变量。艏艉吃水改变量曲线族的组合,即构成吃水差比尺。

2. 吃水差比尺的使用

使用吃水差比尺的前提是载荷重量改变的累计值 $\sum P_i$ 不超过排水量的10%。若单项载荷变动的纵坐标为 X_p,载荷变动前船舶的平均吃水为 d_m,则可根据 X_p 和 d_m 在图5-21所示的坐标平面上确定一个数值点。根据与该数值点两条艏吃水改变量曲线上表示的艏吃水改变量,即可用插值法求得在该位置加载 100 t 所引起的艏吃水改变量 $\delta d'_F$。同样,根据与该数值点两条艉吃水改变量曲线上表示的艉吃水改变量,即可用差值法求得在该位置加载 100 t 所引起的艉吃水改变量 $\delta d'_A$。因艏艉吃水改变量与加载重量成正比,所以单项载荷变动所引起的艏艉吃水改变量可按以下公式计算,即

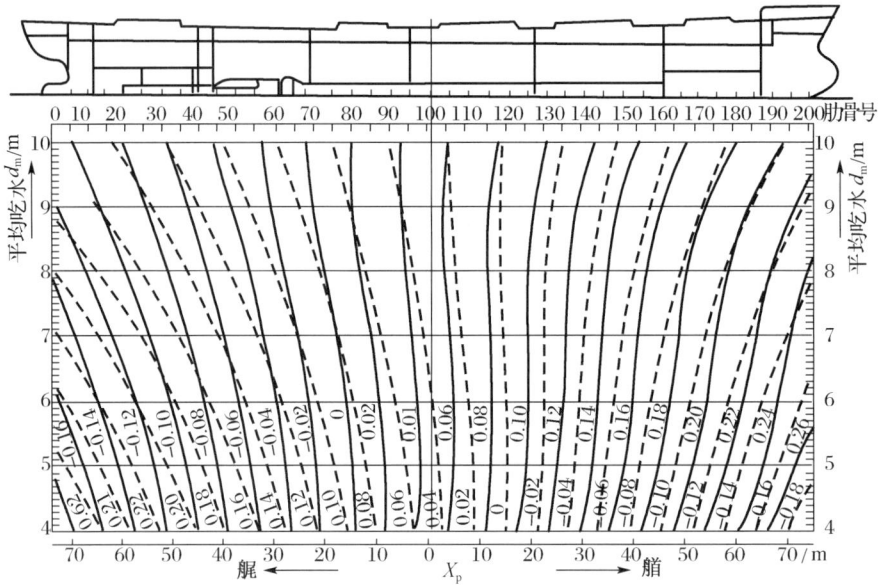

图5-21 "Q轮"百吨吃水差比尺

注:虚线为艉吃水改变量,实线为艏吃水改变量

$$\delta d_F = \frac{P}{100} \cdot \delta d'_F \ (\text{m}) \tag{5-67}$$

$$\delta d_A = \frac{P}{100} \cdot \delta d'_A \ (\text{m}) \tag{5-68}$$

式中,P 为载荷变动的重量,加载时取正,减载时取负,单位为 t。

第三部分 保证船体强度不受损伤

船舶主要由船体、动力设备和航行设备组成,船体由板材和骨架构成。在船舶营运过程中,船体承受着船舶重力、浮力、波浪及其他不同外力的作用,船体各层甲板也承受着货物重力和各种惯性力的作用。为了保证船舶安全运输,保证船体在各种力的作用下不致产生较大的变形和损坏,船舶结构必须具有足够的强度。

知识点 1 船舶强度基本概念

船舶结构抵抗船体发生极限变形和损坏的能力称为船舶强度(strength of ships)。船舶强度分为总强度(包括纵向强度、横向强度、扭转强度)和局部强度。从船舶积载角度来说,主要考虑船舶的纵向强度和局部强度问题。船舶强度是否满足要求,取决于船体结构尺度的正确选择和船上载荷分布的合理性。对于已投入营运的船舶,只能通过合理的载荷分布来改善船舶的受力情况。因此,正确地使用船舶、合理地分布载荷、保证船舶积载满足船舶的强度要求,对保证船舶安全运输和延长船舶的使用寿命都具有重要的现实意义。

船舶强度基本概念(微课)

一、纵向强度

船体结构抵抗总纵弯曲或破坏的能力称为船体纵向强度(longitudinal strength),纵向强度主要研究船体在外力作用下抵抗纵向弯曲、剪切和扭转的能力。当船舶正浮时,船舶总的重力与总浮力大小相等,方向相反,作用在同一条垂直线上,即重力与浮力相平衡。如图 5-22 所示。但实际上船体纵向各段上的重力与浮力是不一定相平衡的,这是船舶的重力沿船长分布的情况与浮力沿船长分布的情况不一致所造成的。若船体的各段之间可以自由上下移动,取得新的平衡,就会产生如图 5-22(a)所示的状态,但事实上船体是一个整体,各段之间有结构上的联系,结果便造成如图 5-22(b)所示的变形。船体上每一段的重力与浮力的差值就是实际作用在船体上的负荷,船体正是由于负荷的作用而产生了剪力(shearing force)和弯矩(bending Moment),如图 5-23 所示,剪力最大值在距船首和船尾约 1/4 船长附近,而最大的弯矩值则约在船中处。

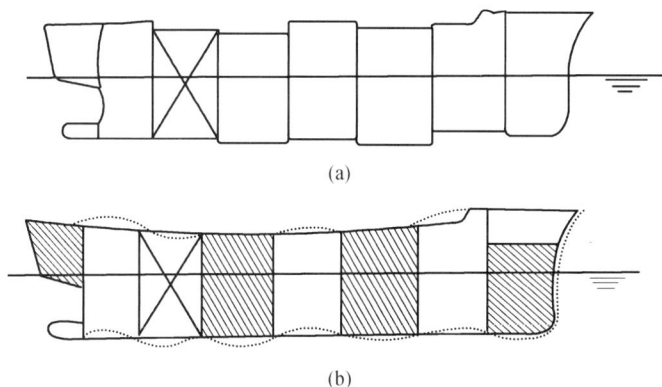

(a)

(b)

图 5-22 沿船长分布的重力与浮力

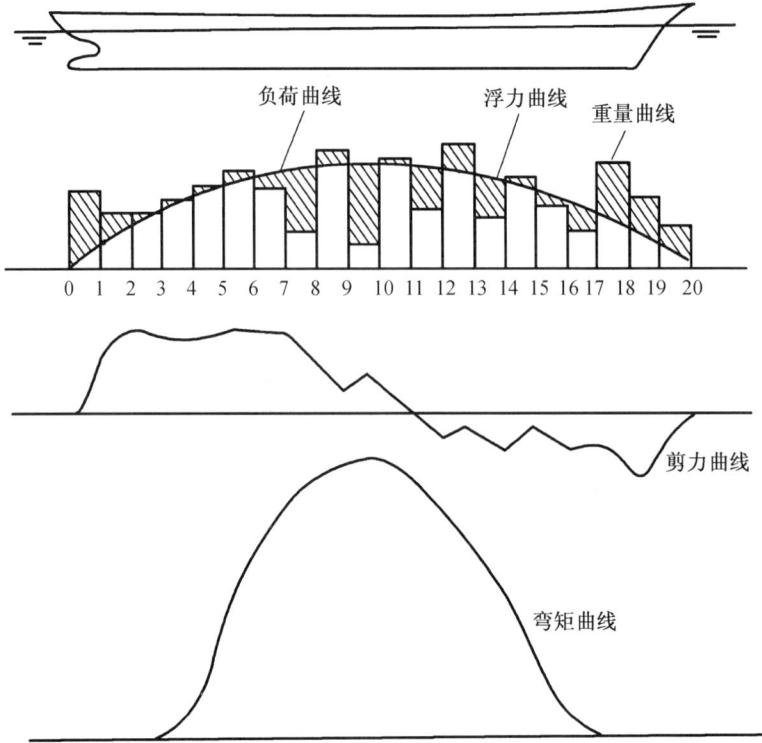

图5-23 船舶的最大剪力与最大弯矩

弯矩作用会使船舶产生两种变形:

(1)中拱(hogging):船体受正弯矩作用,舯部上拱,这时船中部浮力大于重力,艏艉部浮力小于重力,船舶上甲板受拉伸,船底受挤压,如图5-24(a)。

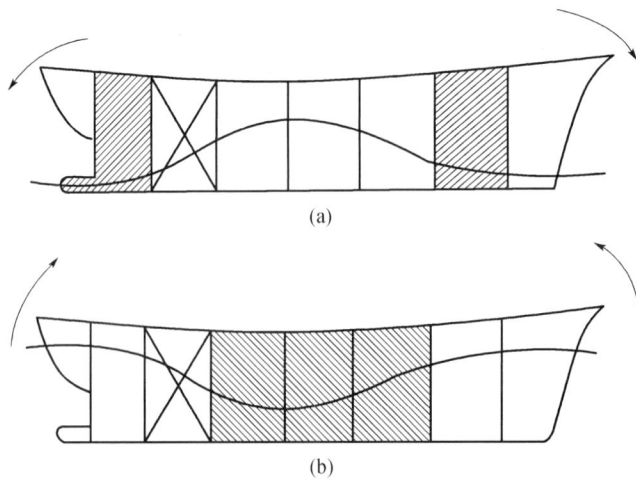

图5-24 船舶的中拱变形与中垂变形

（2）中垂（sagging）：船体受负弯矩作用，舯部下垂，这时船中部重力大于浮力，艏艉部重力小于浮力，船舶上甲板受挤压，船底受拉伸，如图5-24（b）。

船舶由于配积载引起的弯矩，可称为静水弯矩。船舶在静水中，尽管装载比较均衡也可能产生中拱或中垂的变形，但其数值较小，为一般船舶强度所允许。但若艏艉舱柜载重较多而中部舱柜载重较少，则会产生较大的中拱变形；反之，会产生较大的中垂变形，如图5-24所示。对一般船舶来说，这种情况是不允许的。因为这种装载对船体结构有影响，轻者会使某些结构部位受到过大应力而降低船舶使用寿命，重者会使船体变形以致断裂的严重后果。

上述情况是船舶在静水中发生的，当船舶处在波浪中时，如波长接近于船长，对船体最为不利。特别是船中位于波峰或波谷，且船舶各货舱中配载不均匀时，在波浪中航行的船舶中拱或中垂将加剧，弯曲变形现象将更为严重，甚至威胁船舶安全。因此，在船舶配积载工作中，应防止较大的舯拱或舯垂的产生。

二、横向强度

船体结构抵抗横向变形或破坏的能力称为船体横向强度（transverse strength）。船体在外力的作用下，除了发生总纵弯曲外，还有船宽方向的变形，这是由于水对船壳的压力以及在甲板、船底的内底板上装货的结果。

一般船舶都具有坚固的横向框架来支持船壳板、甲板等，一般船舶的横向构件尺寸与纵向构件相比要大得多，因而横向强度一般是足够的，船舶很少因为横向强度不足而发生横向结构断裂的情况。但是，如集装箱船由于舱口宽大，无中间甲板，上甲板边板又很狭窄，给横向强度、扭转强度也带来了问题，为此集装箱船均设置强固的横向框架结构甚至采用双层船壳等来保证船舶的横向强度。

三、扭转强度

船体结构抵抗扭转变形或破坏的能力称为船体扭转强度（torsion strength）。对于普通船舶，一般都具有充分的抵御扭转变形或破坏的能力，故对其可不予考虑，但对甲板大开口的船（如集装箱船、固体散货船），则应在配载时予以足够的重视。如果在装货时，由于某舱配载不好，使船向一侧横倾，若简单地在其他货舱内向另一侧增加重量，企图以此来校正船舶横倾，便会使船舶产生扭转变形。所以，在装货时要注意保持沿船长方向在中纵剖面左、右的重量的对称性。产生船舶扭转变形的主要原因有以下三个方面：

（1）由波浪引起的；

（2）由船舶横摇所引起的；

（3）由船舶装卸货物引起的。

作用于船体的扭转力矩中，波浪引起的扭转力矩最大，最大扭转力矩一般发生在船中附近。

四、局部强度

船体各部分结构抵抗局部变形或破坏的能力称为船体局部强度（local strength）。局部强度是研究船体在载荷重力作用下，局部构件抵抗弯曲和剪切的能力。局部强度虽然是局部性的，但是有时局部的破坏也会导致全船的破坏，如因大舱口角隅处的裂缝而导致整个船体断裂的事故时有发生。因此，船舶驾驶员在配积载时应认真校核船舶的局部强度，以及计算上甲板、中间甲板、底舱的局部强度是否符合要求，防止甲板或内底板变形或坍塌等。

知识点 2　船舶纵向强度校核及保证措施

船舶纵向强
度的保证措
施及校核
（微课）

一、船舶积载时纵向强度保证措施

为了保证船体纵向强度,我们应特别注意货物重量沿艏艉方向的正确配置。因为当货物的纵向配置变化时,虽然排水量保持不变,弯矩仍可能有很大的变化。为了减少弯矩,在船舶配积载和装卸货物时应注意以下问题。

(1)保证船体每一段的重量与浮力的分布均衡。为实现该原则,各货舱应按舱容比例分配货物重量,以保证船体每段的重量与浮力的分布均衡。具体计算公式为

$$P_i = \frac{V_{chi}}{\sum V_{ch}} \times Q \pm 调整值 （t） \tag{5-69}$$

式中　P_i——第 i 舱应分配的货物重量,t;

V_{chi}——为某舱的舱容,m^3;

$\sum V_{ch}$——为全船货舱总容积,m^3;

Q——为航次货物总重量,t。

船舶各舱装货数量除应满足纵强度的要求外,还应满足吃水差和舱内某些货物因性质互抵不能同舱装载的要求等。因此,按上述求得的各舱分配货物的吨数允许做少量的调整,调整值可取夏季满载时该舱装货重量的±10%,也可取本航次全船载货重量按舱容比例在该舱的应摊份额的±10%。前者调整范围较宽,便于操作;后者调整范围较小,较为安全。在考虑调整值后,各舱容许装货重量就有一个上限值和一个下限值。若各舱实际的装货数量在各舱允许上、下限值的范围内,一般来说能够满足船舶纵向强度的要求。

【例 5-1】　某轮全船货舱总容积 $\sum V_{ch} = 20\ 264\ m^3$,夏季满载时全船载货量 $Q = 12\ 308\ t$,根据按舱容比分配货物的原则,各舱分配货物如表 5-3 所示。

表 5-3　各舱货重分配表

舱名	No. 1	No. 2	No. 3	No. 4	No. 5	合计
各舱容积/m^3	1 938	5 144	5 871	4 368	2 943	20 264
各舱百分比/	9.8%	25.9%	27.5%	22.0%	14.8%	100%
各舱装货重量/t	1 206	3 188	3 385	2 708	1 821	12 308
调整值/t	121	319	339	271	182	
各舱允许装货重量的上、下限值/t	$\frac{1\ 327}{1\ 085}$	$\frac{3\ 507}{2\ 869}$	$\frac{3\ 724}{3\ 046}$	$\frac{2\ 979}{2\ 437}$	$\frac{2\ 003}{1\ 639}$	

(2)应防止装卸货过程中货物重量沿船舶纵向分布不合理。对杂货船而言,应均衡各舱的装卸速度,防止在装卸中出现某货舱中货物重量与其他货舱中的货物重量相差悬殊。

(3)应防止在中途港装卸货物以后,货物重量沿船舶纵向分布不合理。中途港货物批量较大时,应按舱容比例分配;批量较小时,可间舱配置。

(4)应综合考虑油、水载荷的分布及船舶总体布置对船体总纵受力及变形的影响(万吨

级远洋船航次油水储备量约占满载时 10%DW），据此最终确定货物重量沿纵向的分布（表5-4）。

表 5-4　油、水分布与船型关系参考表

船型	装载状态	纵向变形	配置	使用
舯机船	满载时	舯拱	先舯间	先艏艉
	空载时	舯垂	先艏艉	先舯间
艉机船	满载时	舯垂或舯拱	按具体情况定	
	空载时	舯拱	先舯间	先艏艉

二、纵向强度校核和校验

按舱容比向各舱分配货物，一般只能保证在纵强度方面不致产生超过原设计的应力，严格地说这种方法缺乏定性和定量的分析。常见的船舶总纵强度校核方法介绍如下：

1. 用船中静水弯矩校核

一艘营运中的船舶，其船体甲板中剖面模数及装载情况是已知的。当船舶配载时，可以先根据一定的船体中剖面模数，确定船体允许承受的最大静水弯矩，作为校核船体纵向强度的标准。然后，根据船舶具体装载状态，求出船舶在该航次实际装载时作用于船体的静水弯矩。将两者进行比较，以确定纵向强度是否满足要求。

（1）船舶允许承受的最大静水弯矩 M_S

根据我国 1989 年《钢质海船入级与建造规范》对船舶甲板中剖面模数的要求，可以导出船长大于或等于 90 m 的船舶允许承受的最大静水弯矩的计算公式为

$$M_S = W_d [\sigma_c] \times 10^{-3} - M_W (kN \cdot m) \tag{5-70}$$

式中　W_d——按静水弯矩和波浪弯矩计算的甲板中剖面模数，cm^3；

　　　$[\sigma_c]$——合成许用应力，取 $[\sigma_c] = 155$ MPa；

　　　M_W——波浪弯矩，规范规定可用下式计算：

$$M_W = 9.81 F L_{BP}^2 \times B (C_B + 0.7) \times 10^{-2} (kN \cdot m) \tag{5-71}$$

式中　F——系数，$F = 9.4 - 0.95 [(300 - L_{BP})/100]^{3/2}$；

　　　L_{BP}——船舶垂线间长，m；

　　　B——船宽，m；

　　　C_B——船舶在夏季载重线下的方形系数，但不得小于 0.6。

在静水力曲线图上，根据夏季满载时的平均吃水，可查得船舶的方形系数。

在船厂提供的"船舶纵向强度计算书"中都提供了本船甲板的中剖面模数 W_d 的数据资料。对营运的旧船，甲板因腐蚀变薄，强度有所降低，在使用上述的剖面模数时，需要扣除一定的腐蚀量。

显然，通过测定及计算可以准确地决定船体纵向构件在扣除腐蚀量后的中剖面模数，但这种方法非常繁杂，对驾驶员不适用。根据有关的实测资料，可以近似认为甲板剖面模数每年平均扣除腐蚀量为 0.4%~0.6%。一般认为：使用年限小于 5 年的船舶可取下限值；使用年限在 10 年以上的船舶可取上限值。

(2)船舶在实际装载状态下静水弯矩 M'_S

船舶在实际装载状态下静水弯矩 M'_S,根据下列近似公式计算,即

$$M'_S = 9.81 \times \frac{1}{2} \left[\left(\Delta_L \cdot m + \sum P_i \cdot X_i \right) - \Delta \cdot C \cdot L_{BP} \right] \quad (\text{kN} \cdot \text{m}) \qquad (5-72)$$

式中　　Δ_L——空船重量,t;

m——空船重量的相当力臂:舯机船 $m = 0.227\ 7L_{BP}$;舯后机船 $m = 0.235\ 3L_{BP}$;艉机船 $m = 0.247\ 8L_{BP}$;

P_i——载荷(包括货物、压载、燃油、淡水、粮食等)的重量,t;

X_i——载荷重心距船中距离的绝对值,m;

Δ——船舶在计算状态时的排水量,t;

C——船体浮力的相当力臂系数,可根据船舶在计算状态的方形系数 C_B 从规范中查得,如表5-5所示;

L_{BP}——船舶垂线间长,m。

式(5-71)中,$9.81\left(\Delta_L \cdot m + \sum P_i X_i \right)$ 为船舶的重量力矩;$9.81\Delta \cdot C \cdot L_{BP}$ 为船体的浮力矩,该数值可在船舶资料中查取,如表5-6所示。

表5-5　C 值表

C_B	C	C_B	C	C_B	C
0.59	0.169 6	0.68	0.185 4	0.77	0.201 1
0.60	0.171 4	0.69	0.187 2	0.78	0.202 9
0.61	0.173 1	0.70	0.188 9	0.79	0.204 7
0.62	0.174 8	0.71	0.190 6	0.80	0.206 5
0.63	0.176 6	0.72	0.192 3	0.81	0.208 3
0.64	0.178 3	0.73	0.194 1	0.82	0.210 0
0.65	0.180 0	0.74	0.195 9	0.83	0.211 7
0.66	0.181 8	0.75	0.197 6	0.84	0.213 5
0.67	0.183 6	0.76	0.199 4	0.85	0.215 2

表5-6　浮力矩表

型吃水 d_M/m	浮力矩 $9.81\Delta \cdot C \cdot L_{BP}$/(kN·m)	型吃水 d_M/m	浮力矩 $9.81\Delta \cdot C \cdot L_{BP}$/(kN·m)
2.62	1 364 659	6.50	3 893 893
3.00	1 623 869	7.00	4 250 526
3.50	1 934 414	7.50	4 604 824
4.00	2 252 288	8.00	4 962 957
4.50	2 570 848	8.50	5 334 511
5.00	2 902 799	9.00	5 698 315

表 5-6(续)

型吃水 d_M/m	浮力矩 $9.81\Delta \cdot C \cdot L_{BP}$/(kN·m)	型吃水 d_M/m	浮力矩 $9.81\Delta \cdot C \cdot L_{BP}$/(kN·m)
5.50	3 239 017	9.19	5 851 479
6.00	3 570 359		

船舶在进行纵向强度校核时，如船舶实际装载时的静水弯矩 M'_S 为正值，说明船舶处于中拱状态；如 M'_S 为负值，说明船舶处于中垂状态。若该船允许承受的最大静水弯矩 M_S 大于该船在实际装载状态时静水弯矩的绝对值 $|M'_S|$，即 $M_S > |M'_S|$，说明船舶在该装载状态下满足纵向强度不受损伤的要求；相反，若 $M_S < |M'_S|$，说明船舶在该装载状态下不满足纵向强度的要求，需要重新调整船舶各货舱货重及油、水和压载水舱的重量配置。

2. 用强度曲线图校核

强度曲线图又叫"力图"，它是由船中静水弯矩校核法演变而来的，其方法较简单，可供驾驶员在配载及装卸货物时对船体纵向强度进行校核(条件：$L < 90$ m 或装载均匀时)。

(1)强度曲线图的组成(图 5-24)

强度曲线图的纵坐标为除空船重量以外船上各种载荷对船中力矩的绝对值之和($\sum P_i X_i = |M_F| + |M_A|$；$|M_F|$ 表示船中前力矩的绝对值；$|M_A|$ 表示船中后力矩的绝对值)，横坐标表示船舶的平均型吃水 d_m。

图中有五条线段，分别表示船体不同受力情况。

①中间的一条曲线(点画线)表示船体所受的静水弯矩为零，是船体受力的最理想状态，即船舶无拱、垂变形。

②在中间左右两边的两根曲线(虚线)是船体所受的静水弯矩等于空船状态时的静水弯矩的中拱及中垂边界线。

③点画线与虚线之间部位表示船舶在该装载状态时强度满足要求，应力处于有利的中拱及中垂范围。

④最外面的两根曲线(实线)表示船舶根据规范规定所能承受最大的静水弯矩的中拱及中垂的边界线。

⑤虚线与实线之间部位表示船舶在该装载状态时，强度尚能满足要求，应力处于允许的范围。

⑥超出实线以外的部位表示船体所受应力超过规范的规定，应力处于危险的状况，应调整船舶的装载。

图 5-24 中位于点画线上边的部位是船体处于中拱状态的范围，位于点画线下边的部位是船体处于中垂状态的范围。

(2)强度曲线图的使用

强度曲线图使用步骤如下：

①根据船舶在某装载状态时的平均型吃水，在图中横坐标轴上通过标明相应的平均吃水的位置点，作横坐标的垂直线。

②根据船舶的货物、油水、供应品、船舶常数等(不包括空船重量)求出载荷对艟力矩的绝对值(可以在计算吃水差列表计算时同时进行计算)。在纵坐标轴上通过标明相应的载荷对艟力矩的绝对值的位置点，作一条平行于横坐标轴的水平线。

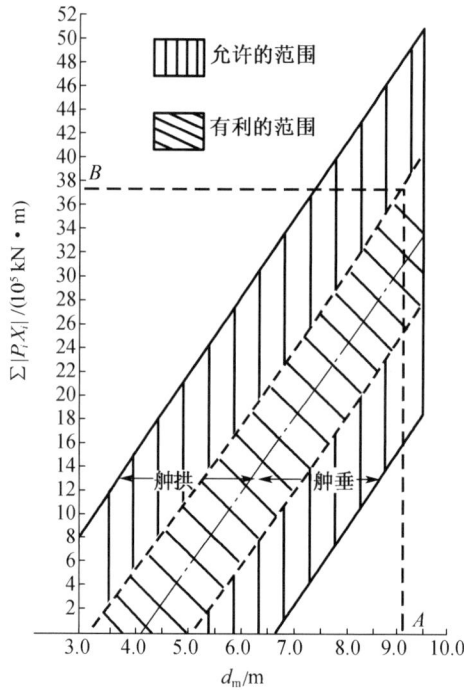

图 5-24　强度曲线图

③平行于横坐标轴的水平线与垂直线相交于一点,此点所处的位置就表示船体所受应力的状况。

与此原理对应的,还可用载荷对舯弯矩允许范围数据表进行校核。

校核船舶纵向受力情况,也可以使用简便的数据表,见附录 B 中的表 B-7。此表是编制上述的强度曲线图的数据表,表中的数值即是在不同吃水时该曲线图横坐标的垂直线与图中 5 条曲线的交点所对应的纵坐标值,即载荷对舯弯矩的绝对值,使用该数据表非常方便。

3.站面强度校核表法

由于船体纵向结构的非对称性和纵向载荷的非均匀性,仅以上述方法校核船中剖面弯矩显然是不够标准和全面的,对于大型船舶更是如此。为了较精确地核实船舶总纵强度,应对不同船舶剖面处的剪力和弯矩进行计算,并与相应处的剪力和弯矩加以比较,判明是否符合强度要求。

(1)许用剪力和许用弯矩

大型船舶一般将海上航行状态(at sea)和在港停泊状态(in harbour)分开校核。考虑到纵向荷载在横舱壁处的突变性,有必要对各横舱壁处的剪力和弯矩予以核算。船舶资料中一般提供了横舱壁处的海上航行状态、在港停泊状态的静水许用剪力值和许用弯矩值。小型船常仅给出最大剪力值和最大弯矩许用值。排水量在 10 000 t 以下要求的船舶有时不给出剪力的许用值,这是因为此种船舶的建造结构能完全满足营运中的剪力要求。船舶许用剪力和许用弯矩可由船舶装载手册或强度计算书中查取。

（2）舱壁站面处的实际剪力和弯矩

①计算各站面处的重力和重力距

欲计算某站面处的重力和重力距，应自船尾起向船首计至该站面的重量和重量力矩总和，即为作用于该站面上的重力和重力距，包括空船、货物、油水等项目。

②计算各剖面处的浮力和浮力距

浮力和浮力距是船尾到相应计算站面的浮力或浮力距的累加，其值与船舶吃水及吃水差有关，可从船舶资料的浮力或浮力距数值中以平均吃水和吃水差引数查取。

③计算各站面处的剪力

相应站面处的剪力 SF 为自船尾到该站面处的重力 W 和浮力 B 之差，即

$$SF_i = W_i - B_i \qquad (5-73)$$

④计算各站面处的弯矩

当采用船尾坐标系计算重力距时，相应站面处的弯矩 BM 为船尾到该站面处的重力矩 M 减去自船尾到该站面处的浮力矩 M_b 所得值；当采用船中坐标系计算重力距时，则还应减去重力与计算点到船中距离的乘积 $W \cdot l$，即

$$BM_i = M_i - W_i \cdot l_i - M_{bi} \qquad (5-74)$$

4. 用经验数值校验船舶纵向变形

船舶驾驶员可以利用艏艉平均吃水与船中两面平均吃水相比较的方法来估算船舶中拱或中垂的程度。艏部平均吃水大于艏艉平均吃水时说明船舶处于中垂状态；而艏部平均吃水小于艏艉平均吃水时则处于中拱状态。船舶在装满货物或压载后，一般都有中拱或中垂存在。其大小可参照下列经验数值进行比较：

（1）船舶拱、垂变形值的正常范围为不超过 $L_{BP}/1\,200$，m；

（2）船舶拱、垂变形值的极限范围为 $L_{BP}/1\,200 \sim L_{BP}/800$，m；

（3）船舶拱、垂变形值的危险范围为 $L_{BP}/800 \sim L_{BP}/600$，m；

（4）船舶拱、垂变形值大于 $L_{BP}/600$ 为禁止范围。

船舶在（1）的情况下可以开航；在（2）的情况下只允许在好天气时开航；在（3）的情况下不许开航，但允许在港内装卸货过程中短时间存在。

5. 利用主机气缸曲拐开挡差值检验拱垂变形

船舶产生拱垂变形后，会直接影响主机气缸开挡差的大小。因此，可利用实际装载时测量的开挡值（mm）与气缸活塞冲程（mm）进行对比校验。曲拐的开挡差值不大于气缸活塞冲程的万分之一为有利范围；若曲拐的开挡差值大于气缸活塞冲程的万分之一，而不大于万分之二，为允许范围；若曲拐的开挡差值大于气缸活塞冲程的万分之二，为危险范围。

此外，还有"百分制校核法"等。

三、船体布置对纵向强度的影响及改善方法

船舶因机舱、油水舱、深舱位置不同，船体各段负荷的分布也各不相同，直接影响着船舶是否会出现中拱或中垂现象及其程度如何。对于各种不同机舱位置的船舶，除了满足按舱容比分配货物重量外，还必须根据船舶布置的特点，正确使用船舶。

1. 艉机船

机舱位于艉部的艉机船。空载时，可能出现轻微的中垂或中拱，满载时中拱变形较大。所以使用艉机船时，应特别注意尽量减缓满载状态的中拱变形。

2. 舯后机船

机舱位于船中偏后,常见的为前四后一型。空载时,中拱变形较满载时大一点,满载时可能处于较小中拱或中垂状态。所以使用舯后机船时,应注意减少中拱弯矩,尤其应注意减缓空载航行状态下的中拱变形。

3. 艉机船

艉机船的机舱位于船尾部。大型艉机型船满载时常呈中垂变形,一般船舶则可能出现中垂或中拱变形。空载时,会出现较大的中拱变形。所以使用艉机船时,应特别注意减缓其空载压载航行状态的中拱变形。

一般杂货船空载时,舯机船、舯后机船、艉机船均为中拱变形状态,其变形的大小为艉机船>舯后机船>舯机船;满载时,三者同样为中拱变形,大小顺序为舯机船>舯后机船>艉机船;舯机船的最大中拱变形出现在满载状态,舯后机船和艉机船的最大中拱变形出现在空船压载状态。

知识点3　船舶局部强度校核及保证措施

船舶局部强度
校核及保证措核
（微课）

一、船舶局部强度校核

船舶装货时,为了保证船舶的局部强度,驾驶人员首先要确定各层甲板的允许负荷量。

1. 用船舶资料确定甲板的允许负荷量

船舶在设计时,已进行局部强度校核,记载在"局部强度计算书"中。在使用时,上甲板、中间甲板、内底板等结构上承受的负荷不能超过设计时的计算负荷,也称允许负荷量。有的船舶的允许负荷量可以从舱容图上查找。表5-7为某船甲板、舱盖及底舱承载负荷参考表。在装货时应注意不得超过该负荷,以防止甲板或内底板变形或坍塌。

2. 允许负荷量的表示方法

允许负荷量有多种表示方法,具体有如下几种。

（1）均布载荷

均布载荷是作用在载荷部位上货物重力均匀分布在某一较大面积上,如固体散货或液体散货均匀装于舱室内,使舱底或甲板所受压力相同。

（2）集中负荷

集中负荷是指货物重力集中作用在一个较小的特定面积上,如重大件货的底脚、支架等。特定面积是指向该区域下的承重构件(如甲板纵桁)施加集中压力的骨材(如甲板纵骨和横梁)之间的面积。

（3）车辆载荷

车辆载荷是指载车部位上的车辆及其所载货物的重量集中作用在特定数目的车轮上,如铲车及其所铲起的货物、拖车及其上面的集装箱等。

表 5-7　某船货舱甲板、舱盖及底舱承载负荷

货舱 甲板	一货舱	第二、三、四货舱	第五货舱
上甲板	均布载荷 （1）$P_h=0$ 时 $P_d=9.81 \cdot 3.28$ kPa（舱口外） $P_d=9.81 \cdot 3.32$ kPa（舱口间） （2）$P_h=9.81 \cdot 1.53$ kPa 时 $P_d=9.81 \cdot 3.28$ kPa 集中载荷 $P=9.81 \cdot 11.0$ kN（舱口外） $P=9.81 \cdot 4.65$ kN（舱口间）	均布载荷 （1）$P_h=0$ 时 $P_d=9.81 \cdot 2.34$ kPa（舱口外） $P_d=9.81 \cdot 1.78$ kPa（舱口间） （2）$P_h=9.81 \cdot 1.44$ kPa 时 $P_d=9.81 \cdot 2.13$ kPa（舱口外） $P_d=9.81 \cdot 1.78$ kPa（舱口间） 集中载荷 $P=9.81 \cdot 10.7$ kN（舱口外） $P=9.81 \cdot 3.55$ kN（舱口间）	均布载荷 （1）$P_h=0$ 时 $P_d=9.81 \cdot 2.2$ kPa（舱口外） $P_d=9.81 \cdot 1.7$ kPa（舱口间） （2）$P_h=9.81 \cdot 1.4$ kPa 时 $P_d=9.81 \cdot 2.0$ kPa（舱口外） $P_d=9.81 \cdot 1.7$ kPa（舱口间） 集中载荷 $P=9.81 \cdot 10.7$ kN（舱口外） $P=9.81 \cdot 3.55$ kN（舱口间）
中间甲板	均布载荷 $P_h=P_d=9.81 \cdot 2.20$ kPa 集中载荷 $P=9.81 \cdot 10.6$ kN（舱盖） $P=9.81 \cdot 6.6$ kN（舱口外） $P=9.81 \cdot 8.55$ kN（舱口间）	均布载荷 $P_h=P_d=9.81 \cdot 2.34$ kPa 集中载荷 $P=9.81 \cdot 7.0$ kN（舱盖） $P=9.81 \cdot 6.0$ kN（舱口外） $P=9.81 \cdot 8.0$ kN（舱口间）	均布载荷 $P_h=P_d=9.81 \cdot 2.34$ kPa 集中载荷 $P=9.81 \cdot 7.9$ kN（舱盖） $P=9.81 \cdot 7.71$ kN（舱口外） $P=9.81 \cdot 8.3$ kN（舱口间）
底舱或平台	压载平台载荷 #173 肋骨前 $P=9.81 \cdot 7.64$ kPa #173 肋骨后 $P=9.81 \cdot 12.0$ kPa	压载平台载荷 均布载荷 $P=9.81 \cdot 15.7$ kPa 集中载荷 $P=9.81 \cdot 8.75$ kPa	压载平台载荷 在#19 肋骨前 $P=9.81 \cdot 10.4$ kPa 在#19 肋骨后 $P=9.81 \cdot 3.85$ kPa

说明：①货舱甲板、舱盖及底舱的承载负荷根据计算求得，供装载货物时参考；

　　　②载荷分集中载荷和均布载荷，所指的集中载荷其支承长度应大于一个骨材的间距；

　　　③P_h 为舱盖载荷，P_d 为甲板载荷。

（4）集装箱载荷

集装箱载荷是指作用在箱底四座脚处的集装箱重量。对于集装箱船，通常将 20 ft 或 40 ft 集装箱底座上允许承受的最大箱重称为集装箱船舶许用负荷量。如某集装箱船舶许用负荷如表 5-8 所示。

表 5-8　集装箱船舶许用负荷表

箱类 位置	20 ft 箱	40 ft 箱
上甲板	80.0 t	100.0 t
舱内	192.0 t	240.0 t

3. 用经验公式确定甲板允许负荷量

如果船上缺乏上述有关资料，则可采用经验公式。

（1）上甲板

对于设计要求不在露天甲板装货的船舶,不允许在上甲板装货。对于可以装载货物的上甲板,甲板横梁间的允许均布负荷 P_d 按下式求得,即

$$P_d = 9.81\gamma_c \cdot H_c = \frac{9.81H_c}{SF} \ (kPa) \tag{5-75}$$

式中　P_d——甲板横梁间的允许均布负荷,kPa;

　　　γ_c——设计时所选用的货物装载率,即 1 m³ 舱容所装货物的吨数(相当于货物设计积载因数 SF 的倒数,可查船舶强度计算书。若无 SF 资料,对一般船舶,上甲板允许均布负荷不得超过 14.72 kPa($1.5t/m^2$));

　　　H_c——货堆高度,对重结构船舶 $H_c = 1.5$ m,对轻结构船舶 $H_c = 1.2$ m;

　　　SF——装运货物的积载因数,即等于该船设计时采用的舱容系数,m³/t。

（2）中间甲板和底舱

中间甲板和底舱允许均布负荷 P_d 是分别以甲板间舱平均高度和底舱高度与设计时假定的货物装载率确定的,即

$$P_d = 9.81\gamma \cdot H_d(kPa) \tag{5-76}$$

式中　P_d——中间甲板和底舱允许均布负荷,kPa;

　　　γ_c——设计时所假定的货物装载率,t/m³;

　　　H_d——甲板间舱平均高度或底舱高度,m。

根据我国船舶建造规范规定,当无 γ_c 具体资料时,可取 $\gamma_c = 0.72$ t/m³(或 1.39 m³/t)。实践表明,取 $\gamma_c = 0.72$ t/m³(或 1.39 m³/t)时,对于中间甲板计算的允许负荷值与设计数据比较接近,但对底舱显得保守,所以对底舱一般可取 $\gamma_c = 1.0$ t/m³,最多可取 $\gamma_c = 1.2$ t/m³(或 0.83 m³/t)。

对于船龄较长的船舶,因甲板厚度变薄,可酌情降低允许负荷量。

4. 实际负荷量 P_a 的计算

具体装载状况下装货甲板或底舱的实际负荷量按下式计算,即

$$P_a = 9.81\sum_{i=1}^{n}\frac{H_{ci}}{SF_i} \ (kPa) \tag{5-77}$$

或用单位面积负荷量计算:

$$P_a = \frac{9.81P}{A_{min}} \ (kPa) \tag{5-78}$$

式中　P_a——甲板或底舱的实际负荷量,kPa;

　　　H_{ci}——第 i 层货堆高度,m;

　　　SF_i——第 i 层货物的积载因数,m³/t。

二、保证船舶局部强度的措施

（1）降低所装货物的单位负荷。装重大件货时,应在下面衬垫,使接触面积增大,降低其单位面积所承受的负荷。重货应选在跨横梁及甲板下有支柱的位置,必要时需临时补加支撑。

（2）配载时,尽量使货物重量均布,重货尽可能不扎位装载,特别是二层舱。

（3）为了防止船上的自动舱盖变形漏水,舱盖上不装载重货,严格按其能承受的负荷

装载。

（4）有些船龄较大的船舶，甲板因锈蚀等原因而变薄，强度降低，使用时应适当减少装载量。

（5）干散货装舱时应注意平舱，避免负荷不均衡。重货装载时应限制其落底速度，以减小对舱底或甲板的冲击力等。

【项目实施】

任务一　船舶稳性、吃水差和强度校核

一、训练目标与要求

根据船舶装载状态,能对船舶稳性、吃水差和强度进行校核。

二、训练设备

船舶资料、货物装载情况计算表、计算器、笔和纸等。

三、训练步骤

1. 根据船舶装载情况计算船舶垂向重量力矩、纵向重量力矩;

2. 计算船舶初稳性高度、吃水差;

3. 查取临界初稳性高度、载荷对船中弯矩值进行比较,并得出结论;

4. 根据学生(员)对船舶稳性、强度或吃水差校核的理解与掌握情况给予评价。

【扩展知识】

实船稳性、吃水、
强度校核(示例)

【课后自测】

一、单项选择题

1. 一般地,货舱装满时,按货物实际重心求得的 GM 比按舱容中心求得的 GM _____。

A. 大　　　　　　　　　　　　B. 小

C. 相等　　　　　　　　　　　D. 以上均有可能

2. 某轮空船排水量为 5 000 t,装货 10 000 t,燃油 1 500 t,淡水 300 t,备品 10 t,船舶常数 180 t,装载后全船垂向总力矩 136 600.0 t·m,$KM = 8.80$ m,装货后船舶的初稳性高度值 GM 为_____ m。

A. 1.20　　　B. 1.00　　　C. 0.85　　　D. 0.76

3. 某轮消耗燃油后稳性发生变化,船舶排水量为 29 079 t,耗油量 P 为 525 t,所耗油的重心距基线高度为 1.5 m,船舶重心高度为 6.18 m,则该轮稳性的增加量为_____ m。

A. −0.08　　　B. +0.10　　　C. −0.10　　　D. +0.08

4. 矩形液舱内加两道水密纵舱壁,自由液面的修正值比原来的修正值降低_____。

A. 1/4　　　B. 3/4　　　C. 1/9　　　D. 8/9

5. 两液舱的自由液面惯性矩相同,则它们对船舶稳性的影响_____。

A. 不同 B. 相同

C. 自由液面对稳性的影响与惯性矩无关

D. A、B 均可能

6. 少量装载时,若船舶的 KM 值不变,则货物装于_____将使 GM 增大。

A. 船舶重心之上 B. 船舶重心之下

C. 船舶稳心之上 D. 船舶漂心之下

7. 某一梯形压载舱(舱内为标准海水)存在自由液面,舱长 12.3 m,舱前宽 10.6 m,舱后宽 8.5 m,若当时船舶排水量 $\Delta = 6\,638$ t,则该液舱自由液面对船舶 GM 的修正值为_____ m。

A. 0.12 B. 0.14 C. 0.16 D. 0.18

8. 船舶形状稳性力臂随_____不同而变化。

A. 船舶重心的垂向高度

B. 船舶横倾角

C. 自由液面对船舶稳性的影响值

D. 船舶航区

9. 图 5-26 为某船装载状态下静稳性力臂曲线图,设图中 l_h 为倾覆力臂,则_____处最有可能是"甲板浸水角"。

A. Ⅰ B. Ⅱ

C. Ⅲ D. 以上均错

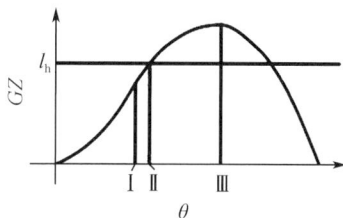

图 5-26　题 9 图

10. 在动稳性曲线图上,曲线最高点所对应的横倾角为船舶的_____。

A. 静倾角 B. 动倾角

C. 稳性消失角 D. 极限动倾角

11. 某轮排水量 $\Delta = 18\,000$ t,装载结束后存在 $\theta = 5°$ 的横倾角,现要横向移货来调整,横移距离 $Y = 15$ m,$GM = 0.62$ m,则应移货_____ t。

A. 78.3 B. 65.1 C. 50.5 D. 45

12. 某轮排水量 $\Delta = 8\,000$ t,初稳性高度 $GM = 0.85$ m,在开航前加油($\rho = 0.880$ g/cm^3)200 t,其重心在船舶重心之下 3.70 m,该油柜是边长为 10 m 的正方形,且两道纵向隔壁,存在自由液面的影响,则加油后船舶的初稳性高度值为_____ m。

A. 1.03 B. 0.93 C. 0.85 D. 0.67

13. 某船排水量 7 734 t,$KM = 6.87$ m,$KG = 5.96$ m,左倾 3°,拟在右舷距船中 5.5 m、距基线 3.43 m 处装货以调平船舶,应装_____ t 货才能使船舶正浮。

A. 84 B. 79 C. 67 D. 55

14. 根据经验,万吨级货轮在满载时适宜的吃水差为艉倾_____ m。

A. 2.0 ~ 2.5 B. 0.9 ~ 1.9

C. 0.6 ~ 0.8 D. 0.3 ~ 0.5

15. 某轮船长 $L_{BP} \leqslant 150$ m,根据 IMO 及我国的要求,船舶空载时其最小艏吃水 d_F 应满足_____要求。

A. $d_F \geqslant 0.02 L_{BP}$　　　　　　B. $d_F \geqslant 0.025 L_{BP}$

C. $d_F \geqslant 0.012 L_{BP}$　　　　　　D. $d_F \geqslant 0.02 L_{BP}+2$

16. 某轮船长180 m,根据IMO及我国的要求,其空船压载航行时的最小平均吃水 d_{mmin} 为_____ m。

A. 5.60　　　　B. 3.60　　　　C. 4.16　　　　D. 2.16

17. 某轮平均吃水为7.00 m,漂心在船中,当时吃水差为 $t=-0.80$ m,问该轮能否安全通过限制吃水7.50 m,其艏艉吃水各为多少米?

A. 能通过;此时 $d_F=7.4$ m, $d_A=6.60$ m

B. 能通过;此时 $d_F=6.60$ m, $d_A=7.40$ m

C. 不能通过;此时 $d_F=7.8$ m, $d_A=7.00$ m

D. 不能通过;此时 $d_F=7.0$ m, $d_A=7.80$ m

18. 某轮满载到达某锚地, $d_F=8.30$ m, $d_A=9.10$ m,此时 MTC $=9.81\times223.5$ km·m/cm, TPC $=25.5$ t/cm, $x_f=-5.40$ m。欲调平吃水进港,则应在船中后55 m处驳卸_____ t 货物。

A. 450　　　　B. 410　　　　C. 360　　　　D. 250

19. 某船 $d_F=8.30$ m, $d_A=6.40$ m 查得在第3舱装载100 t船艏吃水变化 -0.06 m,艉吃水变化0.28 m,则在第3舱驳卸142 t货物后船舶吃水差为_____ m。

A. -0.33　　　　B. -0.40　　　　C. -0.47　　　　D. -0.63

20. 某轮加载200 t于No.2货舱,现查百吨吃水差比尺得到在该舱加载100 t时的艏艉吃水改变量分别是: $+0.20$ m、-0.11 m,则加载200 t后船舶的吃水差改变量为_____ m。

A. -0.18　　　　B. 0.18　　　　C. -0.62　　　　D. 0.62

21. 杂货船配积载时,主要应考虑的船舶强度为_____。

(1)纵强度;(2)扭转强度;(3)局部强度;(4)总强度;(5)横强度

A. (1)(3)　　　　　　B. (1)(2)(3)

C. (1)(2)(3)(4)　　　　D. (1)(2)(3)(4)(5)

22. 舯机型货船满载航行遇到波浪时,可能会发生最大的_____。

A. 中拱弯曲变形　　　　B. 中垂弯曲变形

C. 扭曲变形　　　　　　D. 严重振动

23. 船舶发生中拱变形时,船体受_____弯矩作用,上甲板受_____,船底受_____。

A. 负;压;拉　　　　　　B. 正;压;拉

C. 负;拉;压　　　　　　D. 正;拉;压

24. 根据经验,船舶的极限拱垂值是_____。

A. $L_{BP}/600$　　　　　　B. $L_{BP}/800$

C. $L_{BP}/1\,000$　　　　　D. $L_{BP}/1\,200$

25. 某轮某剖面上的重力6 950 t,重力矩(船中坐标)222 119 t·m,查得该剖面处的浮力6 911 t,剖面距中距离2.70 m,浮力矩168 860 t·m,则该剖面处的剪力为_____ t。

A. -39　　　　B. 39　　　　C. -78　　　　D. 78

26. 某轮某剖面上的重力6 950 t,重力矩(船中坐标)222 119 t·m,查得该站面处的浮力

6 911 t,剖面距中距离 2.70 m,浮力矩 168 860 t·m,则该剖面处的弯矩为＿＿＿＿＿ t·m。

　　A. 68 988　　　　　B. −34 494　　　　C. −68 988　　　　D. 34 494

　　27. 船舶装载后呈中拱状态,若航行中波长近似等于船长,且＿＿＿＿＿在船中时,会减小中拱弯矩。

　　A. 波峰　　　　　　　　B. 波谷

　　C. 波长的 1/3 处　　　　D. 波谷与波峰之间

　　28. 某轮装载后呈中拱状态,艉倾过大且稳性过大,则应采取以下＿＿＿＿＿措施来调整。

　　A. 将艏区二层舱货物移至舯区底舱

　　B. 将艏尖舱加满压载水

　　C. 将艉区底舱货物移至舯区二层舱

　　D. 将艉尖舱加满压载水

　　29. 某轮 No. 2 舱二层舱高为 3.65 m,底舱高 7.31 m,现拟在二层舱装载钢板(SF = 0.4 m^3/t)2.2 m 高;底舱下层装钢管(SF = 1.6 m^3/t)4.0 m,上层装水泥(SF = 0.9 m^3/t)2.3 m,试校核二层甲板和底舱底板的局部强度是否满足要求?＿＿＿＿＿

　　A. 二者强度均满足要求

　　B. 二者强度均不满足要求

　　C. 二层甲板强度满足要求;底舱底板强度不满足要求

　　D. 二层甲板强度不满足要求;底舱底板强度满足要求

　　30. 中途港货物数量较多时,为保证船舶的纵向强度应＿＿＿＿＿。

　　A. 尽可能集中装载

　　B. 尽可能分散装载

　　C. 在垂向上尽可能适当地分装于几个货舱

　　D. 在纵向上尽可能适当地分装于几个货舱

二、计算题

1. 已知某箱形船,船宽 16 m,装载后平均吃水 6 m,船舶重心高度 6 m,试求此时:

　　(1)船舶的漂心距基线高度是多少?

　　(2)船舶的浮心距基线高度是多少?

　　(3)船舶的稳心半径是多少?

　　(4)船舶的稳心高度是多少?

　　(5)船舶的 GM 是多少?

2. 某轮自大连港($\rho = 1.025$)开往非洲某港($\rho = 1.010$),开航时平均吃水 $d_m = 9.0$ m。排水量为 19 120 t,途中油、水消耗共 10 00 t,求到达非洲某港时(TPC = 25 t/cm)平均吃水是多少?

3. 某轮某航次积载图拟就后,计算得 $\Delta = 20\ 000$ t,垂向力矩 9.81×1 230 00 kN·m,纵向力矩:舯前 9.81×184 600 kN·m,舯后 9.81×234 600 kN·m;查得 $KM = 7.00$ m,平均吃水 $d_m = 9.20$ m,MTC = 9.81×200 kN·m/cm,$X_b = -2.00$ m,$x_f = -6.00$ m。

　　(1)试计算初稳性 GM 和吃水差 t;

　　(2)为了将初稳性高度调至 $G_1M = 0.65$ m,拟将五金($SF_1 = 0.75$ m^3/t,$Z_p = 6.20$ m)与麻袋($SF_2 = 2.88$ m^3/t,$Z_p = 11.20$ m)位置互换。试计算这两种货物各调换多少吨才能满足要求。

项目六　杂货船积载

【目标任务】

杂货船积载是其他各类货物积载的基础。通过本项目的学习,应达到以下要求:

一、知识要求

1. 熟悉杂货包装和标志、各类货物的积载要求;

2. 掌握重大件货物积载事项;

3. 熟悉货物积载与系固方法;

4. 熟悉杂货船积载计划的编制;

5. 了解产生货运事故的主要原因。

二、能力要求

1. 能正确识读普通货物标志和危险货物标志;

2. 能正确识读杂货船积载图;

3. 能根据给定的资料与条件,进行杂货船航次积载计划的编制;

4. 熟悉货物积载与系固方法。

【相关知识】

第一部分　保证货运质量

杂货(general cargo)是品种繁杂、性质各异、包装形式不一、批量较小的货物的统称,多数由杂货船承运。杂货运输的特点是在港作业时间长、编制船舶积载计划的难度较大。

知识点 1　杂货的包装和标志

一、货物的包装

货物的包装(package)通常分为内包装和外包装两种。内包装又称为商品包装,它是指直接盛装或包裹货物的一种包装,它能弥补外包装在防潮、防震以及防止气味的侵入和散失方面的不足;外包装又称运输包装,它是指能保护货物以适应运输过程中正常的装卸、积载和堆码,承受外界环境的变化及一般的碰撞、挤压、摔跌等外力的作用的一种包装。货物的包装常见的有箱装、袋装、捆装、桶装、坛装、瓶装、篓装等,详见附录 G 中的表 G-1。

在货物积载中,为各种包装货物选定合理的舱位是保证货运质量的重要措施之一。

二、货物的标志

货物标志(mark)的作用是建立货物本身与其运输单证的联系,便于工作人员在货物运输的每个环节中识别和区分货物,启示货物的正确装运、交接和保管。货件缺少标志或标志不全,除会造成运输作业困难或货主拒收货物外,有时还存在造成事故的潜在危险。

目前,在国际贸易中已形成了较为统一和完整的货物标志。根据货物标志中各部分的作用不同,货物标志可分为以下 7 种:

1. 主标志(main mark)

主标志又称发货标志(shipping mark),俗称"唛头"。主标志是货主的代号,是货物运输中识别同批货物的基本标志。其内容一般为收货人名称的缩写或代号、贸易合同号、订单号或信用证号等。在有关的贸易或运输单证(如提单等)中,都记载着主标志的内容。

2. 副标志(counter mark)

副标志是主标志的补充,其内容一般包括:

(1)货名(description of goods)

货物名称一般指具体标准运输名称,应以英文和生产国家两种文字书写,文字高度不低于 5 cm。

(2)目的港(destination)

目的港需用文字直接写出到达港的全名,不得使用简称、缩写和代号,没有目的港的货物,海关一般不予放行。

(3)件号(package number)

将同一主标志中的货物分成若干组,再将每组按顺序在货物或外包装上编印顺序号即为件号。件号用来辅助主标志区分货组和计算包件数量。

货物件号的编制形式通常有以下几种:

①按顺序号逐件编排,如 No. 1, No. 2……

②按货组编制统号。对货件品质、规格相同的大批量货物,可以分组,每组均使用相同的批组编号,如 No. 201/300 或 No. 201-300 表示品质、规格完全相同序号自 201 至 300 一组货件中的某一件。

③按货组编制组合号。为了方便运输过程中的理货和交接,可将件号、总件号和批号组合编制,如 No. 8/20-5 表示该票货物系第 5 批,该批货物共有 20 件,此件为第 8 件。

④成套设备可编制套号,如 SET. C/No. (2)-2/3,表示第 2 套成套设备共有 3 箱,此箱为第 2 箱。

(4)重量和尺码(weight and measurement)

货件尺码指外包装或裸装货件的外形尺寸,重量通常标明总重和净重。货件的重量和尺码是用来计收运费、积载和装卸工作的依据。

货物副标志的内容在有关货运单证中根据需要抄录全部或部分。

3. 原产国标志(country of origin mark)

原产国一般以英文和生产国文字表示。原产国标志是国际贸易中特殊需要的一种出口标志。对无原产国标志的商品,许多国家规定禁止进口,大多数国家则处以罚款。规定必须具备此种标志的原因是:不同国家的进口货物,规定不同的关税税率或限制进口数量;维护国内产业,防止与本国货物混淆。

4. 指示标志(instructive mark)

指示标志又称为保护标志,根据货物特性提醒有关人员在装卸、保管、开启等过程中应注意的事项,以确保货物质量完好。如图 6-1 所示为货物的指示标志,6-2 所示为某一箱装货物标志。

小心轻放　　禁用手钩　　由此吊起　　怕湿　　堆码极限

向上　　怕热　　重心点　　禁止滚翻　　温度限制

图 6-1　货物指示标志

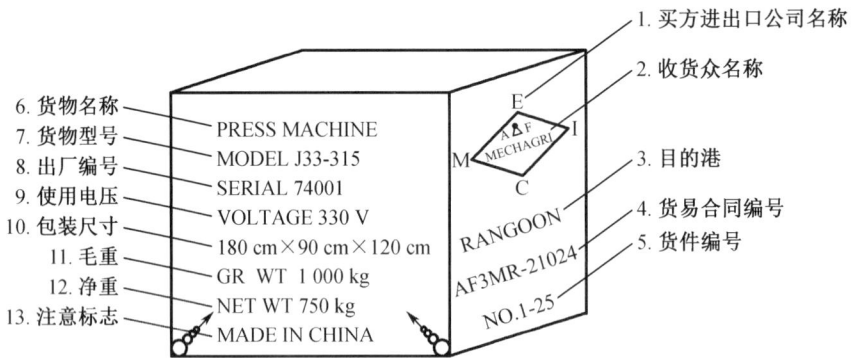

6. 货物名称　PRESS MACHINE
7. 货物型号　MODEL J33-315
8. 出厂编号　SERIAL 74001
9. 使用电压　VOLTAGE 330 V
10. 包装尺寸　180 cm×90 cm×120 cm
11. 毛重　GR WT 1 000 kg
12. 净重　NET WT 750 kg
13. 注意标志　MADE IN CHINA

1. 买方进出口公司名称
2. 收货众名称
3. 目的港
4. 货易合同编号
5. 货件编号

6-2　货物标志

知识点 2　各类杂货的装载要求

杂货的特点及装运要求(微课)

一、各类杂货的主要特点和装载要求

按货物的性质和装载要求,杂货可以分为普通货物(common cargo)和特殊货物两大类。其中,普通货物是指储运保管无特殊要求的货物,而特殊货物由于其各有特性,对其储运保管各有其特殊要求。在杂货中常见的特殊货物主要有危险货物、重大件货物、冷藏货物、散装货物、液体货物、气味货物、食品类货物、扬尘污染货、清洁货、易碎货物、贵重货物等。除危险货物、重大件外,这些特殊货物的主要特点和装载要求分述如下。

1. 散装货物(bulk cargo)

散装货物是指非整船装运的不加包装的块状、颗粒状、粉末状的货物,如矿石、谷物等。这类货物的主要特点是无包装且多数具有潮湿性,它们易污染其他货物。装载前应根据货物的要求做好货舱的准备工作,用麻袋布或其他等效材料铺盖舱内污水井,以防污水井盖的漏水孔被货物堵塞或货物落入污水井内。一般应选择大舱底舱作打底货,以利装卸,如因港序限制需装二层舱时,其底舱货物的上面应予铺盖,以防开启底层舱盖时舱内的残留散货污染底舱的货物;货物装舱后应按要求平舱;多票散货不宜同配一舱。这类货物不能使用小块、易破碎的材料作衬隔。

2. 液体货物(liquid cargo)

液体货物是指在杂货船的深舱内装运的散装液体货(如植物油、矿物油等)和各种桶装的液体货,如葡萄糖、蜂蜜、盐渍肠衣、化工产品、酱油、酱菜等。它们均为流质或含有流质,与其他货物同装时,如有破损则会污染其他货物。

散装液体货物应配置于深舱单独装载,以确保对其他货物无影响。

包装液体货物应视其包装不同确定舱位。大桶包装的液体货物应在大舱打底,不宜配于小舱;装载时,货件与舱底之间、每层货物之间应铺一层木板,货堆高度不能超过限高(表6-1);若配于二层舱,在舱的四周一般只能堆一层,其上配以其他小件货或轻货,以利装卸和充分利用舱容。不耐压的小包装的液体货物应配置在二层舱或上甲板(必须在提单上注明装于上甲板(on deck))单独堆装,上面不能压其他货物,并在二层舱内的舱盖上加以铺盖,以防液体渗漏时流入底舱;当液体货不能铺满一层时应堆装在舱的后部,以利减少破损后的污染面。

表6-1　常见几类包装的限高

包装		限高/层	包装	限高/层
			纸袋装水泥	13
大桶(单重/kg)	大桶(单重/kg)200~300	5	坛装	3~4
	大桶(单重/kg)300~400	4	捆装蚕茧	4
	大桶(单重/kg)400~600	3	捆装烟叶	5~6
	大桶(单重/kg)600以上	2	袋装烟叶	8
亮格箱		5~7	纸板箱装烟叶	15

3. 气味货物(smelly cargo)

气味货物是指能散发各种异味的货物,如生皮、猪鬃、骨粉、樟脑、大蒜、八角等。它们的气味将对忌异味的货物造成污染。

气味货物一般可以分为香性气味货、臭性气味货、刺激性气味货和特殊气味货。装载时,气味不互抵的气味货应尽量集中配置,气味互抵的气味货应分舱室配置,所有的气味货应与所有的食品货及其他怕气味的货物分舱室配置,装于上甲板的气味货应尽量远离船员处所。

4. 食品类货物(food stuffs)

食品类货物是指可供人们食用的制成品、原料等,如糖果、奶制品、食糖、粮食、果仁、种子、茶叶、药物等。

食品类货物要求清洁、符合卫生要求、怕气味。气味货物都不能与食品类货物同舱室配置,食品类货物与危险货物的隔离要求见本项目第二部分。袋装食品货与扬尘污染货不能同舱室配置,有封闭包装的食品货与扬尘污染货至少不能相邻配置。有的食品货还有怕热、有毒等特性,应根据其特殊装载要求合理选配舱位。

5. 扬尘污染货(dusty and dirty cargo)

扬尘污染货是极易扬尘或能污染其他货物的货物,如水泥、炭黑、颜料、立德粉、沥青、滑石粉等。

装载时主要应防止其对其他货物的污染。因此,它不能与怕粉尘、怕污染的货物同装一室或相邻配装。扬尘污染货应尽量先装后卸,最好配置于底舱的最底层,并尽量减少其堆装面积,以减少污染,装妥后应进行清扫铺盖,然后再装其他货物。

6. 清洁货(clean or fine cargo)

清洁货是指除食品类货物以外的不能混入杂质或被沾污的货物,如滑石粉、焦宝石、稀有金属、纸浆等。

它们不能与有杂质的货物和扬尘污染货同装一室或相邻堆装。装货前应按要求做好货舱的清洁工作,装载时应做好衬垫,以防止其受污染。

7. 易碎货物(fragile cargo)

易碎货物是指不能受挤压、易于损坏的货物,如玻璃制品、陶瓷制品、各种瓶装酒类等。

装载时应配置于舱室的顶层或舱口位,后装先卸,以减少受损机会;易碎货的堆码层数不能超过限高,其上不应再堆装其他货物。

8. 贵重货(valuable cargo)

贵重货是指价格昂贵或具有特殊使用价值的货物,如精密仪器、高价商品、历史文物、展品等。

装载时应尽可能配置于贵重货舱;对于没有贵重货舱的船舶,后卸港的贵重货物应配置于二层舱深处的角落里,其货位应尽量集中,并用其他货物作保护性隔离。先卸港的贵重货应后装先卸,配置于顶层舱的最上层,装毕应尽快关舱并在该舱进出通道口加锁。

9. 冷藏货物(reefer cargo)

冷藏货物是指易于腐败,要求在一定的低温条件下运输的货物,如鱼、肉、禽、蛋、水果、蔬菜等。

承运冷藏货物的船舶应具备所托运的冷藏货物的承运条件,并具有船舶检验部门颁发的冷藏设备入级证书。

二、不同包装类型货物的装载要求

不同包装类型货物的正确装载对于保证货物运输质量及合理利用舱位,减少亏舱均有重要意义。各种包装的杂货在垂向的堆装应该遵循较强包装的货物在下,较弱包装的货物在上的原则。需要上下分层堆装时,自下而上一般的次序应该是:裸装或桶装、捆(机捆、人捆)装、袋装、箱(木箱、纸箱)装、易碎品。

各种包装的装载要求如下。

1. 木箱(wooden case)

木箱较坚实耐压。大箱宜配装于舯部大舱,如需装于二层舱时要考虑其高度,既要使之能装得进又不能造成过多的亏舱;小箱(box)可配装于各个货舱,亦可作为充分利用舱容的填充货。木箱的堆高一般不受限制,若需要在其上面堆装重货时,应在其货堆表面铺木板衬垫,以分散压力;大小相同的箱子应"砌墙式"(brick fashion)堆码,并注意紧密稳固;在货舱底部的不规则部位应衬垫平整后再堆码木箱货。

2. 木格箱(skeleton case or crate)

木格箱不耐压。根据内装货物不同,可配装于上甲板、冷藏舱或普通货舱内;在短航线上,装于木格箱内的新鲜蔬菜类货物可配置于有良好通风设备的二层舱上部的舱口位。较小的木格箱的限制堆高为 5~7 个箱高。

3. 纸板箱(carton)

纸板箱一般不耐压。可配装于各舱室的上层,多数堆装在其他货物的上面,其堆高一般不受限制,也应以"砌墙式"堆码并应紧密稳固。

4. 袋装(bag)

装载货物的种类不同,货袋的种类和大小也不同。麻袋(gunny bag)一般用于装载粮食、化肥、砂糖等,其单件体积和重量均较大;布袋(cloth bag)用于装载面粉、淀粉等,其单件体积和重量较麻袋货小;纸袋(paper bag)主要用于装载水泥,其单件体积和重量与布袋相近。还有各种编织袋,一般用于装载各种化工产品。袋装货比较松软,在各个舱室均可堆装,但更宜配装于艏艉部舱室,以便让出舯部大舱装载其他包装货物。袋装货的堆码形式有重叠式(或称垂直式)(bag on bag)、压缝式(half bag)和纵横压缝式。其中,重叠式堆码操作简便,利于通风,但垛形不够稳固,故采用这种堆法时一般每码 6~7 层后将袋口转 90°角堆码 1~2 层,再继续堆码;压缝式堆码垛形较稳固,能充分利用舱容,适用于不需要良好通风的货物;纵横压缝式堆码垛形稳固,但操作费力,一般在垛顶与垛端采用这种形式,以防货垛倒塌。在袋装货的上面一般不宜堆装木箱货,但必要时应用木板衬垫后方能在袋装货上堆装木箱货。

5. 捆装

捆装种类较多,包括:

(1)捆包(bale)

捆包有人工捆包(bale)和机械捆包(pressed bale),其体积和重量各异,它们不怕挤压,可配装于各个舱室,更适宜配装于艏艉舱。

(2)捆扎(bundle)

金属类捆扎货耐压,可作打底货;非金属类捆扎货多数不耐压,一般不能作打底货;长件金属类捆扎货宜配装于舱口尺度大、舱形规则的中部舱室,而且要顺着船舶首尾方向堆放,以防止船舶横摇时损伤船体。为防止各种金属管材受损变形,要求其堆码平整、紧密。

(3)捆卷(roll)、捆筒(coil)

金属类捆卷、捆筒货耐压(矽钢除外),可作打底货;非金属类捆卷、捆筒货不耐压,不能作打底货。这类货物宜配装于舱形规则的舯部大舱。

6. 桶装(drum)

桶装按材料分类有金属桶、木桶、三夹板桶、塑料桶等;按形状分类有圆形桶和鼓形桶。大的金属桶和大木桶多数内装流质货,圆桶应直立堆放,桶口向上,空桶可以卧放;鼓形桶的强度为中间弱,两头强,桶口在腰部,因此桶口要朝上,其底层和靠近舱壁处的空隙部位用木楔子塞紧,以防滚动和坍塌。根据大桶的单重不同有一定的堆高限度(表 6-1),而且每层货桶之间应衬一层木板。大桶货应配装于中部大舱。在大桶货上衬一层木板后可以堆装其他货物。各种小桶货不能作底舱打底货,一般应配装于二层舱或上甲板。内装流质货的货桶不应堆放于舱盖部位。

7. 裸装(unpacked)

如钢轨、槽钢等,应作打底货,要求堆码平整、紧密,以利在其上堆放其他货物。长大的裸装金属管应顺着船舶艏艉方向堆放,并在货垛的左右两侧塞紧固定,防止滚动,管头较管体大的大口径金属管,其管头应交替排列且每层用木条衬垫。

知识点 3 《货物堆装与系固安全操作规则》简介与应用

为了货物和船舶运输的安全,IMO 已经于 1991 年 11 月 6 日通过并经 1994 年和 2002 年修改的《货物堆装与系固安全操作规则》(Code of Safe Practice for Cargo Stowage and Securing,以下简称《系固规则》)列入经修改的《SOLAS 1974》,作为强制性的要求。

一、《系固规则》的适用范围和主要内容

该规则适用于国际航行船舶装载的除固体和液体散装货及木材甲板货外的货物,特别是实践已证明在积载和系固上会造成困难的那些货物。

规则的内容除前言和一般原则外,包括 7 章和 13 个附则。在正文中的 7 章的内容主要有:

(1)总则。包括规则的适用范围;所用名词的定义;系固装置应克服的货物移动力;货物特性对货物系固的影响;估计货物移动风险的标准;对配备《货物系固手册》(Cargo Securing Manual)的要求;对货物系固设备的要求及货物资料的要求等。

(2)货物安全积载和系固原则。

(3)标准化货物的积载和系固系统。

(4)半标准化货物的积载和系固。

(5)非标准化货物的积载和系固。

(6)恶劣气候时可以采取的行动。

(7)货物移动时可以采取的行动。

该规则的 13 个附则中针对在积载和系固中容易产生困难的 12 种包装和形状的货物提出了积载和系固的建议和方法,并给出了系固方案的评估方法,其内容包括:

(1)在非专用集装箱船上的集装箱的安全积载和系固;

(2)移动式罐柜(portable tanks)的安全积载和系固;

(3)移动式容器(portable receptacles)的安全积载和系固;

(4)滚动货物(wheel-based cargoes,rolling cargoes)的安全积载和系固;

(5)笨重件货物(heavy cargo items)的安全积载和系固;

(6)卷钢(coiled sheet steel)的安全积载和系固;

(7)重的金属制品(heavy metal products)的安全积载和系固;

(8)锚链(anchor chains)的安全积载和系固;

(9)散装金属废料(metal scrap in bulk)的安全积载和系固;

(10)挠性中型散装容器(flexible intermediate bulk containers)的安全积载和系固;

(11)甲板下积载原木(under-deck stowage of logs)的一般指南;

(12)成组货物(unit loads)的安全积载和系固;

(13)对非标准货物系固装置有效性的评估方法。

本书附录 F 中选择介绍了以上附件中的部分内容。

IMO 制定《系固规则》的目的是提请船舶所有人和经营人注意确保船舶应适合其预定的用途;对确保船舶装备合适的货物系固装置提出建议;提供关于适当的货物积载和系固的一般建议以减少船舶和人员的风险;对在积载和系固上会有困难和造成危险的那些货物提出具体建议;对在恶劣海况下可采取的行动及对货物移动可采取的补救行动提出建议。

二、《系固规则》的应用

为了具体执行《系固规则》,该规则要求除装载液体散货和固体散货以外的所有运输指定的货物组件的国际航行船舶,自 1998 年 1 月 1 日起必须配备《货物系固手册》。包括集装箱在内的货物组件应按主管机关批准的《货物系固手册》进行装载和系固。

《货物系固手册》应根据船舶的具体情况编制,要求包括的主要内容有:

(1)总论,包括编制手册的依据、监督审批的主管机关、适用范围、定义及其他等;

(2)货物安全积载和系固原则;

(3)系固设备及其配置和维修;

(4)标准货物、半标准货物、非标准货物的安全积载和系固的操作指南;

(5)货物系固方案的核查评估等。

所谓货物组件是指车辆、火车车厢、集装箱、平台、货盘、可移动罐柜、挠性中型散装容器、包装组件、其他货物组件和货运箱、货物实体以及重大件货物等,没有永久固定在船上的装卸设备及其任何部分也属此列。

所有配备《货物系固手册》的船舶在装载单件较重或较大的货件和《系固规则》中所列货品时,都应按手册的要求执行。

知识点 4　货物单元积载与系固

根据《1974 年国际海上人命安全公约》(SOLAS)1994 年修正案的要求,除移动平台、渔船、仅装载散装液体或固体货物的船舶及符合 IMO 国际高速船安全规则的高速船外,所有国际航行的船舶均应在装载货物单元时随船配备经批准的《货物系固手册》。国内航行船舶可参照有关要求,但均为非强制性规定。

货物单元积载与系固

(微课)

一、定义

1. 货物运输单元

货物单元系指车辆如公路车辆、滚装拖车、铁路车辆、集装箱、板材、托盘、便携式容器、可拆集装箱构件、包装单元、成组货,其他货物运输单元如船运箱盒,件杂货如线材卷,重货如火车头和变压器。不是永久固定在船上的船舶自用装载设备或其他部件,也被视作货物单元(如船舶自用铲车、抓斗等)。

2. 标准货

标准货系指已根据货物单元的特定形式在船上设置了经批准的系固系统的货物(如集装箱)。

3. 半标准货

半标准货系指在船上设置的系固系统仅适应货物单元的有限变化的货物,如车辆(包括公路车辆、滚装拖车)及铁路车辆等。

4. 非标准货

非标准货系指需要专门积载和系固安排的货物,如普通件杂货等。

5. 货物系固设备

货物系固设备系指所有用于系固和支持货物单元的设备,有固定式和便携式两种。

6. 最大系固负荷

最大系固负荷(MSL)系指船上系固设备的许用负荷。当能提供等同或较高的强度时,安全工作负荷可代替 MSL。

7.固定式系固设备

固定式系固设备系指焊接在船体结构内部(主要指货舱)及外部甲板、舱盖与支柱上的货物系固点及其支撑结构。

8.便携式系固设备

便携式系固设备系指用于货物单元系固和支撑的移动式设备。

二、非标准与半标准货系固设备

1.非标准货系固设备

非标准货系固设备用于固定干货船、多用途船、滚装船、装载货物单元的散装货船和客船及近海供应船与电缆铺设和管道铺设专用船等在装载集装箱(无专用系固设备)、钢卷、重件货、普通件杂货及木材(货舱内)等时所用的设备。非标准货物系固设备按其性质的不同,分固定式系固设备和便携式系固设备两种。

(1)固定式系固设备

非标准货的固定式系固设备直接焊接在船体的舱壁、舷侧强肋骨、支柱及甲板上,必要时也可以直接焊接在舱底及舱盖上。其主要类型有:

①眼板

眼板为一带眼的钢板,其结构形式如图6-3所示。

②眼环

眼环由一固定环和一活动眼环组成,其结构形式如图6-4所示。

③地令

地令为一固定焊接眼环,其结构形式如图6-5所示。

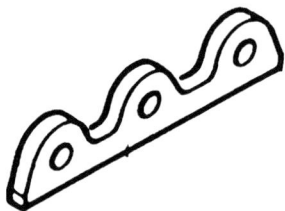
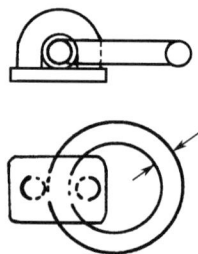

图6-3 眼板 图6-4 眼环 图6-5 地令

(2)便携式系固设备

非标准货便携式系固设备主要有:

①系固链条及紧链器,如图6-6所示;

②钢丝绳;

③系固钢带;

④卸扣;

⑤花篮螺丝;

⑥紧索夹。

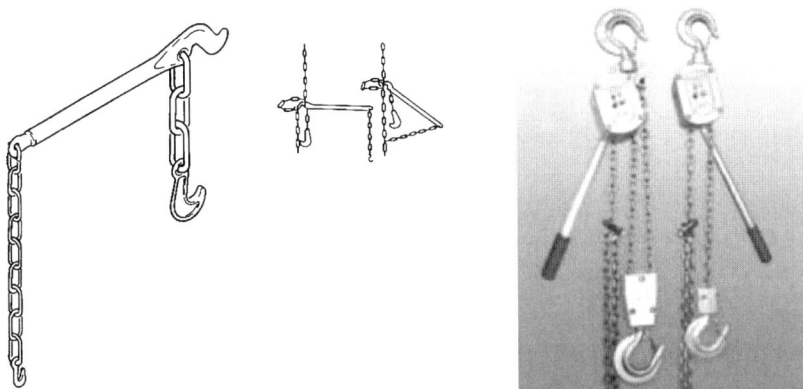

图 6-6　系固链条及紧链器

（3）便携式系固设备的配套使用

因非标准货便携式系固设备的种类较多,且各自具有不同的特点。因此,实际使用时必须紧密结合各自的特点与要求配套使用。如钢丝绳必须与紧索夹、花篮螺丝及卸扣配套;系固链条只有在利用紧链器的情况下,方可系紧货物。

2.半标准货物系固设备

半标准货物系固设备系用于固定滚装船及滚装客船在装载车辆(包括公路车辆、滚装拖车)及铁路车辆时所用的设备。半标准货物系固设备按其性质不同,分固定式系固设备和便携式系固设备两种。

（1）固定式系固设备

①系固槽座,其结构形式如图 6-7 所示;

②可折地令,其结构形式如图 6-8 所示。

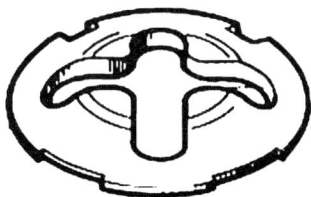

图 6-7　系固槽座

图 6-8　可折地令

（2）便携式系固设备

①系固链条及紧链器;

②绑扎带,是系固车辆及滚装拖车的专用设备,如图 6-9 所示;

③象脚,插入槽座并通过其与其他便携式系固设备相连,如图 6-10 所示;

④拖车支架,作拖车支架并固定拖车,如图 6-11 所示;

⑤拖车千斤顶,用于拖车有轮端,并起一定支撑作用,以减少车轮滚动的风险,如图6-12 所示;

⑥轮楔,固定车轮用,以增大摩擦力;

图 6-9　绑扎带

⑦系固钢丝,如图 6-13 所示;

⑧快速释放紧索器,用于收紧并可快速释放系固钢丝,如图 6-14 所示;

⑨花篮螺丝,用于收紧系固钢丝或系固链条。

图 6-10　象脚　　　　　　　图 6-11　拖车支架　　　　　　图 6-12　拖车千斤顶

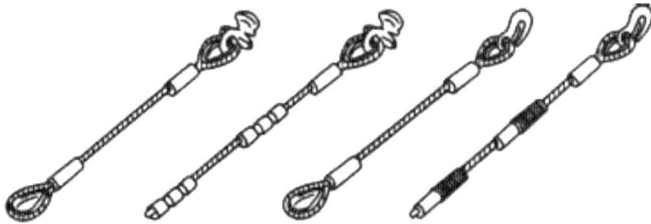

图 6-13　系固钢丝

(3)便携式系固设备的配套使用方法与系固

便携式系固设备的配套使用方法如图 6-15 所示,其中图 6-15(a)为系固链条与紧链器配套使用,并利用紧链器收紧系固链条;图 6-15(b)为系固钢丝、花篮螺丝与象脚配套使用;图 6-15(c)为系固链条、花篮螺丝与象脚配套使用;图 6-15(d)为系固钢丝与快速释放紧索器及象脚配套使用,并利用快速释放紧索器收紧系固钢丝。典型半标准货的系固方法如图 6-16 和图 6-17 所示。

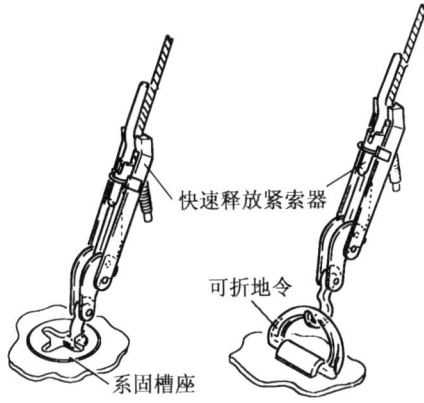

图 6-14　快速释放紧索器

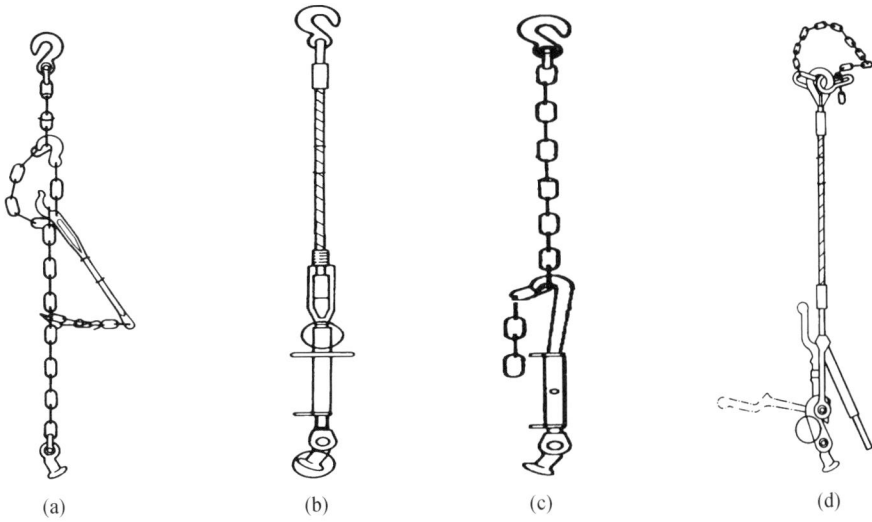

(a)　　　　　　　(b)　　　　　　　(c)　　　　　　　(d)

图 6-15　便携式系固设备的配套使用

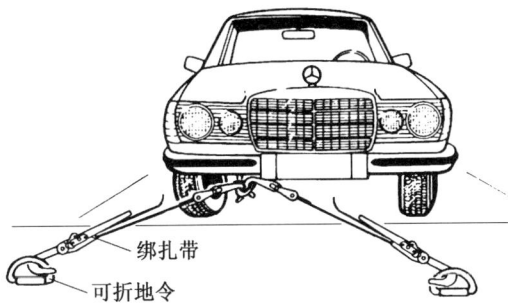

图 6-16　汽车系固

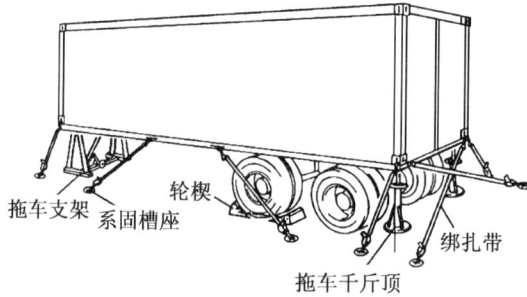

拖车支架　系固槽座　轮楔　绑扎带　拖车千斤顶

图 6-17　拖车系固

三、系固设备的系固原则、检查、维护保养、使用与检验

1. 系固原则

(1)船长必须关注系固方案的制订、作业计划的安排与实施及监督工作,且均应事先做出计划,具体有以下几个要点:

①系固方案是否有效且可靠,有无考虑船舶航行中可能遇到的最恶劣天气的影响;

②能否确保货物单元在被系固后所受应力分布均匀,如有疑问,应对系固方案进行核对计算;

③船上系固设备是否适于所载货物单元,是否具有足够的强度且保养充分得当;

④系固设备是否足够,是否备有《系固手册》所规定的总数10%的系固设备备品;

⑤参与系固作业的人员是否具有相应的资质和经验,并充分了解有关作业原则;

⑥所用的系固钢索应长短适中;

⑦应确保在船舶离岗前完成系固作业。

(2)如认为有必要,应要求货方提供货物单元的装载与系固声明,说明其货物单元在集装箱和车辆中的包装、堆装、绑扎和系固方法均符合国际海事组织和国际劳工组织的《集装箱和车辆货物装载指南》的有关规定。

(3)系固布置应确保货物单元不会发生危及船舶安全的移动,如采取措施避免因货物单元变形和收缩致使系固系统松动。对摩擦因数较小的货物单元,应在横向上紧密积载以防止其在航行中滑动,必要时可用软质木板或类似垫料加以垫衬,以增加摩擦力。

(4)应确保系固通道畅通无阻,以便对货物单元进行系固和在航中对系固的有效性做进一步检查。

(5)船舶靠岸泊位前,未经船长许可,不得破坏系固系统的完整性。

2. 系固设备的检查与维护保养

船上系固设备应由船长负责进行定期的检查和维护保养,这些检查和维护保养至少应包括以下项目:

(1)对所有零部件的日常外观检查和保养

①所有固定式系固设备,在使用完以后,应立即进行受损检查。重新使用之前,对已损坏或怀疑受损部件应进行修复并进行适当的强度测试。

②所有便携式系固设备在使用完以后及再次使用前应有专门人员负责损坏检查。种类不同的设备、已检查和尚未检查过的设备、常用和备用的设备均应分类整齐地存放。每隔3个月,应对所有便携式系固设备进行一次详细检查和加油活络。

③上述检查和维修保养在经历了恶劣天气、海况以后和特别加固用途以前应更加严格。

④标准货系固设备中的花篮螺丝、绑扎杆等的外观目视检查一般每 10 个月进行一次，维护保养周期一般在 6~12 个月之间；双功能扭锁、半自动扭锁、半自动定位锥及自动定位锥等的外观目视检查一般每 10 个月进行一次，维护保养周期一般在 18~24 个月之间。各类设备具体的外观目视检查与维护保养周期应参照厂家的产品说明书、所用材料及实际使用情况来确定，因不同的生产厂家所生产的产品质量是有所不同的，不能一概而论。

（2）检查系固设备

应按主管机关的规定接受授权的验船师对系固设备进行各项检查与检验。

（3）清点系固设备及备器数量

清点船上现有系固设备及备品数量，应满足规定要求。

（4）对不同种类系固设备具体的检查和维护保养要求

应对每一设备的损坏和磨损情况进行检查，以发现有损于充分、安全地发挥其设计性能以及可能导致人身伤害的缺陷。如需用于特殊目的，使用前应对其进行检查，以确定其强度和功效是否适用。

所有系固设备磨损、锈蚀后的尺寸一般应不小于原有尺寸的 90%，便携式系固设备内部转动部分允许的磨损、锈蚀一般应不超过原有尺寸的 6%。

①系固钢丝、系固链条、快速释放紧索器及紧链器

a. 系固钢丝（包括一般系固用钢丝绳）应被检查，看其是否有永久性拧节、压扁、油麻芯或纤维芯干枯和外露，如有发现应予更换；

b. 在系固钢丝的整个长度范围内，若发现在其 10 倍直径的任何长度范围内有超过 5% 的钢丝断裂、磨损或严重锈蚀，则应予换新；

c. 系固钢丝应定期涂钢丝油，以防锈蚀而缩短使用寿命；

d. 存放于露天甲板的系固钢丝应用帆布罩罩好；

e. 必须注意检查快速释放紧索器，以保证其操作灵活、可靠；

f. 系固链条和紧链器如发现严重锈蚀或损坏，则应予换新；

g. 应仔细检查系固链条和紧链器每一链环的状况，若发现本体有裂纹出现，则应立即换新。如仅为轻微变形、磨损、腐蚀但不影响其强度和功能，则无须更换。

②卸扣和紧索夹

a. 应经常加油活络，防止因腐蚀而咬死或无法转动；

b. 本体如有裂痕出现，则应立即更换；

c. 应检查螺纹损坏情况，防止由于错咬而无法转动，当螺纹损坏严重时应予换新。

（5）系固设备的检查和维修保养记录簿

船上应有系固设备检查和维修保养的记录，以证明船舶对系固设备进行检查和维修保养所采取的行动。

船舶《系固设备记录簿》应由大副记录和保管。

3. 系固设备的使用注意事项

为保证系固的可靠性，确保航行安全，使用系固设备必须注意下列事项。

（1）所有系固设备必须具有由主管机关签发的证书。对正在使用但又无相应主管机关签发证书的现有系固设备，使用前务必确定其系固的可靠性，如无法确定，则应弃之不用。

(2)配套使用系固设备时,必须注重考虑各自最大系固负荷(MSL)的协调性,且应以系固系统中最小的 MSL 作为整个固定系统的 MSL。

(3)MSL 由破断负荷确定,其确认方法如表6-2所示。

表 6-2　由破断负荷确定 MSL

系固设备	MSL
卸扣、环、甲板眼板、低碳钢花篮螺丝	50%破断强度
纤维绳	33%破断强度
纤维网状绑扎件	70%破断强度
钢丝绳(第一次使用)	80%破断强度
钢丝绳(重复使用)	30%破断强度
钢带(第一次使用)	70%破断强度
钢链	50%破断强度

(4)补充或更新手柄式扭锁时,应注意新上扭锁与现有扭锁的转锁方向必须保持一致,否则将会给装箱后的系固带来极大麻烦。

4. 系固设备的检验

系固设备的检验有入级检验、年度检验、中间检验、特别检验。

知识点 5　重大件货物运输

重大件货物运输
(微课)

　　重大件货物(awkward and lengthy cargo)是指货物的单件重量或单件尺度超过规定限额的货物,如大型设备、机车车辆等。国际标准规定,凡单件重量超过 40 t,或单件长度超过 12 m,或单件宽度/高度超过 5 m 的货物为重大件货物。我国规定,国际航运中凡单件重量超过 5 t 或单件长度超过 9 m 的货物,以及沿海运输中凡单件重量超过 3 t 或单件长度超过 12 m 的货物,均属于重大件货物。由于重大件货物单件重或尺度大的特点,装运时有其特殊的要求。

一、做好装运前的准备工作

首先,应仔细了解和掌握本船承运重大件货物的能力,如船体结构、强度、船舶的系固设备、重型装卸设备等资料;其次,要仔细检查拟装部位船体的装载条件,拟用系固设备和船舶重型装卸设备(当船上配备时)及其属具,使其处于良好的技术状态,同时应详细了解所运重大件货物的有关资料,如单件重量、尺度、货件形状、包装情况等。

二、制订装载计划时应注意的问题

1. 正确选择舱位和货位

重大件货物的装载位置,应从保证货物和船舶的安全及便于作业和使用船舶重型装卸设备等方面考虑,根据货件的具体情况,重大件货物可以配置于舱内或上甲板。当配置于舱内时,应选择舱口尺度较大且有重型起货设备的舯部货舱;当配置于二层舱时,要注意货件高度不能大于二层甲板至舱口纵桁材下缘的高度。当配置于上甲板时,应选择重型装卸设备够得着的部位(不用船上设备者除外),其堆装位置应不妨碍甲板部的正常工作,不影响驾驶台的瞭望视线,且不能堆装在舱盖上;怕水的重大件货物应配置在不易上浪的部位;重大件货物装载时都应注意左右均衡。

确定重大件货物的装载位置时,还应考虑有利于货件的系固。很高大的重大件货物不宜放置于紧贴船壳和舱壁的部位,以利于货件的系固(避免系固角过大)。

2. 校核拟装部位的局部受力,使之满足局部强度条件

在普通杂货船上装载重大件货物,装载部位一般不能承受直接堆装重大件货物的负荷,为满足局部强度条件,必须预先进行校核,以防其局部构件受损。

拟装部位的局部受力及防止局部构件受损的方法在项目五第三部分已经论述。

重大件货物,特别是超重货单件重量大,装载时一般均需衬垫才能满足局部强度条件的要求。在实际工作中,常根据拟装部位的单位面积允许负荷量,计算出必需的最小衬垫面积 A_{min},从而确定衬垫方案。即在确定实际的衬垫面积时,还应考虑如下情况:首先,利用式(5-77)求得的 A_{min} 并未计及衬垫物和系固属具本身的重量;其次,在海上航行时,货件将受到多种力的作用,从而使其对甲板的最大正压力大于其自重;再次,当货件装于上甲板时,由于甲板有梁拱和舷弧,将使衬垫物与甲板的实际接触面积变小,因此,实际的衬垫面积必须大于式(5-77)算得的 A_{min}。当装运单件重量大而体积较小的重大件时,应该使货物装于至少跨 2 个加强肋骨的部位,必要时,还应在装载部位甲板的下方加设临时支撑(柱),以确保安全。此外,在装卸重大件货物时,应尽量使船舶保持平吃水,使货件能同时着陆或起离甲板,避免甲板某部位瞬时超负荷。

3. 校核船舶初稳性和最大横倾角

校核用船上设备装卸重大件货物时对船舶初稳性高度的影响及核算船舶可能产生的最大横倾角,并保证其不超出允许范围。

当用船上重型起货设备装卸重大件货物时,货物重心在垂向的移动将使船舶的 GM 发生变化。货物重心在横向的移动将使船舶产生横倾(图 6-18)。过小的 GM 和过大的横倾角均将危及船舶和货物的安全。

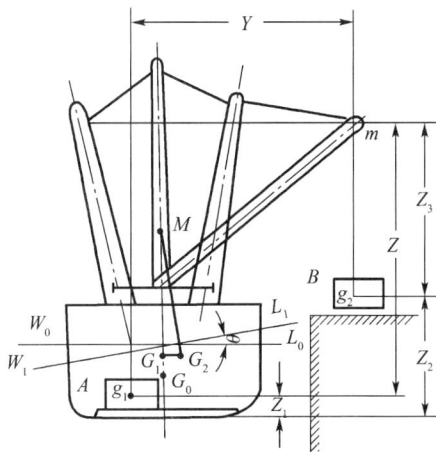

图6-18 重大件货物装卸时的船舶横倾

（1）吊卸重大件货物

①初稳性高度 GM_1 的计算

当船上重型起货设备将货物提起使其成为悬挂状态时,船舶的初稳性高度为最小。其值 GM_1 可由下式求得,即

$$GM_1 = GM - \frac{P \cdot Z}{\Delta} \tag{6-1}$$

式中　GM——吊卸重大件货物前船舶的初稳性高度,m;

　　　　Z——起吊前重大件货物的重心至吊杆顶点的垂直距离,即悬挂高度,m。

②船舶横倾角 θ_h 的计算

$$\tan \theta_h = \frac{P \cdot Y + P_b \cdot Y_b}{\Delta \cdot GM_1} \tag{6-2}$$

式中　P——重大件货物的重量,t;

　　　　Y——吊卸时重大件货物的重心横移的距离,m;

　　　　P_b——重吊的自重,t;

　　　　Y_b——重吊的重心横移的距离,m;

　　　　GM_1——起卸重大件货物时船舶的初稳性高度,m;

　　　　Δ——吊卸时船舶的排水量,t。

若设重吊的重心在吊杆的中点,并已知船宽为 B,吊杆的舷外跨度为 l,则

$$Y_b = (B/2 + l)/2 \tag{6-3}$$

显然,用重吊吊卸重大件货物时可能产生的横倾角与吊卸时货件重心横移的距离 Y 有关。

（2）吊装重大件货物

与吊卸时不同,吊装重大件货物时,货件的重量由船外加到了船上,因此,吊装前后船舶的排水量是不同的。吊装时船舶最不利的初稳性高度值仍然是货件处于悬挂状态时,可能产生的最大横倾角发生在货件被提起时的位置。

①初稳性高度 GM_1 的计算

$$GM_1 = GM + \frac{P \cdot (KG - Kb)}{\Delta + P} \tag{6-4}$$

式中　GM——起吊前船舶的初稳性高度,m;

　　　　KG——起吊前船舶的重心高度,m;

　　　　Kb——重吊的顶点距基线高度,m。

②船舶横倾角 θ_h 的计算

$$\tan \theta_h = \frac{P \cdot Y + P_b \cdot Y_b}{(\Delta + P) \cdot GM_1} \tag{6-5}$$

式中　Y——起吊时货件重心距船舶中线面的横向距离,即 $Y = B/2 + l$,m;

　　　　GM_1——起吊时船舶的初稳性高度,m。

为确保船舶的安全,装卸重大件货物时船舶的横倾角不能过大。根据经验:当船舶重吊的起重能力为 60 t 左右时,船舶产生的横倾角不得超过 6°~8°;当船舶重吊的起重能力不大于 100 t 时,船舶产生的横倾角不得超过 10°;当船舶重吊的起重能力为 100 t 以上时,船舶产生的横倾角一般不允许超过 12°。

4. 应制定重大件货物的系固方案

重大件货物装载后的系固是确保运输安全的重要措施,必须按《货物系固手册》的要求认真制订货物系固方案并严格执行。

(1)根据货件的不同要求,选取系固索具

杂货船用于重大件货物的系固索具有钢丝绳、链条等,并配合花篮螺丝、卸克等一起使用,链条系固比较方便,系固速度快,但不易收紧;而钢丝绳则较易收紧,但系固没有链条方便且强度也较低。应视货件具体情况选取。

(2)确定系固道数

重大件货物系固的目的是防止货件在航行中发生水平位移和倾覆,而且主要是指其横向的水平位移。经验方法是将货件横向系索总的系固负荷取为货件的重量(t),即

$$\sum_{i=l}^{N_y} \mathrm{MSL}_i = P \tag{6-6}$$

式中　N_y——横向系索的根数;

　　　P——货件的重量,t;

　　　MSL_i——第 i 道系索的最大系固负荷,kN。

(3)经验方法的设定条件

上述经验方法设定的横向加速度为 $1.0\,g(9.81\,\mathrm{m/s^2})$,几乎适用于任何类型的船舶,而忽略货件装载的位置、船舶的稳性、装载状况以及航行的季节和区域。该方法既未考虑系固角和系固装置中非同类力的分布的不利影响,也未考虑摩擦的有利影响。

横向系索与甲板之间的夹角(即系固角)不应大于60°,而且应利用适当的材料提供足够的摩擦系数。系固角大于60°的系索有利于防止货件的倾覆,但其不应计入横向系固的数量或系固装置的总的 MSL 之中。

三、系固要求及注意事项

重大件货物的系固应注意以下要求。

1. 系索松紧要适宜

对货物的系固既要求做到紧固,不使其松动或折断,同时又要易于解开,以便在万一发生危险时能立即松绑。一般在6级风左右时应对货件的系固进行一次检查和调整(因此时易发现系索松紧是否适宜)。

2. 垂向系固角应适宜,提高系固效果

防移动的最佳垂向系固角为25°,而防货件倾覆的最佳垂向系固角一般认为在45°~60°。为提高系固效果,垂向系固角应适当并应使各道系索受力均衡。

3. 系固工艺要正确

对货件的系固应左右、前后对称,每道系索应先绕货件一周后再在两侧固定(当货件上无系索固定点时应在同一侧固定),不能一索系多道。每个生根的地令上不能超过三根系索,且方向不能相同。对于车辆等带轮的货物,如为充气轮胎,则应将胎内气体放出一些,以利系固和防止货件滚动;如为铁轮(如火车车厢),一般应先用枕木铺垫,上铺铁轨,轮子与铁轨之间要用三角铁固定,并应将三角铁焊在铁轨上,如有条件最好先将铁轮用铁板封住,再用角钢将其焊于船上。装在舱内的重大件货物,除用系索固定外,一般还在垂向和水平方向用方木支撑,货件之间用木料钉住,以防航行途中移位。

4. 保证货件不受损伤

为避免系索直接接触货物表面、压损或磨损货件,应在规定的部位进行系固,必要时应在系固部位先加铺垫。对于怕水湿的货物,除合理选择货位外,在绑扎前应先铺盖油布,易腐蚀部位应涂以防护油脂。

知识点 6　木材甲板货运输

木材甲板货是指在船舶的干舷甲板或上层建筑甲板的露天部分装载的木材货物,包括原木或锯材、斜木、圆木、杆材、纸浆原料和所有其他散装的或捆装的木材,但不包括木质纸浆或类似货物。

虽然,运输木材甲板货的船舶规模趋大,设备更趋先进,但货物易位和灭失事故仍时有发生。为对其运输提出更全面的安全建议,IMO 于 1991 年对于原有的"SOLAS 1974"中的《装运木材甲板货船舶安全操作规则》(Code of Safe Practice for Ships Carrying Timber Deck Cargoes,以下简称《木材甲板货规则》)进行了修订。该规则适用于所有船长不小于 24 m 的从事木材甲板货运输的船舶。《木材甲板货规则》对安全运输木材甲板货应采取的积载、系固和其他营运安全措施提出了建议。装运木材甲板货的船舶应遵守这一规则。

一、对船舶的要求

装运木材甲板货的船舶当其构造符合载重线规范的各项要求时,可以勘划木材载重线,只要完全遵守 1966 年国际载重线公约的规定,正确装载木材甲板货,则不论舱内装载的货物的数量和种类,船舶均可以使用木材载重线,但必须做到:

(1)装载木材甲板货时,船舶必须具备装载木材甲板货的综合稳性资料,包括使用资料的相应指导;

(2)装载木材甲板货的船舶在计算稳性时,应计及木材甲板货因吸水或结冰引起的重量增加、木材甲板货间的孔隙中积水的重量、途中油水消耗的影响以及自由液面的影响;

(3)当船舶使用木材载重线时,船舶稳性可使用装载木材甲板货时的静稳性曲线图计算。当木材甲板货的装载不符合规定时,船舶稳性应使用不装载木材甲板货的静稳性曲线图计算。

二、木材甲板货的装载要求

木材甲板货应紧密地堆装,按要求紧固。在任何情况下,木材甲板货的堆装不得妨碍船舶航行及船上的正常工作,并应注意以下几点。

(1)装货前应封舱并关闭甲板上的所有开口,有效地保护空气管、通风筒,检查所有的阀门,确认其能有效地防止船舶进水,并除去装载部位的积水和积雪。

(2)装载前应在相应的位置上设置立柱并备妥系索。立柱应采用钢或其他有足够强度的材料,设置在船舶的两舷装载木材的整个区域内,并用角钢、金属插座等将其牢固地固定在甲板上,各立柱间的间隔应适合所运木材的长度和特点,但不应超过 3 m。

(3)装载时,应留出船员、引水员工作所必需的通道,木材甲板货应与甲板上的安全设施、阀、测深管及船舶航行中必需工作场所保持必要的距离,与甲板上的冰雪堆积物间应留出距离。

(4)木材甲板货的装载重量应不超过舱盖和甲板的允许负荷量;整船装运木材时,甲板货的重量可以达到全船总货重的 40%,但最大不能超过 50%。

(5)木材甲板货的堆装高度至少达到上层建筑(艏艉楼)的标准高度,最外边的木材不能超过立柱的高度,以防松解系索时货物掉出舷外。在使用冬季载重线时,木材甲板货的堆高不能超过最大船宽的1/3。目的是使船舶保持足够的稳性,具有良好的瞭望视线和减少艏部甲板上浪。

(6)使用木材载重线的船舶装载木材甲板货时,要求在上层建筑和艉艉楼之间的全部可用长度内尽可能装满。无艉楼时,至少应装至艉舱口的后部,横向除了留出必要的通道外,应尽可能装载至接近两舷,货物至两舷的孔隙平均不超出船宽的4%。

(7)当木材甲板货的装载符合上述要求时,IMO对船舶的稳性标准应同时满足以下要求:

①经自由液面及甲板货吸水和/或结冰影响的修正后的初稳性高度 GM 应不小于0.10 m;

②复原力臂的最大值应不小于0.25 m;

③复原力臂曲线在横倾角 0°~40° 和进水角中较小者之间所围面积应不小于0.080 m·rad;

④满足天气标准要求,其中仅要求满足在定常风(风压力臂 l_{w1})作用下的横倾角 θ_0 应不大于16°即可(即不需要满足 $\theta_0 < \min\{16°$,甲板边缘浸水角80%$\}$)。

船舶到港及航行中均假定木材甲板货的重量由于吸水增加10%。结冰计算时,木材甲板货外表面的结冰重量应按实际情况增加,如无实际结冰重量资料,可按稳性报告书中的资料取值。

我国《法定规则》对于国内航行木材甲板船的完整标准的特殊要求为上述的①和②两项。规则规定,在计算复原力臂曲线时,可计及木材甲板货外形容积入水部分75%的浮力。

(8)装载木材甲板货的船舶稳性不能小于要求的最低值,要求尽可能有一定富裕的稳性和 *GM* 值,但也要避免过大的稳性,以免船舶在海上剧烈摇摆使货件产生过大的加速度,从而增大系固设备的受力。经验认为装载木材甲板货的船舶,其 *GM* 值应不超过船宽的3%,当然此值不一定适用于所有船舶,船长应根据本船的具体资料得出自己的结论。

(9)装货时应保持船舶处于横向正浮状态,以免两舷立柱受力过大。当船舶出现横倾而又找不到原因时,应停止装货作业。

(10)安全运输木材甲板货的基本原则是使货垛尽可能紧密,以防止货垛松动、系索松弛,使货垛内产生约束力并可最大限度地降低货垛的渗透性。

(11)按要求做好系固工作。应根据本船的《货物系固手册》的要求对木材甲板货进行系固,系固时船方应派人参加,以检查系固质量。在木材甲板货装船前,应对船上所有的系固点(包括立柱上的系固点)进行目视检查,发现任何损坏都应及时进行修理。

(12)装载木材甲板货的船舶应注意做好人员的安全保护工作,包括对从事装货、系固或卸货的船员和工人提供合适的保护服装和设备;船上应设置供船员在航行中行走的安全通道或其他替代设施(如货堆上的救生索等)。

三、航行中应注意的事项

(1)开航前应使船舶处于横向正浮状态,并满足稳性标准的各项要求。

(2)航行中应定期检查系索,如发现松弛应及时收紧,并应将对系索的所有检查和调整记入航海日志。

(3)航行中应尽量避开潜在的恶劣天气和海况,当无法避开时,应采取减速、改变航向等措施,以最大限度地减少货物和系索的受力。

(4)当航行中船舶产生横倾时,应查明其原因。如果是由于货物移位、船舶进水或船舶稳性不足所引起,则应根据具体情况采取正确的补救措施。

(5)如果由于某种原因使木材甲板货落海或被抛弃入海,船长应想尽办法将对航行有直接危险的信息通知附近的船舶及有关主管当局。

知识点7　冷藏货物运输

冷藏货物(reefer cargo)是指要求在一定的低温条件下运输的货物。其包括动物性、植物性食品组成的易腐货物以及少量有温度控制要求的危险货物。易腐货物在常温下较长时间的运输,由于微生物作用、呼吸作用和化学作用会使其成分发生分解、变化和腐败。易腐货物在一定冷藏条件下运输,可以使微生物的活动能力和呼吸作用减弱甚至停止,从而使其在运输期间不致变质、过熟或腐烂。

冷藏货物运输(微课)

一、易腐货物的储藏条件

易腐货物的储藏条件包括温度、湿度、通风和环境卫生,其中最主要的是温度。

1. 温度

就限制微生物角度考虑,冷藏温度越低越好。但过低温度会破坏蔬菜、水果类货物的组织结构,使其色、香、味起变化,解冻后会迅速腐烂。过低温度也会使鲜蛋蛋壳破裂而造成货损。因此,对不同食品应分别采用冷却、冷冻和速冻等不同冷处理方法。

冷却是指将食品温度降到 0~5 ℃。鲜蛋、乳品、水果、蔬菜等常采用冷却运输。由于冷却条件下微生物仍有一定的繁殖能力,所以冷却的食品储藏时间较短。

冷冻是指将食品温度降到 0 ℃以下的程度。冻肉、冻鸡、冻鱼、冰蛋等均常采用冷冻运输。若对食品的冷冻速度较慢,食品细胞膜内层会形成较大的冰晶,使细胞膜破裂、细胞汁遭受损失,使食品失去原有的鲜味和营养价值。为消除这一缺陷,可采用"速冻"。

速冻是指在很短的时间内使食品冻结。速冻过程中所形成的冰晶比较均匀和细小,不致造成细胞膜的破裂,因而能保持食品原有的鲜味和营养价值。速冻的温度一般不低于 −20 ℃。

除要求一定的储藏温度外,还要求保持温度的稳定。因为温度忽高忽低,不但使微生物有机可乘,还会引起冻结食品内部重新结晶,导致食品失去原有的滋味。

2. 湿度

舱内湿度对食品的质量影响很大。湿度过小的危害是增加食品干耗,破坏食品的维生素和其他营养物质,破坏水果、蔬菜的正常呼吸,削弱其抗病能力。而湿度过大,对于冷却运输的食品而言,会加速微生物的繁殖。

3. 通风

对于冰点以上如蔬菜、水果类的冷却食品,储运中因呼吸作用会在舱内不断挥发出水分,产生 CO_2 气体。为保持舱内适宜的相对湿度和 CO_2 浓度,需要采用通风设备对货舱进行通风。高温季节蔬菜、水果类食品宜选择气温较低的夜间通风较理想。此外,应控制每天的通风时间长短,一般冷却货物每天通风 2~4 次为宜。

4. 环境卫生

卫生条件差的运输环境会影响食品外观,使其表面附着大量的微生物,易于腐败。

二、对易腐货物的承运要求

承运易腐货物时，要对货物质量、包装、热状态进行检查。当货物质量不符合标准、包装不适宜或有破损、货物温度过低或过高时，船方应拒绝承运。还应检查易腐货物的容许运送期限是否小于运到期限，小于运到期限时货物质量在运输途中就难以得到保证，所以也应拒绝承运。承运肉类和生油脂类货物时，应要求托运人提交出入境检验检疫机构出具的货物检疫证明。

承运冻肉时，要检查其肉体应坚硬，色泽鲜艳，割开部分应呈玫瑰色，油脂部位呈白色或淡黄色，牛肉应呈暗红色。长距离运输的冻肉承运温度为 $-20 \sim -18$ ℃，短距离的承运温度为 -12 ℃左右，但出库时温度应尽可能低于上述承运温度。

承运冻鱼时，要检查其鱼体应完全坚硬，鱼鳞应明亮或稍微暗淡，眼睛应凸出或稍微凹陷，鱼鳃应鲜红。冻鱼肌肉深处的温度应不高于 -18 ℃。

承运水果时，要检查其色泽，应鲜艳，无过熟现象。因水果有呼吸作用，其包装应留有缝隙或洞眼，以利通风和换气。

承运蔬菜时，应检查其质量，凡干缩、腐烂、压损、泥污、出芽以及有霉斑的均不得承运。

承运鲜蛋时，要检查其外表，应新鲜、清洁，无蛋壳破损、无腐臭味和无沾污现象。

三、易腐货物运输注意事项

冷藏货物运输船在承运冷藏货物前应具备"冷藏设备入级证书"，并应核实在船舶承运期间该证书是否处于其有效期内。冷藏货物托运人应向船方出具有关货物冷藏温度、湿度、装载及其他方面的书面要求。

1. 装船前准备

装货前应确保舱内设备完好。对货舱及舱内衬隔材料按要求进行预冷，预冷温度随冷藏货物的品种而异，可按货主要求执行，一般宜采用大体上与所运货物要求的冷藏温度相同或稍低的温度（$2 \sim 3$ ℃）进行预冷（通常在装货前 48 h 开始）。

保持舱内清洁、干燥、无残留货物、无异味。当舱内存在异味时，需要进行脱臭消毒。常用的脱臭方法是用臭氧发生器在舱内产生臭氧，用粗茶熏蒸或用醋酸水喷洒等。

当确认冷藏舱状态满足所运货物各项要求时，可以向商检局申请验舱，以获取"验舱证书"。

2. 冷藏货物装载

装货过程中为避免结霜应停止制冷装置运行。货物装卸应选在气温较低的早晚进行，并做到快速装卸，应避免雨天作业。装货时应仔细检查来货质量，如发现货物有渗血、疲软、变色、发霉或包装滴水等应拒装或予以批注。货物在舱内应排列整齐，货物与舱壁、货物与舱顶等之间均需留出适当的空隙供冷风流通，货物之间也应留出通风道。应处理好冷藏货物的忌装，伊斯兰国家的港口不允许将牛羊肉与猪肉混装。装毕封舱后应立即启动制冷设备直至达到要求的冷藏温度。

3. 冷藏货物途中保管

对冷藏货物的途中保管工作主要是控制舱内温度、湿度和 CO_2 含量，按要求记好冷藏舱日志。航行途中应保持冷藏舱内规定的冷藏温度，尽量使温度的波动不超出允许范围。对冷却运输的货物应按要求进行货舱的通风换气。CO_2 浓度过大会使水果、蔬菜等处于缺氧呼吸（即发酵作用）而导致其易于腐烂变质。所以，这类货物运输途中应根据 CO_2 测试仪或由实践经验来控制每天的舱内换气次数。

保持舱内适宜的相对湿度对冷却条件下运输的水果、蔬菜等货物特别重要。湿度过高货物容易滋生细菌,过低又会使货物中的水分损失过多而影响货物品质。

知识点8 钢材货物运输

一、钢材货物分类及海运特性

1. 钢材货物分类

钢材货物按形状分类分为以下几种。

(1)板材类

厚度不一,常采用捆扎或成卷的方式交付运输,如钢板、白铁皮和马口铁等。

(2)型钢类

按其截面和外形不同,可分为圆钢、方钢、角钢、扁钢和槽钢等。

(3)管材类

口径不一,有些具有较粗的管,分无缝钢管和有缝钢管。

(4)铸锭类

由各类块状金属铸锭组成,如钢锭、钢坯和生铁块等。

(5)丝卷类

粗细不一的各种金属丝线,如铁丝、盘圆(钢筋)、电线和电缆等。

(6)其他钢材类

上述未包括在内的钢材货物,如钢材构件、散装金属废料等。

2. 钢材货物的海运特性

(1)重质货,积载因数小

积载因数多数在 $0.30 \sim 0.58$ m^3/t。船舶满载时货舱的体积渗透率很高,装载部位需要校核船体局部强度。单层甲板船若全船承运钢材货物,船舶重心低而初稳性高度过大,会引起船舶在波浪中产生剧烈摇摆。

(2)怕潮湿,怕重压变形

钢材货物常采用裸装方式,除不锈钢、建材用钢材(如钢梁、钢桩、盘圆等)外的其他钢材货物,受潮湿容易锈蚀而影响其商业价值。一些钢板因衬垫设置不当,会造成下层钢板在重压下成波浪样变形,一些卷钢因装卸货堆装不当会引起卷边、开卷等。

(3)摩擦因数小,易于移位

钢管、卷钢、盘圆等钢材类货物,因与装载处所接触面积小,摩擦因数小。如其装载部位存在油渍或系固不当,堆装不紧密,船舱内的这类货物在船舶遇风浪时极易发生移位,甚至个别重件钢材移动,会击穿水线下的船侧外板而造成船舱进水。

二、钢材货物的安全装运

钢材货物不得与酸、碱、盐及化肥等对钢材有腐蚀的货物同舱装运。对多数怕水湿的钢材货物,选配舱室应保证舱盖水密,必要时,应在装货后在舱盖水密连接部位临时粘贴封舱胶带,应注意洗舱后舱壁不得留有海水的盐分,且与湿鲜货物不得同舱装运。

总体上,钢材货物运输中应重视船舶重心高度的控制,防止出现重心过低现象,应注意校核拟装部位的船舶局部强度,防止发生装载部位超负荷引起船舱局部结构受损,应严格遵照船上《货物系固手册》要求进行堆装和系固,防止发生货物移位、货堆倒塌等事故。

1. 铸锭类货物装运要求

一般配于底舱作打底货。其堆装应注意不得在货堆与舷壁之间留有陡而宽的可滑动空间。货舱经平舱并加装适当衬垫后可加装其他货物。为提高船舶重心,可将一定数量的钢材货物配于二层舱。

2. 长大件钢材货物装运要求

舱内必须顺着船舶首尾方向堆放并左右固定塞紧,严防滚动。不能横向堆装,其原因是防止货物横向移动时碰伤船体。

钢轨、槽钢、角钢等货物一般应作打底货,要求堆码整齐、紧密、铺平,以利在其上加装其他货物。钢轨一定要采取平扣方法堆装。各种管类钢材货物的堆码,应防止受损、变形和滚动。小口径钢管一般成捆装舱,大口径带管头的铸铁管,应注意紧密且管头交替排列,每层要用厚度合适的木条衬垫,为防止管类钢材货物的滚动,在其上需要压装其他货物。

3. 散装金属废料装运要求

散装金属废料指因其大小、形状和重量难以紧密装载的金属废料,但不包括金属钻屑、刨屑、车床切屑等金属废料,后者的运输在《IMSBC 规则》中有规定。

装载前应在舱壁下层护条板处用坚固的垫木加以保护,对于只有木板保护的空气管、测量管等也要做类似的保护。应防止装载部位超负荷。应确保第一批装入的货物不能从可能损害舱底的高度掉下。在同一部位应先装重质的废料,金属废料不能装在非金属物品的上层。货物应密实、均匀堆装,不能留出空当或出现松散的无支撑鞋面。为防止重质废料移动,应在其上加以压载或用适当的系索系固。

4. 卷钢货物装运要求

卷钢常采用卧装而不是竖装形式。卷钢应从底层起堆装,应以有规律的次序层层堆码。卷钢应保持其轴线沿船长方向,堆装在横向放置的垫木上,应保持每卷紧靠另一卷堆装。为防止卷钢在装卸时发生滚动,应使用楔子。每排的最后一卷应堆装于其临近的两卷之上,用于固定该排的其他卷钢。当要在第一层的上面装载第二层时,该层卷钢应装载于第一层卷钢之间,在最上面一层卷钢空隙处应加以衬垫。

卷钢系固的目的是将舱内卷钢系固成一个大的不可移动的卷钢组。通常,卷钢最高一层的最后三排需要系固。为防止卷钢纵向移动,卷钢顶层最后一排应用垫木和钢丝绳系固,并应从一侧到另一侧拉紧和使用附加钢丝绳拉至舱壁。系索与卷钢尖刃接触部位应有防止利刃损坏的衬垫。

知识点 9　滚装货物运输

滚装货物是指可依靠自身动力,或可随船或不随船装载的临时移动装置,通过水平移动方式装上船或卸下船的一种货物单元,如轿车、客车、卡车、牵引车和半挂车等。

滚装船是指具有滚装装货处所或者装车处所的船舶,包括滚装客船和滚装货船(分为汽车卡车专运船 PCTC,汽车专用船 PCC)。

一、滚装船积载与装运特点

1. 滚装船载货能力及稳性

货物通道门的设计通常其最大开启度为-10°。CCS 规定,经常载运道路车辆且在无遮蔽水域从事远程或国际航行的滚装船,甲板上的系固点布置:纵向不得超过 2.5 m,横向应不小于 2.8 m 但不大于 3 m。每个系固点的最大系固负荷 MSL 应不小于 100 kN。滚装船的载货重量能力仍以净载重量表示,其船舶常数包括船上大量活动系固件等重量。滚装船的容量能力通常以每层甲板的车道长度、限宽、限高、限重、甲板面积等参数表示。汽车专运船PCC的容量能力通常以CEU表示。

滚装船因甲板层数多,水线以上船体的侧受风面积较大,船舶满载时货物的重心较高。为降低船舶重心高度,一方面,船舶下层设计了大容量的压载水舱;另一方面,对于PCTC船,通常在主甲板及其以下舱位布置货车车道,以上舱位则安排装载重量较轻的车辆。

2. 滚装货物的系固

依据挪威船级社(DNV)的研究表明,在滚装船发生的各类事故中,43%是因舱内滚装货物系固不当导致货物移位所导致。

根据IMO《在滚装船上运输公路车辆的系固装置指南》规定,公路车辆每一侧应当具有相同数量的不少于2个但不多于6个用颜色清晰标识的系固点(内孔径不得小于80 mm,孔口必须是圆形),公路车辆设计的系固点的最小数量和最小强度应满足表6-3的要求。

表6-3 公路车辆系固点的最小数量和最小强度

车辆总质量 W/t	每侧最少的系固点数量	每一系固点无永久变形的最小强度/t
3.5 t≤W≤20 t	2	$\frac{12W}{n}$ 式中,n为公路车辆每侧系固点总数
20 t<W≤30 t	3	
30 t<W≤40 t	4	

对于拖挂车而言,表6-3分别适用于机动车和每一挂车,但不适用于半挂车的牵引车。半挂车的牵引车应当在其前部设置2个系固点,其强度应当能足以防止车辆前部的横向移动。

每艘滚装船的《货物系固手册》提供有该船固定和活动系固设备及其强度的清单,系固作业操作方法、要求、注意事项等具体指导,以及推荐的滚装货物系固方案、系固有效性的评估计算等。系固作业时,系索应采用其强度和拉伸特性至少等同于钢链或钢丝绳的索具;系索只能系固于车辆的专用系固点,每一个孔只能使用1根系索。系索的水平和垂直帮扎角宜控制在30°~60°之间。为防止滚装货物移动,最好将其做纵向而非横向堆装;如果滚装货物不可避免地只能横向堆装,则需要提供足够强度的额外系固;车辆在堆装时刹车要刹紧,轮子要用锲子塞牢。

3. 滚装货物装卸

滚装船的卸货次序:先卸主甲板上货物,等主甲板货物卸完舱内通道位置敞开后,再放下活动斜坡道或升降平台,通过斜坡道卸上层甲板货物,随后再开启活动斜坡道或升降平台,卸主甲板之下的底舱货物。装货次序与卸货次序相反。

二、海上滚装船安全监督管理规定

1. 装卸作业前

装载于滚装船上的车辆,应当出示车辆行驶证和驾驶证,并填写《海上滚装船安全监督管理规定》,如实申报车辆及其装载货物的名称、性质、重量和体积等情况。车辆应当处于良好的技术状态。禁止滚装客船装载任何危险货物,装载危险货物的车辆不得与客车搭乘同一艘滚装船。滚装船边门、艉门、活动坡道的启闭必须经船长或大副同意后方可进行。当班驾驶员作为现场监督,水手长指挥,具体操作由当班水手进行。

2.装卸中和开航前

值班船员对于每一驶入船舱的车辆均需要进行认真查验:核查车辆油箱盖是否密封,有无渗漏现象,核查车辆轮胎和刹车系统是否正常;对照《滚装船舶车辆安全装载记录》,核查单车重量是否超过车辆甲板的局部强度,检查车辆的实际尺度是否与记录上注明的一致。为保证系固和检查需要,车辆与车辆、车辆与舱壁之间的间距,应控制在30 cm或以上,舱内梯子通道处应至少留出0.5 m×0.5 m的空间。装卸过程中船舶的横倾在±3°以内,纵倾在±1.5°以内。

3.航行途中

滚装船开航后,应当立即向司机、旅客说明消防、求生手册所处位置和船上应急通道及有关应急措施。滚装船在航行中,司机和旅客不得留在车内,也不得在装货处所和装车处所走动和停留。

知识点 10　杂货的积载要求

在货物积载的各项要求中,杂货的积载在保证货运质量和满足货物装卸要求方面有特殊的要求。

杂货的积载要求
(微课)

一、保证货运质量的积载要求

为保证货运质量,杂货积载时主要应做到以下四个方面。

1.正确选择货物的舱位和货位

(1)根据货物的装载要求正确选定各类货物的舱位,如贵重货应置于贵重舱,危险货应远离机舱、驾驶台及船员住室,重大件应置于重吊所能及的上甲板和大舱内等;

(2)怕热货不能置于热源附近或温度较高的舱室;

(3)怕潮货不能置于易产生"汗水"的部位;

(4)重货不压在轻货的上面;

(5)怕冻的货物在冬季不置于上甲板;

(6)后卸港货物不堵先卸港货物的卸货通道。

2.货物在舱内要正确堆码和系固

(1)货物在舱内堆码时垛形应符合要求,即货垛应稳固、有利于通风、操作方便、有利于充分利用舱容;

(2)底舱大票货物应尽量平铺。必须扎位(block stowage)时,不得直立扎位、左右扎位和深扎位;

(3)各类包装的堆码高度不能超过限高;

(4)应做好货物的系固。一般货件之间应靠紧,空隙处应用木材、绳索等予以固定,使其在航行中不发生移位。对于重大件货物的系固要求则更高。

3.正确处理货物的忌装

性质互抵、至少不能相邻堆装的货物称为忌装货。忌装货混装后,轻则会影响货物的质量,重则会使货物丧失其使用价值甚至造成严重事故。因此,必须对忌装货进行隔离。

杂货在船上装载的隔离要求有三种:

(1)至少不能同舱装载,即忌装货物不能装载在同一货舱,即使分装于同一货舱的二层舱和底舱也不满足此项要求,如潮湿货和怕潮货应满足此项隔离要求;

（2）至少不能同室装载，即忌装货物不能装载在同一舱室，如食品类货物与气味货应满足此项隔离要求；

（3）至少不能相邻装载，即在互抵货物之间用其他不互抵的货物隔开就不属于互抵，如小五金与丝绸、棉布、纸张等薄包装货物应满足此项隔离要求。

正确处理货物的忌装，必须明确各种常见货物的忌装要求和混装后果，并在货物装载的实际工作中严格地贯彻执行。附录 G 中的表 G-2 列出了部分杂货的混装后果和忌装要求，供参考。

4. 正确处理货物的衬垫和隔票

（1）货物的衬垫（dunnage）

货物与货物、货物与船体间的衬垫是保护货物完好、保证船货安全的重要措施之一，它的作用是防止货物水湿、撒漏、污染、震动、撞击、压损、移动及防止甲板局部构件受损等。

（2）货物的隔票（separation）

为提高理货工作效率，减少和防止货差，加快卸货速度，在货物装舱时，对不同卸货港、不同货主、不同提单号的货物应做好隔票工作。隔票的方法有自然隔票和材料隔票两种。自然隔票是指用不同包装的货物进行隔票；材料隔票是指用专门的隔票物进行隔票。常用的隔票材料有绳网、绳索、草席、帆布、油漆或黏胶布等。

在货物装载中，应根据货物品种的不同，正确选用隔票方法和材料。各类包装货物应尽可能采用自然隔票。对于线材类货物，如钢材、钢管、原木等则多用不同颜色的油漆、黏胶布和钢丝绳等进行隔票。

二、货物装卸对积载的要求

这一要求主要包括保证各中途港货物的合理积载和有利于货物的快速装卸。

1. 中途港货物的合理积载

由于杂货船每个航次要停靠多个中途港进行部分货物的装卸，积载时必须做到：

（1）保证各中途港货物的顺利卸载

货物在船上配置位置一般应能做到使后卸货先装，先卸货后装。为此，安排货位时，应按货物到港的反次序，在底舱由下而上配置，在二层舱由舱口位四周向舱口位配置。当先卸的重货和后卸的轻货配置于同一舱室时，可以采用扎位堆装。终点港的货物应配置在底舱的最下层或扎位堆装或在二层舱的最里面，最先到港的货物应安排在底舱和二层舱的舱口位或最上层。

在二层舱舱口位四周 1 m 以外可供配置后卸货的最大货舱容积称为货舱的防堵舱容。在该二层舱内实际配置的后卸货物体积称为防堵货物体积，为保证二层舱内舱盖能在卸底舱先卸货时顺利开启，该二层舱内的防堵货物体积不能超过其防堵舱容。

当需要在甲板上装载货物时，在舱盖部位只能配置先卸货。

有些船舶的贵重舱设在其他货舱内，无单独舱口，在这种贵重舱内配置先卸货时，应保证其通向舱口的通道不被后卸货堵住，以使其能顺利卸载。

（2）保证不同到发港货物的合理积载

当一个航次有多个装货港时，应统筹考虑货物的性质和到港顺序，保证各到、发港货物的顺利装卸和轻重货物的合理积载。

例如某轮某航次计划在青岛港装载去鹿特丹的罐头，去汉堡的棉纺织品、五金，然后在上海港加装去鹿特丹的罐头、杂货及去汉堡的茶叶，其较合理的方案之一如图 6-19 所示。

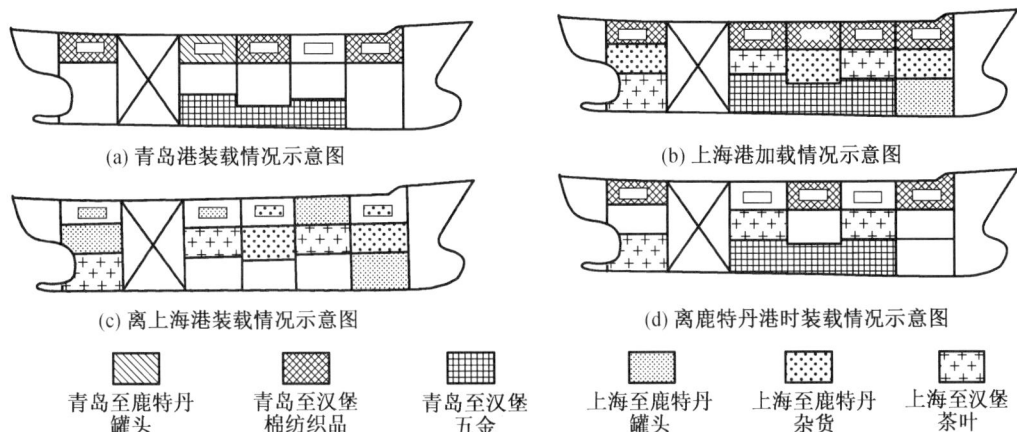

(a) 青岛港装载情况示意图　　　　　　　　　(b) 上海港加载情况示意图

(c) 离上海港装载情况示意图　　　　　　　　(d) 离鹿特丹港时装载情况示意图

青岛至鹿特丹　　青岛至汉堡　　　青岛至汉堡　　　上海至鹿特丹　　上海至鹿特丹　　上海至汉堡
罐头　　　　　棉纺织品　　　　五金　　　　　　罐头　　　　　杂货　　　　　茶叶

图 6-19　不同到、发港货物积载

（3）保证选港货（optional cargo）和转船货（transshipment cargo）的合理积载

远洋杂货船常装运一些选港货和转船货。选港货是指货物装船时未确定运抵的目的港，只选定几个可能的卸货港的货物，按提单条款规定，在船舶到达其第一个选卸港前的24~48 h才电告其确定的卸货港。所以，选港货的配置舱位必须在其各选卸港均能顺利卸载且不影响其他货物卸载的部位。转船货的批量一般都不大，应尽量集中配置，以便于在转船港集中卸载、保管或过驳。

（4）保证船舶在各中途港卸载或加载后的稳性、强度及吃水差都满足要求

当船舶在中途港只卸不装时，应将航次终点港的货载适当地分布于各货舱并且应将其部分货载配置于二层舱；当中途港货载数量较大时，不能将其过分集中于少数货舱，以利于满足中途港卸载后船舶强度的要求和缩短船舶在中途港卸货作业时间。

2. 保证货物的快速装卸（rapid loading and discharging）

为加快船舶的周转，应尽量缩短船舶在港停泊时间，为此满足以下要求。

（1）安排货位时应考虑便于装卸和安全操作

重大件货物一般应配置于货舱的舱口位或重吊可达到的部位，以利于装卸和减轻装卸工人的劳动强度；在舱高较小的二层舱等舱室配置多种货物时，宜用扎位堆装，不宜多层平铺，以便于工人直立操作；杂货船上配置部分散货而且采用抓斗卸载时，不宜配置于狭窄的小舱，以利减少卸载时的清舱工作量等。

（2）缩短船舶的在港停泊时间

船舶在港停泊时间分为生产性停泊时间和非生产性停泊时间，而生产性停泊时间又由装卸作业时间和不能与装卸同时进行的辅助作业时间所组成。从积载的角度，缩短船舶在港停泊时间主要是缩短船舶的生产性停泊时间。为此，在选配各舱货载时，应考虑有利于平衡舱时，即尽量缩短船舶的重点舱（船舶各货舱中所需装卸时间最长的货舱）（long hatch）和非重点舱之间的时间差距，所以应尽可能将装卸效率较高的货物多配置于重点舱，以利缩短整船作业时间；在舱高较高的货舱（如底舱）安排大票货物的货位时，应尽量采用平铺堆装，以利于扩大操作场地，加快装卸速度，在采用扎位堆装时，也应考虑尽量扩大操作场地，有利于快速装卸；对于需要在专业码头装卸的货物应集中配置；需要过驳的货

物应集中一舱或间舱配置,以利减少浮吊移动次数和驳船的进出挡;可以使用相同的装卸属具的货物应尽量一次装舱,以减少调换属具的时间等。

此外,在港期间船方应积极主动加强与港方的联系,争取港方的密切配合,尽可能使辅助作业与装卸作业同时进行,减少辅助作业时间及等待泊位、等待工人等非生产停泊时间,这些也是缩短船舶在港停泊时间,加速船舶周转不可忽视的工作。

知识点 11　杂货船积载计划的编制

编制船舶积载计划是一项细致、复杂而又直接影响船舶安全、货物运输质量及船舶营运经济效果的重要工作。它必须根据前述关于杂货船积载的要求,结合船舶、货物、航线和港口的实际情况,并满足对船舶积载的各项基本要求。在实际工作中,由于船舶类型不同,货物种类各异,到港数量不等等原因,船舶积载计划编制的程序也有繁有简。

杂货船积载
计划的编制
（微课）

下面仅介绍编制杂货船积载计划的一般步骤。

一、准备工作

在编制积载计划之前,负责此项工作的大副必须熟悉和整理船舶、货物、港口、航线等情况和有关资料,做好充分的准备工作。

1. 熟悉船舶情况和资料

需熟悉与积载有关的船舶情况和资料包括:

(1)船舶各货舱结构、装卸货条件及装卸设备等情况。如各货舱和货舱口的位置、尺度、容积;各层甲板安全负荷量;各二层舱舱口位容积及防堵舱容;各货舱的吊杆数及其安全负荷量和舷外跨度;油水舱和压载舱的位置、容积、容积中心位置及自由液面惯性矩;船舶航行和停泊每天燃料和淡水消耗定额以及货舱内各种设备,如支柱、地令、轴隧、污水井的位置,测水管、电缆、通风设备的布置情况等。为便于查阅使用及公休交接,一般都将上述情况整理成文字资料或以图表示的船舶卡片,图 6-20 和图 6-21 是"Q 轮"的两张船舶卡片。

(2)船舶性能数据资料,即以数字表示的船舶静水力参数图表。

(3)强度曲线图或对船中载荷切力和弯矩允许范围数值表或其他表示船舶强度要求的资料。

(4)装载少量载荷(如 100 t)船首尾吃水变化曲线图或数值表。

(5)最小许用初稳性高度或许用重心高度或适度初稳性高度和吃水差值资料。

(6)满足船舶强度条件、稳性、吃水差要求的各货舱、各层舱的货物重量分配比例。该数据随船舶的排水量不同而变化。经过多次实践可以总结出船舶在不同载货量时各货舱、各层舱应分配货重的合理比例数,也可以从"船舶稳性报告书"中找到这些数据。如果没有这些资料,还可以通过计算求得这些数据。

2. 熟悉航次货载情况

船舶每航次装运的货物均以装货清单(loading list)的形式通知船方。驾驶员在编制积载计划前,首先应从装货清单中了解本航次货载情况,不清楚之处应通过代理人员或港方了解清楚。有时,还应到现场观察和核对货物的尺寸、形状和包装情况(材料、尺码、牢固程度等),了解的重点应放在不熟悉的、首次装运的货种和对运输保管有特殊要求的货种上。

14.5%
2 846m³
100 504 ft³

13.2%
2 587m³
91 358 ft³

22.5%
4 402 m³
155 452 ft³

27.8%
5 460 m³
192 815 ft³

25.8%
5 049 m³
178 300 ft³

9.4%
1834 m³
64765 ft³

A.P.259 m³ 1 461 m³
165.99 146 m³ 51 594 ft³
m³ 1.3% $x=-55.55$ m
$x=$ $z=11.54$ m
-68.7 m
$z=11.63$ m

1 312 m³
46 332 ft³
$x=-13.87$ m
$z=11.17$ m

1 630 m³
57 562 ft³
$x=8.0$ m
$z=11.18$ m

1 789 m³
63 176 ft³
$x=32.18$ m
$z=11.42$ m

1 030 m³
36 373 ft³
$x=53.18$ m
$z=11.85$ m

F.P.
438
m³

A.B. 1 126 m³
D.T 39 764 ft³
124 $x=-54.25$ m
m³ $z=7.24$ m

3 090 m³
104 120 ft³
$x=-13.79$ m
$z=5.37$ m

3 830 m³
135 253 ft³
$x=7.85$ m
$z=5.35$ m

3 260 m³
115 124 ft³
$x=31.3$ m
$z=5.51$ m

804 m³
28 392 ft³
$x=52.38$ m
$z=6.97$ m

F.W.T.
$P+S$
$=101+$
$+129.6$
m³

No.1B.T.
481 m³

No.3B.T
82 m³

No.2 F.O.T
$(S-P)P+S_3$
$=187+23.5$m³

No.1F.O.T.$(S+P)$
$P+S=231+288$ m³

No.2B.T.$(S+P)$
$P+S=149+200$ m³

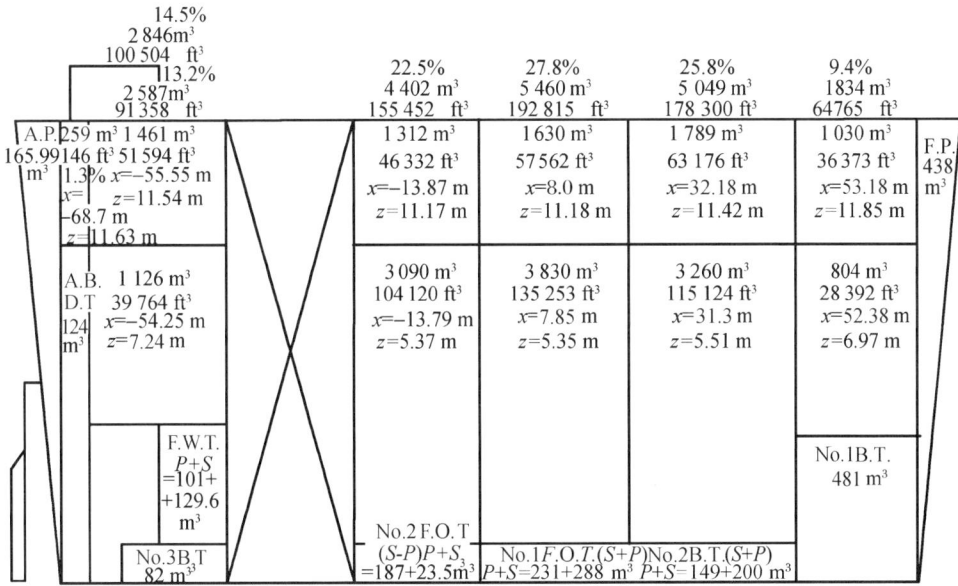

图 6-20　船舶卡片(1)

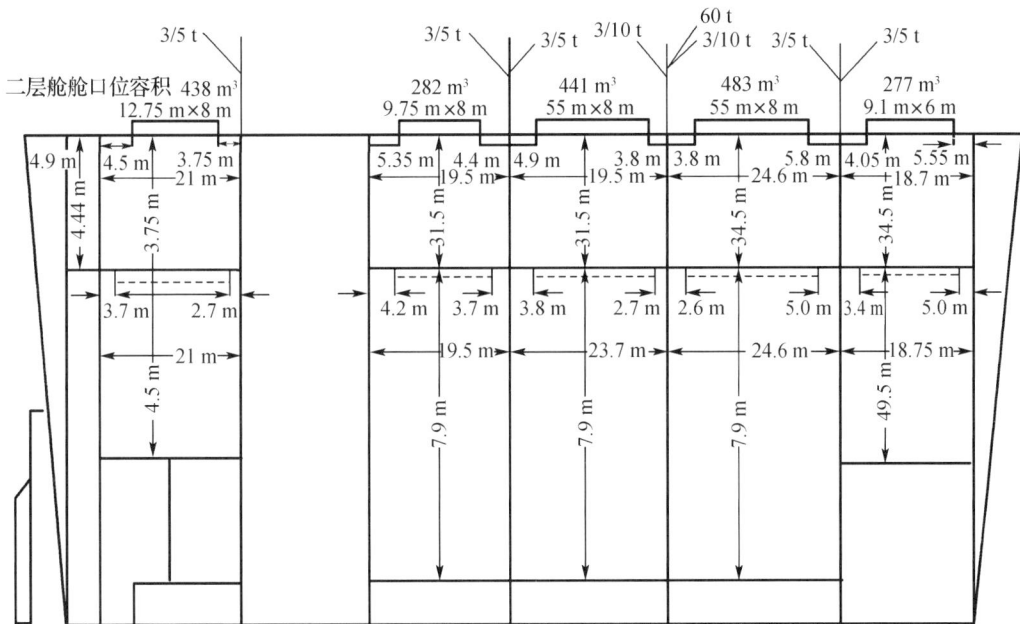

60 t

3/5 t

3/5 t　　3/5 t　　3/10 t　　3/10 t　　3/5 t　　3/5 t

二层舱舱口位容积 438 m³
12.75 m×8 m

282 m³
9.75 m×8 m

441 m³
55 m×8 m

483 m³
55 m×8 m

277 m³
9.1 m×6 m

4.9 m

4.5 m　3.75 m
$\longleftarrow$21 m$\longrightarrow$

4.44 m

3.75 m

5.35 m　4.4 m
$\longleftarrow$19.5 m$\longrightarrow$

4.9 m

3.8 m　3.8 m
$\longleftarrow$19.5 m$\longrightarrow$

5.8 m

4.05 m　5.55 m
$\longleftarrow$18.7 m$\longrightarrow$

31.5 m

31.5 m

34.5 m

34.5 m

3.7 m　2.7 m

4.2 m　3.7 m

3.8 m　2.7 m

2.6 m　5.0 m

3.4 m　5.0 m

$\longleftarrow$21 m$\longrightarrow$

$\longleftarrow$19.5 m$\longrightarrow$　$\longleftarrow$23.7 m$\longrightarrow$　$\longleftarrow$24.6 m$\longrightarrow$　$\longleftarrow$18.75 m$\longrightarrow$

4.5 m

7.9 m

7.9 m

7.9 m

49.5 m

图 6-21　船舶卡片(2)

3.熟悉航线、港口情况

这方面应了解和熟悉以下情况。

(1)本航次所经的海区和季节期,以确定船舶允许使用的载重线。

(2)航次所经海区的风浪、气温变化情况。如船舶航经台风区,则应慎重安排甲板货的数量、货种和货位,并做好相应的防范措施(如加强系固等)。如航经海区气温变化较大,则应在货物通风、衬垫和防汗水等方面预先采取措施。

(3)本航次所经海区及港口泊位的水深、有无浅水区及其限制吃水,以确定船舶的允许最大吃水。

(4)本航次所到港口的有关装卸运输条件及规定。如港口装卸工具、起重设备能力、同时作业头数、每天作业班次及节假日规定等,以便积载时做出妥善安排。

上述有关船、货、港、航等方面的情况中,有关船舶的情况和资料在一定时间内是不变的,应将它们整理成清晰的文字、图表和数据资料,以便于使用。关于货、港、航的情况,则随航次的不同而异。但是,驾驶人员仍应注意保存有关资料,如各种货物的特性及运输保管要求、积载因数、亏舱率等;各航区的特点;各港口与装卸有关的情况等。

二、编制积载计划的步骤

在做好上述准备工作以后,可按下列步骤编制积载计划。

1.核定航次货运任务与船舶载货能力是否相适应

这一步工作的目的在于校核船舶能否承运本航次装货清单中所列的全部货物。为此应:

(1)计算本航次船舶的航次净载重量并查取船舶货舱总容积;

(2)审核装货清单上所列货物的重量、件数、体积、尺码及它们的总和;

(3)比较装货清单上的货物总重量和总体积(包括亏舱)与船舶的净载重量和货舱容积。

如果净载重量和货舱容积分别大于或等于货物的总重量和总体积,一般情况下装货清单上所列货物能够全部装运。但是如果航次货载中性质互抵的货物过多、危险货物品种过多或有特殊装载要求的货物过多,而船舶条件无法满足时,也需要调换或退掉部分货物。不过这种情况一般要在进行货物具体配舱和安排货位时才能发现并做出决定。如果航次货载中货量过少,轻重货物比例过分失调,使船舶亏载或亏舱过多,则应争取追加或调换部分货载。

对于有经验的驾驶员,这一部分工作通常不必进行计算就可以得出结论。

2.确定航次货重在各货舱、各层舱的分配控制数

为了减少货物初步配舱时的盲目性,在航次货重确定以后,应先根据船舶稳性、船舶强度条件及吃水差的要求确定航次货重在船上各货舱、各层舱的分配控制数。

3.确定货物的舱位和货位

即确定货物的初配方案。正确安排各票货物的舱位和货位是保证货物运输质量及提高船舶营运经济效益的重要环节,也是编制杂货船积载计划的很关键的和最费时的一项工作。

在进行货物初步配舱时,应着重考虑除了稳性、船舶强度条件、吃水差以外的其他各项要求,即应根据货物的性质、轻重、包装、运输保管要求、货舱设备条件和船舶到港次序、装卸作业的条件和要求等因素来进行安排。

远洋货船每个航次不仅货票多、货类杂,而且中途靠港多。为使初配工作少走弯路,掌握货物配舱的方法十分重要。货物配舱的方法和原则可以归纳如下:

(1)根据货物的到港、性质、轻重、包装,对货物进行归类。这是货物配舱时首先要做的工作。

(2)特殊货物首先定位,忌装货物谨慎搭配。在上述归类的基础上,首先安排特殊货物

的舱位和货位,如危险货、贵重货、重大件货物、怕热货等均应根据其要求安排合理的舱位和货位,同时要合理安排忌装货物,恰当搭配,防止混装。对于有特殊装载要求和忌装货物的舱位安排,应根据前面有关项目所述的要求,做到全船统筹兼顾、综合考虑。

(3)按自下而上,从里到外,先远后近,先大后小的原则,对普通货物逐舱进行分配。一般来说,船舶每个航次的货载中,特殊货物所占比例不会很大,在进行了第二步以后,各货舱内均尚有多余的舱容和重量,而余下的货物都是普通货物,它们对舱室无特殊要求,也无忌装要求,此时应根据各舱剩余的舱容及装载重量,将各票普通货物安排到各个货舱。安排时应注意将后到港的货物安排在舱的下面和里面,先到港的货物安排在舱的上面和舱口位附近,以便于到港卸货;同时,为便于货物配置,应先安排远程或批量大的货物,后安排近程或批量小的货物;对于普通货物,配舱时应逐舱进行,以减少差错。

(4)大硬配中,小软艏艉,轻重大小合理搭配,艏艉货舱留出机动舱容与货载。普通货物安排时,还应注意将大包装、硬包装的货物尽量安排在中部货舱,小包装、软包装的货物尽量安排在艏艉货舱,以减少亏舱,同时,每个货舱内安排货物时应做到轻重搭配,才能使全船货载顺利配舱。此外,应在艏艉货舱留出一定的机动货载,以便于后面进行吃水差等的调整。所留调整货量视船舶大小而异,对于万吨级的杂货船,一般留 $100 \sim 200$ t 为宜。

4. 对初配方案进行全面核查

为保证配货方案的正确无误,初配工作完成以后应进行全面的核查,其内容包括:

(1)检查装货清单上的所有货物是否都已装舱,有无漏配或重配;

(2)核查各货舱、各层舱所配货重是否在预计的范围内;

(3)核查各舱室所配货物能否装得下;

(4)各底舱的先卸货是否被堵;

(5)各货舱内所配货物性质是否互抵;

(6)如有单件较重货,则应检查所载部位的局部受力是否允许。

如发现有不符合要求者,应及时调整。

5. 核查和调整船舶的稳性、纵向受力和吃水差

初配方案完成并进行全面核查调整,没有差错以后,应按初配的结果,对船舶的稳性、纵向受力和吃水差进行核算,以判明其是否符合要求。这种核查一般必须包括:船舶离始发港,到、离各中途港及到终点港。

如果驾驶员按各舱经验比例配货,对船舶的稳性、纵向受力和吃水差有充分的把握,对如下状态也可以不进行核算:船舶离始发港、各中途港只卸不装或有装有卸并补足了油水的离港状态。但是,要特别重视各到港状态的核算。对各状态的核算结果应记录在案,以备查用。

6. 绘制正式积载图

对初配方案进行了核查、核算、调整,认为符合各项要求以后,就可以据此绘制正式积载图。

货物积载图是船上各货舱内货物配置及其堆装工艺的示图,它是货物装船工作的指导性文件,应按一定的格式绘制,且要求清晰、简单、明了、易懂。积载图上应写明船名、航次、始发港、各中途港、终点港、离始发港时的艏艉实际吃水和平均吃水。在积载图上方两侧的表格内应按要求填写航次货载在各舱、各层舱内配置的吨数和件数及各到港货载在各舱的配置重量和总重量等。在积载图上,各票货物应标明货名、装货单号码、到港、重量、件数及

包装形式等。每票货物在图上所占的面积应大致与其体积相当，各货票之间应以虚线分隔。

为了能清楚地表示出各票货物的装载位置，一般在舱高不大的二层舱部位以俯视图标示；底舱部位以侧视图标示，其标示方法及含义见图 6-22。

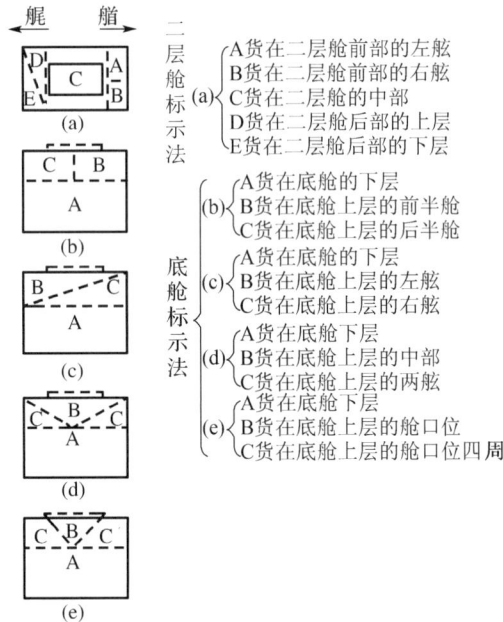

图 6-22　积载图标示法

当中途港较多时，不同到港货物的货位可以用不同的颜色标示，有些需要专门衬垫的货物，应画出明显的标记。当船舶装运重大件货物时，应以附图标明重大件货物的装舱位置，必要时，还应在具体货位上画上明显的货位标记，以利正确装载。

此外，为了保证积载的质量和要求，在积载图下方的备注栏内应扼要注明装载时应注意的问题，如吊杆安全负荷量、衬垫、隔票、通风、防堵、系固及其他应特殊处理的事项等。

知识点 12　杂货运输全过程中的注意事项

承运人在运输货物中负有管理船舶和管理货物两大义务。在管理货物方面要求承运人在运输全过程中负有不可免除的责任。因此，必须做好货物运输过程中每个环节的工作。

杂货安全装运
（微课）

一、做好货舱准备工作

货舱适货是承运人管理船舶义务的一部分。所谓货舱适货是指货舱必须适合于收受、装运、保管所承运的货物。不同的货物对货舱的要求不尽相同。各类杂货的货舱应根据货物情况做到清洁、干燥、无味、无虫、无漏，舱内设备完好，有时需经检验合格取得验舱证书。

①清洁

舱内无残留的货物、无油漆皮及有害杂质和污秽物质。

②干燥

舱内应无积水、"汗水"和潮湿现象,如不合格,应通过通风、擦拭或烘烤使其达到要求。

③无味

舱内应无油漆味、腥味、臭味等足以影响货物质量的异味。如有异味,可以用茶叶、咖啡豆等加热熏蒸或用化学方法除味。

④无虫

舱内应无虫害和鼠害。如有,可以采用杀虫剂或化学杀虫的方法除虫,或按要求进行熏舱。

⑤无漏水及舱内设备完好

货舱必须水密,舱内的各种管道无漏水,舱内的人孔盖、污水井盖、通风设备等必须完好。装货前应对货舱进行检查,发现问题及时处理,使之符合要求。

二、做好装卸过程中的监管工作

船舶装货和卸货时船员对装卸工作的监管对保证货运质量十分重要。货物在舱内的堆码、衬隔、系固直接影响货物在航行中的安全和质量。虽然多数船舶委托理货公司进行理货,但船员仍有配合和协助做好理货工作的责任,特别是装卸贵重物品和价格较高的货物时,更应发动船员做好这项工作。

在货物装卸过程中船上都安排人员进行看舱,看舱人员在船舶装卸货时应做好以下工作:

(1)要求装卸工人按积载计划的要求进行装货作业,如有变化应请示大副,并记录货物的实际装载位置和隔票情况。

(2)监督装船货物的外部质量,如有残损应报告大副视情况或拒装或批注等并做好记录。

(3)督促装卸工人按操作规程进行作业,制止各种违章作业。并按要求做好组件货物的衬垫、隔票和系固及散装货物的平舱工作。

(4)督促理货人员正确理货、检残,分清原残、工残,做好现场记录及签认,必要时船员参加理货,并与理货人员核对装船货物的数字,如双方数字不符或与装货单数字不符,则应报告大副进行处理。

(5)保证装卸货的工作场所适工,根据天气情况及时开关舱并确保装卸货的安全。

(6)卸货时应特别注意防止工人"挖井"、拖关及货物的混票和混卸。

(7)当卸货时发现货物残损,应分清是原残或工残,此时的原残属于船方管货而产生工残则因装卸不当所造成,应与装卸公司共同做好记录并签认。

大副除处理上述有关事项外,还应做好以下工作:

(1)装载危险货物、重大件货物及贵重货物时,应到场监装或指导,以保证装载质量和防止货物被窃;

(2)应随时掌握全船的装货进度和货损情况,检查货物的堆码、衬垫、隔票、系固、平舱等情况,必要时调整货载,及时签发收货单和做好批注工作;

(3)装货结束,应会同有关人员检查货舱,当确认一切正常后及时封舱;

(4)卸货结束,应会同有关人员检查有无漏卸货物,并安排人员清理货舱和衬垫物料,为下一个航次做好准备。

三、做好航行途中对货物的保管

航行途中对货物的保管是承运人管理货物的内容之一。

航行途中对货物保管的内容主要包括:经常检查货物在舱内的状况、测量舱内温湿度及污水、察看烟雾报警器及怕热、怕潮等货物的情况;做好特殊货物的管理工作,如危险货物的防燃、防爆及防其他重大事故,贵重货物的防窃,尽量保持冷藏货物的温度恒定等;注意气象变化,做好恶劣天气的防范工作,如货物的加固、通风设备的紧固、舱盖的密固以及做好货舱的通风。

下面重点论述货舱通风。

1. 货舱通风的目的

(1)降低舱内空气的露点温度,防止舱壁和货物表面产生"汗水";

(2)降低舱内的温度,防止货物变质受损及自燃;

(3)提供新鲜空气,防止货物腐败变质;

(4)排除有害气体,防止发生燃烧、爆炸和人员伤害事故。

2. 货舱通风的方式

货舱通风方式有自然通风、机械通风和干燥通风,其相应的设备是自然通风装置、机械通风装置和干燥通风装置。

(1)自然通风

自然通风是利用货舱通风筒和自然风力进行的通风。自然通风又分为自然排气通风和对流循环通风两种。

①自然排气通风

将货舱的通风筒口全部朝向下风向,依靠空气的自然流动,使舱内暖湿空气徐徐上升排出舱外。这种通风方式安全可靠,但速度缓慢。当天气晴好、甲板不上浪时,还可以把货舱盖全部或部分打开,使通风速度加快。

②对流循环通风

将上风一舷的通风筒口朝向下风向,将下风一舷的通风筒口朝向上风向,依靠风压形成对流循环通道使舱内的空气排出舱外。这种通风方式速度较快,适于大量旺盛通风时采用,但当外界气温较低而舱内的温湿度均较高时,不宜采用这种通风方式,否则会使舱内产生雾气。

自然通风由于受风力、风向、自然条件及通风筒截面等限制,往往不能满足通风的要求。

(2)机械通风

机械通风是利用安装在货舱的进气和排气通风管道口的鼓风机进行的强力通风。

远洋船上一般均设有这种通风装置。采用机械通风,可以通过调节阀控制通风量,舱内设有通风管道延伸至货舱两侧,管道上间隔一定距离开设通风口,可使货舱各处都能得到充分的通风。但当外界空气的湿度很高而舱内又需要干燥空气时,用这种方法也不能满足通风的要求。

(3)干燥通风

干燥通风是利用货舱干燥通风装置进行的通风。

干燥通风装置由空气干燥机、货舱通风系统及露点指示记录器三部分组成。当外界条件适宜通风时,可将调节器置于"通风"的位置上;当外界条件不适于通风时,可将调节器置于"再循环"位置上,并开启干燥空气接口,使干燥空气进入舱内,其输入量可以自由调节。但此时由于向舱内输入了干燥空气,货舱气压必然升高,故应将排气管口的调节器适当打开一些,以使货舱增压的气流适当排出。还可以根据露点记录器的记录,正确选定上述的通风措施。

3. 货舱通风的基本原则

(1)降低舱内露点,防止产生"汗水"的通风原则

在一定温度下,空气中的水汽达到最大值时,称这种空气处于饱和状态。未达到饱和状态的空气,随着温度的下降也会达到饱和状态。饱和状态的空气温度称为露点。

露点温度可以根据测定的干、湿球温度之差值及湿球温度在露点温度查算表(表6-4)中查得。

表6-4　露点查算表

湿球温度/℃	干、湿球温度差值/℃																						
	0.0	0.5	1.0	1.5	2.0	2.5	3.0	3.5	4.0	4.5	5.0	5.5	6.0	6.5	7.0	7.5	8.0	8.5	9.0	9.5	10.0	10.5	11.0
-5	-6	-7	-8	-9	-11	-13	-14	-17	-19	-22	-27	-38											
-4	-5	-6	-7	-8	-9	-11	-12	-13	-14	-16	-19	-22	-26	-33									
-3	-3	-4	-5	-7	-8	-9	-11	-12	-14	-16	-19	-22	-26	-32	-37								
-2	-2	-3	-4	-5	-6	-7	-9	-10	-12	-14	-16	-18	-21	-25	-30	-31							
-1	-1	-2	-3	-4	-5	-6	-7	-8	-10	-11	-13	-15	-17	-20	-23	-28	-36						
0	0	-1	-2	-2	-3	-4	-5	-7	-8	-9	-10	-12	-14	-16	-19	-22	-26	-32					
1	1	0	-1	-1	-2	-3	-4	-5	-6	-7	-9	-10	-12	-13	-15	-18	-20	-24	-29	-39			
2	2	1	1	0	-1	-2	-3	-4	-5	-6	-7	-8	-9	-11	-12	-14	-17	-19	-22	-27	-34		
3	3	2	2	1	0	-1	-1	-2	-3	-4	-5	-6	-7	-9	-10	-12	-13	-15	-18	-21	-24	-30	-40
4	4	3	3	2	2	1	0	-1	-2	-2	-3	-4	-5	-7	-8	-9	-11	-12	-14	-16	-19	-22	-26
5	5	4	4	3	3	2	1	1	0	-1	-2	-3	-4	-5	-6	-7	-8	-9	-11	-13	-15	-17	-19
6	6	6	5	4	4	3	3	2	1	1	0	-1	-2	-3	-4	-5	-6	-8	-10	-11	-13	-15	
7	7	7	7	6	6	5	4	4	3	2	1	1	0	-1	-2	-3	-4	-5	-6	-7	-8	-10	-11
8	8	8	8	7	7	6	6	5	4	4	3	3	2	1	1	0	-1	-2	-3	-4	-5	-6	-7
9	9	9	9	8	7	7	6	6	5	4	4	3	3	2	1	1	0	-1	-2	-3	-4	-5	-6
10	10	10	10	9	9	8	8	7	7	6	5	5	4	4	3	2	2	1	0	-1	-1	-2	-3
11	11	11	11	10	10	9	9	9	8	8	7	7	6	5	5	4	4	3	2	1	0	0	-1
12	12	12	12	11	11	11	10	10	9	9	8	8	7	6	6	5	5	4	3	3	2	1	
13	13	13	13	12	12	12	11	11	19	10	10	9	9	8	7	7	6	5	5	4	4	3	
14	14	14	14	13	13	13	12	12	12	11	11	10	10	10	9	9	8	8	7	7	6	6	5
15	15	15	15	14	14	13	13	13	12	12	12	11	11	10	10	10	9	8	8	7	7	6	
16	16	16	16	15	15	15	14	14	14	13	13	12	12	11	11	11	10	10	9	9	8	8	

表 6-4(续 1)

湿球温度/℃	干、湿球温度差值/℃																						
	0.0	0.5	1.0	1.5	2.0	2.5	3.0	3.5	4.0	4.5	5.0	5.5	6.0	6.5	7.0	7.5	8.0	8.5	9.0	9.5	10.0	10.5	11.0
17	17	17	16	16	16	16	15	15	15	14	14	14	13	13	13	12	12	12	11	11	10	10	10
18	18	18	18	17	17	17	16	16	16	16	15	15	15	14	14	14	13	13	13	12	12	11	11
19	19	19	19	18	18	18	17	17	17	17	16	16	16	16	15	15	15	14	14	14	13	13	13
20	20	20	20	19	19	19	18	18	18	18	17	17	17	16	16	16	16	15	15	15	15	15	14
21	21	21	21	21	20	20	20	19	19	19	18	18	18	18	17	17	17	16	16	16	16	16	15
22	22	22	22	21	21	21	21	21	20	20	20	19	19	19	18	18	18	18	17	17	17	17	17
23	23	23	23	22	22	22	22	22	21	21	21	21	20	20	20	20	19	19	19	18	18	18	18
24	24	24	24	23	23	23	23	23	22	22	22	21	21	21	21	20	20	20	20	19	19	19	19
25	25	25	25	24	24	24	24	24	23	23	23	23	22	22	22	22	21	21	21	21	21	21	21
26	26	26	26	26	25	25	25	25	24	24	24	24	24	23	23	23	23	23	22	22	22	22	22
27	27	27	27	27	26	26	26	26	26	25	25	25	25	24	24	24	24	23	23	23	23	23	23
28	28	28	28	28	27	27	27	27	27	26	26	26	26	26	25	25	25	25	24	24	24	24	24
29	29	29	29	29	28	28	28	28	28	28	27	27	27	27	27	26	26	26	26	25	25	25	25
30	30	30	30	30	29	29	29	29	29	29	28	28	28	28	28	27	27	27	27	27	27	27	27
31	31	31	31	31	31	30	30	30	30	30	30	29	29	29	29	29	29	28	28	28	28	28	28
32	32	32	32	32	32	31	31	31	31	31	31	30	30	30	30	30	30	29	29	29	29	29	29
33	33	33	33	33	33	32	32	32	32	32	32	32	31	31	31	31	31	31	30	30	30	30	30
34	34	34	34	34	34	33	33	33	33	33	33	33	32	32	32	32	32	32	32	31	31	31	31
35	35	35	35	35	35	34	34	34	34	34	34	34	34	33	33	33	33	33	33	33	33	33	332

　　当舱壁、甲板的温度下降至舱内空气的露点温度以下,或舱内空气的露点温度上升到超过了舱壁、甲板或货物表面的温度时,就会在舱壁、货舱顶部或货物表面等处产生"汗水"。例如,当船舶在温暖地区装货后驶往低温地区时,或虽然外界温度变化不大,但舱内货物的水分蒸发很旺盛,使舱内空气的露点温度随之升高时,都会出现上述情况。特别是当船舶由温暖地区装载易散发水分的货物驶向低温地区时,上述部位"出汗"更为严重。而当船舶由低温地区装货后驶往温暖地区时,如果封舱不好,外界暖湿空气流入舱内,则很容易在货物表面产生"汗水"。

　　为防止舱内产生"汗水",除装货前保证货舱干燥外,在航行中必须对货舱进行正确的通风,使舱内空气的露点温度保持低于货舱壁和货物表面的温度。其基本原则是:

　　①当舱内空气的露点温度高于外界空气的露点温度时,应进行旺盛的通风,用舱外的低露点的空气置换舱内的空气,以降低舱内空气的露点温度。因此,此时可以进行对流循环的自然通风或将机械通风的调节阀开至最大,或使用干燥通风时将调节器放在"通风"的位置上。

　　②当舱内空气的露点温度高于外界空气的温度及露点温度时,应进行缓慢的通风,以

免大量冷空气进入货舱产生雾气。因此,此时应进行自然排气的自然通风或将机械通风的调节阀关小,靠自然排气进行缓慢的通风,采用干燥通风时将调节器置于"通风"位置并追加干燥空气。

③当舱内空气的露点温度低于外界空气的露点温度时,应断绝通风,以防暖湿空气进入舱内。如果此时必须进行通风,只能进行干燥通风,将调节器置于"再循环"位置并追加干燥空气。

(2)降低舱内温度,防止货物变质或自燃的通风原则

船舶航行中由于各种原因会引起舱内温度的升高,而货舱内温度的升高又会加剧某些货物的氧化、呼吸作用及微生物的繁殖,引起货物的变质,或由于舱内热量积聚不散而引起有些货物的自燃。因此,也必须进行正确的通风以降低货舱内空气的温度。

一般来说,为防止货物变质的通风原则与防止舱内产生"汗水"的通风原则基本上是一致的。但对于防止货物自燃的通风则应特别谨慎,因为对装载易自燃货物的货舱进行通风虽然可以驱散热量,但也会提供大量氧气而加剧氧化,或促使已达自燃点的货物燃烧。所以,为防止货物自燃的通风原则应该是:既能排除舱内的热量以防止其积聚,又避免给货物提供过多的氧气促使其氧化自燃。当确认舱内无自燃迹象且外界条件适于通风时应连续通风,但如发现舱内有自燃迹象或天气恶劣时应断绝通风,而且要关闭通风筒。当然,货种不同,连续通风的时间也不同,如经验认为,煤炭装船后应先进行 4~5 d 的表面通风,然后,每隔一天进行表面通风 6 h,即可达到排除可燃气体的目的,并可根据不同季节、地区特点、外界气温,采取甲板喷水的降温措施;当舱内货温接近 45 ℃时,应立即停止通风,封闭货舱及通风筒,防止空气进入货舱。又如装运棉花,当确认舱内无自燃迹象时,可以连续通风;当货舱有异状或天气恶劣时,则应立即断绝通风。再如装运鱼粉则应根据《国际危规》的要求,按货物情况分别采取良好通风、不须通风和不须特别通风等不同的通风方法;运输鱼粉最忌讳的是长时间的微弱通风,因为它能有效地提供氧气使鱼粉氧化而又不能有效地排除热量。当鱼粉的温度超过 55 ℃并继续上升时,应限制货舱通风。

(3)提供新鲜空气,防止货物腐败的通风原则

装运有生命的货物如水果、蔬菜等时,由于它们不断进行呼吸,使舱内空气中的氧气减少,二氧化碳增加,造成其呼吸不足且舱内空气的温、湿度升高,为微生物的繁殖提供了有利条件,促使货物腐败变质。因此,运输这类货物时应根据货物的不同要求,进行适当的通风换气。

(4)排除有害气体的通风原则

有些货物在储运过程中会散发出易燃、易爆、有毒等有害气体,因此运输这些货物时,应进行连续的旺盛通风,不断排除有害气体,不使其沉积于舱内。特别在卸货前应进行旺盛通风。

知识点 13　产生货运事故的主要原因

杂货的货运质量事故是指在海上运输过程中所产生的货物包装损坏、变形或松脱,货物外形残损、霉烂变质、重量减少或数量短缺和迟延交货等方面的事故。

杂货运输中,产生货运事故的主要原因有以下几个方面。

一、积载不当

由于积载不当而产生货运事故,具体有以下四方面原因:

（1）货物的舱位或货位不当；

（2）货物在舱内堆码不当；

（3）货物搭配不当；

（4）衬垫、隔票不当。

二、货舱及其设备不符合所运货物的要求

（1）货舱的状况不符合所装货物的要求；

（2）货舱水密性能差，货舱外板、甲板、舱口盖漏水或货舱开口或道门闭锁装置不善，造成货舱进水，引起货损；

（3）货舱设备不完善。

三、装卸过程中值班船员和装卸工人工作疏忽或失职

其包括船员和装卸工人在以下方面的失职：

（1）值班船员看舱松懈，疏于监装、监卸、监督理货计数，造成原损货物进舱、货物堆积不符合积载图要求、货物数量短缺或贵重货物失窃等；

（2）装卸工人工作马虎、操作不当或违章作业、野蛮装卸、使用工具不当、货物堆装质量不符合要求等引起货损；

（3）装卸设备和工具不符合所装货物要求或其技术状态不良造成货损；

（4）装卸不适时或遇有雨雪天气未及时处理、夜间作业照明不符合要求造成货损等。

四、运输途中货物保管不当

如货舱通风不当；对污水沟（井）内污水不及时测量和排出，造成货物湿损；大风浪来临前防范措施不充分或不当；或对特殊货物如冷藏货、危险货的检查、管理不符合要求等。

五、不可抗力等原因造成货损

由于遇到恶劣天气使船体结构受损，货舱进水造成货损或使货物移位受损，或由于遇到恶劣天气使货舱长时间无法通风使货物受损等属于不可抗力所造成。根据有关规定和规则，承运人只要能提出充分的证据，并采取了力所能及的措施，就可以免除赔偿责任。

六、货物本身的原因

指由于货物自身的特性或潜在缺陷在运输途中发生变质、损坏等，当承运人能举证确属此类原因时，承运人对此不负赔偿责任。

第二部分　包装危险货物运输

危险货物（dangerous goods or dangerous cargo）系指具有爆炸、易燃、毒害、腐蚀、放射性等特性，在运输、装卸和储存过程中，如处理不当，容易造成人身伤亡、财产毁损或环境污染而需要特别防护的货物。

海上危险货物运输具有运量大、品种多、涉及部门广、风险大和运价高等特点。为方便并促进危险货物的国际运输，国际海事组织（IMO）制定出版了国际统一的《国际海上危险货物运输规则》（International Maritime Dangerous Goods Code，缩写为 IMDG Code，以下简称《国际危规》）。作为《1974 年国际海上人命安全公约》（SOLAS 1974）第七章修正案的内容，自 2012 年 1 月 1 日起，规则在国际危险物海运中已具有强制性。我国政府已于 1982 年宣布承认该规则，它已成为我国及世界多数国家在危险货物国际海运中必须遵守的一项基本法规。我国交通运输部以《国际危规》为蓝本制定并颁布了《水路危险货物运输规则》第一

部分"水路包装危险货物运输规则"(以下简称《水路危规》)。该规则已从 1996 年 12 月 1 日起在我国境内的危险货物水路运输中实施。

包装危险货物系指,除通常所指的带包装的各类危险货外,还包括载于集装箱、可移动罐柜、公路或铁路车辆等运输单元内的无包装固体或液体的危险货物(本部分以下所称的"危险货物"均系指"包装危险货物")。

下面主要介绍通常所指的带包装的各类危险货物的海上安全运输问题。

知识点 1　《国际危规》和《水路危规》简介

一、《国际危规》简介

《国际危规》是依据并为实施《1974 年国际海上人命安全公约》(即《SOLAS 1974》)和《1973/1978 国际防止船舶造成污染公约》(即《MARPOL 73/78》)制定的。它适用于任何总吨船舶的包装危险货物国际航线运输,但不适用于散装固态和液态危险货物和船用物料及其设备的运输。

《国际危规》与《水路危规》（微课）

2010 年 5 月,国际海事组织海上安全委员会第 87 次会议通过了《国际危规》第 35 套修正案,该修正案于 2011 年 1 月 1 日起自愿实施,于 2012 年 1 月 1 日起强制实施。

《国际危规》由 3 册组成。第 1 册:总则、定义和培训;分类;包装和罐柜规定;托运程序;包装、中型散装容器、大宗包装、可移动罐柜和公路罐车的构造和试验;运输作业的有关规定。第 2 册:危险货物一览表、特殊规定和免除;附录 A——通用和未另列明条目的正确运输名称清单;附录 B——术语汇编;索引。第 3 册为补充本,主要包括船舶载运危险货物应急措施(EmS);货物运输组件的装载指南;危险货物事故医疗急救指南(MFAG);船舶安全使用杀虫剂;报告程序。

危规将危险货物按其主要特性和运输要求分为九个大类,每一大类又细分为若干小类。危规采用概括描述和品种罗列并举的方法来鉴别危险货物与非危险货物;并在危险货物一览表中对单一(类)物质或物品进行详细说明。一览表在规则中占了很大篇幅,表中所列危险货物是按联合国编号("UN No."是指由联合国危险货物运输问题专家委员会制定的《危险货物运输建议书》(简称联合国"橙皮书")中对每一种常运危险物质和物品所用的以四位阿拉伯数字表示的代码,并在各种运输方式中被公认)顺序编排的,共列出了四种条目:

物质或物品的单一条目,如丙酮(UN No. 1090);

物质和物品的通用条目,如香水(UN No. 1133);

未列明的特定条目,如醇类,未列明(UN No. 1987);

未列明的通用条目,如易燃液体,有机的,未列明(UN No. 1325)。

"未列名条目(not otherwise specified 缩写为 N. O. S.)"用于不另外具体列出名称的同一特定种类的货物。这样,危规实际上将所有的危险货物(包括尚未出现的一些化工产品)都已包括在内。船方在承运具有危险特性但"未列名"的货物时,必须要求托运人提供《危险货物技术说明书》,以确定该货物分属哪一类"未列名"条目,以便于采取相应的防护措施。

危规的基本使用方法是:首先熟悉规则第 1 册中的总则、分类、托运程序、包装规定,以及运输作业的有关规定;然后由规则第 2 册的索引查取特定危险货物的 UN No.,并由此按

UN No. 顺序进一步查阅"危险货物一览表和限量内免除"中的特定行,在该行内列有许多代码或编号,由代码或编号再查阅有关章节或附录,以获得其详细的说明。

危规具体查阅方法通常可以分为以下两步:

第一步,按货物正确运输名称(proper shipping name,PSN)查危险货物的 UN No.,以货物的英文(按英文字母顺序)或中文(按汉语拼音字母顺序)正确运输名称查《国际危规》第2 册"危险货物英文名称索引"或"危险货物中文名称索引",以获取其分类、UN No. 等。例如:clalcium carbide(碳化钙),按字母 c、a、l、c、……顺序查取(表 6-5 和表 6-6)。但货名若以阿拉伯数字、N-、希腊字母等作词头,查索时,这类词头被忽略。

表 6-5　危险货物英文名称索引

Substance,material or article	MP	Class	UN No.
Calcium Bisulphite,Solution,see	—	8	2 693
Calcium Carbide	—	4. 3	1 402
...			

表 6-6　危险货物中文名称索引

物质、材料或物品	联合国编号
tan	
炭黑,见	1 361
碳化钙	1 402
碳化铝	1 394
……	

表 6-5 中,MP 列若标有"P"表示海洋污染物,标有"PP"表示严重海洋污染物,标有"　"表示可能是 P 或 PP,Class 列是货物的分类号。物质、材料或物品名称后有"see"(同表 6-6 中"见"),指该名称为同义词。

第二步,按货物的联合国编号(UN No.)查"危险货物一览表和限量内免除"。

在《国际危规》第3 部分(位于第 2 册)中列有危险货物一览表。该表按危险货物联合国编号 UN No. 顺序列出了 4 000 多个危险货物条目。例如碳化钙,按联合国编号 1402 可查得如表 6-7 所示内容。

表 6-7　危险货物一览表和限量免除

UN No.	正确运输名称(PSN)	类别或小类	副危险	包装类	特殊规定	限量	包装		中型散装容器	
							导则	规定	导则	规定
1402	碳化钙	4. 3	—	I	—	无	P403	PP31	IBC04	B1
1402	碳化钙	4. 3	—	II	951	500 g	P410	PP40	IBC07	B2

表 6-7(续)

UN No.	可移动罐柜与散装容器导则			EmS	积载与隔离	特性与注意事项
	IMO	UN	规定			
1402	—	BK2	—	F-G S-N	积载类 B 与酸类隔离	固体,与水接触迅速放出高度易燃气体乙炔。乙炔可与一些重金属盐组成高度爆炸性化合物。与酸类接触发生剧烈反应。
1402	—	T3,BK2	TP33			

表 6-7 中分类、副危险、包装类说明见本部分后面有关章节。"特殊规定"栏是列于危规第 3.3 章对该货物特殊规定的编号,如编号 951 的特殊规定是"使用散货包装气密封口并具有氮气覆盖层"。危规第 3.3 章编号 900 的特殊规定列有一份禁止海运的物质清单。"限量"栏是规定该货物每一内包装认可的最大量。规则中对危险性较小,且托运量小于其规定限量的包装危险货物,可按限量条款,相应地免除有关运输要求。"包装""中型散装容器"和"可移动罐柜与散装容器则"栏列出的是危规在第 4 章内对该货物所使用的各类包装提供详细规定的编号。"EmS"栏是危规补充本《船舶载运危险货物应急措施》(EmS)中火灾(共有 10 个)和溢漏(共有 26 个)的应急编号,以 F 为首代码的是火灾应急表的表号,以 S 为首代码的是溢漏应急表号。"积载与隔离"栏提供了对该货物的积载和隔离的规定。爆炸品分为 01~15 共 15 种,非爆炸品的积载分为 A~E 共 5 种(表 6-8)。

表 6-8 积载类(非爆炸品)含义一览表

积载类	A	B	C	D	E
货船	舱面或舱内	舱面或舱内	只限舱面	只限舱面	舱面或舱内
客货船①	舱面或舱内	只限舱面	只限舱面	禁止装运	禁止装运

①:指载客限额超过 25 人或按船舶总长度每 3 m 超过 1 人(以数字较大者为准)的货船。

应当注意的是,《国际危规》通常每两年出版一个补篇,用以对规则内容进行修改和增删。当危规使用者收到此类文件后,应当按要求对危规进行换页、插页、粘贴和修改,使之处于最新和有效状态。

二、《水路危规》简介

《水路危规》是以我国现行的危险货物运输法规、条例、国家标准和《国际危规》为依据,参考了联合国危险货物运输问题专家委员会制定的《危险货物运输建议书》,并结合我国水运特点而制定的。共 8 章 73 条和 7 个附件以及《船舶装运危险货物应急措施》和《危险货物事故医疗急救指南》两个附录。

该危规内容包括:

(1)总则;

(2)包装和标志;

(3)托运;

(4)承运;

(5)装卸;

（6）储存与交付；

（7）消防与泄漏处理；

（8）附则。

目前出版了两大本,第一本内容由规则条文、附件二至附件六、运输单证和附录组成,第二本内容由危规附件一,即各类危险货物引言和明细表组成。

该危规的查阅方法是:按危险货物学名的第一个汉字笔画数(品名前若有外文 n、o、m、p、N、α、β、γ 等字母或阿拉伯数字 1,2,3 等除外)从危规附件——《各类危险货物引言和明细表》一书中"危险货物品名笔画索引表"查取危险货物品名编号,随后由该品名编号从"危险货物明细表"中即能查取特定危险品的详细资料。

该危规的明细表以简单明了的表格形式(表 6-9)列出了近 4 000 种危险货物,在危险货物的标志、标记、船舶积载和隔离、可移动罐柜、中型散装容器等方面的规定基本上与《国际危规》相一致。危规明细表中所列的品名除正式学名外,还增加了常用名、英文名和分子式。危规根据各类危险货物的危险程度划分为一级和二级。该危规适用于在中华人民共和国境内从事危险货物的船舶运输、港口装卸、储存等业务,但不适用于国际航线的运输(包括港口装卸)、军运和散装危险货物(另有规定)业务。

表 6-9 《水路危规》危险货物明细表

编号	品名		特性及注意事项
	中文	英文	
43025	碳化钙（电石）分子式 CaC_2	Calcum Carbide	黄褐色或黑色固体。与水接触迅速放出高度易燃气体乙炔,可被反应热点燃。乙炔与某些重金属盐形成极易爆炸的混合物;与酸反应剧烈　相对密度(与1.00的水相比):2.22

	包装				积载	灭火剂	《国际危规》			备注
标志	包装类	包装代码	每一容器容量	每一包装毛重或容重			UN No.	EmS No.	MFAG No.	
主 4.3	II	气密封口			B	干粉、苏打粉、石灰、干砂、禁用水、泡沫	1402	4.3-03	705	禁用袋装:任何散装、充氮集装箱和可移动罐柜运输应符合有关规定

表 6-9 中"积载"一栏系指危险货物的积载类(与《国际危规》的含义相同)。危险货物,除第 1 类爆炸品外,依据其在船上的积载位置分为 A、B、C、D 和 E 等五个积载类。各种积载类对不同船舶的积载要求如表 6-10 所示。为方便外贸货物水路运输的需要,在该危规明细表中同时列出了《国际海运危规》(即 IMDG Code)的联合国编号 UN No.,应急表号

EmS No. 和医疗急救表号 MFAG No. ,以供参考。

表 6-10　各种积载类对不同船舶的积载要求

积载类	A	B	C	D	E
货船	舱面或舱内	舱面或舱内	只限舱面	只限舱面	舱面或舱内
客货船①	舱面或舱内	只限舱面	只限舱面	禁止装运	禁止装运

　①:指载客限额超过 25 人或按船舶总长度每 3 m 超过 1 人(以数字较大者为准)的货船。危规对这类船舶载客时承运危险货物还需要满足规则总论第二十七条的严格规定。

　　除查阅危险货物明细表外,对于特定危险货物通常还需要根据其类别从《水路危规》附件一"各类危险货物引言"中获取该类危险货物的一些共性说明,如货物特性、包装、积载、隔离、装卸、堆存保管等。

包装危险货物的分类及特性(微课)

知识点 2　包装危险货物的分类及特性

　　危险货物具有品种繁多,性质各异,新品不断涌现,危险程度大小不一,多数兼有多种危险性质的特点。对具有多种危险性质的货物,应以其占主导的危险性确定其归类,但在运输中必须兼顾此类货物的其他危险性质。为方便安全运输和管理,《国际危规》根据货物的理化性质及对人身的伤害情况将危险货物分成九个大类。

　　一、第 1 类——爆炸品(explosives)

　　爆炸品指在外界作用下(如受热、撞击等),能发生剧烈的化学反应,瞬时产生大量的气体和热量,使周围压力急剧上升,引发爆炸的物质和物品,也包括仅产生热、光、音响或烟雾等一种或几种作用的烟火物品。

　　按危险程度爆炸品可细分为六个小类:

　　第 1.1 类——具有整体爆炸(一经引发,瞬间几乎影响到全部货载的爆炸)危险的物质或物品,如起爆药、爆破雷管、黑火药、导弹等。

　　第 1.2 类——具有抛射危险,但无整体爆炸危险的物质或物品,如炮弹、枪弹、火箭发动机等。

　　第 1.3 类——具有燃烧危险和较小爆炸或较小抛射危险两者之一或兼有两者,但无整体爆炸危险的物质或物品,如导火索、燃烧弹药等。

　　第 1.4 类——无重大危险的物质或物品,此类货物万一被点燃或引爆,其危险仅限于包装件内部,而对包装件外部无重大危险,如演习手榴弹、安全导火索、礼花弹、烟火和爆竹等。

　　第 1.5 类——具有整体爆炸危险但极不敏感的物质或物品。此类货物性质比较稳定,在着火试验中不会爆炸,但当船上大量运载时,则其由燃烧转变为爆炸的可能性大为增加,如 E 型或 B 型引爆器、铵油、铵沥蜡炸药等。

　　第 1.6 类——不具有整体爆炸危险的极不敏感的物品,指仅含有极不敏感的爆炸物质,被意外点燃或传播的可能性极小的单项物品。

　　这类物质或物品的共同的特性是具有化学爆炸性。它们的化学性质活泼,对机械力、电、热、磁场很敏感。受到摩擦、撞击、震动或遇明火,高热,静电感应或与氧化剂、还原剂如硫、磷、金属粉末等接触都有发生燃烧、爆炸的危险。此外,这类物品中多数不但本身具有毒性,而且在爆炸形成的气浪中含有毒性(如一氧化碳)和窒息性(如二氧化碳、氮气)气体。对于这类物品中敏感度及爆炸能力过强的物品,若未经处理,则禁止运输。

衡量爆炸品危险性的指标:爆发点(在5 s延滞期下,爆发点低于350 ℃)、爆轰速度(大于3 000 m/s)和冲(撞)击感度(在规定的试验条件下,爆炸的百分比大于2%)。

当爆炸品混入坚硬物质(如金属屑、碎玻璃、沙石等)时,其冲击感度增加;混入惰性物质(如石蜡、硬脂酸、机油等)时,其冲击感度降低。

二、第 2 类——气体:压缩、液化和加压溶解气体(gas:compressed,liquefied and dissolved under pressure)

这是指在50 ℃时蒸汽压力大于300 kPa,或在20 ℃和101.3 kPa的标准压力下完全呈气态,经压缩或降温加压后,储存于耐压容器或特制的高绝热耐压容器或装有特殊溶剂的耐压容器中的物质。其包括压缩气体、液化气体、冷冻液化气体和溶解气体四种。

这类气体按化学性质可细分为三个小类。

第 2.1 类——易燃气体。此类气体泄漏时,遇明火、高温或光照,会发生燃烧或爆炸,如氢气、甲烷、乙炔、含易燃气体的打火机等。

第 2.2 类——非易燃、无毒气体。此类气体泄漏时,遇明火不会燃烧,没有腐蚀性,吸入人体内无毒、无刺激,但多数在高浓度时有窒息作用。这类还包括比固态和液态的氧化剂具有更强氧化作用的助燃气体。这类气体运输中还必须遵守第 5 类氧化剂的各项要求和规定,如氧气、压缩空气、氮气、二氧化碳等。

第 2.3 类——有毒气体。此类气体泄漏时,对人畜有强烈的毒害、窒息、灼伤和刺激作用。其中有些还有易燃和助燃作用,如氯气、氨、硫化氢、光气等;

这类物质的主要危险表现在以下两方面。

(1)容器发生破裂或爆炸。诱发原因可能包括受热、撞击、耐压容器本身遭腐蚀或材料疲劳使容器的耐压强度下降等。

(2)因某种原因发生气体泄漏,如容器的阀门因猛烈撞击而受损。此情况下,泄漏的气体若轻于空气(如氢气),则会积留于封闭货舱的顶部。若重于空气(如二氧化碳),则会积存在货舱的底部。如任其蓄积,可能会引起火灾、爆炸、中毒、窒息等事故。

三、第 3 类——易燃液体(inflammable liquids)

易燃液体指闭杯试验闪点低于60 ℃(包括60 ℃)时放出易燃蒸汽的液体、混合液体、含有溶解固体或悬浮溶液(如油漆、清漆等);还包括在液态时需加温运输,且在温度等于或低于最高运输温度时会放出易燃蒸汽的物质,但不包括闪点在35 ℃以上且不能维持燃烧(燃点大于100 ℃,或含水量大于90%)的液体,也不包括由于其危险性已列入其他类的液体。

闪点(flash point,FP)系指在给定的条件下,可燃气体或易燃液体的蒸汽与空气的混合物接触火焰时产生瞬间闪火的最低温度。液体的闪点越低,其易燃性及危险性越大。可燃液体当其温度高于闪点时,接触火源有被点燃的危险。闪点依据其测试仪器是在密闭容器还是在开敞容器中加热液体而分为闭杯试验闪点(closed cup,C.C.)和开杯试验闪点(open cup,O.C.)。一般同一物质的闭杯试验闪点要低于开杯试验闪点3~6 ℃。可燃液体的闪点,因其物理重现性较差,所以其测试的结果应当指明测试仪器的名称及试验条件。

易燃液体按其易燃性确定的包装类:

包装类Ⅰ:初沸点≤35 ℃,如乙醛、二硫化碳、乙醚等。

包装类Ⅱ:初沸点>35 ℃,且闭杯闪点 Fp<23 ℃ C.C.,如汽油、乙醇、苯、丙酮、硝酸甘油酒精溶液(含硝酸甘油不超过1%,属液体退敏爆炸品)等。

包装类Ⅲ:初沸点>35 ℃,且 23 ℃ C.C.≤Fp≤60 ℃ C.C.,包括高温运输液体和加温液体,如松节油、酒精饮料(满足酒精的体积分数超过24%但不超过70%,且容器大于 250 L 容积的条件)等。

除易燃特性外,这类液体都具有爆炸性,许多物品还具有麻醉性、毒害性等。

液体的易爆程度可用爆炸极限(explosion limit)来衡量。它是指可燃气体、粉尘或易燃液体的蒸汽与空气的混合物,能被点燃而引起燃烧爆炸的浓度范围。通常以可燃气体、粉尘或易燃液体的蒸汽在混合物中的体积分数来表示。浓度范围的最低值称作爆炸下限,最高值称作爆炸上限。爆炸下限越小,爆炸极限浓度范围越大的液体,其易爆性也越强。如汽油的爆炸极限为 1.2%~7.2%,乙醇为 3.3%~18%。

易燃液体的密度和水溶性,对发生火灾时能否用水扑救至关重要;若液体溶于水,则不论其密度大小,都可用水扑救;若液体不溶于水但密度大于1,则也能用水扑救;若液体不溶于水且密度小于1,则禁止用水扑救,因浮于水面的燃烧液体会随水的流动而使火灾蔓延。

四、第 4 类——易燃固体、易自燃物质和遇水放出易燃气体的物质(inflammable solids, spontaneously combustible substance and substances emitting inflammable gases when wet)

除上述第 1 类、第 2.1 类和第 3 类外,其余多数易燃物质都归入这一类。

这类物品可细分为三个小类。

第 4.1 类——易燃固体和受摩擦可以引起燃烧的固体,自反应的及相关物质,如赤磷、硫黄、萘、赛璐珞(如乒乓球)、铝粉、棉花(干的)、黄麻、浸湿的爆炸品(如苦味酸铵,湿的,含水量不少于10%(质量分数);三硝基苯,湿的,含水量不少于30%(质量分数))等,但不包括已列入爆炸品的物质。所谓自反应的及相关物质是指由于超过运输温度或被污染,在常温或高温下,易引起强烈热分解的物质。此类物质燃点低,对热、撞击、摩擦较为敏感,易被外部火源点燃,燃烧迅速,并可能散发有毒烟雾或有毒气体,其中有些物质,在其明细表中,有控制温度(能安全运输的最高温度)和危急温度(必须采取如抛弃等应急措施的温度)的要求,运输时必须确保这类货物在其控制温度以下。

燃点(inflammable point)是指在给定的条件下,可燃气体或易燃液体的蒸汽与空气的混合物接触火焰时能产生持续燃烧时的最低温度。对可燃液体,在相同条件下,其燃点常比闪点高出 5 ℃左右。

第 4.2 类——易自燃物质。此类物质自燃点低,是在运输时的正常条件下,易自行发热或与空气接触升温而易起火燃烧的液体或固体。其主要危险是能自行发热,若积热不散,则当热量积聚到其自燃点时不需外界引火即能自行燃烧。有些物质甚至在无氧条件下也能自燃。如黄磷(即白磷)、鱼粉(未经抗氧剂处理)、铁屑、油浸棉麻纸制品等。

自燃点(spontaneous combustion point)是指在常温常压下,某一物质不需外界点燃,即能使自行释放出的气体或蒸汽燃烧所需的最低能量时的温度。

第 4.3 类——遇水放出易燃气体的物质。此类物质是通过与水反应,易自行燃烧或放出大量的易燃气体的液体或固体物质,如碳化钙(电石)、磷化氢、钠、钾等。

属于第 4 类的绝大多数是固体,只有 4.2 类和 4.3 类中有少量的液体货物。

除具有易燃的共性外,这类中许多物品还具有腐蚀性、毒害性和爆炸性等。

五、第 5 类——氧化剂和有机过氧化物(oxidizing substances and organic peroxides)

这类物品可细分为两个小类。

第 5.1 类——氧化物质(剂)。系指虽然其本身未必可燃,但可释放出氧或由于相类似情况,与其他材料接触时会增加其他物质着火的危险性的物质,如溴酸钾、硝酸钠、高锰酸钾、过氧化氢、次氯酸钙(漂白粉)等。

第 5.2 类——有机过氧化物。系指其分子组成中含有过氧基的有机物,本身易燃易爆,极易分解,对热、震动或摩擦极为敏感的物质。这类物质比 5.1 类具有更大的危险性。其中许多物质在《国际危规》2.5.3.2.4"已确定的有机过氧化物一览表"中列有控制温度和危急温度的要求,如过氧化二丙酰基(控制温度 15 ℃,危急温度 20 ℃)等。

这类中的多数物质还具有毒性和腐蚀性。

六、第 6 类——有毒物质和感染性物质(toxic and infectious substances)

这类物品可细分为两个小类。

第 6.1 类——有毒物质。系指凡吞咽、吸入或与皮肤接触易于伤害或严重伤害人体健康甚至造成死亡的物质。归入这一小类的均为常温、常压下呈液态或固态的物质,如氰化钠、苯胺、四乙基铅(四乙铅)、砷及其化合物等。

这类物质的毒性主要用半数致死量 LD_{50}(half-lethal dose,分口服和皮试)或半数致死浓度 LC_{50}(half-lethal density)来度量。前者是指能使一群试验动物口服毒物(或与裸露的皮肤接触毒物 24 h)后,在 14 d 内死亡几乎一半时,平均每千克动物体重所用毒物的剂量(mg/kg)。后者是指能使一群试验动物连续吸入毒物尘雾 1 h 后,在 14 d 内死亡几乎一半时,所吸入的毒物尘雾在空气中的浓度(mg/L)。显然,毒物的 LD_{50} 或 LC_{50} 越小,其毒性越大。《国际危规》中列入本类有毒物质的标准是:固体口服 $LD_{50} \leqslant 200$(mg/kg),液体口服。$LD_{50} \leqslant 500$(mg/kg),无论固体或液体:皮试。$LD_{50} \leqslant 1\,000$(mg/kg),吸入 $LC_{50} \leqslant 10$(mg/L)。《水路危规》的标准是:固体口服,$LD_{50} \leqslant 500$(mg/kg);液体口服,$LD_{50} \leqslant 2\,000$(mg/kg)。对于固体或液体的皮试,LD_{50} 和吸入 LC_{50} 标准,《水路危规》与《国际危规》相同。

很多本类物质还具有易燃、腐蚀等特性。

第 6.2 类——感染性物质。即指已知或有理由认为含有病原体的物质。病原体是会使动物或人感染疾病的生物体(包括细菌、病毒、寄生虫等)。其主要包括含有感染性物质的生物制剂、医学标本,如排泄物、分泌物、血液、细胞组织和体液等,但《水路危规》在这类中不包括疫苗。

感染性物质可划分为 A 和 B 类两类。A 类指当接触到该物质时,可造成人或动物的永久性致残、生命危险或致命疾病。A 类又可细分为能引起人或人和动物疾病(UN 2814)的如埃博拉病毒、狂犬病毒等,和仅能引起动物疾病(UN 2900)的如口蹄疫病毒、牛瘟病毒等两种。B 类指不符合 A 类标准的其他感染性物质。

运输这类物质,人畜中毒的主要途径是,毒物经呼吸道或皮肤侵入体内,而经消化道侵入的较少。因此,应当采取正确的防护措施,杜绝这些可能的中毒途径,以确保运输安全。

七、第 7 类——放射性物质(radioactive substances)

放射性物质指能自原子核内部自行放出入感觉器官而不能被察觉的射线的物质。

1. 射线的种类、性质及其危害性

射线分为 α 射线、β 射线、γ 射线和中子流等。在各种放射性物质中,有些只能放出一种射线,有些能同时放出几种射线。如镭的同位素,在其核衰变中,就能同时放出 α,β 和 γ 三种射线。

这类物质的危险在于辐射污染。对人体的危害有外照(辐)射和内照(辐)射两种。外照射是指由于放射性物质的射线,造成对人体组织细胞杀伤或破坏的一种辐射危害。内照射是指由于放射性物质进入人体,造成体内射线源及其周围的人体器官直接损伤或破坏的一种辐射危害。不同放射射线的辐射危害存在着明显的差别。

(1)α 射线(甲种射线,αRays)

α 射线是带正电的粒子流,具有很强的电离作用。但穿透能力很弱,射程(粒子在物质中的穿行距离)很短,在空气中约为 0.027 m。仅用一层衣服、纸张等即能被完全屏蔽。一旦进入人体,α 射线源及周围的人体器官因电离作用会受到严重损伤。因此,α 射线的内照射危害大,但不存在外照射危害。

(2)β 射线(乙种射线,βRays)

β 射线是带负电的粒子流,电离作用比射线弱(约为其千分之一),但其穿透能力比射线强,在空气中射程约为几米。因此,这类射线对人体外照射危害较 α 射线大。但其射线很容易被有机玻璃、塑料、薄铝片等屏蔽。

(3)γ 射线(丙种射线,γRays)

γ 射线是一种波长很短的电磁波,即光子流,不带电。以光速运动,能量大,穿透能力很强,约为 α 射线的 1 万倍,为 β 射线的 50~100 倍,不易被其他物质吸收。要完全阻挡或吸收 γ 射线是非常困难的。因此,这类射线对人体的主要危害是外照射。

(4)中子流(neutron current)

中子流不带电,穿透能力很强。一般认为,中子流引起对人体损伤的有效性是 γ 射线的 2.5~10 倍。因此,这类射线对人体的危害比 γ 射线要大。屏蔽需要使用比重轻的物质(如水、石蜡、水泥等)。

对放射性物质外辐射的防护是采用屏蔽、控制接近的时间和距离。运输中要确保其包装完整无损,近距离作业人员必须穿戴防护用品,如铅手套、铅围裙、防护目镜等,有关人员应尽量减少受强照射伤害的时间并增大与辐射源的距离(如选配货位远离生活居住处所)。这是因为放射线的强度与距放射源距离的平方呈反比。内辐射的防护是防止放射源由消化道、呼吸和皮肤三个途径进入体内。

2. 放射性比活度和辐射水平

放射性活度(radioactivity strength)又称作放射性强度,指每秒内某放射性物质发生核衰变的数目或射出的相应粒子的数目。它是度量放射性物质放射性强弱程度的一个物理量,单位是 Bq。

放射性比活度(specific activity)又称作放射性比度,指单位质量(或体积)的放射性物质的放射性活度,单位是 Bq/g。

剂量当量(dose equivalent)表示生物体受射线照射,每千克体重所吸收的相当能量,单位是 Sv。用以衡量生物体受射线危害的程度。国际公认的人体每年最大允许剂量当量为 0.005 Sv/a。

辐射水平(radiation level)是指单位时间所受的剂量当量,单位是 Sv/h。

《国际危规》规定,放射性物质系指放射性比活度大于 70 Bq/g(《水路危规》规定为 74 Bq/g)的物质或物品(详见危规 2.7.7.2),如镭-226、铀-238、钴-60、镭-铍中子源等。

但不包括人体内的辐射性同位素心脏起搏器和辐射药物。

3. 运输指数（transport index，TI）

运输指数指距放射性货物包件和其他运输单元外表面，或表面放射性污染物和无包装的低比活度放射性货物表面 1 m 处测得的辐射水平的最大值（Sv/h）。对大尺度货物如罐柜、货物集装箱等，其 TI 值还应乘以在危规中提供的与货物横截面尺寸有关的放大系数。

危规规定：对于各类普通海船在常规运输条件下，全船所载这类货物的 TI 总和不得超过 200，单个包装件、其他运输单元或海船一个货舱内的 TI 总和通常不得超过 50。

八、第 8 类——腐蚀品（corrosive substances）

腐蚀品指化学性质非常活泼，与人畜或其他物品接触，在短时间内能造成明显破坏现象的固体或液体物质和物品。大多由酸性、碱性和对皮肤、眼睛、黏膜等会造成严重灼伤的物质或物品组成，如硝酸、硫酸、冰醋酸和氢氧化钠等。

包装类 I：在 3 min 或少于 3 min 的暴露期开始直到 60 min 的观察期内，能使完好的皮肤出现坏死现象的物质。该类腐蚀品具有严重的危险性。

包装类 II：在 3 min 或 3 min 以上 60 min 以内的暴露期开始直到 14 d 的观察期内，能使完好的皮肤出现坏死现象的物质。该类腐蚀品具有中等危险性。

包装类 III：在 60 min 以上，4 h 以内的暴露期开始直到 14 d 的观察期内，能使完好的皮肤出现坏死现象的物质；或者不会引起完好动物皮肤出现可见坏死现象，但在试验温度为 55 ℃时对规定型号的钢或铝的表面年腐蚀率超过 6.25 mm。该类腐蚀品具有一般的危险性。

不同的腐蚀品，腐蚀物的含量不同，被腐蚀材料不同，其腐蚀作用会有明显的差别。如双氧水水溶液，当质量分数为 3% 时，则可用作伤口的消毒剂；而当质量分数超过 20% 时，则对人体有强烈的腐蚀作用。又如浓硝酸对铝，浓硫酸对铁都无腐蚀作用；若两者交换，则铝和铁都会被严重腐蚀。因此，针对不同腐蚀品的特性，采取截然不同的防护措施非常重要。

这类物质和物品中不少还具有易燃、氧化、毒害等一种或多种危险性质。

九、第 9 类——杂类危险货物和物品（miscellaneous dangerous substances）

这类物品指在运输中呈现的危险性质不包括在上述八类危险品中的物质和物品，如干冰（固体二氧化碳）、蓖麻籽、白石棉等。

《国际危规》中列入此类危险货物的还包括温度等于或超过 100 ℃时交付运输的液态物质和温度等于或超过 240 ℃时交付运输的固态物质，以及物质本身是（或）含有一定量已列入《MARPOL73/78》附则 III 的海洋污染物（marine pollutants）的物质。

海洋污染物系指存在对水生物积累的潜在威胁或严重毒性的物质，分为海洋污染物（包括含有一种或多种海洋污染物 10% 或以上，或含有严重海洋污染物 1% 或以上的溶液或混合物）和严重海洋污染物两类。

《国际危规》对于未列明且含有多种危险性的物质、混合物和溶液，规定了确定其危险性顺序（即危险性优先顺序）的方法。规定下列物质、材料和物品具有最高的优先级：

● 第 1 类物质和物品；

● 第 2 类气体；

● 第 3 类液体退敏爆炸品；

● 第 4.1 类自反应物质和固体退敏爆炸品；

● 第 4.2 类引火物质；

●第 5.2 类物质；
●第 6.1 类中具有包装 I 的蒸气吸入有毒物质；
●第 6.2 类物质；
●第 7 类物质。

除此以外，《国际危规》在第 2 部分 2.0.3.6 中还给出了危险性优先顺序表。

我国《水路危规》对危险货物的分类与《国际危规》大体相同，由 9 个大类和 24 个小项（Division）组成。但《水路危规》中的爆炸品无 1.6 类。《水路危规》第 2 类名称改为压缩气体和液化气体，其中 2.2 项称为不燃气体；第 9 类名称改为杂类。考虑到腐蚀品的性质差异很大，《水路危规》第 8 类细分为 8.1 项酸性腐蚀品，8.2 项碱性腐蚀品和 8.3 项其他腐蚀品三个小项，而《国际危规》该类未做细分。《水路危规》中第 9 类细分为 9.1 项杂类和 9.2 项另行规定的物质两项，但仅列有难以归入前八类中任何一类的"干冰"（属 9.2 类）一个物质，而《国际危规》该类也未做细分，但列有包括"干冰"在内的 19 种物质。对于这些物质中其余 18 种物质，我国有 7 种未被列入（如救生装置，对环境有害的固体或液体物质，锂电池等），另 11 种物质已并入前八类中的某一类中（如烟雾剂类归入 2.1 项，鱼粉（稳定了的）归入 4.2 项，石棉类和蓖麻籽类归入 6.1 项等），其目的是从严要求，确保安全。

为区分危险货物主要危险性的危险程度，我国《水路危规》在对危险货物分类的基础上再分为一级和二级。判断危险货物的危险级别是由各类危险货物明细表中第一列危险货物国标（GB 12268《危险货物品名表》）编号确定。国标编号由 5 位阿拉伯数字组成，第一位是危险货物类别号，第二位是项别号，最后三位是危险货物品名顺序号。若顺序号小于或等于 500 号的为一级危险品，大于 500 号的则为二级危险品。如品名"碳化钙（电石）"的国标编号是"43025"，表明该货物属第 4 类第 3 项，因为顺序号 025<500，故该货物为一级危险品。

知识点 3　危险货物的标志及包装

正确耐久的危险货物标志，无论是在正常的运输中还是在发生事故后，都应便于有关人员迅速识别，采取必要的防护或应急措施。合格的危险货物包装是危险货物运输安全的根本保证，它除了能起到普通货物包装的作用外，还要求能够经受住比普通货物更大的装卸和海运风险，能够有效地降低或消除引发危险的许多外界影响。

一、危险货物的标志

由危险货物的标记、图案标志和标牌组成。

1. 标记（marking）

这是指按危规要求标注在包装危险货物外面的简短文字或符号。包括危险货物的完整学名、联合国编号（如有）、海洋污染物标记、可免除危险货物图案标志的 1.4 类，配装类 S（详见下一知识点）货物的标记"1.4S"以及在物质明细表中确定为低度危险而只需标注其类别的标记，如"Class 4.1"，以及救助包件的标记"救助（SALVAGE）"等。

2. 图案标志（label）

这是指以危规中规定的色彩、图案和符号绘制成的尺寸通常不小于 100 mm×100 mm 的菱形标志。用以醒目明了地标示包装危险货物的性质。对于列入 1.4S 类的货物，或在物质明细表中确定为低度危险性的货物等可免除此类标志。

凡有次危险性的货物，除须带有表明其主要特性及类别的主图案标志外，还须同时带有表明其次危险性的副图案标志。主、副图案标志的差别在于,前者应标注而后者不标注其类(项)别号。

3. 标牌

这是指放大的图案标志(不小于 250 mm×250 mm)。适用于如集装箱、货车、可移动罐柜等较大的运输单元。

《国际危规》规定,危险货物所有标志均须满足,经至少 3 个月的海水浸泡后,既不脱落又清晰可辨。《水路危规》规定,危险货物标志应粘贴、刷印牢固,在运输中清晰,不脱离。危险货物标志和标牌见图 6-23(书后插页)。

《水路危规》第十七条规定,按本规则属于危险货物,但国际运输时不属于危险货物,外贸出口时,在国内运输区段包件件上可不标贴危险货物标志,由托运人和作业委托人分别在水路货物运单和作业委托单特约事项栏内注明"外贸出口,免贴标志";外贸进口时,在国内运输区段,按危险货物办理。

国际运输属于危险货物,但按本规则规定不属于危险货物,外贸出口时,国内运输区段,托运人和作业委托人应按外贸要求标贴危险货物标志,并应在水路货物运单和作业委托单特约事项栏内注明"外贸出口,属于危险货物";外贸进口时,在国内运输区段,托运人和作业委托人应按进口原包装办理国内运输,并应在水路货物运单和作业委托单特约事项栏内注明"外贸进口,属于危险货物"。

如本规则对货物的分类与国际运输分类不一致,外贸出口时,在国内运输区段,其包装件可粘贴外贸要求的危险货物标志;外贸进口时,国内运输区段按本规则的规定粘贴相应的危险货物标志见图 6-24(书后插页)。

二、危险货物的包装

1. 按包装的形式分类

危险货物包装按其包装形式,可分为以下几种。

(1)单一包装

单一包装指直接将货物盛装在包装容器中,其最大净重不超过 400 kg,最大容积不超过 450 L 的包装,如钢桶、塑料桶等。

(2)复合包装

复合包装指由一个外包装和一个内包装组成的在结构上形成一个整体,其最大净重不超过 400 kg,最大容积不超过 450 L 的包装,如钢塑复合桶。

(3)组合包装

组合包装指将一个或多个内包装装于一个外包装,其最大净重不超过 400 kg 的包装。

(4)大(宗)包装

大(宗)包装指适合于机械装卸,最大净重超过 400 kg 或最大容积超过 450 L,但容积不大于 3.0 m³ 的包装。

(5)中型散装容器

中型散装容器(intermediate bulk container,IBC)指刚性和柔性的可移动包装。其容积对于装载第 7 类物质和包装类 Ⅱ 和 Ⅲ 的固体和液体等不应大于 3 000 L(3.0 m³),使用柔性、刚性塑料等装运包装 Ⅰ 固体的不应大于 1 500 L(1.5 m³)。

(6)罐柜

指载货容量不小于 450 L 的可移动罐柜(包括罐式集装箱)、公路或铁路罐车等。

2. 按包装的适用范围分类

按其适用范围,可分为通用包装和专用包装两类。通用包装适用于第 3 类,第 4 类,第 5 类,第 6.1 类中的大部分货物和第 1 类,第 8 类中的部分货物。其余货物由于其各自特殊危险性质,只能采用专用包装。

(1)危险货物的通用包装

危规将危险货物的通用包装分为三个等级。在危规的总索引表和物质明细表中,依据其危险程度指明了所列货物应采用的包装等级要求。很明显,根据所列的包装等级反过来即能判断出该危险货物的危险程度。三类包装等级的含义是:

Ⅰ类包装——能盛装高度危险性的货物;

Ⅱ类包装——能盛装中度危险性的货物;

Ⅲ类包装——能盛装低度危险性的货物。

根据正常运输条件下可能遇到的撞击、挤压、摩擦等情况,对危险货物包装进行各种模拟试验,是检验其包装强度的有效方法。显然,对危险性越大的货物,其包装模拟试验的标准也应当越高。包装等级的划分由其包装模拟试验的标准确定。模拟试验的项目包括跌落试验、渗漏试验、液压试验和堆码试验等。每一类型的包装试验品只需按规定做其中的一项或几项试验。例如,对满载固体拟装货物的铁桶包装进行的跌落试验,规定的试验标准是:Ⅰ类包装的跌落高度是 1.8 m,Ⅱ类包装的是 1.2 m 和Ⅲ类包装的是 0.8 m。试验品若被在规定的高度跌落于试验平台后,无影响运输安全的损坏,则视为合格。

经过试验合格的包装,都应在包装的明显部位标注清晰持久的包装试验合格标志。联合国规定的统一包装试验合格标志及其右侧说明格式见图 6-25(a)。

图 6-25(a)各栏的简要说明(详见《国际危规》第一册中"包装建议")如下:

4C/Y100/S/05
NL/VL823

(a)联合国包装标记示例

①4C——用阿拉伯数字和字母表示的包装代码。第一位表示包装的类型(如 4 表示箱装),第二位(如属复合包装则和第三位)的大写拉丁字母表示包装的材料(如 C 表示天然木材)。若是复合包装,则第二和第三两位字母,依次表示复合包装的内包装和外包装的材料。若第三位(如复合包装则是第四位)有数字,则表示包装类型的特殊结构。

4C/Y145/S/04
CN/110001/P101

(b)我国包装标记示例

图 6-25 包装标记示例

②Y100——Y 是包装等级的代码。Ⅰ、Ⅱ和Ⅲ类包装分别用代码 X、Y 和 Z 来表示。包装等级不允许升级,但允许降级使用。如 X 级包装,可降级适用于Ⅱ或Ⅲ类包装等级的货物。100 是指本包装允许最大毛重为 100 kg。

③S——表示只适用于内装固体货物。

④05——表示 2005 年制造。

⑤NL——是按规定试验的批准国代号。NL 是荷兰的代号。CHN 是中国的代号。

⑥VL823——是制造厂或主管机关规定的识别记号。

图 6-25(b)是我国国标"GB 12463—90 危险货物运输包装通用技术条件"规定的包装标志。其中 GB 表示包装符合我国国家标准,CN 是制造国代号(中国),110001 中前两位 11

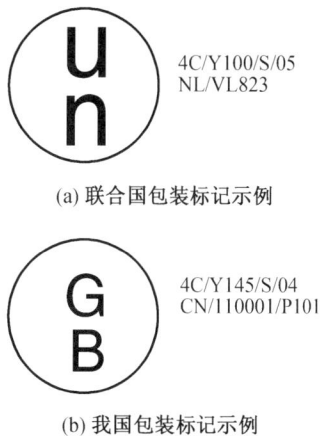

是商检局代号,后四位0001是生产厂代号,P101是生产批号或生产月份。

对拟定装载无内包装液体货物的包装,在上述最大毛重位置改为标注相对密度(若其不超过1.2,则可免除此项);在上述标注S位置,改为标注已通过液压试验的压力值(kPa)。此外,对经修复的包装,还需标注修复代号R、修复年份等内容。

(2)危险货物的专用包装

第1类的部分爆炸品,因对防火、防震、防磁等有特殊要求,需要选用物质明细表中规定的或主管部门批准的包装材料、类型和规格的专用包装。除非明细表中有特别规定,第1类爆炸品中其余的物质和物品的包装均应满足上述通用包装的Ⅱ类包装要求。

第2类危险货物均需采用耐压容器的专用包装。根据15 ℃时,容器所能承受的压力不同,可进一步分为低压容器(≤2 MPa)、中压容器(>2 MPa,且≤7 MPa)和高压容器(>7 MPa)三种。本类货物的包装及其试验标准,主要由各国有关的主管机关制定和监管。

第7类危险货物的包装,不但要能防护内装货物,而且要能起到将辐射减弱到允许强度并促进散热等作用。这类货物的包装设计及试验必须符合国际原子能机构(IAEA)有关文件的专门规定。按货物的运输指数(TI)和最大辐射水平(MaxRL)确定包装的三个等级:

包装类Ⅰ,TI≈0,且MaxRL≤0.005 mSv/h;

包装类Ⅱ,0<TI<1,且0.005 mSv/h<MaxRL≤0.5 mSv/h;

包装类Ⅲ,TI≥1,且0.5 mSv/h<MaxRL≤10 mSv/h;其中TI>10且MaxRL>2 mSv/h的货物应以全船载单一货物的方式运输。

第7类危险货物的Ⅰ类包装的图案标志呈白色并须注明内装货物的放射性活度,Ⅱ类、Ⅲ类包装的图案标志上部呈黄色下部呈白色,不但并须注明内装货物的放射性活度还须注明其TI数值。这种包装分类方法恰好与危险货物通用包装等级分类方法相反,即危险程度越大,包装等级号也越大。

此外,第3类、第4类、第5类、第8等类中某些特殊危险货物也必须采用专用包装,如过氧化氢、黄磷、碳化钙等。

应当注意的是,曾盛装过危险货物的空容器,除经清洗或处理外,均应保留其原危险货物标志,并按原装的危险货物对待。

知识点4　危险货物的积载和隔离

危险货物的积载
(微课)

危险货物的隔离
(微课)

合理选择危险货物的装载舱位,正确处理不相容危险货物之间的隔离问题,对保证危险货物的运输安全,特别在其发生包装破损后采取有效的防护和应急措施非常重要。

一、危险货物积载的一般原则

易燃易爆危险货物应尽可能保持阴凉,远离一切热源(包括火源、蒸气管道、加热盘管、舱壁的热辐射、烈日直射等)、电源及生活居住处所。

能产生危险气体的货物应选配于通风良好的处所或舱面。

遇水放出危险气体的货物应选配于水密和通风良好的干燥货舱,且应与易散发水分货物分舱配装。

有毒或放射性货物应远离生活居住处所。

有强烈化学反应性质的货物(如爆炸品、氧化剂、腐蚀品),应清除舱内不相容的残留货物。严格满足与不相容货物之间的隔离要求。

第 1 类爆炸品中的不同货物,在物质明细表中,要求根据其特性分别按普通积载、弹药舱积载(又分为 A 型、B 型和 C 型)、特殊积载和舱面积载四种类型装载。《国际危规》要求,第 1 类爆炸品应切实可行地积载在靠近船舶中心线的舱位。不应积载在离任何明火、机械排气口、通风烟道口、可燃性物料库或其他可能的着火源的水平距离 6 m 以内处。通常应积载在能确保通道畅通并"远离"所有船舶安全操作所必须的其他设备,避开消防栓、蒸气管道和进出口,同时离驾驶台、居住处所和救生设备的水平距离不少于 8 m。详见《国际危规》第二册的第 1 类引言。

海洋污染性货物应优先选择舱内积载。若选择舱面装载时,货位应选择具有良好保护和遮蔽的处所。若对所选货位的安全有任何怀疑,应对货物进行妥善的系固。

在危险物质明细表中,除第 1 类外,对每一种货物都规定了其积载类(如规定:所有 5.2 类货物其积载类为 D,即对于货船只限于舱面积载)。危险货物通常在满足下列条件之一者,可在舱面积载:

(1)需要经常或特别接近地查看;

(2)能形成爆炸性混合气体、能产生剧毒蒸气或对船舶有严重腐蚀作用。

舱面危险货物的堆装应避开消防栓、测量管及其相关通道。

二、危险货物的隔离要求

对互不相容的危险货物进行正确隔离,能有效地防止因泄漏等引发危险反应,发生火灾等事故后易于采取应急措施,最大限度地缩小危害范围,减少损失。

1. 一般隔离要求

除第 1 类爆炸品之间的隔离要求外,《国际危规》将危险货物的隔离分为四个等级(图 6-25),具体含义分述如下:

(1)隔离 1

远离(away from),如图 6-26(a)。可在同一舱室、同一货舱内或舱面上积载。无论在同一舱室内还是舱面上积载,要求保持不少于 3 m 的水平距离。

(2)隔离 2

隔离(separated from),如图 6-26(b)。舱内积载时,如中间甲板是防火防液的,垂向可在不同舱室内积载,否则要求在不同货舱内积载。就舱面积载而言,这种隔离应不小于 6 m 的水平距离。

(3)隔离 3

用一整个舱室或货舱隔离(separated by a complete compartment or hold from),这种隔离意为垂向的或水平的分隔,如图 6-26(c)。如果中间甲板不是防火防液的,只能用一介于中间的整个舱室或货舱作纵向隔离。就"舱面"积载而言,这种隔离即不少于 12 m 的水平距离。如果一包件在"舱面"积载,而另一包件在最上层舱室积载,也要保持不少于 12 m 的水平距离。

(4)隔离 4

用一介于中间的整个舱室或货舱作纵向隔离(separated by an intervening complete compartment or hold from),如图 6-26(d)。单独的垂向隔离不符合这一要求。在舱内积载的包件与在"舱面"积载的另一包件之间的距离包括纵向的一整个舱室在内必须保持不少于 24 m。就"舱面"积载而言,这种隔离就不小于 24 m 的纵向距离。

不同类别包装危险货物间的一般隔离要求见表 6-11。

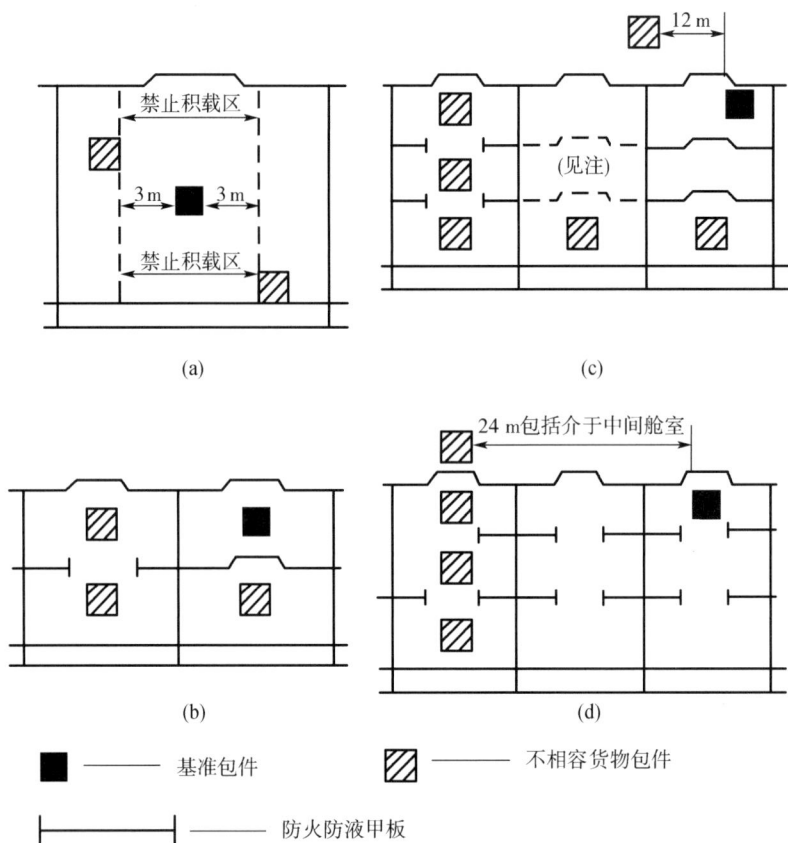

图 6-26　四种隔离等级图示

注:1. 垂直直线表示侧物处所(舱室和货舱)之间的防火防液的横向舱壁;
　　2. 两层甲板其中的一层必须是防火和防液的。

表 6-11　《国际危规》隔离表

类别	1.1 1.2 1.5	1.3 1.6	1.4	2.1	2.2	2.3	3	4.1	4.2	4.3	5.1	5.2	6.1	6.2	7	8	9
爆炸品 1.1,1.2,1.5	*	*	*	4	2	2	4	4	4	4	4	4	2	4	2	4	×
爆炸品 1.3,1.6	*	*	*	4	2	2	4	3	3	4	4	4	2	4	2	4	×
爆炸品 1.4	*	*	*	2	1	1	2	2	2	2	2	2	×	4	2	2	×
易燃气体 2.1	4	4②	2	×	×	×	2	1	2	×	2	2	×	4	2	1	×
无毒不燃气体 2.2	2	2	1	×	×	×	1	×	1	×	×	1	×	2	1	×	×
有毒气体 2.3	2	2	1	×	×	×	2	×	2	×	×	1	×	2	1	×	×
易燃液体 3	4	4	2	2	1	2	×	×	2	1	2	2	×	3	2	×	×

表 6-11(续1)

类别	1.1 1.2 1.5	1.3 1.6	1.4	2.1	2.2	2.3	3	4.1	4.2	4.3	5.1	5.2	6.1	6.2	7	8	9
易燃固体4.1	4	3	2	1	×	×	×	×	1	×	1	2	×	3	2	1	×
易自燃物质4.2	4	3	2	2	1	2	2	1	×	1	2	2	1	3	2	1	×
遇湿危险物质4.3	4	4②	2	×	×	×	1	×	1	×	2	2	×	2	2	1	×②
氧化剂5.1	4	4	2	2	×	2	2	2	×	2	×	2	1	3	1	2	×
有机过氧化剂5.2	4	4	2	1	2	2	2	2	2	2	2	×	1	3	2	2	×
毒害品6.1	2	2	×	×	×	×	×	1	1	×	1	1	×	1	×	×	×
感染性物质6.2	4	4	4	4	2	2	3	3	3	2	3	3	1	×	3	3	×
放射性物质7	2	2	2	2	1	1	2	2	2	1	2	2	3	×	×	2	×
腐蚀品8	4	2	2	1	×	×	×	1	1	2	2	3	2	×	2	×	×
杂类危险物质和物品9	×	×	×	×	×	×	×	×	×	×	×	×	×	×	×	×	×

注:1——远离;

2——隔离;

3——用一整个舱室或货舱隔离;

4——用一介于中间的整个舱室或货舱作纵向隔离;

×——隔离要求(如存在)应查阅物质明细表;

②——《水路危规》定义"2——隔离";

*——见下述第1类爆炸品之间的隔离要求。

由于每种危险货物的性质差别很大,因此查阅物质明细表中对隔离的具体要求比查阅一般要求更为重要。同时,在确定隔离要求时还应当以危险货物主、副(如果存在时)标志的隔离要求中较高者为准。表 6-11 仅是包装危险货物之间的隔离表,对包装危险货物与散装危险货物、散装危险货物之间和危险品集装箱之间的隔离要求,参见项目七中第二部分和项目八。

2. 第1类爆炸品之间的隔离要求

本类货物除被细分为 6 个小类(5 个小项)外,依据其相互间混合配装是否安全,又被分为 13 个配装类,分别用字母 A~L(不包括 I),N 和 S 表示,通常标于其分类及小类(项)号后(如 1.4S)。当不同配装类货物在舱内装运时,危规对其相互之间的隔离有明确的规定:配装类相同的货物可以同一舱室(包括可移动弹药箱等,以下同)。配装类 L 的货物不允许与除该配装类以外的货物同室装载。配装类 S 的货物可以与除配装类 A 和 L 外的货物同一舱室配装。配装类 C、D、E 和 G 的货物相互间可以同一舱室配装,配装类 N 的货物可以同 C、D 和 E 的货物相互间同一舱室配装。以上内容可以概括为:

(1)配装类相同的货物可以同一舱室配装;

(2)配装类 L 只能与配装类 L;

(3)配装类 S 不能与配装类 A 和 L;

(4)配装类 C、D、E 和 G 相互间可以同一舱室配装;

(5)配装类 N 可与 C、D 和 E 配装。

除上述外,不同配装类的货物均不得同室装载。当不同配装类货物在舱面装运时,除非按上述舱内隔离要求允许混合积载外,否则至少应隔开 6 m 积载。

凡不同分类货物在同一舱室、可移动弹药舱、集装箱或车辆内混合积载时,如果属于第 1 类危险品,则整个货载应按顺序 1.1(危险最大)、1.5、1.2、1.3、1.6 和 1.4(危险最小),以确定其最严格的积载要求。

3. 危险货物与食品之间的隔离要求

《国际危规》规定:

(1)第 6.1 类中包装类 Ⅰ、Ⅱ 或第 2.3 类的有毒物质积载应与食品"隔离",除非这些物质与食品是分别装在不同的封闭运输组件内,如果这样,这些组件间不必隔离;

(2)第 6.2 类物质的积载应与食品"用一整个舱室或货舱隔离";

(3)第 7 类放射性物质的积载应与食品"隔离";

(4)第 8 类腐蚀性物质和第 6.1 类中包装类 Ⅲ 的有毒物质的积载应与食品"远离"。

知识点 5　危险货物运输全过程的注意事项

危险货物的海上运输,需要经历多个环节。只有谨慎地处理好运输全过程中每一个环节,严格遵守有关的法规、规章、条例的各项规定,才能确保危险货物运输的安全。反之,运输中只要有一个环节稍有不慎,就可能造成灾难性的事故,危及生命和财产安全,有时还会造成水域污染。我国对危险货物运输已制定了一整套较完善的法规和严格的管理体系。我国有关的法规、规章、条例等,对水路危险货物运输全过程中的各个环节,都提出了具体的要求。

一、受载前准备

1. 配备并熟悉有关危险货物运输的文件

这类文件应当按规定及时更改,使之与最新版本保持一致。

各类与所运危险货物有关文件,主要包括:

(1)适合于国际海上运输的《国际危规》;

(2)适用于国内水路运输的《水路危规》;

(3)挂靠港国家或当地危险货物运输法规;

(4)国家、主管机关、船公司等颁发的条例、标准、规章和法规。

我国 1982 年起陆续颁布的《海上交通安全法》《海洋环境保护法》《防止船舶污染海域管理条例》等法规,以立法形式对危险货物运输的安全和防污染提出了原则性的规定。国家标准局自 1985 年起就根据危险货物的分类、品名、包装、命名原则等内容陆续发布了多个国家标准。

我国交通运输部于 1996 年 11 月颁布了《水路危规》。我国交通运输部的海事局,作为我国法定的水路交通安全的主管机关,颁布有《船舶装载危险货物监督管理规则》等。

船公司在 SMS 文件体系中有危险货物运输安全管理和应急处置方面的文件。

2. 认真审查装货清单

要获取完备的危险货物单证,掌握所运危险货物的特性。海运危险货物所涉及的单证包括:

(1)《危险货物技术说明书》

承运危规中有"未列名"的危险货物时,船方必须向托运人索取经主管部门审核、批准的此类说明书。其内容包括品名、类别、理化性质、主要成分、包装方法、急救措施、撒漏处理、消防方法及其他运输注意事项等。

(2)《包装检验证明书》和《包装适用证明书》

前者用于表明指定类型的包装已经取样进行了所列的包装试验,并获得相应的试验结果。后者用于证明指定的包装适合于所列特定的危险货物装载。这两种证书都须经主管机关或其委托的权威机构的确认才能有效。

(3)《放射性货物剂量检查证明书》

托运放射性货物时必须附有经主管机关或其委托的权威机构确认的此类证书。其内容包括货名、物理状态、射线类型、运输指数、货包表面污染情况、包装等级、外包装破损时的最小安全距离等。

(4)《限量危险货物证明书》

盛装《国际危规》(总论18节)中列明的小容器中的危险货物(如每一包装的最大容量不超过5 L的第3类中包装类Ⅲ的货物),因其运输中危险性很小,可作普通货物运输。限量危险货物须经主管机关批准获得此类证书,并且其货物包件外要求贴有正确的学名或《第……类限量内危险货物》的字样,但无贴图案标志的要求。

《水路危规》第二十三条规定,符合规定条件的危险货物,无须《限量危险货物证明书》,即可按普通货物运输。如在《水路危规》危险货物品名索引中注有"＊"符号的货物,其包装和标志符合规定,且每个包装不超过10 kg,其中每一小包件内货物净重不超过0.5 kg,每批托运货物总净重不超过100 kg,只需在运单和作业委托单中注明"小包装化学品"字样,并按危规规定办理申报或提交有关单证,这类货物即可按普通货物投入运输。

3. 熟悉所运危险货物的 EmS 和 MFAG

在火灾和溢漏事故发生前,应阅读并熟悉《国际危规》补充本"EmS 指南"中的应急措施简介,以获取九大类危险货物发生火灾和溢漏事故时的共性处置要点和其中每一类危险货物的共性处置要点。当发生火灾和溢漏事故时,应首先要求参阅"EmS 指南"的总体建议部分。

EmS 指南中提出的消防总体建议是"启动消防程序"。除非穿戴适宜的防护服和自给式呼吸器,否则应避免接触危险货物且远离烟雾和有毒气体。可能时使驾驶台和居住区保持在上风处,确认火灾部位和火灾货物及其附近货物,与船公司和岸上救助协调中心保持联系,以获取相关的专家意见。

EmS 指南中提出溢漏总体建议除与上述消防总体建议相同的部分外,还包括启动溢漏程序。除非佩戴全套防化服和自给式呼吸器,否则不得进入溢漏液体或尘埃(固体)区域。

要获取具体危险货物发生火灾和溢漏事故时的个性详细资料,可依据航次所承运货物的 UN NO. 直接查《国际危规》补充本中"EmS 指南-索引",以获取与所运货物 UN NO. 对应的火灾应急措施表和溢漏应急措施的表号。

《国际危规》补充本中的"MFAG 指南"是对化学品中毒的初步治疗和利用海上有限的

有效设备进行诊断提供必要的建议。MFAG 指南提供的紧急抢救分三步法:第一步中提供了紧急抢救和诊断的流程图,先根据伤员的危急症状由第二步中提及的 20 个表对伤员实施紧急抢救,随后针对所涉及的特定危险货物对伤员进行诊断,以确定治疗方案;第二步给出了第一步抢救和诊断的流程图中特殊情况简要指导的 20 个表;第三步提供了第一步诊断流程图中涉及的 15 个附录,以提供详细资料、药品清单和表中提到的化学品清单。其中附录 14 中提供了船上医务室中要求配备的药品和设备清单。

4. 获取危险货物准运单

危险货物的承运人或其代理应在装货前(我国规定为提前 3 天)向港口法定监督部门(我国为海事局)提出装运申请,以获取危险货物准运单。

5. 检查承运船舶的技术条件

承运不同类别危险货物对船舶的技术条件有不同的要求。通常规定,除承运船舶持有有效的危险货物适装证书外,在承运危险货物,特别是承运《国际危规》第 1 类、第 2.1 类、第 3 类、第 4.1 类、第 4.3 和第 5.2 类危险货物前,必须事先向船检部门申请对船舶结构、装置及设备进行临时检验,取得相应的适装证书后,方可承运。

承运危险货物船舶的验船内容包括装运舱室的结构、舱室的防火防水条件、通风设备及其状况、船舶消防与救生设备、船舶电气与通信设备、船舶装卸设备等。

6. 按危规要求进行积载与隔离

按本章"知识点 4"所述要求对危险货物进行正确的积载与隔离。所选货位还应考虑能后装先卸,有利于货物衬垫和系固。避免载有烈性危险货物的舱室中途加载其他货物。

7. 申请监装

装船前 3 天,向监装部门(我国为海事局)申请监装,并附送经承运船船长审核的积载图和有效的危险货物适装证书的复印件。若船方未申请监装,则港口法定监督部门有权对危险货物的装载过程进行法定监督。

8. 装货前的其他准备

根据待装危险货物的《船舶载运危险货物应急措施》和《危险货物事故医疗急救指南》资料,备妥合适的消防器材和相应的急救药品。备妥衬垫材料和系固用具。保持烟雾报警和救生消防设备处于良好适用状态。保持装载货舱清洁、干燥、管系及污水沟(井)畅通,水密性能良好等。

二、装货过程

1. 悬挂或电显示规定的信号

按港口规定悬挂或显示规定的信号,甲板上设立醒目的"严禁烟火"警告牌。严禁与作业无关的船舶来靠船舷,作业期间原则上不安排油水、伙食和物料补给。作业现场备妥相应的消防设备。夜间作业配备足够的照明设备。督促港方在船与泊位、船与船之间设置安全网。装(卸)爆炸品、有机过氧化物、一级毒品和放射性物品时,装卸机具应按额定负荷降低 25% 使用。

船舶装(卸)易燃、易爆危险货物期间,要督促进入现场人员不得携带火种、穿带有铁钉的鞋或化纤工作服,不得在现场使用非防爆型照明、通风和机械设备,不得在甲板上进行能产生火花的检修或船体保养工作。禁止加油、加水(岸上管道加水除外)。开关舱盖时应采取措施,防止摩擦产生火花。装(卸)爆炸品和易燃液体时,港内应划定距装卸点 50 m 范围的禁火区。装(卸)爆炸品(第 1.4S 除外)时,不得检修和使用雷达、无线电电报发射机,船舱烟囱应设置防火网罩。

2. 按要求进行装货操作

严格按积载图上标注的货位及其备注上的隔离、衬垫、隔票、系固等要求进行装货操作。如需要改动,若已申请监装的,则须经监装部门认可;若未申请监装的,则须经本船船长或大副同意,其他人员不得任意更改。

认真检查危险货物包装是否完好,标志是否清晰、正确。凡包装有破损、渗漏、严重变形、沾污等影响安全质量的应坚决拒装。督促装卸工人严格按有关操作规程作业,堆码整齐、稳固,桶盖、瓶口朝上。严防撞击、滑跌、坠落和翻滚等不安全作业。

3. 遇危险情况停止作业

遇有雷鸣、闪电、雨雪或附近发生火警时,应立即停止作业。因故停工后,应当及时关闭有关货舱的人孔盖和舱盖。雨雪天气禁止装(卸)遇湿易燃物品。遇危险货物撒漏、落水或其他事故时,应迅速上报,按《应急部署表》要求采取妥善措施。

4. 装完货要全面检查

装货结束后,做好系固及全面检查工作。备齐危险货物的单证(如"危险货物舱单""危险货物实积图""危险货物安全积载证书"(如已申请过监装))。

三、途中保管

(1)载有危险货物的船舶,不论航行、锚泊或等卸期间,均要对危险货物进行有效的监管。检查货物是否有移位、自热、泄漏及其他危险变化。定时测定货舱温度、湿度。合理进行通风,防止汗湿、舱温过高及舱内危险气体积聚。

(2)如需进入可能引发中毒或窒息事故的货舱,甲板上必须专人看守,除非经过培训并戴有完备的自给式呼吸器等,否则进入前应对货舱进行彻底的通风并经检测以确认安全。

(3)载有易燃易爆危险货物的船舶,航行中应避开雷区,以免遭雷击。船舶的烟囱口应设置防火网罩。进入货舱人员不得携带火种、穿带有铁钉的鞋或化纤工作服,舱内所使用的照明、通风和机械设备必须具有防爆特性。船上所有易燃易爆气体可及区域,不得进行任何能产生火花的检修或船体保养工作。

四、卸货过程

(1)卸货前,船方应向装卸、理货等有关方详细介绍危险货物的货位、状态、特性、卸货注意事项等。对可能存在危险气体的货舱进行彻底通风。

(2)按装货过程中1,3要求执行。

(3)督促装卸工人严格按有关操作规程作业,严防撞击、滑跌、坠落、翻滚,严禁挖井或拖关等不安全作业。

(4)卸货完毕后,应及时整理货舱。谨慎处理危险货物的残留物和垫舱物料。危险货物的残留物或含有这类残留物的洗舱水必须按国家和港口的规定处理,不得随意排放或倾倒。

知识点6　产生危险货物运输事故的主要原因

重视对产生危险货物运输事故的原因分析,对危险货物运输中及时采取有针对性的防护措施,减少同类事故的多次发生具有重要意义。从大量事故分析发现,人为因素是造成危险货物运输事故的重要原因。据统计,船运爆炸品的事故率要远远小于经常运输的棉花、麻、木炭等危险品的事故率。这足以说明,思想上的麻痹大意是危险货物安全运输的一大障碍。产生危险货物运输事故主要包括以下主要原因。

一、缺乏危险货物运输的有关知识，特别是未掌握所运危险货物特性

掌握危险货物运输的有关知识，了解所运危险货物特性是保证危险货物安全运输的首要因素。有些船舶货运责任人员缺乏危险货物运输知识，对所运危险货物特性一无所知，且也未向有关方面提出了解要求，在危险货物运输的全过程中未采取任何防护措施。显然，此情况下不发生危险事故只能算是幸运，发生事故却属正常。如某轮大副为降低货舱内汽油味浓度，竟取出自己房内的非防爆电扇，接长电线移至舱内用作通风，结果引起舱内爆炸，死伤多名装卸工人。

二、船舶技术条件不满足危险货物的运输要求

如某船公司选派货舱水密性较差的船舶承运碳化钙。结果在装载该货时遇下雨，因舱盖无法迅速关闭，造成货舱进水。该轮在航行途中又发现装有该危险品的货舱舱盖漏水，造成险情。

三、危险货物本身的原因

如某轮从南美装运经抗氧处理的袋装鱼粉回国。在航行途中，该轮几个舱内鱼粉相继发生自燃，造成重大损失。从事故的调查发现：该轮承运的鱼粉中抗氧剂分布严重不均（高浓度处为 3 500 mg/L，低浓度处则仅为 28 mg/L），按危规要求，鱼粉在装运时其抗氧剂剩余浓度应不小于 100 mg/L，这是引发事故的主要原因。

四、危险货物的标志不符合要求或包装破损

保证危险货物外包装上具有正确耐久标志，无论是在正常的运输中还是在发生事故后，都便于有关人员迅速识别，采取必要的防护或应急措施。同样，使用合格的危险货物包装并保持其在运输全过程中完整无损是防止发生各类危险事故的极为重要因素。造成包装破损的主要原因有：危险货物的包装不合格；装卸设备及其索具状况不佳；装卸工人违章操作；因货物系固不当造成货物移位撞击他物等。

如某轮承运一氧醋酸 50 t，在装货港因操作不当，包装破损，致使货物撒漏。结果在卸货港造成作业工人皮肤灼伤，遭到拒卸。

五、危险货物积载和隔离不当

按危规要求正确进行危险货物的积载和隔离是防止发生各类危险事故，或发生事故后便于有效控制事故范围，减少事故损失的另一项重要因素。

如某轮将易自燃物质硫酸钠与氧化剂铬酸酐装于一室（按危规应要求"隔离"）。结果两种货物包装破损，少量残留物混在一起。卸货时因对这类残留物有轻微摩擦引发自燃，酿成火灾。

六、危险货物运输途中监管不当

在危险货物运输的全过程中，对所运危险货物进行有效监管，可以及时发现一些事故隐患，便于及时处置以确保运输安全。

如某轮在低温港口装运袋装葵花籽饼。当船舶航经热带高温海域时，因货舱未能始终保持良好通风，引发舱内货物发热自燃。

七、其他偶然事故

其他偶然事故如某轮在装有易燃液体的货舱上关闭舱盖时，因关舱操作中舱盖与舱口构件摩擦产生火星引起火灾；又如某轮因遭他轮碰撞，其装有碳化钙的货舱破损进水，使该舱附近弥漫着高浓度的乙炔气体，极易发生燃烧或爆炸，结果被迫弃船。

【项目实施】

任务一 普通货物和包装危险货物标志的识读

一、训练目标与要求

能正确指认出普通货物、包装危险货物标志及其含义。

二、训练设备

普通货物、包装危险货物标志挂图或幻灯片若干、教棒等。

三、训练步骤

教师用教棒等指到普通货物、包装危险货物标志,请学生回答出其名称、含义。

任务二 杂货船积载图的识读

一、训练目标与要求

根据提供的积载图,能正确回答出图中各货物的位置关系。

二、训练设备

杂货船(单舱和全船)积载图若干。

三、训练步骤

教师指定某货物,学生能正确回答出图中该货物的位置关系。必要时教师对学生(员)的理解与掌握情况给予总结与评价。

任务三 杂货船积载

一、训练目标与要求

根据提供的航次任务和船舶等资料,能编制出积载计划。

二、训练设备

船舶资料、装货清单、港口以及航线情况;计算器、铅笔、小刀、橡皮、直尺和白纸等。

三、训练步骤

1. 核定航次货运任务与船舶载货能力是否相适应;

2. 确定航次货重在各货舱、各层舱的分配控制数;

3. 确定货物的舱位和货位(货物初步配舱);

4. 对初配方案进行全面核查;

5. 校核各港状态下船舶的稳性、纵向受力和吃水差是否满足要求,若不满足要求则需调整;

6. 绘制正式积载图。

训练结束后,对整体完成任务情况进行点评、总结。

任务四 货物积载与系固

一、训练目标与要求

根据提供的货物资料、船舶资料、系固方案以及系索资料,对系固方案进行校核。

二、训练设备

船舶资料、货物资料、绑扎方案、系索资料、系固方案核查用表、计算器等。

三、训练步骤

按"系固方案核查用表"中的步骤进行校核,若不满足要求则需改变系固方案后再进行校核,直到系固方案满足系固要求为止。

根据学生(员)对任务完成情况进行评估。

【扩展知识】

典型杂货积载——
装船通知(示例)

典型杂货积载——
配载计划(示例)

典型杂货积载——
装载报告(示例)

【课后自测】

一、单项选择题

1. 海上货运事故的种类包括_____。

(1)货物残损;(2)货物差错;(3)货物逾期运达;(4)货物运费过低

A.(1)(2)(3)(4)   B.(1)(2)(3)

C.(2)(3)(4)   D.(1)(3)(4)

2. 某船测得外界气温 5 ℃、露点 10 ℃,舱内气温 18 ℃、露点 14 ℃,则可能_____。

A. 在货物表面"出汗"   B. 在甲板下缘"出汗"

C. 不会"出汗"   D. A 和 B 都可能

3. 某固体散货船装载重烧镁,则装货前船方对货舱的准备工作可不包括_____。

A. 货舱清扫   B. 舱内设备检查

C. 备妥衬垫   D. 铲除浮锈

4. 可进行旺盛通风的条件是_____。

A. 舱内空气露点高于舱外空气温度和露点

B. 舱内空气露点高于舱外空气露点且低于舱外空气温度

C. 舱内空气露点低于舱外空气露点且高于舱外空气温度

D. 以上均不是

5. 食品类如袋装的烟叶、辣椒粉、生姜粉等货物属于_____。

A. 气味货　　　　　　　　　　　B. 怕潮货

C. A 和 B 均是　　　　　　　　　D. A 和 B 均不是

6. 关于固体散货,_____说法是错误的。

A. 装后应平舱

B. 不能配在二层舱

C. 宜配在中区货舱的底舱

D. 因港序原因可以配在二层舱

7. 根据忌装原则,茶叶与大米的最低忌装要求是_____。

A. 不同室　　　　　　　　　　　B. 不同舱

C. 不相邻　　　　　　　　　　　D. 中间隔一个货舱

8. 编织袋装货物的堆码方法中垂直堆码是指_____。

A. 上层货件压在下层货件接缝处

B. 袋口朝一个方向直上直下的堆码

C. 袋口朝前后两个方向直上直下的堆码

D. 上层货件横向压在下层货件纵向接缝处

9. 根据经验,单件重 400~600 kg 的大桶装货物,其堆高应不超过_____层。

A. 2　　　　　B. 3　　　　　C. 4　　　　　D. 5

10. 在货物配载图中,二层舱的图示法以_____表示。

A. 侧视图　　　　　　　　　　　B. 正视图

C. 俯视图　　　　　　　　　　　D. A、B 均可

11. 移动式罐柜系固时,其对系固角要求为_____。

A. 防滑目的对应不大于 25°,防翻倒目的时应不小于 40°~60°

B. 防滑目的对应不小于 25°,防翻倒目的时应不大于 40°~60°

C. 防滑目的对应不小于 40°~60°,防翻倒目的时应不大于 25°

D. 防滑目的对应不大于 40°~60°,防翻倒目的时应不小于 25°

12. 按我国远洋标准,下列货物属于重大件货物的是_____。

A. 货物单重超过 5 t

B. 单长超过 9 m

C. 货物单重超过 3t 或单长超过 12 m

D. A、B 均是

13. 通常情况下,将重大件装于船舶上甲板,该船的横摇周期将_____。

A. 减小　　　　B. 不变　　　　C. 增大　　　　D. 变化趋势不定

14. 根据经验,重大件货物系固时的横向系索破断总拉力为货件自重的_____。

A. 150%　　　　B. 120%　　　　C. 100%　　　　D. 90%

15. 重大件货物的系固,以下错误的是_____。

A. 系索应松紧适宜

B. 系固时每道系索应缠绕货件两周后再固定

C. 为提高系固效果,系固角应适当

D. 每个生根地令上不能超过三根绑索,且方向不同

16. 国际海事组织制定的《船舶载运木材甲板货安全操作规则》适用于船长 _____ 的运输木材的船舶。

A. ≥24 m   B. ≥100 m   C. ≥90 m   D. ≥150 m

17. 为保证安全,在使用冬季载重线时,木材甲板货在甲板上的堆装高度应不超过船宽的 _____。

A. 1/3   B. 1/4   C. 1/5   D. 1/6

18. 影响易腐货物安全运输的条件有 _____。

A. 湿度   B. 温度   C. 通风   D. A,B,C 均是

19. 易腐货物的冷藏方法中,冷冻运输的温度通常要求为 _____。

A. 0 ℃以下   B. 0~5 ℃

C. 5~10 ℃   D. 不低于-20 ℃

20. 冷藏货物在配装时,牛羊肉和猪肉 _____。

A. 不宜混装   B. 可以混装

C. 是否混装不做限制   D. 视货物质量而定

21. 查《水路危规》得某种危险品的国标编号为43025,则该编号中数字的含义依次为 _____。

A. 第一位类别号,第二位项别号,后三位危险货物品名顺序号

B. 第一位项别号,第二位类别号,后三位危险货物品名顺序号

C. 前三位顺序号,第四位类别号,第五位项别号

D. 第一位类别号,其后三位顺序号,最后一位项别号

22. 我国《水路危规》按 _____ 将包装危险品分为两级。

A. 危险品的危险程度   B. 危险货物品名编号

C. 联合国编号   D. A 和 B 均对

23. 从现行《国际危规》危险货物英文名称索引表中,可查到某货物的 _____。

A. 联合国编号   B. 是否为海洋污染物

C. 包装类别   D. A 和 B

24. 从现行《国际危规》危险货物中文名称索引表中,可查到某货物的 _____。

A. UN No.   B. 是否为海洋污染物

C. 分类   D. A 和 B

25. 欲知某种危险货物的限量规定,应查《国际危规》 _____。

A. EmS 指南-索引表   B. 危险货物一览表

C. MFAG 一览表   D. 危险货物英文名称索引表

26. 下列溢漏应急措施表编号不正确的是 _____。

A. F-Z   B. F-K   C. S-A   D. A 和 B 都是

27. 危险货物集装箱装运时,应查阅 _____。

A. IMDG Code   B. BC Code

C. IBC Code   D. IGC Code

28. 我国《水路危规》规定下列 _____ 危险货物不属于感染性物质。

A. 疫苗   B. 含有感染性物质的血液

C. 含有感染性物质的排泄物   D. B,C 都是

29.《国际危规》规定的危险货物中的气体按其危险性,可以分为_____。

(1)易燃气体;(2)有毒气体;(3)无害气体;(4)非易燃、无毒气体。

A.(1)(2)　　　　　B.(2)(3)　　　　　C.(1)(2)(4)　　　　　D.(1)(2)(3)(4)

30. 对于具有两种以上危险性的货物,《国际危规》按_____确定其类别。

A. 分别属于不同种类的危险货物

B. 占主导地位的危险性

C. 对人身危害程度大小

D. 以上均不对

31. 易燃液体的闪点是指在一定加温条件下,易燃物质的_____。

A. 蒸气与空气的混合物遇明火能持续燃烧 5 s 以上的最低温度

B. 分子与空气的混合物遇明火即能爆炸的最低温度

C. 蒸气与空气的混合物遇明火一点即燃的最低温度

D. 蒸气与空气的混合物遇明火能发生不连续闪火现象的最低温度

32. 放射性危险货物第Ⅰ类包装的上半部分图案颜色是_____。

A.红色　　　　　B.白色　　　　　C.黄色　　　　　D.蓝色

33. 以下有关通用包装分类的说法,错误的是_____。

A.Ⅰ类包装能盛装中等危险性的货物

B.Ⅱ类包装能盛装高度危险性的货物

C.Ⅲ类包装能盛装低度危险性的货物

D.Ⅰ类包装能盛装低度危险性的货物

34.《国际危规》所指的"救助包装"是用于盛放_____。

A. 医疗急救用具　　　　　　　B. 急救药品

C. 应急灭火用具　　　　　　　D. 运输途中破损的危险货物

35. 第 1 类爆炸品的特殊积载方式,要求货物尽量布置在靠近船舶中心线处,且距离船舶任何一侧都_____。

A. 不小于 1/8 船宽　　　　　B. 不小于 2.4 m

C. 不大于 2.4 m　　　　　　D. A 和 B 中取小者

36.海洋污染物应_____。

A. 若允许舱面或舱内积载,尽可能舱内积载

B. 若允许舱面或舱内积载,可在防护甲板上积载

C. 若仅限舱面积载,可在防护甲板或遮蔽甲板上积载

D. 以上都是

37. 隔离表中的数字表示_____,其中数字 4 表示_____。

A.隔离等级;远离

B.隔离种类;隔离

C.隔离种类;用一整个舱室或货舱隔离

D.隔离等级;用介于中间的整个舱室或货舱作纵向隔离

38. 腐蚀品与食品同船积载时的隔离要求是_____。

A.隔离 4　　　　B.隔离 3　　　　C.隔离 2　　　　D.隔离 1

39.若某两种危险品的装载应用"隔离 2",则这两种货物在舱面上装载时应至少间隔

_____ m 的水平距离。

  A. 24   B. 12   C. 6   D. 3

40. 装载危险品集装箱的国际航行船舶,《国际危规》要求的随船单证包括_____。

A. 集装箱装运危险货物装箱证明书

B. 危险货物舱单或积载图

C. 危险货物监装证书

D. A、B 和 C

二、简答题

1. 简述货物的标志的分类和作用。

2. 简述杂货的分类和各自的特点。

3. 简述《货物积载与系固安全操作规则》的适用范围和主要内容。

4. 简述重大件货物的概念和标准。

5. 木材甲板货的稳性标准和特殊稳性标准是什么?

6. 货物通风的方法和原则有哪些?

7. 杂货的积载原则和步骤有哪些?

8. 简述产生货运事故的原因。

9. 简述《国际危规》的编排和查阅方法。

10. 简述危险货物积载类别的规定。

项目七　散货船积载

【目标任务】

散货船积载主要包括固体散装货物(因散装谷物积载特殊单独列出)积载和散装液体货物积载。通过本项目的学习,应达到以下要求:

一、知识要求

1. 熟悉散装谷物特性及装载要求;

2. 熟悉散装谷物船的稳性校核及改善稳性的方法;

3. 熟悉固体散装货物种类及运输的危险性;

4. 熟悉固体散装货物的装运要求;

5. 了解水尺计量的原理和步骤;

6. 了解散装液体货物的装运基本知识。

二、能力要求

1. 熟悉散装谷物积载计划的编制方法;

2. 熟悉散装固体货物积载计划的编制;

3. 能大概说出散装液体货物分类、将性及装运要求。

【相关知识】

第一部分　散装谷物运输

海上货物运输中,谷物(grain)是指包括小麦(wheat)、玉米(maize)、燕麦(oats)、稞麦(rye)、大麦(barley)、大米(rice)、豆类(pulses)、种子(seeds)及由其加工的与谷物在自然状态下具有相同特征的制成品。谷物的海上运输,除了部分采用袋装和少量采用集装箱运输形式外,大量采用的是专用船舶的散装运输形式。散装谷物运输具有节约包装费用,增加装货重量,便于实现机械装卸,缩短装卸作业时间等优点。散装谷物的海运量多年来一直被列为世界主要大宗干、散货之一。

知识点 1　散装谷物特性及运输要求

一、散装谷物的特性及其对船舶稳性的影响

散装谷物除具有与袋装谷物相同的呼吸性(需要通风)、吸附性(表现为异味难除)、吸收与散发水分性、自热性和易受虫害性外,还特别具有与船舶稳性密切相关的两个特性。

1. 散落性

散落性指装于船舱内包括散装谷物在内的各种颗粒状、块状和粉末状的散货,受船舶摇摆、震动等外力的作用,能自动松散流动的性质。谷物的散落性与其颗粒形状、表面光滑

程度、水分与杂质含量等因素有关。散装货物的松散流动程度可以用静止角α(自然倾斜角,也称休止角、摩擦角)(angle of repose)表示。它系指谷物由空中缓缓倒下,在地面上自然形成圆锥体的棱与水平面的夹角α(图7-1)。显然,散装货物的休止角越小,其散落性越大。谷物的休止角一般为35°~37°,当其很干燥时为20°~30°。谷物的散落性有利于其装卸但是船舱内散装谷物随船舶的摇摆、振动而出现自由谷面向一侧倾斜的现象,与自由液面相似,对船舶稳性产生不利的影响。

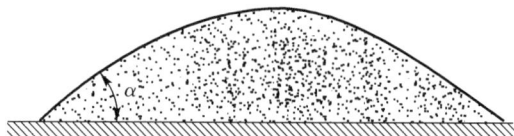

图7-1 谷物散落性示意图

2. 下沉性

下沉性指装于船舶货舱内的散装谷物,受船舶的摇摆、振动作用,谷物颗粒间的空隙逐渐缩小引起谷物表面下沉的特性。散装谷物的下沉性与谷物颗粒大小、形状、积载因数、含水量、散落性等因素有关。船舱内谷物的下沉,一方面导致舱内谷物重心下降,另一方面引起舱内谷面下沉,使初始呈满舱状态的谷物出现自由谷面,这为其散落提供了条件。这些都影响到船舶的稳性。

船舱内散装谷物对船舶稳性的影响分析如下:

如图7-2所示为散装谷物船上某一初始呈满舱状态货舱的横剖面图。船舶经过一段时间航行后,舱内谷物因受船舶摇摆、振动的影响,谷面自舱顶下沉至 ab 位置,出现空当 af,这一方面引起该舱谷物重心点 G_0(通常取舱容中心)下降至 G_0' 位置;另一方面,当船舶在风浪中产生某一横倾角 θ 时,舱内谷面 ab 移至 cd(cd 与水平线间的夹角 α 一般不等于船舶横倾角 θ)。此时,相当于舱内上层 bed 三角形舱位的谷物移至 $ecfa$ 四边形舱位,相应的 bed 舱位谷物重心 g_1 移至 $ecfa$ 谷物舱位重心 g_2 处。根据重量移动原理,该舱谷物重心的移动方向与 g_1g_2 连线平行,移动距离可用重量移动原理求得,谷物重心由 G_0' 移至 G_1' 位置,从而产生对船舶的横向移动倾侧力矩(重心由 G_0' 横移至 G_1 所引起)和垂向移动倾侧力矩(重心由 G_1 上移至 G_1' 所引起)。对于初始呈满舱的货舱而言,若初始舱内谷物重心取在舱容中心位置,则谷物下沉导致的重心下移量 G_0G_0' 要大于重心上移量 G_1G_1'。对船舶稳性而言,偏于安全。因此,此条件下可以忽略谷物垂向移动对稳心的影响。对于装载散装谷物的整船而言,船舶航行中各个货舱内的谷面如均出现上述的下沉和向一侧倾斜,船舶的合重心将发生相应的横向和垂向移动,则直接对船舶稳性产生不利影响。由此可见,对于散装谷物运输船舶,如果仅局限于满足对普通干货船的基本稳性标准指标的最低要求,那么在恶劣海况下,当船舶各舱内谷物移动产生的倾侧力矩超过一定限度时,就会有导致船舶发生倾覆的危险。

二、散装谷物运输要求

鉴于散装谷物的上述特性,对每批需船运的散粮,货主均应提供附有品质化验单或表明货物质量状态的质量保证书。在质量保证书内应特别标明谷物的温度和含水量。当运输潮湿的谷物时,还需标明其湿度。当发现待运谷物有下列情形时,船方应予拒装。

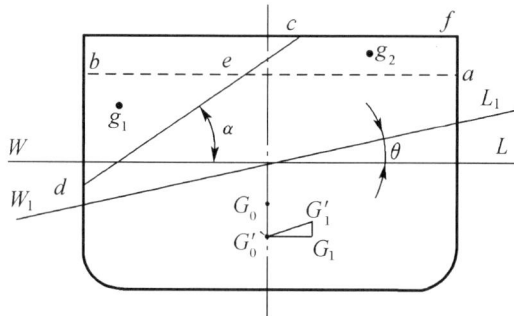

图7-2　谷物移动分析

(1)谷物处于自热状态中。

(2)谷物湿度在16%以上。湿度可用专门的湿度计测定。表7-1列出了常运谷物安全水分要求。

表7-1　谷物安全水分要求

谷物种类	含水量(质量分数)	谷物种类	含水量(质量分数)
大米	15%以下	赤豆	16%以下
小麦	14%以下	蚕豆	15%以下
玉米	16%以下	花生	8.5%以下
大豆	15%以下	花生米	10%以下

(3)被仓库害虫感染的。感染壁飞目程度在一等以上的;感染象鼻虫等,无论其感染度如何,均以1 kg谷物中含害虫(壁飞目和象鼻虫)的个数来划分,见表7-2。

表7-2　1 kg谷物中含害虫的个数

感染度	1 kg谷物中的害虫个数/个	
	壁飞目	象鼻虫
第一等	1~20	1~5
第二等	20以上	6~10
第三等	壁飞目形感呈毡状	10以上

(4)进行过驱虫的毒气未消解的。

(5)作种子用的谷物,经检疫发现有杂草的。

三、散装谷物专用船的货舱结构特点

为改善散装谷物船舶稳性,散装谷物专用船和一些多用途船舶的货舱结构特点如下:

1.单甲板,双层底

散装谷物具有较强的承受挤压能力,从装卸和减小舱内谷物移动倾侧力矩考虑,货舱都采用单层甲板结构。双层底的设置起到增加压载量,提高船舶抗沉性等作用。

2. 舱口围较高

对于初始呈满载或接近满载的散装谷物装载舱,当舱内谷面下沉后,较高的舱口围设置能保持谷面仍处于较小的舱口围之内,以起到减小谷物移动倾侧力矩的作用。

3. 设置顶边水舱和底边水舱

顶边和底边水舱的倾斜面与水平面的夹角一般略大于常运谷物的静止角(至少为30°)。顶边水舱的作用为减少谷物移动的倾侧力矩和平舱工作量,在空载时通常作为压载水舱使用。底边水舱除兼作压载水舱外,还可减少清舱工作量及提高卸货速度(图7-3)。

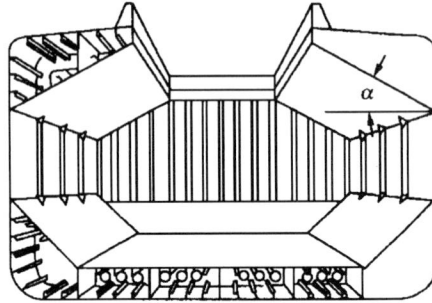

图7-3 专用散谷船结构示意图

四、散装谷物在舱内的几种装载方案

在散装谷物货舱内采用何种装载方案,将直接影响舱内谷物移动对船舶稳性的影响程度。我国《海船法定检验技术规则》和一些国际散装谷物运输规则对此都有具体的要求。

1. 经平舱的满载舱(filled compartment after trimming)

指经充分平舱后,甲板和舱口盖下方的所有空间装满至最大限度的货舱。此情况下,谷物移动对稳性影响最小。

2. 未经平舱的满载舱(filled compartment without trimming)

指使舱口范围内装满至可能的最大程度,但在舱口以外,专用舱在舱的两端可免于平舱,非专用舱除考虑甲板上经添注孔谷物可自由流入舱内形成自然流入状货堆的影响外,甲板下其他空当处可免于平舱的货舱。此情况下,谷物移动对稳性的不利影响要明显大于上述经平舱的满载舱。采用此种装载方案,可以为船方节约平舱费用。

3. 部分装载舱(partly filled compartment)

指经合理平舱,将谷物自由表面整平,但未达到上述两种满载舱状态的货舱,又称松动舱(slack hold)。此情况下,谷物移动对稳性的不利影响随货舱结构形状及谷物装舱深度而变化,多数情况下要远远超过上述两种满载舱。

4. 共同(通)装载舱(compartment loaded in combination)

指多用途船或一般干货船装载散装谷物时,在底层货舱舱盖不关闭的情况下,将底层货舱及其上面的甲板间舱作为一个舱进行装载的货舱。当货舱内谷物装载超过底层货舱舱盖高度时,采用此方案与将底层货舱舱盖关闭(即在底层货舱及其上面的甲板间舱内存在两个自由谷面)方案比较,前者谷物移动对稳性的不利影响较后者要减小许多。

五、散装谷物船运输注意事项

散装谷物在海上运输的全过程中,除需要按杂货的一般要求运输外,还应特别注意下列几个方面。

1. 装货前准备

(1)全面检查货舱设备并使之处于适用状态,疏通舱内污水沟(井),以保持其畅通,保证货舱污水泵和通风设备运行情况良好。

(2)彻底清洁货舱,保证货舱处于清洁、干燥、无异味、无虫害、无鼠害、无有害物质(如美国港口当局规定,如舱内有未能识别的物质,则以有毒物质论处)、无渗漏的状况。

(3)若舱内存在虫害、鼠害,则需对空舱进行熏蒸。

(4)当全船货舱均满足上述条件时,可向装货港有关部门申请验舱。当验舱合格或通过散装谷物稳性计算表审核,取得"装载准备完成证明"(certificate of readiness)后,才允许开始装货。装货前,还应备妥各类垫舱物料和止移装置。

2. 合理编制船舶积载计划

(1)编制散装谷物船积载计划与编制杂货船积载计划的步骤和方法基本相同。散装谷物船与杂货比较在积载图上不同的是,装货位置除需标明货物的名称(或其等级)、重量、积载因素外,满载舱需要标注其平舱形式,部分装载舱需要标注其谷物装舱深度,多层甲板船需要标注是否采用共同(通)装载方式,设置防移装置的货舱则需要详细标注所设置的防移装置形式、设置部位和装置的具体尺度等内容。

(2)按装货港提供的表格形式填写散装谷物稳性计算表。尽管不同的港口提供的表格形式差别较大,但其计算原理和填写内容都大致相同。填写这类表格就是选择船舶在航行途中对稳性最不利的装载状况,采用船舶适用的散装谷物船运规则,进行船舶完整稳性标准指标的核算。当船舶稳性不满足要求时,可以采用选择合适舱位打入或排出压载水,舱内设置防移装置或采取止移措施(必须在稳性计算表中详细标注)等补救方法。但是,对于在舱内设置各种防移装置或采取止移措施,由于费时费力,因此,通常仅在稳性标准指标不能满足要求且已无其他补救措施的条件下才被采用。

(3)为了遵守《SOLAS 公约》的有关规定,各国港口指定有关当局负责在装货前(有些港口在船离港前)对船方填写的散装谷物稳性计算表进行核准,只有当确认计算表中船舶稳性标准符合《SOLAS 公约》规定后,才准许船舶开始装货(有些港口作为准许离港的必要条件之一)。

3. 装货过程

(1)严格按积载计划装货,合理安排各舱装载顺序(rotation)使吃水差始终保持艉倾,以便排放压载水。

(2)各舱装货次数以三轮为宜,以免船体受力不匀。

(3)监装中,应特别注意装船谷物的质量(主要指含水量),保持舱内易产生汗水部位与污水沟(井)的通道畅通。

(4)各舱临装货结束时,应按要求进行平舱和采取止移措施(如必要时),并做好货物顶部的铺垫以防止或减少舱顶汗水对谷物的影响。全船临装货结束时,应注意调整船舶吃水差,消除船舶横倾角。装货完毕后,可以利用水尺计重方法核准实装的全船谷物重量,以供参考。

(5)实测各部分装载舱内谷面以上空当并对积载计划(包括稳性计算表)进行修改,绘制实际积载图。开航前,按贸易合同的规定进行货舱熏蒸。

4. 途中保管

(1)航行途中应当定时测定舱内污水沟(井)内水位,及时排除舱内污水。

(2)应注意经常检查舱内防移装置(如设置时)的状况是否良好。

(3)货舱通风可以根据杂货船运输中防止舱内产生汗水的原则进行,但应当认识到,对于导热性很差的散装谷物的通风仅仅是表面上的,企图将货堆内部谷物呼吸产生的水分和热量全部排出舱外是不可能的。

(4)对货舱底的燃油柜加热不可过高,以免谷物受热损害。

5. 卸装过程

(1)卸货前,货主通常委托有关机构人员上船检查各舱内谷物状况,只有在确认未发现待卸谷物存在水湿、霉变、虫害、污染等情况时,才准许开始卸货。因此,在船舶航行途中及抵港前,应注意检查舱内上层谷物的状况,以便及时发现问题采取应急补救措施。

(2)卸货前告知工头污水沟(井)位置,要其注意使用抓斗(crab)或推土机(bulldozer)时勿损坏或推走污水沟(井)盖及其他设备。

(3)卸货时舱内高处横梁等突出处常留有谷物,最好在卸货过程中及时清除,否则货物卸完后,将成为一项困难而危险的作业。

知识点 2 散装谷物船稳性核算

散装谷物船的
稳性核算
(微课)

为了有效地防止散装谷物运输船舶发生倾覆沉船事故,从 1860 年起就陆续有一些国家或地区制定了要求强制执行的散装谷物船舶运输规则,从 1948 年起这类规则就逐步发展成为国际性的规则。现行的规则主要是《1974 国际海上人命安全公约》(简称《SOLAS 1974》)和《国际散装谷物安全装运规则》。

一、IMO 对散装谷物船稳性要求及校核

IMO(国际海事组织)对散装谷物船舶的运输规则:

1992 年第 95 届联合国海上安全委员会决定对《SOLAS 1974》第六章重新改组,将适用范围由谷物扩大到对船舶及船上人员有特别危害而需采取专门预防措施的货物,并将原散装谷物装运的强制性规定转换成一新的规则,即《国际散装谷物安全装运规则》(简称《谷物装运规则》),该规则于 1994 年 1 月 1 日生效。

1. 谷物假定下沉和倾侧模型

《谷物装运规则》中提出的谷物假定下沉和移动倾侧模型:

(1)谷面下沉

部分装载舱谷面下沉忽略不计。满载舱按舱口内与舱口外两部分计算:对于舱口内,设定自舱口盖下缘与舱口围板顶端二者之较低者起至谷面平均深度之间存在一个 150 mm 的空当;在舱口前、后、左、右端的甲板下面,设定所有与水平线倾角小于 30° 的边界下面存在一个不小于 100 mm 的平均空当 V_d。

(2)谷面倾侧

部分装载舱按谷面与水平成 25° 倾侧;经平舱的满载舱按谷面与水平成 15° 倾侧;对未经平舱的满载舱,在舱口范围内仍按谷面与水平成 15° 倾侧;在舱口范围内之外,对在货舱两端未经平舱的散装谷物专用舱,在舱口两端按谷面与水平成 25° 倾侧。在舱口两侧按谷面与水平成 15° 倾侧;对于未经平舱的非散装谷物专用舱,在舱口两端或两侧均需由其具体空当面积的计算结果来确定谷面的倾侧角度。

目前,在多数散装谷物船舶资料中都提供有"符合《谷物装运规则》(或《SOLAS 1974》)要求的各货舱谷物横向移动倾侧体积矩图表"。

2. 对有批准文件的散装谷物船舶的稳性要求

《谷物装运规则》适用于从事散装谷物运输的任何尺度的船舶。规则对这类船舶在整个航程中经自由液面修正后的稳性指标提出的下列要求:

(1)初稳性高度 GM 应不小于 0.30 m;

(2)由于谷物假定移动所引起的船舶横倾角 θ_h 应不大于 12°,但对 1994 年月 1 月 1 日后建造的船舶还应考虑该横倾角 θ_h 应不大于 12° 和甲板边缘浸水角 θ_{im} 中较小者;

(3)船舶剩余动稳性(剩余静稳性面积)应不小于 0.075 m·rad。

3. 对无批准文件的散装谷物船舶的稳性要求

《谷物装运规则》提出,对无主管当局批准文件而部分装载散装谷物船舶,只有在符合下列条件后才允许装运散装谷物:

(1)散装谷物总重量不超过该船总载重量的 1/3;

(2)对经平舱的满载舱,应设置符合规则要求的中纵隔壁,舱口应关闭并将舱口盖固定;

(3)对部分装载舱内的散装谷物,平舱后还应采取符合规则要求的压包,或者使用钢带、钢索、链条或钢丝网进行谷面固定的措施;

(4)整个航程中经自由液面修正后的初稳性高度 GM 应满足:

$$GM \geqslant \max\{0.30, GM_R\}$$

其中,GM_R 的计算公式为

$$GM_R = \frac{LBV_d(0.25B - 0.645\sqrt{V_d B})}{0.0845SF \cdot \Delta}$$

式中　L——所有满载舱的长度之和,m;

B——船舶型宽,m;

SF——积载因数,m³/t;

Δ——船舶排水量,t;

V_d——按规则计算的舱内谷物平均空当高度,m。

二、我国现行的《法定规则》

1. 适合国际海域航行的散装谷物船舶

《法定规则》第九篇第三章谷物运输中,分别对国际和国内沿海航段航行的散装谷物船舶的稳性标准提出了具体要求。其中对国际航段航行的散装谷物船舶完全采用了 1994 年 1 月 1 日生效的 IMO《谷物装运规则》之规定。

2. 适合于国内沿海航行的散装谷物船舶

我国《法定规则》对仅在国内沿海各港口之间航行的(包括国际航行船舶在港外部分卸载后进港或驶往国内其他港口的)各类散装谷物船舶(以下通称国内航行船舶),提出了放宽对其稳性特殊要求的具体规定。《法定规则》对因水深限制等原因部分卸载后存在多个部分装载舱的船舶,提出下列要求:

(1)部分卸载后船舶的装载状况,应避免对船体产生过大的应力;

(2)船长应注意天气情况,遇有不良气象时,应及时采取措施或暂缓航行;

(3)应尽可能减少部分装载舱,以减少谷物移动倾侧力矩;

(4)对部分装载舱进行平舱,并保证船舶正浮。

《法定规则》对散装谷物的稳性标准指标的最低要求,国内航行船舶与国际航行船舶完全相同,也是前述的 $GM \geq 0.30$ m、$\theta_h \leq 12°$(在 1994 年 1 月 1 日后建造的所有船舶 $\theta_h \leq \min\{12°, \theta_i m\}$ 和 $S \geq 0.075$ m·rad 三项)。

《法定规则》建立的国内航行船舶的谷物假定移动倾侧模型设定为满载舱和部分装载舱均假定谷物移动后的谷面与水平面成 12°倾角。

当船舶具备按《谷物装运规则》要求的谷物假定谷物倾侧体积矩 M_V 时,《法定规则》规定:

国内航行船舶的倾侧体积矩 M'_V 取为

①未经平舱的满载舱和部分装载舱

$$M'_V = 0.46 \times M_V$$

②经平舱的满载舱

$$M'_V = 0.80 \times M_V$$

③当船舶缺乏谷物假定倾侧体积矩资料时,国内航行船舶的倾侧体积矩 M'_V 取为

a. 对于部分装载舱

$$M'_V = \sum 0.017\ 7 \times l_i \cdot b_i^3 (\text{m}^4)$$

式中　l_i——各部分装载舱的长度,m;

　　　b_i——各部分装载舱谷物表面的最大宽度,m。

b. 对于经平舱的满载舱

$$M'_V = 0$$

由国内航行船舶的谷物假定移动倾侧模型(图7-4)可知,国内航行船舶的稳性标准要求是低于公约规定的要求。

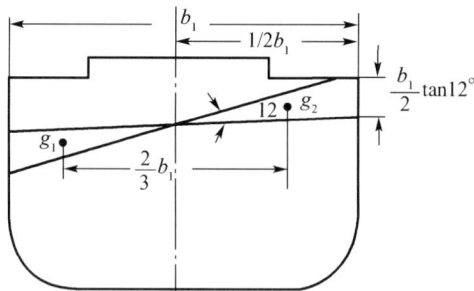

图 7-4　部分装载舱谷物移动倾侧模型

三、散装谷物船舶稳性的核算

鉴于国内航行的散装谷物船舶稳性标准指标的具体核算方法和步骤与《谷物装运规则》的核算方法完全相同,因此,本节仅介绍《谷物装运规则》所规定的有关完整稳性要求的计算方法。

1. 经自由液面修正后的初稳性高度 GM 的核算

GM 的具体计算方法在项目五第一部分中已做详细介绍,此处不再重复。关于货舱内散装谷物重心高度的确定方法,《谷物装运规则》规定:

(1)满载舱

①谷物重心位置取在货舱的舱容中心处,其重心距基线的高度可以从货舱容积表中查取。因为这种确定方法简单,对均质谷物而言,按这种方法确定的谷物重心高度要大于其实际重心高度,偏于安全,所以有关人员乐于采用。

②谷物重心位置在考虑舱内谷面按规则假定的下沉量后,取在舱内谷物实际体积中心。

(2)部分装载舱

谷物重心位置取在舱内谷物初始装载体积的几何中心处,其重心距基线高度可根据货舱内谷物的初始装舱深度或所占舱容,从相应的舱容曲线图或数据表中查取。

按《谷物装运规则》规定的要求,散装谷物船必须满足:$GM \geqslant 0.30$ m。

2. 由谷物假定移动引起船舶静倾角 θ_h 的核算

θ_h 可以按公式法和作图法求取。

(1)公式法计算 θ_h

按《谷物装运规则》建立的舱内谷面下沉和倾侧模型,若假定在谷物移动倾侧力矩 M_u 作用下引起船舶静倾角 θ_h,则经推导得

$$\theta_h = \arctan \frac{M_u}{\Delta \cdot GM} \tag{7-1}$$

式中　θ_h——船舶静倾角,(°);

　　　GM——经自由液面修正后的初稳性高度,m。

M_u 可按下计算,即

$$M_u = \sum C_{Vi} \cdot M_{Vi} / SF_i \tag{7-2}$$

式中　C_{Vi}——第 i 舱舱内谷物重心垂向上移修正系数,按《谷物装运规则》规定:经平舱或未经平舱的满载舱,当谷物重心取在舱容中心处时,取 $C_{Vi} = 1.00$;经平舱或未经平舱的满载舱,当谷物重心取在谷物假定下沉后的体积中心处时,取 $C_{Vi} = 1.06$;部分装载舱取 $C_{Vi} = 1.12$;

　　　M_{Vi}——第 i 舱舱内谷物横向移动倾侧体积矩(通常由船舶设计或建造部门根据规则规定的谷物移动倾侧模型计算求取,并在船舶《散装谷物稳性报告书》中提供,如图 7-6 所示),m⁴;

　　　SF_i——第 i 舱舱内谷物的积载因数,当同一舱内装载积载因数不同的几种谷物时,应选取表层谷物的积载因数,m³/t。

舱内谷物重心的移动可分为横向和垂向两部分。船舶资料所提的仅仅为谷物横向移动的倾侧体积矩。式(7-2)中谷物重心垂向上移修正系数 C_{Vi} 是谷物重心移动的总倾斜体积矩与某移动倾侧体积矩之比。

满载舱内谷物重心取在舱容中心处时取 $C_{Vi} = 1.00$,这是因为,舱容中心是满载舱内均质谷物重心的最高位置,这样确定的满载舱内谷物重心位置,实质上,已包含了对谷物重心垂向上移有害的修正,而且偏于安全。满载舱内谷物重心取在谷物假定下沉后的体积中心

处时取 $C_{Vi}=1.06$,这实际上是将谷物横向移动倾侧力倾侧体积矩的 6% 用作修正舱内谷物重心垂向上的有害影响。

同样,部分装载舱取 $C_{Vi}=1.12$,是将谷物横向移动倾侧力倾侧力矩的 12% 用作修正舱内谷物重心垂向上移的有害影响。

(2)作图法确定 θ_h

使用作图方法确定 θ_h 的步骤为:

①绘制核算装载状态下船舶的静稳性力臂曲线 $GZ=f(\theta)$;

绘制方法和步骤参阅项目五第一部分中所述。注意对曲线应进行自由液面的修正。

②绘制谷物倾侧力臂曲线 $\lambda=f(\theta)$。

规则规定谷物倾侧力臂曲线是一条下降直线。横倾角 0° 时倾侧力臂 λ_0 和横倾 40° 时谷物倾侧力臂 λ_{40} 的值,其计算公式是

$$\lambda_0=\frac{M_u}{\Delta}\ (\text{m}) \tag{7-3}$$

$$\lambda_{40}=0.8\lambda_0(\text{m}) \tag{7-4}$$

式中,M_u 为谷物移动倾侧力矩,按式(7-2)计算。

随后,在已绘制静稳性力臂曲线的坐标平面上寻找 $(0°,\lambda_0)$ 和 $(40°,\lambda_{40})$ 两点,过两点作连线即为谷物倾侧力臂曲线(图 7-5)。

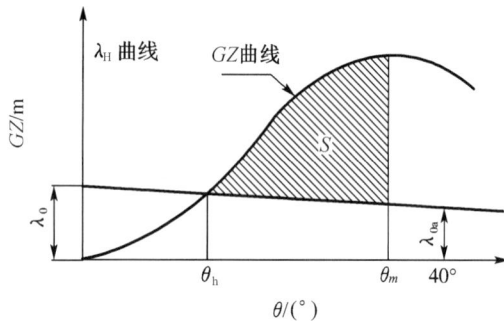

图 7-5　剩余动稳性 S

在 $GZ=f(\theta)$ 和 $\lambda=f(\theta)$ 两条曲线相交处,其横坐标值即为由作图法求得的谷物移动倾侧力矩 M_u 作用下引起的船舶静倾角 θ_h。

公式法计算简单,但其计算结果常常偏大。作图法求取过程较烦琐,但计算结果精度较高。

当由公式法求出的结果不满足要求,而作图法求出的结果满足要求时,该装载情况下的 θ_h 指标仍被认作是满足规则要求。

按规则的要求,散装谷物船必须满足 $\theta_h \leqslant 12°$。对于 1994 年 1 月 1 日后建造的船舶,若假设船舶在核算装载状况下甲板边缘浸入角为 θ_{im},则必须满足 $\theta_h \leqslant \min\{12°,\theta_{im}\}$。

3. 船舶剩余动稳性值 S 的核算

(1)确定右边边界线

规则规定:右边边界是一条垂直于横坐标值 θ_m 的直线,按下列公式确定,即

$$\theta_m=\min\{\theta_{GZ'max};\theta_f;40°\} \tag{7-5}$$

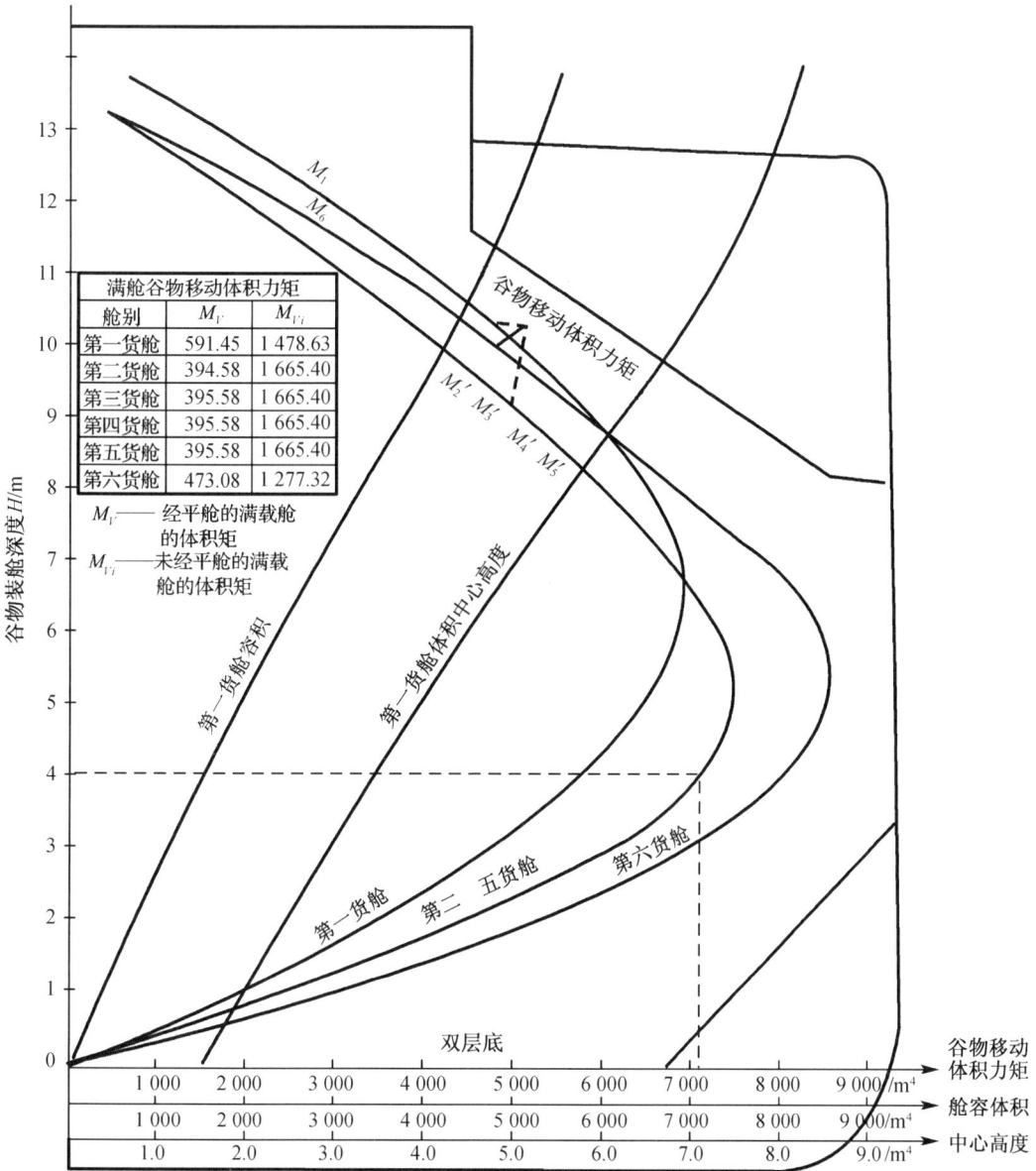

图 7-6 谷物移动体积力矩

式中 $\theta_{GZ'max}$——船舶复原力臂和谷物倾侧力臂之间纵坐标差值(即船舶剩余复力臂 GZ') 最大处所对应的横倾角;

θ_f——规则定义的船舶进水角,系指在船体、上层建筑或甲板室上不能关闭成水密的 开口被浸没时的横倾角,可以从散装谷物船舶的《稳性报告书》或其他稳性计 算资料中根据船舶的排水量查取。

(2)计算剩余动稳性值(剩余静稳性面积)

在横坐标 $\theta_h \sim \theta_m$ 范围内将曲线横向六等分,并分别量取各等分处船舶剩余复原力臂值 (即 $GZ_\theta - \lambda_\theta$),随后按辛普森第一法则公式计算,即

$$S = \frac{x}{3}(y_0 + 4y_1 + 2y_2 + 4y_3 + 2y_4 + 4y_5 + y_6) \times \frac{\pi}{180} \qquad (7-6)$$

式中　　x——在横坐标 $\theta_h \sim \theta_m$ 范围内将曲线横向六等分的等分间距。

$\quad\quad y_0$、y_1、y_2、$\cdots$、y_6——依次表示在横坐标 $\theta_h \sim \theta_m$ 范围内将曲线横向六等分的每一垂线处量取的船舶剩余复原力臂值。

按规则的要求,散装谷物船必须满足:$S \geqslant 0.075$ m·rad。

四、《谷物装运规则》稳性标准指标的简化核算方法

对于《谷物装运规则》稳性标准指标,若按上述计算方法,则过于烦琐。根据船舶资料、稳性状况等条件可以选择下述简化的核算方法。

1. 谷物许用倾侧力矩法

使用此方法的前提是散装谷物船舶《稳性报告书》或稳性计算资料中必须提供有“散装谷物最大许用倾侧力矩表”资料。由查表引数为船舶排水量 Δ 和经自由液面修正后的重心高度 KG,就可以从表中直接或使用内插法求得船舶的最大许用倾侧力矩 M_a。

表 7-3　最大许用倾侧力矩 M_a 表(9.81 kN·m)

Δ	KG										
	7.5	7.6	7.7	7.8	7.9	8.0	8.1	8.2	8.3	8.4	8.5
28 000	12 535	11 916	11 297	10 678	10 059	9 440	8 821	8 202	7 583	6 964	6 345
29 000	12 981	12 340	11 699	11 058	10 417	9 776	9 135	8 494	7 853	7 212	6 571
30 000	13 428	12 765	12 102	11 439	10 776	10 113	9 450	8 787	8 124	7 461	6 798
31 000	14 204	13 519	12 834	12 149	11 464	10 779	10 094	9 409	8 724	8 039	7 354
32 000	14 661	13 954	13 247	12 540	11 833	11 126	10 419	9 712	9 005	8 298	7 591
33 000	15 470	14 741	14 012	13 283	12 554	11 825	11 096	10 367	9 634	8 909	8 180
34 000	16 299	15 548	14 797	14 046	13 295	12 544	11 793	11 042	10 291	9 540	8 789

该表的基本原理是从最大许用倾侧力矩表中查出的 M_a 值,即表示恰能使船舶同时满足《谷物装运规则》的三项稳性特殊标准指标要求的谷物最大许用倾侧力矩值。

根据“散装谷物最大许用倾侧力矩表”,其简化核算步骤如下。

(1)选择航程中对稳性最不利的装载情况计算船舶各排水量 Δ 和经自由液面修正后的重心高度 KG;

(2)按《谷物装运规则》提供的计算式(7-2),计算各舱内谷物假定移动总倾侧力矩 M'_u;

(3)以 Δ 和 KG 查表引数,从“散装谷物最大许用倾侧力矩表”中直接查取或由内插法求取核算该装载情况下最大许用倾侧力矩 M_a。

(4)比较 M_a 和 M_u:当 $M_a \geqslant M_u$ 时,就表明船舶在该装载状况下,《谷物装运规则》三项稳性标准指标同时得到满足。

2. 剩余静稳性力臂法

剩余静稳性力臂法是以横倾 40° 时剩余复原力臂 GZ'_{40} 的计算替代三项稳性指标中求取过程烦琐的剩余动稳性值 S 的计算。

采用本方法的核算过程如下。

（1）判断下列三项简化核算条件是否同时满足：

①谷物假定移动所引起的船舶静倾角 $\theta_h \leqslant 12°$；

②经自由液面修正后船舶静稳性力臂 GZ 曲线在 $12°\sim40°$ 范围内形状正常，无凹陷；

③右边边界线对应的横倾角 $\theta_m = 40°$。

若其中一项未满足，则应采用其他方法进行核算。上述条件①可以使用谷物假定移动引起的横倾角的计算式（7-1）予以求证。条件②和③可以选择船舶《散装谷物稳性报告》中与核算装载状况相近的某一典型装载情况下已绘制的静稳性曲线做参考并查阅船舶进水角曲线图来求证。

（2）计算横倾 $40°$ 时剩余复原力臂值 GZ'_{40}，即

$$
\begin{aligned}
GZ'_{40} &= GZ_{40} - \lambda_{40} \\
&= (KN_{40} - KG \cdot \sin 40°) - 0.8 \cdot \lambda_0 \\
&= KN_{40} - KG \cdot \sin 40° - 0.8 \cdot \frac{M_u}{\Delta} \ (\text{m})
\end{aligned} \tag{7-7}
$$

式中　GZ'_{40}——船舶横倾 $40°$ 时剩余复原力臂，m；

λ_0, λ_{40}——船舶横倾 $0°$ 和 $40°$ 时谷物倾侧力臂，m；

KN_{40}——船舶横倾 $40°$ 时形状稳性力臂，可从"稳性横交曲线图"中查取，m；

KG——经自由液面修正后船舶重心距基线，m；

M_u——谷物总倾侧力矩，可按式（7-2）求取（9.81 kN·m）。

（3）稳性指标核算

当满足 $GZ'_{40} \geqslant 0.307$ m 时，就等同于满足船舶剩余动稳性值 $S \geqslant 0.075$ m·rad 的要求。

如图 7-7 所示，以横坐标从 $12°\sim40°$ 为底边 L，以最小允许值 $GZ'_{40\,\text{min}}$ 为高作直角三角形，并设其面积 S' 恰好为 0.075 m·rad。显然，当同时满足上述三项简化核算条件时，船舶静稳性曲线下的面积 S 必定大于被包围其中的直角三角形面积 S'。若 $S' \geqslant 0.075$ m·rad，则必定满足 $S > 0.075$ m·rad 的要求。设 $S' = 0.075$ m·rad，则

$$
S = \frac{1}{2} L \times GZ'_{40\,\text{min}} = \frac{1}{2}(40-12) \times \frac{\pi}{180} \times GZ'_{40\,\text{min}}
$$

求解上式可得

$$
GZ'_{40\,\text{min}} \approx 0.307 \ (\text{m})
$$

3. 等值三角形面积法

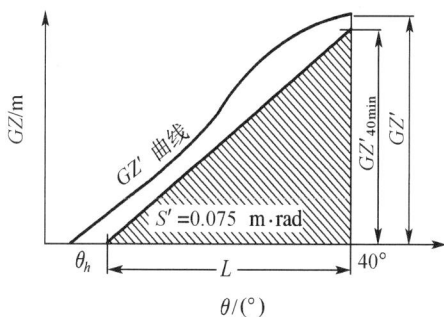

图 7-7　剩余静稳性力臂代替剩余动稳性

若船舶不具备"散装谷物最大许用倾侧力矩表",又不同时满足上述简化 S 核算的三项条件时,可用本方法简化剩余静稳性面积 S 的计算。

按前述步骤和方法绘制船舶静稳性力臂曲线、谷物倾侧力臂直线和右边边界线,量取不同横倾角处的船舶剩余复原力臂 GZ 值并绘制剩余复原力臂曲线 $GZ'=f(\theta)$,见图 7-8。

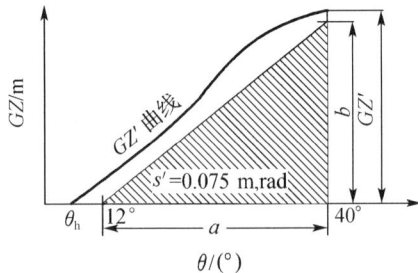

图 7-8　用直角三角形面积代替 S 法

作直角三角形,使其面积 S′略小于剩余复原力臂曲线 GZ′下的面积 S。若

$$S' = a \cdot b/2 \geqslant 0.075 \text{ m} \cdot \text{rad}$$

则必定满足 $S \geqslant 0.075$ m · rad。

知识点 3　改善散装谷物船舶稳性的措施

改善散装谷物船舶稳性的措施(微课)

当散装谷物船的稳性标准指标不能同时满足要求时,可以采取下列措施,以改善船舶稳性。

一、减少谷物移动倾侧力矩

散装谷物移动倾侧力矩是由满载舱和部分装载舱的移动倾侧力矩所组成。对于满载舱,不论经平舱与否,其谷物假定移动倾侧力矩是固定的。对于部分装载舱,其谷物移动倾侧力矩常常占了很大比例。因此,减少谷物移动倾侧力矩,首先应考虑部分装载舱的谷物移动倾侧力矩。常用的方法有:

1. 将部分装载舱安排于舱宽较窄、内有纵隔壁的或舱长较短的货舱内

由于谷物移动倾侧力矩与谷面宽度的三次方成正比,因此如将部分装载舱安排于舱宽较窄(如艏部货舱)或有纵隔壁的货舱,就能大大减少部分装载舱的谷物移动倾侧力矩。在舱宽相同或相近时,部分装载舱则应选择舱长较短的货舱。但同时还需兼顾满足船舶强度条件和吃水差的要求。

2. 部分装载舱内谷物装舱深度应避开该舱谷物移动倾侧力矩的峰值附近

如果在确定散装谷物装载方案时,发现某个部分装载的谷物移动倾侧力矩正处于其峰值附近,则应考虑在某个满载舱内少装一些谷物,并将这部分谷物装入倾侧力矩正处于其峰值附近的部分装载舱内。这样,虽满载舱内谷物移动倾侧力矩有所增大,但部分装载内的谷物移动倾侧力矩将减少得更多,从而使谷物移动总倾侧力矩减少。

3. 采用共同(通)装载方案

对于多层甲板干货船,当其舱内谷物装载高度超过中间甲板舱口时,可以采用共同(通)装载方案,以减少谷物移动倾侧力矩。

4. 将未经平舱的满载舱改为经平舱的满载舱

对满载舱进行完整的平舱,可以大大地减少谷物的移动倾侧力矩。

二、改善装载方案,提高船舶初稳性高度

使用各种方法,提高船舶初稳性高度:降低所装谷物的重心高度;在顶边水舱排出压载水,在双层底和底边水舱打入压载水;尽量减少自由液面对稳性的影响;合理配置和使用燃油等来实现。

三、设置防移装置和采取止移措施

这是作为船舶稳性不足时采用的一种不得已的补救手段。规则提供了几种具有较强实用价值的防移装置和止移措施,主要包括:

1. 适用于满载舱和部分装载舱——设置纵隔壁

若在矩形自由谷面货舱中设置一道纵隔壁,即可使谷物假定移动的倾侧力矩减少到原来的 1/4。

规则对所设置的纵隔壁的要求是:隔壁必须为谷密。若在甲板间舱内,则隔壁垂向必须贯穿整个间舱。若在非甲板间舱内,则满载舱纵隔壁的设置要求在顶部甲板(舱盖)向下延伸大于 0.6 m;部分装载舱的设置,除非受到舱顶和舱底的限制,纵隔壁的高度要求其位于谷面以上高度和谷面以下深度为该舱最大宽度的 1/8。

2. 仅适用于满载舱

(1)添注漏斗或设置托盘

添注漏斗如图 7-9 所示。托盘可以替代纵向隔壁。托盘底部放置隔垫帆布或其等效物,其上装满袋装谷物或其他适宜货物。对托盘深度 d 的要求是:当型宽 $B \leqslant 9.1$ m 时,要求 $d \geqslant 1.2$ m;当 $B \geqslant 18.3$ m,要求 $d \geqslant 1.8$ m;当 9.1 m$<B<$18.3 m 时,用内插法确定要求的 d 值。托盘顶部应由舱口边桁材或围板及舱口端梁组成。

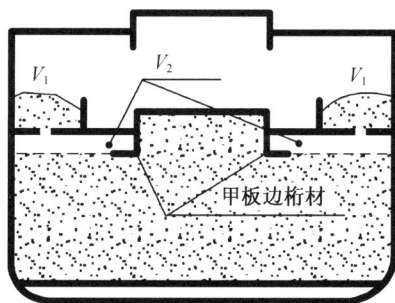

图 7-9　添注漏斗

(2)设置散装谷物捆包

作为设置托盘的一种替代方法,设置散装谷物捆包的形式和要求与设置托盘的相同,只是将托盘内的袋装谷物或其他适宜货物,改用散装谷物来填充,并要求在其顶部使用合适的方法加以固定。

3. 仅适用于部分装载舱

(1)谷面上堆装货物

谷面上堆装货物俗称压包,如图 7-10 所示。要求将自由谷面整平,谷面上使用隔垫帆布或其他等效物,或设置一垫木平台,其上要求堆满高度不小于谷面自由表面最大宽度 B 的 1/16 和 1.2 m 中较大者的袋装谷物或其他等效货物。

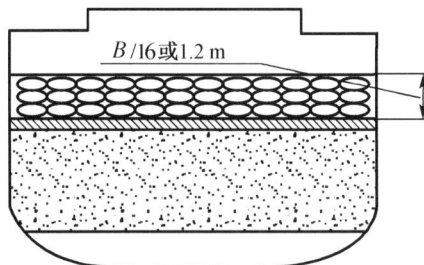

图 7-10 谷面压包

(2)用绑索或钢丝网固定谷面

用钢带、钢索或链条等系索固定谷面时,应在完成装载前先将系索用卸扣经一定间距(以不大于 2.4 m 为宜)连接在谷物最终谷面以下 0.45 m 的舱内两侧的船体结构上。当谷物装毕后将谷面平整至顶部略成拱形,用粗帆布、油布或等效物覆盖,垫隔布应至少搭接 1.8 m。在其上放置木制层。木制层是在谷面上铺设的两层满铺的木板地板,要求每块厚 25 mm,宽 150 mm~300 mm。上层地板纵向铺设,下层地板横向铺设,并将上下层垫木钉牢。亦采用另一种方式,即上层用厚 50 mm 的木板纵向满铺,钉于厚 50 mm、宽不小于 150 mm 的横向底垫木上,底垫木应延伸至舱的全宽,其间距不超过 2.4 m。随后将预埋在左右谷面两侧以下的对应绑索用松紧螺旋扣紧固。其中在上层纵向垫木和每道绑索之间用贯穿该舱全宽的横垫木支撑,以分散绑索产生的向下压力。在船舶航行途中应经常检查绑索,且必要时应予以收紧。也可在上述谷面上覆盖的粗制帆布或等效物之上使用的纵横密排的两层垫木,改用接头处至少应搭接 0.075 m、底层横向放置和上层纵向放置的两层增强钢丝网所替代,并在舱内两航这类钢丝网边缘,使用 0.15 m×0.05 m 的木板夹紧。

第二部分   固体散货运输

固体散货是指由颗粒、晶体或较大块状物质组成的混合物,其组成成分均匀,并且不用任何包装容器就可装船运输的货物,如谷物、矿石、煤炭、水泥、饲料等。固体散货在世界海上运输中占有很大比重,一般批量大,货流稳定,港口相对集中,通常为单一货种,采用专用船舶进行整船单向运输。虽然大多数船舶没有发生事故,但仍有一定数量的船舶遭受严重海损灾难,足以引起人们的重视。为保证船运散装固体货物的安全,下面着重介绍除散装谷物外的其他散装固体货物运输的主要特点。

知识点 1   固体散货种类及运输危险性

为了促进除散装谷物外的散装货物的海上运输安全,国际海事组织(IMO)于 1965 年出了第一版《固体散装货物安全操作规则》(Code of Safe Practice for Solid Bulk Cargoes)(简称《BC 规则》),其后几经修订。

2008 年 12 月,IMO 通过了《国际海运固体散装货物规则》(International

固体散货种类
及运输危险性
(微课)

Maritime Solid Bulk Cargoes Code),简称《IMSBC Code》,该规则取代了先前的《BC Code》,并于 2011 年 1 月 1 日起强制实施。该规则通过介绍散装固体货物运输的一般建议,200 多种典型固体散货的理化特性及其安全运输的特殊要求,固体散货试样采集和特性指标的测试方法等内容,就散装固体货物积载和运输的安全标准向主管机关、船舶所有人、货物托运人及船长做出相关规定及提出相应指导。

一、固体散货种类

在《IMSBC 规则》中固体散货分为以下三类。

1. 易流态化货物(cargoes which may liquefy),即 A 类散货

一般由较细颗粒状的混合物构成,如黄铁矿、铁精矿、硫化锌、锰精矿等。这类货物在海运时的潜在危险是:当它们的含水量超过其"适运水分限量"(TML—transportable moisture limit),当采用流盘试验法时,通常取流动水分点(flow moisture point,FMP)的 90%(泥煤干燥条件下且 SF<11.11 m^3/t 时,取其 FMP 的 85%)。由于大量含水,在航行中因船舶的颠簸、振动,其水分逐渐渗出,表面形成可流动状态。表层流态化的货物在风浪中摇摆时会流向一舷,而船回摇时却不能完全流回,如此反复,将会使船舶逐渐倾斜乃至倾覆。

2. 具有化学危险的货物(materials possessing chemical hazards),即 B 类散货

一般指由于本身的化学性质而在运输中产生危险的货物。这类货物又分为两小类:

(1)已列入《国际危规》的固体货物,如干椰子肉、蓖麻子、硝酸铝、鱼粉、种子饼等。它们在包装条件下的安全运输可查阅《国际危规》,而在散装运输时的安全要求则应查阅《IMSBC 规则》。这类固体散货分属于《国际危规》中的类别:第 4.1 类、第 4.2 类、第 4.3 类、第 5.1 类、第 6.1 类、第 7 类、第 8 类、第 9 类。

(2)仅在散装运输时会产生危险的货物(MHB—materials hazardous only in bulk),如焙烧黄铁矿、煤炭、氟石、生石灰等。这类货物的危险性往往被人们忽略,因而使一些本来可避免的危险酿成灾难,如散货本身的氧化,造成货舱缺氧或散发有毒气体,致使卸货时人员伤亡;易于自热的散货,由于通风不良而酿成火灾等。

3. 既不易流态化又无化学危险的散装物质(bulk materials which are neither liable to liquefy nor to possess chemical hazards),即 C 类散货

此类货物如滑石、水泥、种子饼、带壳花生等。须注意这类货物中有些与 A 类货物同名,但其块状较大或含水量较小。有些与 B 类货物同名,但已经过抗氧化(常用乙氧基奎林、山道奎林等抗氧剂)处理或某些物质含量较小。运输 C 类货物时,应注意测定其静止角。静止角小的散货潜在移动性一般要超过同名的 A 类散货。

二、固体散货运输危险性

散装固体货物在运输中有以下三方面的危险。

(1)由于货物重量分配的不合理而造成船舶结构上的损坏。

(2)船舶在航行中由于稳性的减少或丧失而造成危险,其原因有:

①由于平舱不当或货物重量分配不合理而使货物在恶劣天气中发生位移;

②由于船舶在航行中的振动与摇摆,使货物流态化而滑向或流向一侧。

(3)由于固体散货的化学反应,如释放有毒或可燃、可爆气体,而造成中毒、腐蚀、窒息、起火或爆炸危险。

知识点2 固体散货船装运要求

一、固体散货安全运输的一般要求

鉴于固体散货在船舶运输中易产生的危险,《IMSBC规则》在船舶运输相应的各个环节都提出了安全运输要求。

固体散货船装运要求及装载计划(微课)

1. 了解拟装货物的理化特性

在装货前,船方应要求货方提供所托运货物的详细资料,如货物的含水量、流动水分点(FMP)、自然倾斜角(又称静止角、休止角、摩擦角)(angle of repose)、积载因数、毒性、腐蚀性、易燃性等,船方根据其货名可以在《IMSBC规则》中查到其安全运输的要求。对于在《IMSBC规则》中未列明的货物,货方还应提供该种货物发生的有关货运事故资料、应急措施、医疗急救方法等。

2. 合理确定货物在各舱室的重量分配

对拟装载的散装货物,尤其是积载因数(0.56 m³/t 及以下)较小的散装,必须对货物重量在各舱室进行合理分配,以确保船舶具有适当的稳性,船舶强度不受损害。

3. 合理选择散装的舱位和货位

(1)应根据不同货类,合理确定其舱位

配装A类散货的舱室应能防止任何液体流入,除罐装或类似包装的液体货外,应避免将其他液体货配于A类散货的上面或附近;配装B类货物的舱室应阴凉、干燥,应与热源、火源隔离,舱盖和舱壁应水、火密,而且舱内电器设备应符合防爆要求;装运易散发危险气体的散货,应选择有机械通风并且能有效防止危险气体渗入船员住室、工作处所的舱室。

(2)做好货物的隔离

若无特殊规定,B类散装与包装危险货物应按表7-4进行隔离,B类散货之间应按表7-5进行隔离。

表7-4 散装危险货物与包装危险货物的隔离要求

散装货物 (属危险货物类)	类别	1.1 1.2 1.5	1.3 1.6	1.4	2.1	2.2 2.3	3	4.1	4.2	4.3	5.1	5.2	6.1	6.2	7	8	9
		包装形式的危险货物															
易燃固体	4.1	4	3	2	2	2	2	×	1	×	1	2	×	3	2	1	×
易于自燃物质	4.2	4	3	2	2	2	2	1	×	1	2	2	1	3	2	1	×
遇水后易放出易燃气体的物质	4.3	4	4	2	1	×	2	×	1	×	2	2	×	2	2	1	×
氧化物(剂)	5.1	4	4	2	2	2	2	1	2	2	×	2	1	3	1	2	×
有毒性物质	6.1	2	2	×	×	×	×	1	1	×	1	1	×	1	×	×	×
放射性物质	7	2	2	2	2	2	2	3	2	2	3	3	1	3	×	2	×
腐蚀性物质	8	4	2	2	1	2	1	1	1	1	2	2	×	3	2	×	×
其他危险物质和物品	9	×	×	×	×	×	×	×	×	×	×	×	×	×	×	×	×
仅在散装时才具有危险性的物质(MHB)	×	×	×	×	×	×	×	×	×	×	×	×	×	×			

表 7-4 中的数字所代表的隔离要求如下：

1——表示"远离"，即互不相容的固体散货和包装危险货物在同一舱室或同一货舱内装载，在水平方向两者至少相距 3 m(图 7-11(a))。

2——表示"隔离"，即装于不同货舱内。若中间甲板水、火密，则垂直分隔即装于不同舱室中可认为与本隔离等效(图 7-11(b))。

3——表示"用一整个舱室或货舱隔离"，即垂向的或水平的分隔。如中间甲板不是水、密，则同一货舱的垂向分隔无效(图 7-11(c))。

4——表示"用一个介于中间的整个舱室或货舱纵向隔离"，即仅垂向隔离不符合要求(图 7-11(d))。

×——无一般隔离要求，应查阅《IMSBC 规则》和《国际危规》有关该危险货物的条款。

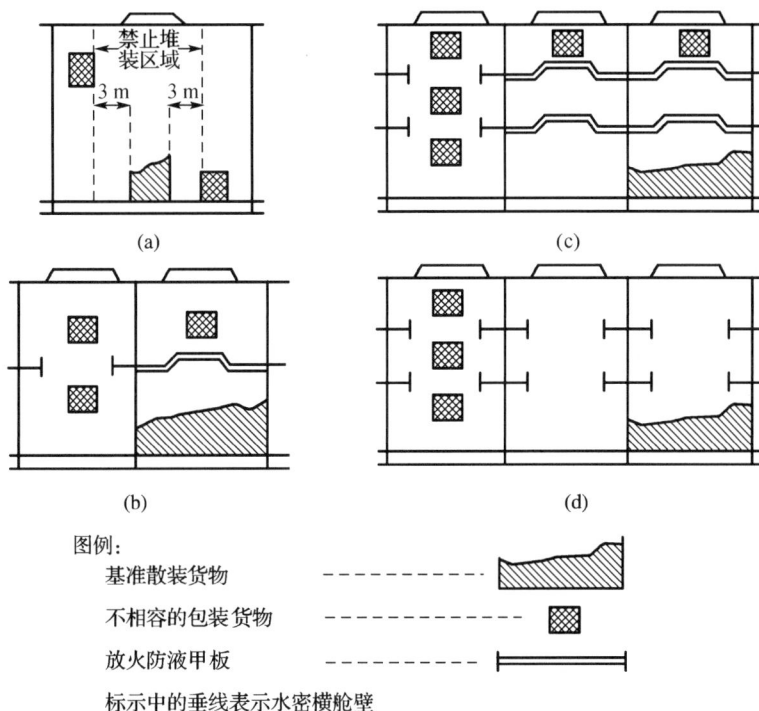

图例：
基准散装货物
不相容的包装货物
放火防液甲板
标示中的垂线表示水密横舱壁

图 7-11 B 类散货与包装危险货物隔离等级

表 7-5 B 类散装危险货物之间的隔离

固体散装物质	类别	固体散装物质								
		4.1	4.2	4.3	5.1	6.1	7	8	9	MHB
易燃固体	4.1	×								
易自燃物质	4.2	2	×							
遇水产生可燃气体的物质	4.3	3	3	×						
具有氧化性物质(氧化剂)	5.1	3	3	3	×					
有毒物质	6.1	×	×	×	2	×				

表 7-5(续)

固体散装物质	类别	固体散装物质								
		4.1	4.2	4.3	5.1	6.1	7	8	9	MHB
放射性物质	7	2	2	2	2	2	×			
腐蚀性物质	8	2	2	2	2	×	2	×		
杂类危险物	9	×	×	×	×	×	2	×	×	
仅在散装时产生危险的物质	MHB	×	×	×	×	×	2	×	×	×

表 7-5 中的数字所代表的隔离要求如下:

2——表示"隔离",即装于不同货舱内。若中间甲板水、火密,则垂直分隔(上、下舱)可认为与本隔离等效(图 7-12(a))。

3——表示"用一整个舱室或货舱隔离",即垂向的或水平的隔舱分隔。如中间甲板不是水、火密,则同一货舱的垂向分隔无效(图 7-12(b))。

×——无一般隔离要求,应查阅《IMSBC 规则》和《国际危规》有关该危险货物的条款。

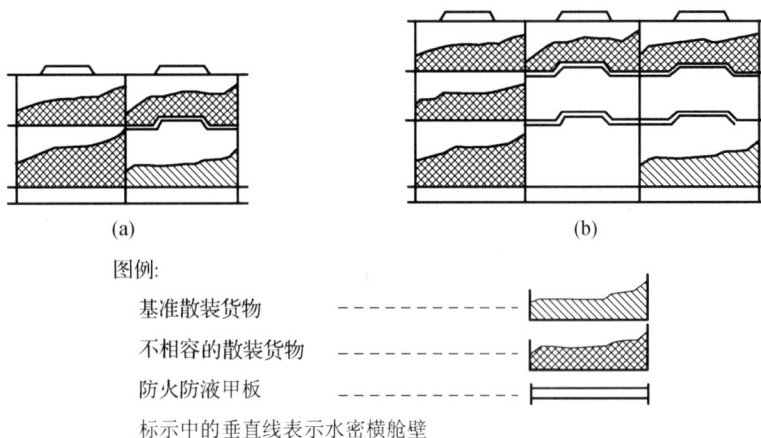

图例:
基准散装货物 – – – – – – – –
不相容的散装货物 – – – – – – – –
防火防液甲板 – – – – – – – –
标示中的垂直线表示水密横舱壁

图 7-12 B 类散货与 B 类散货隔离等级

4. 做好货物的装货准备及装卸工作

(1)装货前,应检查和准备货舱,使其适货。检查和准备货舱包括检查并保证舱内污水沟管系、测深管以及其他舱内管线处于良好状态,污水井和黄蜂窝应畅通无阻并能防止散货流入污水排水系统。当装载 B 类散货时,要求在货舱及其附近设置醒目的警告标志。

(2)《IMSBC 规则》规定,装货前,货方应向船长提交拟装货物特性的证书和证明文件,并在证书中申明:所提供的 A 类散货的含水量或 B 类散货的化学性质资料与装货当时的实际货物相一致。

(3)不相容的货物不应同时装载,特别要防止造成对食品的污染。在装完某种货物后,应立即关闭装载该货的每一个货舱,并清除甲板上的残余货物后,才能装载与已装载货物不相容的其他货物;卸货时也同样如此。

(4)装货时应做好货物的取样和样品封存,掌握装货时货物的状况,以便在发生有关货运事故时,用此样品作为有效的法律凭证。

（5）装货后应根据货物自然倾斜角的大小进行平舱。

（6）货物特别是高密度散货装载后，应测定货舱的污水深度，以确定船体或舱内管路是否仍处于良好状态。

（7）货物装卸期间，尽可能关闭或遮盖通风系统，空调应调为内部循环，以减少粉尘进入生活区和其他舱室，并应尽可能减少粉尘与甲板机械活动部件及外部助航仪器接触。

（8）装运中应遵守有关安全注意事项，船上应备有《危险货物医疗急救指南》（MFAG）及有关的监测仪器。应注意货舱及其相邻舱室有缺氧或含有有毒气体的可能性。大多数蔬菜产品、谷物、原木、木材产品、黑色金属、硫化金属、精矿、煤等储运中常会造成舱室缺氧，应特别注意人员安全，进入这些处所必须执行并符合《IMSBC 规则》附录 F 中所载的"安全检查表"的各项要求。

5. 合理平舱

（1）对于静止角小于或等于 30°的非黏性散货，因其具有和散装谷物一样的散落性，因此应遵守谷物装载的有关规定。

（2）对于静止角在 30°～35°的非黏性散货，在船体强度允许的前提下，应尽量装满，并予以合理平舱，至少应使其货堆表面最高与最低的水平面间的垂直距离 δ_h 不超过船宽的 1/10 m，而且最大不能超过 1.5 m（我国交通运输部规定生铁、煤炭的 δ_h 不能超过 1.0 m）。当 δ_h 无法测量时，如果装货中使用了主管机关认可的平舱设备，则装载也被认可。

（3）当装载静止角大于 35°的非黏性散货时，装载中应特别注意避免在平整表面与舱壁间形成宽而陡的空隙。至少应使其货堆表面最高与最低的水平面间的垂直距离 δ_h 不超过船宽的 1/10 m，而且最大不能超过 2 m。

二、几种特殊散装货物的装运特点

1. 散装矿石的装运特点

本节所述的矿石为金属矿石，如铁矿（iron ore）、锰矿（manganese ore）、铜矿（copper ore）及锌矿（blende）等。

（1）散装矿石品特性

①密度大，积载因素小：在一般散装船装载时，易造成重心较低，GM 较大，船舶受风浪时横摇周期较快，减少船舶适航性，配载时应特别考虑对船舶强度和稳性的影响。

②易散发水分：当矿石非整船运输时，不与怕潮湿货物同舱装载。

③易扬尘：矿石中含有一定的泥土杂质，在装卸过程中极易扬尘，故矿石不应与怕尘货物同舱装载。同时，怕杂质的矿石也不能与扬尘货同配一舱。

④易流态化：对易流态化矿石（粉），其含水量必须控制在其适运水分限量以下，否则，必须由特殊船舶或配备特殊设备的船舶装运。

⑤易冻结：矿石中由于含有水分，在低温时易冻结，造成装卸困难。

⑥易散发有毒、易燃、易爆气体：这类气体在舱内积聚，会造成极大的危险。

⑦自热与自燃性：某些矿石中，含有相当数量的易氧化成分，开采后氧化条件更为充分，所以易白热，如果积热不散，易引起白燃。

（2）装卸和运输中应注意的问题

根据矿石的特性和矿石船的特点，在装卸和运输中应注意以下问题：

①装货前应了解装卸港口的有关资料，包括进出港口的泊位及航道的限制水深、基准水深、潮汐资料、船底富裕水深要求、装船机的类型、效率及限制高度等。

②装卸前,应确定船舶的最大吃水和最小吃水,尤其是大型矿石船,一般可根据泊位水深、码头装船机高度,确定船舶装载前后的最大和最小吃水,如图 7-13 所示。

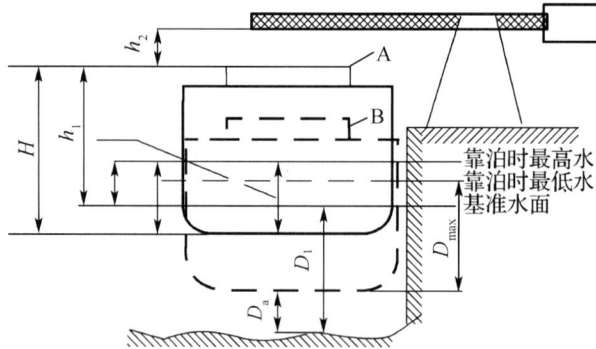

图 7-13　矿石船吃水

A——泊位允许的船舶上浮的最高位置;
B——泊位允许的船舶下浮的最高位置。

最大吃水 D_{max} 可用下式计算,即

$$D_{max} = D_1 + H_W - D_a \tag{7-8}$$

式中　D_1——泊位基准水深,m;

　　　H_W——靠泊期间泊位最低水位至基准水位的距离,m;

　　　D_a——泊位要求的富裕水深,m。

最小吃水 D_{min} 可用下式计算:

$$D_{min} = H - h_1 + h_2 + H'_W \tag{7-9}$$

式中　H——船底至上甲板可能与装卸机碰撞部位顶部的垂直距离,m;

　　　h_1——泊位基准水深至装船机可能碰撞位置下端的垂直距离,m;

　　　h_2——防止装船机与船舶发生触碰的安全距离,m;

　　　H'_W——靠泊期间泊位最高水位至基准水位的距离,m。

为了使船舶实际吃水控制在最大吃水与最小吃水之间,通常须依靠边装卸边排注压载水的方法来实现。

③合理确定货物装卸顺序和压载水排放方案。为了保证船舶在装卸期间的安全,提高装卸率,缩短船舶在港作业时间,需合理确定货物装卸顺序和压载水排放方案,并编制具体的"货物装卸和压载水排放计划表"。

装船顺序和排放水顺序确定后,还应计算装货过程中船舶吃水和校核纵向强度。每装载一个货舱(包括同时排放压载水)后,计算船舶吃水和各强度校核点的剪力与弯矩,要求在允许范围内。如果不符合要求,则应对计划表进行调整,或通过几个轮回(2~3 个轮回)进行装卸,使其满足要求。普通船整船装运矿石时,应多舱同时作业,以防船体结构受损。

④装货时应按"货物装卸和压载水排放计划表"进行,并密切注意船舶的吃水变化。当实际装载效率和压载水排放量与计划值有较大出入时,应及时调整。必须严格控制船舶的最大吃水与最小吃水,以防止船舶发生事故。

⑤装货过程中,应督促装船机司机或工头及时调整装船机的喷口位置,使船舶横倾不超过 3°,装载时不可装成一个金字塔形,应堆积成三个相连的金字塔形或长山脉形。当船

舶纵倾较大时,应注意艏、艉缆绳的松紧状态,及时调整。

⑥大型矿石船满载时,一般产生中垂变形,应特别注意防止船舶产生过大的中垂变形,在船舶装载结束前,可用观察吃水的方法检验船舶的拱垂变形是否在允许的范围内。

⑦装货结束后,应利用所预留的机动货物调整船舶吃水差使其符合要求,并消除横倾。在装货最后阶段,大副应对排出残余压载水和多余淡水后的货物加载量,以及装货完毕后皮带运输机上的货量,做到心中有数。

⑧卸货开始时,如果船舶的富裕水深较小,船底与海底较近,则不宜马上用水泵压载,可利用海水压力,自然注入压载水,以避免吸入大量泥沙。

⑨当用普通货船整船装运矿石时,应注意船舶的强度和稳性。为减轻船体受力,应减载夏季满载装货重量的20%左右,且各舱应按舱容比例分配货重。为防止船舶的GM过大,在甲板强度允许的前提下,凡有二层舱的船舶,可在其二层舱内安排航次载货重量的1/4～1/3。

2. 散装精选矿粉的装运特点

(1)精选矿粉的特性

①易流态化

湿精矿粉的易流态化特性是船舶运输中潜在的最大危险,必须引起高度重视。

②散落性

静止角较小的散货在船舶摇摆时易发生移动而使船舶倾斜,特别是静止角在35°以下的矿粉其危险性更大。

③易自燃及散发有毒气体

若热量积聚不散,易引起自燃;有些干精矿粉在自热过程中散发有毒气体或使舱内缺氧。

④爆炸危险性

积聚在舱内的易燃、易爆气体,在空气中含量达到一定比例时可能发生爆炸。

⑤有腐蚀性

硫化金属矿粉遇到海水会使硫化物水解,呈强酸性,对船舶和设备有腐蚀危险。

(2)装卸和运输中应注意的问题

根据精矿粉的特性和矿石船的特点,在装卸和运输中应注意以下问题:

①托运人应向船方提供由产品质量监督检验部门签发的有关货物的含水量、自然倾斜角、理化性质(吸湿、氧化、自燃、挥发有害气体等)和积载因数等证明文件。

②装船前,船方应做好货物取样工作,并用简易方法检验货物的含水量。如发现有问题或有怀疑,应及时通知货方重新申请检验。普通货船装运精选矿粉时,其含水量不得超过货物的适运水分限量(我国交通部规定不超过8%)。含水量超过适运水分限量的货物,只能由特殊结构的船舶进行装运。这种船舶具有符合要求的永久性分隔设备,可以将货物的移动限制在允许的范围内,并携带有主管机关认可的证明。

③装船前,船方还应做好货舱的清洁工作,清除舱内任何化学物质和可燃物质,并保持货舱的水密。做好舱内污水井、管系的清洁养护工作,防止其堵塞或受损。

④对自然倾斜角小于35°的货物,在航行中很容易流动,装载时应特别采取相应的防范措施。为防止货物移动,可将部分矿粉袋装或设置纵向隔壁。同时,应防止粉尘污染,尽量降低其对人身与船体设备的危害。

⑤精选矿粉在选矿后15 d内氧化温度最高,所以装船前货物应在堆场累计堆放15 d以上。装载时,舱内货堆面积应尽量大,货堆高度宜在1.2~1.5 m,以利散热。

⑥雨雪天不能进行装卸。装货过程中应防止混入杂质,特别是可燃性物质。

⑦装运干精选矿粉时,为限制其氧化,装妥后应平舱并压紧货物或在货物表面加以铺盖。航行途中每天至少测温两次,如发现货温升高可开舱翻动发热部分货物或通风散热。

⑧如遇船舶在航行中发生异常横倾,船长应立即电告船公司,并根据现场情况采取相应措施或驶往附近港口进行处理,以保安全。

⑨精矿粉燃烧起火时用CO_2灭火效果不明显,可用水雾灭火降温,单处冒火时,可用掩埋法灭火。

3. 种子饼的装运特点

(1)种子饼的物性

种子饼是含油植物种子经机械压榨或通过溶剂萃取法提取油料后剩余的残渣,它主要用作饲料和肥料。最常见的种子饼有椰籽饼、棉籽饼、花生饼、亚麻仁饼、玉米饼、尼日尔草籽饼、棕榈仁饼、稻糠饼、大豆饼和葵花籽饼等。常以饼、片、球等形状交付运输。

由于种子饼内含有油和水,所以会自行缓慢地发热分解,并在遇潮或遇含有一定比例未经氧化的油类时会自燃,在长时间储运过程中也易发热自燃,并能引起舱内缺氧,产生二氧化碳气体。所以包装运输的种子饼在《国际危规》中被列为4.1类危险货物。散装的种子饼在《IMSBC规则》中则属于B类货物。和其他货物一样,不饱和的有机物质较其饱和状态更易产生化学反应,放出热量。表示有机物质不饱和程度的一个指标是碘值。碘值越大,不饱和程度越高。种子饼是有机物质,因种类不同,其碘值也不同。葵花籽饼的碘值达125~140单位,棉籽饼为102~113单位,菜籽饼为97~107单位等。碘值越大越易氧化发热自燃。

种子饼的自燃原因,主要由其理化性质决定,但外界因素如温度、湿度、货物内易氧化的杂质等也是导致其发热自燃的重要条件。

在《国际危规》中,根据种子饼的含油、含水量的不同,其联合国编号分别为UN No. 1386和UN No. 2217。前者危险性更大些,装载时应予以注意。

(2)装运种子饼的注意事项

①托运的种子饼的含油量和含水量必须符合船运要求。应取得发货人的保证,其货物在出厂后至装船前有两个月的氧化期;溶剂萃取的种子饼应基本无易燃的溶剂;并提供符合要求的货物品质检验证书(其中应注明出厂日期、榨油方法、油、水及杂质含量)。应严格检查发货人送交的分析样品是否取样均匀。对结块、发霉及严重变色或有虫害以及含油、含水量超过标准及其他不符合要求的种子饼应予拒装。

②装运种子饼的船舶应按《国际危规》和《IMSBC规则》的要求,配备相应设备和监测仪器,具有良好的通风设备,具有CO_2灭火系统,货舱内管系、电缆状况良好,通风筒应装防火网罩。

③装货的舱室应保持污水井(沟)畅通,货舱清洁干燥。

④种子饼不应装于机舱附近。整船装运散装种子饼时,应从远离机舱壁的另一端开始装载并装成斜坡形。靠近机舱壁货堆高度不能超过5 m。底舱装载种子饼时,应避开需加温的油舱,如无法避开则应采取有效的隔热措施,同时控制燃油的加温时间和温度(一般宜在50 ℃以下)。

⑤种子饼本身含有油分,且有气味及具有吸味性,故不能与怕气味的和有气味的货物装在一起。同时应按"散装危险货物与包装危险货物间隔离表""散装危险货物之间隔离表"要求做好相应的隔离。

⑥装卸期间,应显示规定信号。装卸作业区严禁吸烟和使用明火。

⑦雨雪天和湿度较大时应停止装卸。装货过程中如货温超过当地最高气温 5 ℃应停止装货,并采取降温措施。

⑧当舱内货温升高时,不能采用甲板洒水的降温措施,以免舱内产生过多"汗水",引起货物表层温度升高,反而增加种子饼发热的可能性,且会影响货物质量。

⑨航行途中应定时测温并做好记录,当舱温和货温较高时,应根据外界温、湿度,适时进行通风或开舱晾晒。如种子饼局部发热,可将焦化冒烟和温度过高的货物清除抛海。当货温达到 55 ℃时应封闭货舱并停止通风,对机械压榨的种子饼可施放 CO_2,而对溶剂萃取的种子饼则在未见明火前绝不能使用 CO_2,以防产生静电将溶剂蒸气点燃。当舱内货物自燃起火时,可注入海水灭火,但须注意船舶的浮态、排水量的增加和货物体积的膨胀。

4. 煤炭的装运特点

（1）煤炭特性

煤炭是目前主要的能源之一,在海运量中占有相当的比重。在《IMSBC 规则》中,煤炭被列为"仅在散装运输时会产生危险"（MHB）货物,同时又具有"易流态化"性质的货物。

①煤炭自然倾斜角大,约36°至38°,流动性不大,但含水量高的煤炭（粉）仍具有易流态化的特性。

②易产生易燃易爆气体:煤炭会产生甲烷气体,当在空气中含量达到 5%～16% 时,遇明火即可爆炸。煤炭的粉尘在空气中含量达到 10～30 g/m^3 时,遇明火也会爆炸。

③具有自热和自燃性:煤炭在空气中会氧化而释放热量,当热量聚集到自燃点时便会自燃。挥发物含量越高的煤炭越易自燃。

④易损失重量:水湿煤炭经运输时的水分蒸发,其重量可能减少 3%。

（2）装卸和运输中应注意的问题

根据煤炭的特性和散装船的特点,在装卸和运输中应注意以下问题:

①装运前,应弄清拟装煤炭所属种类、特性、岸上堆放时间、煤炭湿度、温度、开采季节等,煤中应不含杂质、粪便、废油渣等有机物质。若煤温达 35 ℃以上或含水量过大,应拒装。

②煤炭装船前,应使货舱清洁、干燥、清除舱内残留的垃圾杂物;污水沟（井）必须畅通并注意适当的铺盖,以防被煤粉堵塞;货舱及其毗邻舱室内的电缆、电器设备的技术状况必须良好,符合安全规定并能在含有甲烷或粉尘的空间中安全使用,备妥安全灯,货舱内的电器设备均应为防爆型;船上 CO_2 灭火系统（包括烟雾探测器）、货舱管系、CO_2 钢瓶、CO_2 站的照明灯和门锁等均应处于良好的备用状态。

③货物应避免装于热源附近。在靠近机舱舱壁处,应采用斜坡式装载,以减少机舱对煤的传热增温。煤舱下的双层底中所装的燃油黏度不宜太大,尽量做到不加温或少加温。

④货煤装毕后必须进行合理平舱。

⑤货舱及其毗邻舱室应禁止一切明火作业。人员进入装有煤炭的舱室时,不能穿易产生静电的服装;装有煤炭的货舱上的甲板区域内,所有非防爆型电器设备均应切断电源。

⑥装货期间及装货后的一段时间内,应对易进入易爆气体的舱室（如起货机室、配电

间、物料间等)进行通风并禁止吸烟和明火作业。

⑦运输途中必须经常测温并做好记录。运输 C 类煤且长航程船舶,每个货舱应有三个在货物表面下 3 m 处的均布测温点,每天至少监测货温三次。其他类煤如货温较低且稳定时应进行间断性的持续通风,以排除有害气体。煤炭装船后一般应进行 4~5 d 的表面通风,然而每隔一天进行表面通风 6 h,以达到排除有害气体的目的,并根据不同季节、海区、外界气温,采取甲板喷水的降温措施。

⑧当舱内货温接近 45 ℃时,应立刻停止通风,封闭货舱及通风筒,防止空气进入货舱。如货温继续升高并有烟雾,则应在严格封舱的前提下有步骤地施放足够的 CO_2 气体进行灭火。不能用海水冷却煤炭或灭火。

⑨在开舱卸货前,应对货舱进行通风,以排除有害气体,确保人员安全。人员不得随意进入可能积存有甲烷气体或缺氧的舱室,必须进入时,应先对舱室进行检测并确保其安全或佩戴自给式呼吸器方能进入。

知识点 3　货物适运性简易鉴定方法

对不同的固体散装货物,除了要求货方提供规定的货物有关资料和证明,以确定该票货物是否适合船运外,在实际装货前,一般可凭感官或使用简易器具对货物的适运性进行鉴定。

《IMSBC 规则》规定,易流态化货物含水量的简易检验方法为:用坚固圆筒或类似容器(容积为 0.5~1.0 L)装半罐货品,从离地面约 0.2 m 高处猛烈摔在坚硬的地面,重复 25 次,每次间隔 1~2 s,如果货物表面出现游离水分或流动液面,则对货物的适运性存在怀疑,应对货物进行含水量的正规检验。

实验室中对适运水分限量的测试方法有以下三种。

1. 流盘试验

一般适用于粒度(粒径)为 1~7 mm 的精矿或其他颗粒物质,粒度大于 7 mm 则不适用。

2. 沉降试验

适用于精矿、类似于精矿的物质及最大粒度为 25 mm 的煤。

3. 葡氏/樊氏测试法

适用于细粒和粗粒精矿或最大粒度为 5 mm 的类似物质的试验。本方法不得用于煤或者其他多孔物质。按葡氏/樊氏测试法,适运水分限量取为饱和含水量的 70%。具体的测试方法及使用的有关仪器详见《IMSBC 规则》附录 2。

知识点 4　《IMSBC 规则》的使用

一、《IMSBC 规则》的主要内容

《IMSBC 规则》就散装固体货物积载和运输的安全标准向主管机关、船舶所有人、货物托运人及船长做出相关规定及提出相应指导。规则适用于载运 SOLAS 第 Ⅵ 章中所定义的散装固体货物的 SOLAS 公约适用的所有船舶以及小于 500 总吨国际航行的货船。规则共分 13 节及 4 个附录。包括:一般规定;一般装载、装运和卸载预防措施;人员与船舶安全;评定货物的安全适运性;平舱程序;确定静止角的方法;易流态化货物;易流态化货物的测试程序;具有化学危险的货物;固体散装废物运输;保安规定;积载因数换算表;相关信息和建议的参考资料;附录 1——固体散装货物明细表;附录 2——实验室测试程序、使用的仪器和标准;附录3——固体散装货物的特性;附录4——索引表。

二、《IMSBC 规则》的使用

船舶在运输散装固体货物之前,为取得所运载货物的装运规定和安全指导,应认真查阅并完整理解《IMSBC 规则》的相关内容。

虽然《IMSBC 规则》为强制性规则,但其中的某些部分仍然为建议性或非正式的。在查阅时,凡规则中使用文字"须(shall)",其规定为强制性的,使用文字"应(should)",要求则为建议性的,使用文字"可(may)"则为选择性的。

(1)使用者应了解规则的整体内容和编排特点,阅读对整体固体散货运输具有指导意义的内容。

(2)当对拟装货物类别已知时,A 类货物应查阅第 7 节,第 8 节的规定,B 类货物为第 9 节;当对拟装货物类别未知时,可由索引表查得。

(3)根据货物名称查取明细表,获取货物装运的详细信息。

(4)若需获取规则中未包含的其他信息和建议,可首先由规则给出的参考清单,得到 IMO 相关参照文件后,具体查阅这些文件。如对人员防护的规定,可查阅清单列出的《危险货物事故医疗急救指南》(MFAG)相关条款和《SOLAS 公约》FSS 规则有关章节。

知识点 5　水尺检量

水尺检量(draught survey)是利用装卸货物前后船舶水尺变化来计算装货重量的一种方法。水尺检量在计重精度上是较为粗略,但方法简便,适用于价值较低的大宗散货计重,如煤炭、废钢、矿石、化肥等。水尺检量工作在国内一般由商品检验局承担,国外由公证鉴定机构承担,检量结束后出具货物计量证明,该证明在国际贸易中可作为货物重量交接凭证,出口时作为结汇凭据,进口时可作为到岸计价或短重索赔的依据。

水尺检量
(微课)

一、水尺检量的基本原理

水尺检量的原理是利用船舶吃水与排水量的关系,通过测量船舶载货时的吃水和无货时的吃水求得船舶载货时的排水量(毛重)和无货时的排水量(皮重),这两者之差,扣除装卸前后船上非货物重量的变化,就可以得到装载货物的重量。水尺计量,需要在装货前后和卸货前后按相同的步骤和方法进行四次原始数据的测定及修正计算(即两次水尺计量过程),才能得到所运货物的装载重量及其变化。

二、水尺计量的步骤

1. 测定有关原始数据

为减少水尺检量的误差,应尽可能提高每一项原始数据的测定精度。

(1)测定船舶的六面吃水

六面吃水为船首左右舷吃水,则测定 d_{FP} 和 d_{FS};船中左右舷吃水,则测定 $d_{中P}$ 和 $d_{中S}$;船尾左右舷吃水,则测定 d_{AP} 和 d_{AS}。测定时,船上不得进行一切可能影响水尺检量精度的操作,如排放压载水;有波浪时,应读取水面最高和最低时的多组吃水,并取其平均值,以使读取尽量准确。

(2)测定舷外海水密度 ρ

一般应与测定吃水同时进行,取样海水应尽量避开船舶排水管口和码头下水道口,通常在外档船中部吃水深度一半处选取水样进行测定。

（3）测定液舱内油水等储备品的重量 δG

包括：各油舱、淡水舱、压载水舱内的油水存量，船上污水沟和隔离舱内积水的重量及其他储备品和垫舱物等重量。

在测定油水舱内的油水存量时，如果船舶有纵倾或横倾且测量口不在液舱的中心时，应进行纵、横倾的修正，修正方法和油舱空当的纵、横倾修正相同。

2. 计算并修正船舶吃水

（1）计算测定的船首平均吃水 d_F、船中平均吃水 $d_中$、船尾平均吃水 d_A 及吃水差 t：

$$d_F = (d_{FP} + d_{FS})/2 \ (m) \tag{7-10}$$

$$d_中 = (d_{中P} + d_{中S})/2 \ (m) \tag{7-11}$$

$$d_A = (d_{AP} + d_{AS})/2 \ (m) \tag{7-12}$$

$$t = d_F - d_A (m) \tag{7-13}$$

（2）进行艏艉垂线修正：由于船舶的艏艉吃水应以艏艉垂线交点处的读数为准，而船舶的实际水尺标志往往不在艏艉垂线上。因此，当船舶有吃水差时，就需要对上述艏艉吃水进行艏艉垂线修正。由图 7-14 可知：

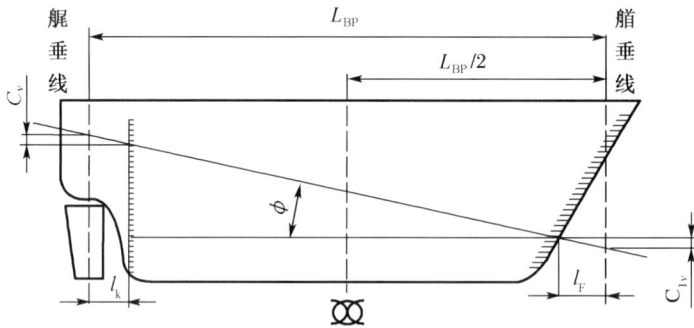

图 7-14 艏艉垂线修正

艏垂线修正值

$$C_F = t \times l_F/(L_{BP} - l_F - l_A) \ (m) \tag{7-14}$$

艉垂线修正值

$$C_A = -t \times l_A/(L_{BP} - l_F - l_A) \ (m) \tag{7-15}$$

式中 t——艏艉垂线修正前的船舶吃水差，艏倾取（+），艉倾取（-），m；

L_{BP}——船舶垂线间长，m；

l_F——艏吃水水尺与首垂线间的水平距离，其值可由船舶总布置图或艏艉垂线图上量取，m；

l_A——艉吃水水尺与艉垂线间的水平距离，m。

当船舶的吃水差绝对值小于 0.3 m 时，可以不做此项修正。

由此，经艏艉垂线修正后的艏艉平均吃水和分别为

$$d_{F1} = d_F + C_F \tag{7-16}$$

$$d_{A1} = d_A + C_A \tag{7-17}$$

（3）计算船舶的艏艉平均吃水为

$$d_{m1} = (d_{F1} + d_{A1})/2 \tag{7-18}$$

（4）计算艏艉平均吃水与船中平均吃水的平均值：

$$d_{m2} = (d_{m1}+d_{中})/2 \tag{7-19}$$

（5）进行船舶拱垂修正：船舶在各种装载状态下都有可能出现中拱或中垂变形，因此对船舶吃水应做拱垂修正：

$$d_{m3} = (d_{m2}+d_{中})/2 \tag{7-20}$$

3. 求取船舶排水量

（1）根据经拱垂修正后的船舶平均吃水 d_{m3}，从载重表尺中或静水力性能数据表中查取船舶排水量。查表时，先查出与 d_{m3} 邻近的吃水整数值对应的排水量基数，再将差额吃水乘以相应的每厘米吃水吨数（TPC），得出差额吨数，以排水量基数加、减差额吨数，即得 d_{m3} 对应的排水量 Δ_0。

（2）对排水量进行纵倾修正（图 7-15）。作为载重表等的查表引数，船舶平均吃水是指漂心处的吃水值，而上述计算到的 d_{m3} 是船中处的吃水，当船舶正浮时，船中吃水与漂心吃水相等。当存在吃水差时，Δ_0 并不是船舶实际的排水量，故应对其进行纵倾修正，修正的排水量值由下式求得

$$\delta\Delta = \frac{t \cdot x_f \times 100\text{TPC}}{L_{BP}-l_F-l_A} + \frac{50\, t^2}{L_{BP}-l_F-l_A} \cdot \frac{\mathrm{d}M}{\mathrm{d}Z} \tag{7-21}$$

式中，$\mathrm{d}M/\mathrm{d}Z$ 为平均吃水 d_{m3} 处厘米纵倾力矩（MTC）随吃水的变化率，即在吃水为 d_{m3} 时，当吃水各增、减 0.5 m 时的每厘米纵倾力矩的变化值。

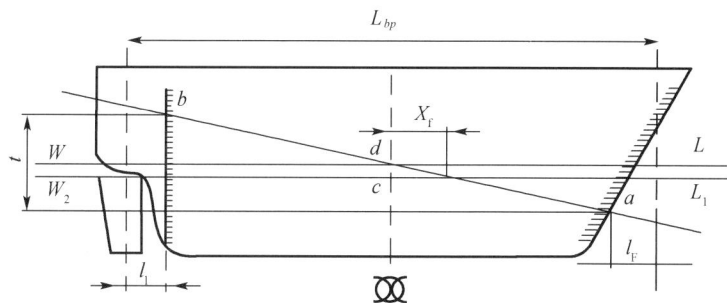

图 7-15　排水量纵倾修正

当船舶吃水差小于 0.3 m 时，可不进行纵倾修正；当吃水差大于 0.3 m 而小于 1.0 m 时，仅需进行上式第一项修正；当吃水差大于 1.0 m 时，应进行上式第一项修正和第二项修正。

纵倾修正后的排水量为

$$\Delta_1 = \Delta_0 + \delta\Delta \tag{7-22}$$

4. 对排水量进行港水密度修正

由于上述 d_{m3} 是船舶在实测水域（ρ）中的吃水，而船舶资料中的吃水是船舶在标准海水中的吃水值，若测量时的水域不是标准海水，则还须进行海水密度修正，修正公式为

$$\Delta = \Delta_1 \times \frac{\rho}{1.025} \tag{7-23}$$

式中　Δ——测定时的船舶排水量，t；

　　　Δ_1——纵倾修正后的排水量，t。

5. 计算货物装载量 Q

$$Q = (\Delta' - \delta G_2) - (\Delta - \delta G_1) \qquad (7-24)$$

式中　Δ'——船舶装货后或卸货前的排水量,t;

　　　Δ——船舶装货前或卸货后的排水量,t;

　　　δG_1——装货前或卸货后船上存有的油水储备量,t;

　　　δG_2——装货后或卸货前船上存有的油水储备量,t。

第三部分　散装液体货物运输

　　散装液体货物主要包括石油及其产品,以及各类液体或液化的化工产品。散装液体货物在世界海运量中约占 40%,是我国重要的进出口货源之一。下面主要介绍散装液体货的种类及其运输要求,散装液体货的装运操作和一般的安全防范措施。

知识点 1　石油类货物的种类和特点

一、石油类货物的种类

1. 原油(crude petroleum or crudeoil)

石油原油是直接由油井中开采出来的一种褐色或黑色的可燃性矿物油,是多种烃类(烷烃、环烷烃、芳香烃)的复杂混合物。石油中碳的质量分数为 84%~87%,氢的质量分数为 11%~14%,此外,还含有少量的氧、氮、硫元素和由各种微量元素组成的灰分。原油经过加工可以提炼出汽油、煤油、柴油、润滑油和其他化工产品。

2. 石油产品

(1)汽油(petrol)

有航空汽油、车用汽油和溶剂汽油等品种。车用汽油按马达法辛烷值分为 66,70,76,80,85 五个牌号;按研究法辛烷值分为 90,93,95,97,99 等牌号。不同的牌号表示辛烷值的高低,牌号越高,汽油含辛烷值越高,抗爆性能越好。汽油内常掺有剧毒四乙基铅,以提高其抗爆性能,为表示有毒,故染成红色或黄色,以引起注意。

(2)煤油(kerosene)

煤油有民用煤油、动力煤油和重质煤油等,按质量高低分为优质品、一级品和合格品三个等级,用于航空、照明、工业用溶剂等。

(3)柴油(diesel oil)

柴油主要作为柴油发动机的燃料,可分为两类。

①轻柴油(light diesel oil)

供柴油汽车、拖拉机等各种高速柴油发动机作燃料。按凝点分为 10,0,-10,-20,-35 和-50 六个牌号,10 号轻柴油表示其凝点不高于 10 ℃,其余类推,牌号越高,凝点越低,成本和价格也越高。

②重柴油(heavy diesel oil)

按凝点高低分为 10,20 和 30 三个牌号,分别表示其凝点不高于 10 ℃,20 ℃和 30 ℃。可供中速和低速柴油机作燃料。

(4)燃料油(fuel oil)

按其黏度大小分为 20,60,100,200 和 250 五个牌号。号数越大表示其黏度越大。其中:20,60,100 和 200 四个牌号的燃油又称重油,可作为船舶工业和取暖锅炉的燃料。250号燃料油又称渣油,用于发电厂等大型锅炉。

(5)润滑油(lubricating oil)

从原油中提炼汽油、煤油、柴油后剩下的油脚,再经过加工精制可提取润滑油。

二、石油类货物的主要特性及其对油轮设备配备的要求

1. 易燃性

易燃性可以用闪点、燃点和自燃点来衡量。我国按石油产品的闪点高低将其划分为三级:闪点在 28 ℃ 以下的油品属于一级易燃液体,闪点在 28 ~ 60 ℃ 的油品属于二级易燃液体,闪点在 60 ℃ 以上的油品属于三级易燃液体。一级和二级油品都极易燃烧,因此,运输原油及其产品的油轮必须配备完备的安全消防设备。

国际上将石油分为挥发性和非挥发性两级。挥发性石油是指闭杯闪点在 60 ℃ (140 ℉)以下的油品,包括原油、汽油、透平油、煤油、石脑油、轻质瓦斯油等。非挥发性石油是指闭杯闪点在 60 ℃ (140 ℉)及以上的油品,包括重瓦斯油、柴油、燃料油和各种润滑油等。

当某种非挥发性石油在装卸时的温度已达到比其闪点小 10 ℃ 的温度时,则也应视为挥发性石油。

2. 爆炸性

石油类货物的蒸气在空气中达到其爆炸极限的浓度范围时,遇明火就会引起爆炸。为防止石油类货物发生爆炸,要求在油轮上的危险油气可及区域内杜绝一切火源并须配备油气驱除系统和惰性气体系统。油气驱除系统是利用抽风机将油舱内高浓度油气驱除出货油舱,而惰性气体系统是将惰性气体注入货油舱,这两套系统配合使用,能使舱内的混合气体的含氧量低于 5%。

3. 挥发性

在储运过程中,石油类货物的挥发不但会使货物的数量减少,而且由于其挥发成分多为轻质馏分而使油品质量降低,同时为其燃烧、爆炸提供了油气。石油类货物挥发的速度取决于油温的高低,温度越高,挥发越快。为此油轮上配备了甲板洒水系统,当气温高于 27 ℃ 时,必须启动该系统,以减少油气蒸发。

石油的挥发性是以蒸气压为特征的,通常用饱和蒸气压和雷氏蒸气压 RVP(reid vapour pressure)来衡量。

盛装于一封闭容器中的液体,其中的分子不断挥发出来扩散到液面上面的空间,而挥发出的分子会不断地回到液体中,这一过程达到动态平衡时液体的蒸气所产生的压力称为饱和蒸气压。

雷氏蒸气压是指在密封的容器内装入 125 mL 油品,使液体和气体的体积比保持在 1:4,在容器内温度保持在 37.8 ℃ (100 ℉)的条件下测得的蒸气压。

4. 毒害性

石油类货物中含有大量的碳氢化合物、少量的硫化氢以及某些油品中加入的四乙铅或乙基液等,对人体有害。其毒害性可用有害气体最大容许浓度 MAC(maximum acceptable concentration)或浓度临界值 TLV(threshold limit values)加以控制。MAC 或 TLV 以有害气体在空气中的容积百分比的百万分率为计量单位。由于其毒害性,因此要防止石油类产品对海洋环境的污染。

5. 易生静电性

石油类货物在运动时会产生静电,静电荷积聚达到一定能量,会放电产生电火花,给油气的燃烧、爆炸提供火源。

6. 黏结性

一些不透明的油品在低温时会凝结成糊状或块状,给装卸造成困难。油品的黏结性可用凝点和黏度表示。凝点是指油品受冷后停止流动的初始温度,黏度则表示油品流动时内部摩擦力的大小或流动性大小的指标。黏度越大则流动性越小。

船舶装运高黏度油品时,需对油品进行加温以降低其黏度。因此,在不少油轮的货油舱底部常敷设加热的蛇形管系,用于对货油加温。但对货油的加温必须适当,使之既便于装卸又不使大量油气挥发。通常燃料油加温达 75 ℃时就要控制温升,最高不得超过 90 ℃。

7. 胀缩性

石油类货物其体积会随温度的变化而产生膨胀或收缩。因此,货舱装油时,必须留出适当的空当(通常每个油舱都预留出舱容的 2%左右)。

8. 腐蚀性

有些油品,如汽油中含有水溶性酸碱、有机酸、硫及硫化物,可能引起对船体材料的腐蚀。因此,船舶装运这些油品后,应清洗油舱并进行通风以减少其受腐蚀。

综上所述,石油类货物属于液体危险货物,它同时具有易燃、易爆、毒害等多种危险特性。因此,在运输中应特别重视其防火、防爆、防毒和防污染。

知识点 2 油轮的结构特点

为满足油轮的安全运输及防污染的要求,油轮在结构上有下列特点。

一、艉机型

油轮的机舱均设在艉部。这主要是从安全考虑,以防止烟囱的火星进入货物区域引起危险。

二、设有隔离舱室

为防止油气进入其他舱室,油轮货舱区的前后两端与机舱、船员住室及其他非货油舱之间均设有舱长不小于 76 cm 的隔离舱。有的油轮将油泵舱兼作隔离舱。

三、货油舱尺度较小

为减小舱内货油自由液面对船舶稳性的影响以及货油对舱壁的冲击力,油舱的尺度较之其他船舶的货舱要小得多。为了减少由此引起的油轮空船重量的增加,货油舱采用槽形或波形舱壁。

四、船体结构多采用纵骨架式

油轮船体长深比较大,所受的弯曲力矩也较大,故结构多采用纵骨架式,货油舱范围内的甲板,舱底均为纵骨架式,当船长大于 150 m 时,舷侧、纵舱壁一般也为纵骨架式。

五、设有专用压载舱

油轮一般为单层连续甲板,老式油船货舱采用单层结构,利用货油舱兼作压载舱,现代油船则采用双层船壳,设有专用压载舱,以满足防污染要求。

六、货油舱上部设置膨胀舱口

该舱口为油密的圆形或椭圆形开口,其尺度较普通船舶的舱口尺度小,舱口盖上设有测量孔和观察孔。每个货油舱舱口设有固定的钢质扶梯,在扶梯上设有休息平台,以供人员安全地上下货油舱。

七、核定的最小干舷较其他船舶小

这是因为与其他船舶相比,油轮舱口较小,纵向强度较大和抗沉性较好,所以储备浮力可以小些。为了便于人员安全行走,甲板上设有人行步桥。

八、甲板上设有多种管系

包括货油装卸系统、货油清舱系统、货油加热系统、油舱通气系统、油气驱除系统、洗舱系统、甲板洒水系统、灭火安全系统等。

知识点 3 油量计量

油轮在装油结束后,应根据陆上油罐或油舱内的空当值,进行油量计算,以求出装油重量。船舶在抵达目的港卸油之前,也要确定船上实装货油重量。两次油量计量结果均应记入运输文件,作为货物数量交接的依据。在油量计量中,需要掌握下列一些术语。

油量计量
(微课)

一、货油计量的基本术语

为保证货油计量的准确性以及简化计算,各国均制定有油量计算换算表(简称石油计量表)。在石油计量表中有以下常用的有关石油的基本术语。

1. 石油密度

某一温度下,单位体积石油的质量。我国用 ρ_t 表示,密度的单位为 g/m^3,g/mL 或 kg/L。石油的密度还包括:

(1)石油标准密度

标准温度时石油的密度。石油计量时,各国都规定了各自的标准温度。我国及东欧一些国家为 20 ℃,日本等国为 15 ℃,英美等国为 60 ℉。

(2)石油相对密度

在温度 t_1 时的石油密度与温度 t_2 时纯水密度之比值,以符号 R. Dt_1/t_2(或 S. Gt_1/t_2)表示。国际标准化组织 ISOR91 石油计量表规定采用相对密度,但目前还有不少国家仍使用比重。作为标准的石油比重,日本等国以 S. G15/4 ℃表示,英美等国以 S. G60/60 表示。

(3)石油视密度(或称观察密度)

石油视密度是在石油密度计上观测得到的某一温度下的石油密度。我国用视密度表示。视密度不是石油的真正密度,不能直接用于计量,但它是石油计量的原始数据。可以根据视密度和观测油温在石油计量表的视相对密度换算表中查取石油的标准密度(相对密度)。表 7-6 为我国视密度换算表的格式和部分内容。

表 7-6 视密度换算表

油温/℃	0.845 0(视密度)	0.846 0(视密度)	0.847 0(视密度)	0.848 0(视密度)	0.849 0(视密度)
	ρ_{20}				
35.0	0.854 6	0.855 6	0.856 6	0.857 6	0.858 6
36.0	0.855 3	0.856 2	0.857 2	0.858 2	0.859 2
37.0	0.855 9	0.856 9	0.857 8	0.858 8	0.859 8
38.0	0.856 5	0.857 5	0.858 5	0.859 4	0.860 4

表 7-6(续)

油温/℃	0.845 0(视密度)	0.846 0(视密度)	0.847 0(视密度)	0.848 0(视密度)	0.849 0(视密度)
	ρ_{20}				
⋮	⋮	⋮	⋮	⋮	⋮
41.0	0.858 4	0.859 4	0.860 3	0.861 3	0.862 3
42.0	0.859 0	0.860 0	0.860 9	0.861 9	0.862 9
43.0	0.859 6	0.860 6	0.861 6	0.862 5	0.863 5
44.0	0.860 2	0.861 2	0.862 2	0.863 2	0.864 2

注:应该指出,以上所指石油密度,均为石油在真空中的值。

2. 石油密度温度系数

石油密度温度系数又称石油密度修正系数。它是指温度变化 1 ℃石油密度的变化值。设温度 t_1 时石油的密度为 ρ_1,温度 t_2 时的石油密度为 ρ_2,则石油的密度温度系数 γ 可表示为

$$\gamma = \frac{\rho_1 - \rho_2}{t_2 - t_1} \quad (\text{g/cm}^3/℃) \tag{7-25}$$

计量时,其值可根据石油的标准密度,在石油计量表中查得(表 7-7)。

表 7-7 石油密度温度系数(γ 值)表

石油在 20 ℃时的密度 ρ_{20}	密度温度系数 γ	石油在 20 ℃时的密度 ρ_{20}	密度温度系数 γ
0.599 3~0.604 2	0.001 07	0.629 6~0.634 7	0.001 01
0.604 3~0.609 1	0.001 06	0.634 8~0.640 0	0.001 00
0.609 2~0.614 2	0.001 05	0.640 1~0.645 3	0.000 99
0.614 3~0.619 3	0.001 04	0.645 4~0.650 6	0.000 98
0.619 4~0.624 4	0.001 03	0.650 7~0.656 0	0.000 97
0.624 5~0.629 5	0.001 02	0.656 1~0.661 5	0.000 96
0.661 6~0.667 0	0.000 95	0.799 1~0.806 3	0.000 73
0.667 2~0.672 6	0.000 94	0.806 4~0.813 7	0.000 72
0.672 7~0.678 2	0.000 93	0.813 8~0.821 3	0.000 71
0.678 3~0.683 9	0.000 92	0.821 4~0.829 1	0.000 7
0.684 0~0.689 6	0.000 91	0.829 2~0.837 0	0.000 69
0.689 7~0.695 4	0.000 90	0.837 1~0.845 0	0.000 68
0.695 5~0.701 3	0.000 89	0.845 1~0.853 3	0.000 67
0.701 4~0.707 2	0.000 88	0.853 4~0.861 8	0.000 66
0.707 3~0.723 2	0.000 87	0.861 9~0.870 4	0.000 65
0.713 3~0.719 3	0.000 86	0.870 5~0.879 2	0.000 64

表 7-7(续)

石油在 20 ℃时的密度 ρ_{20}	密度温度系数 γ	石油在 20 ℃时的密度 ρ_{20}	密度温度系数 γ
0.719 4~0.725 5	0.000 85	0.879 3~0.888 4	0.000 63
0.725 6~0.731 7	0.000 84	0.888 5~0.897 7	0.000 62
0.731 8~0.738 0	0.000 83	0.897 8~0.907 3	0.000 61
0.738 1~0.744 3	0.000 82	0.907 4~0.917 2	0.000 6
0.744 4~0.750 9	0.000 81	0.917 3~0.927 6	0.000 59
0.751 0~0.757 4	0.000 80	0.927 7~0.938 2	0.000 58
0.757 5~0.764 0	0.000 79	0.938 3~0.949 2	0.000 57
0.764 1~0.770 9	0.000 78	0.949 3~0.960 9	0.000 56
0.771 0~0.777 2	0.000 77	0.961 0~0.972 9	0.000 55
0.777 3~0.784 7	0.000 76	0.973 0~0.985 5	0.000 54
0.784 8~0.791 7	0.000 75	0.985 6~0.995 1	0.000 53
0.791 8~0.799 0	0.000 74	0.995 2~1.013 1	0.000 52

3. 石油体积温度系数

石油体积温度系数又称石油膨胀系数,是指温度变化石油体积的变化率。设温度 t_1 时石油的体积为 V_1,温度 t_2 时石油的体积为 V_2,则其体积温度系数 f 表示为

$$f=\frac{V_2-V_1}{V_1(t_2-t_1)} \quad (1/℃) \tag{7-26}$$

计量时常用下式求得,即

$$f=\frac{\gamma}{\rho_{20}} \quad (1/℃) \tag{7-27}$$

4. 石油体积系数

石油体积系数又称石油体积换算系数,是指石油在标准温度时的体积与某一温度时的体积的比值。如我国石油在标准温度时的体积为 V_{20},某一温度 t 时的体积为 V_t,则体积系数 K 可以表示为

$$K=V_{20}/V_t=1-f(t-20) \tag{7-28}$$

计量时可根据货油温度和标准密度,在计量表中查得(表 7-8)。

表 7-8　石油体积系数(K 值)

温度/℃	0.855 0(体积系数)	0.860 0(体积系数)	0.865 0(体积系数)	0.870 0(体积系数)
	ρ_{20}			
35.0	0.988 4	0.988 5	0.988 7	0.988 9
36.0	0.987 6	0.987 8	0.988 0	0.988 1
37.0	0.986 8	0.987 0	0.987 2	0.987 4
38.0	0.986 0	0.986 2	0.986 4	0.986 6

表 7-8(续)

温度/℃	0.855 0(体积系数)	0.860 0(体积系数)	0.865 0(体积系数)	0.870 0(体积系数)
	ρ_{20}			
39.0	0.985 3	0.985 5	0.985 7	0.985 9
40.0	0.984 5	0.984 7	0.984 9	0.985 2
41.0	0.983 7	0.984 0	0.984 2	0.984 4
42.0	0.982 9	0.983 2	0.983 4	0.983 7
43.0	0.982 2	0.982 4	0.982 7	0.982 9
4.0	0.981 4	0.981 7	0.981 9	0.982 2

5. 石油的空气浮力修正系数和空气浮力修正值

由于受空气浮力的影响,石油在空气中的重量要比其在真空中的重量小。石油计量时所用的密度(比重)均为真空中的值,而多数国家石油计量又都是在空气中进行,为此,必须对其密度进行空气浮力的修正。修正的方法有以下两种:

(1)用空气浮力修正系数 F 进行修正。石油在空气中的密度 $\rho_{a20}=F\cdot\rho_{20}$,其中,系数 F 可根据石油的标准密度 ρ_{20} 在石油计量表中查得,见表 7-9。

(2)用空气浮力修正值($-0.001\ 1$)进行修正。石油在空气中的密度 $\rho_{a20}=\rho_{20}-0.001\ 1(g/cm^3)$。仅限于密度在 0.600 0~1.000 范围内。

表 7-9　空气浮力修正系数(F 值)

标准密度 ρ_{20}	空气浮力修正系数 F	标准密度 ρ_{20}	空气浮力修正系数 F
0.500 0~0509 3	0.997 70	0.679 6~0.719 5	0.998 40
0.509 4~0.531 5	0.997 80	0.719 6~0.764 5	0.998 50
0.531 6~0.555 7	0.997 90	0.764 6~0.815 7	0.998 60
0.555 8~0.582 2	0.998 00	0.815 8~0.874 1	0.998 70
0.582 3~0.611 4	0.998 10	0.874 2~0.941 6	0.998 80
0.611 5~0.613 6	0.998 20	0.941 7~1.020 5	0.998 90
0.613 7~0.679 5	0.998 30	1.020 6~1.100 0	0.999 00

二、装油量计算

如按我国石油计量标准,油轮装油量计算的基本方法是:根据油舱内的油面高度或空当高度求出舱内货油在测定油温时的实际体积 V_t,将其换算为标准温度时的货油体积($V_{20}=K_{20}\cdot V_t$),再乘以经过空气浮力修正后的货油标准密度($F\cdot\rho_{20}$ 或 $\rho_{20}-0.001\ 1$),即得货油在空气中的重量 $\sum Q$。

1. 计算货油的体积

(1)测定各油舱的空当高度

一般需使用专用工具进行测量。

（2）对测定的空当进行横倾和/或纵倾修正

当油舱的测孔不在舱的中心且船舶存在横倾或纵倾时,应对所测空当进行横倾或纵倾修正。其修正值按以下方法计算:

①空当的横倾修正值 AB（图7-16(a)）为

$$AB = AC \times \tan\theta \ (m) \tag{7-29}$$

②空当的纵倾修正值 AB_L（图7-16(b)）为

$$AB_L = AC_L \cdot t/L_{BP} \ (m) \tag{7-30}$$

式中 AC, AC_L——测孔中心至舱中心的横向和纵向距离,m;

θ——船舶的横倾角,(°);

t——船舶的吃水差,m;

L_{BP}——船舶垂线间长,m。

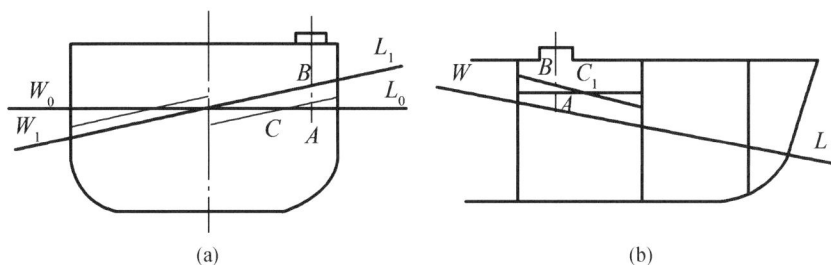

图7-16 空当横倾/纵倾修正

进行横倾修正时,若船舶右倾,测孔在船舱中心线右边,空当横倾修正量 AB 为正;测孔在船舱中心线左边,修正量 AB 为负。船舶左倾时符号相反。进行纵倾修正时,若船舶尾倾,测孔在舱中心后,空当修正量 AB_L 为正值;测孔在舱中心前,空当修正量 AB 为负。艏倾时符号相反。

（3）测定各舱油脚或垫水深度

当舱内有积水(垫水)或油脚的油舱还应测定其深度并求出其体积。必要时也应做纵横倾修正,方法与油舱空当高度修正相同。

（4）查算装油体积

根据经修正后的各油舱空当高度,在油轮的油舱容量表中查得各油舱对应的体积,扣除垫水或油脚的体积,便可得到各油舱的货油体积,所有油舱的货油体积之和即为测定油温时的航次装油体积 $\sum V_t (m^3)$。

2. 测算货油温度及密度

规定当油舱数少于或等于15个时,应全部测量每舱油温;油舱数超过15个时,每增加5个油舱,加测一个油舱油温。另外,在选择测温油舱时,应注意左、中、右油舱的代表性,使计算的平均值更符合实际。

（1）测算油温

各舱的油温,有两种测量方法

①分上、中、下三层(上层距油面1 m处,中层在油深中部,下层距舱底4 m处)测量油温,然后计算其加权平均值,即

$$t = (t_u + 3t_m + t_d)/5 \ (℃)$$

式中　　t_u——上层油温,℃;

　　　　　t_m——中层油温,℃;

　　　　　t_d——下层油温,℃。

②仅测中层油温。

(2)测货油溶度

用密度计测定各油舱内货油的密度,然后求出全船货油的平均视密度 ρ'_t,再根据货油的平均油温和平均视密度在视密度换算表中查得货油的标准密度 ρ_{20}。

3. 计算航次装油量

根据我国油量计算表的规定,航次装油量 $\sum Q$ 可按下式求得,即

$$\sum Q = V_{20}(\rho_{20}-0.001\ 1) \ (t) \tag{7-31}$$

或

$$\sum Q = V_{20} \times \rho_{20} \times F \tag{7-32}$$

其中

$$V_{20} = \sum V_t [1-(t-20)] \ (m^3) \tag{7-33}$$

或

$$V_{20} = K_{20} \cdot \sum V_t (m^2) \tag{7-34}$$

式中　　V_{20}——货油在 20 ℃时的体积,m^3;

　　　　　$\sum V_t$——货油在测定温度 t 时的体积,m^3;

　　　　　ρ_{20}——货油在 20 ℃时的密度,即标准密度,g/cm^3;

　　　　　F——货油的空气浮力修正系数;

　　　　　f——货油的体积温度系数,$(1/℃)$;

　　　　　K_{20}——货油的体积系数。

如在计量时对油量数值有争议,则应以式(7-32)的计算结果为准。

知识点 4　油轮的积载特点

油轮积载、安全操作及防污染(微课)

油轮的积载要求与杂货船的基本相同,但由于石油类货物及油轮结构及其设备的特殊性,油轮积载时考虑问题的侧重点有所不同,现将其特点概述如下。

一、确定航次货运量

油轮一般都是满载,且舱容有富余。因此航次货运量一般应等于航次净载重量,即

$$\sum Q = NDW = DW - \sum G - C - S \ (t) \tag{7-35}$$

式中,S 油舱内残存的上航次油脚、残水或污油舱中的污油水,单位为 t。

结合油轮营运的特点,式(7-35)中各因素应考虑如下问题:

(1)在计算油轮的航次储备量 $\sum G$ 时,除了考虑船舶航行和停泊的燃润料、淡水需要量外,还应考虑油轮的洗舱等特殊技术作业所需的燃料和淡水的储备量。

(2)确定油轮的航次货运量时应扣除上航次货油舱内的油脚和残水的重量 S。

有时,油轮因装运密度较小的油品,可能出现舱容不足,此时应按船舶实际舱容扣除膨胀余量后确定航次货运量。有时因货源不足,则应根据货源数量确定航次货运量。

二、确定货油在船上的配置

确定货油在船上的重量分配时考虑的因素仍然是稳性、船体纵向受力、吃水和吃水差。

1. 稳性

油轮在各舱满载时,其稳性一般是足够的。为满足稳性要求,货油的配舱原则是除用于调整吃水差用的艏艉少数舱外,其余舱要装则应装满,否则留作空舱。这样既能减少自由液面对稳性的影响,又可以减轻货油对舱壁的冲击。

2. 吃水和吃水差

油轮为便于排净压载水,要求有一定的艉倾。当舱容富裕时,可在艏、艉各留出一个油舱不装满,用于调整吃水差。当装载多种油品时,也可通过安排不同油品的舱位来满足吃水差的要求。

油轮返航时一般为空航压载状态。其目的是为减小过大的中拱弯矩和船体振动,并提高船舶的适航性。因此,油轮空航压载时,其压载舱位应选在船舶中部附近漂心前的舱位,而不应仅仅安排在艉部舱位,否则将使船舶产生严重的中拱变形。根据1978年防污染议定书,总载重量不小于20 000 t的原油船和不小于30 000 t的成品油轮的专用压载舱的容量应使船舶的吃水和吃水差在全航程中符合以下要求:

(1)船中型吃水 $d > 0.02L_{BP} + 2.0$,m;

(2)吃水差 $|t| < 0.015L_{BP}$,m;

(3)艉吃水必须使螺旋桨浸没于水中。

因此,这种油轮上的压载方案是容易确定的。油轮上都有船厂提供的推荐压载方案,可供参考。

3. 船体纵向受力

油轮为艉机型船,满载时多呈中垂变形,装载时应尽量减缓其中垂变形。当留空舱时,应选在船中部,当有两个以上空舱时,其位置应适当隔开。设有专用压载舱的油轮,一般在中部有压载舱,以使船舶满载时中部可以留空。

一般在油轮上均有在各种装载状态下的货油装舱和留空舱的推荐方案,可供参考。

三、确定合理的膨胀余量及空当高度

货油的装舱位置确定后,应根据航线上气温的可能变化确定各油舱合理的膨胀余量。当由气温较低的地区装油驶往气温较高的地区时,应留较大的空当;当由气温较高的区域驶往气温较低的区域时,考虑到气候反常的可能性,也应留出空当,但可以小些;对于需加温的油品则所留空当应大些。

空当舱容 δV 可用式(7-36)求得,即

$$\delta V = \frac{f \cdot \delta t}{1 + f \cdot \delta t} \cdot \sum V_{ch} (m^3) \tag{7-36}$$

式中　$\sum V_{ch}$——油舱(或油轮全船)的舱容,m³;

　　　δt——货油在始发港和航线上预计最高油温之间的温差值,℃;

　　　f——货油的体积温度系数,(1/℃)。

各舱可装货油的体积 V_C 即可求得,即

$$V_C = \sum V_{ch} - \delta V \ (m^3) \tag{7-37}$$

在实际工作中,每个油舱的膨胀余量均用空当高度表示。油轮上备有各油舱的容量

表,根据以上算得的各舱最大装油体积 V_C,在各舱容量表中便可查得装油时应留的空当高度 H(必要时应做纵横倾修正)。

四、确定合理的装卸顺序

油轮在进行装卸作业时,由于受油轮上货油干管数目的限制和货油品种不同的影响,各油舱不可能同时进行装卸,需要确定一个合理的各油舱装卸顺序。需要考虑的因素有:应满足油轮的纵向强度条件;保证船舶具有适当的吃水差;防止不同油品的掺混和尽可能同时使用所有的货油干管,以加速装卸。

若优先考虑船体受力和吃水差的要求,油轮的装货顺序应该是:先装中部油舱,以减轻中拱变形,再装艏部油舱,以减小艉倾,然后,各油舱均衡地进行装货。如果船上有多条货油干管,则可把全船油舱分成前、后或前、中、后若干部分,各部分的油舱分别按先后顺序进行装油作业。在装单一油品时,可在中部油舱开装不久进油情况正常后,进行全部油舱的装油作业,当各油舱尚有 1 m 左右的空当时,停止作业,然后逐舱按要求装足,其顺序为先边舱,后中舱(隔舱进行),最后为艏艉部位的中舱,以利于调整吃水差。

油轮的卸油顺序与装油顺序相同。即先卸中部油舱以减缓船舶中垂,再卸艏部油舱,使船舶产生一定的艉倾(艉倾一般控制在 $2\%L_{BP}$,以利于货油泵负荷均衡及清舱作业),然后各舱均衡地卸货。

五、保证货油的运输质量

为防止不同油品的掺混,保证货油质量及有利于减轻洗舱工作量,多数油轮都是运输固定的单一油品,不同航次换装不同油品前,应进行洗舱。当油轮同时运输多种油品时,一般,船上设有多条货油干管,装卸时,不同油品使用不同的干管,如只有单一干管,则应先装白油,后装黑油;卸货时按相反的顺序排列。安排油品的舱位时,如在油舱间设有泵舱,则泵舱前后可以配置两种油品,如油舱间无泵舱,则应在不同油品的油舱间留出空舱,以保证货油质量,防止混油。装卸中换装不同油品时,阀门的开闭一定要正确无误。

做好货油的取样封存工作是保证货油质量的重要措施。油轮装油时应以适当的方法选取货油样品并加以封存。到港卸油前同样要选取油样并进行检验。当收货人对货油质量没有异议时才能开始卸货,如收货人对货油质量有异议,则可对封存的油样进行检验并比较,以判别船方是否在管货方面负有责任。

1. 选取油样

油样作为质量交接的仲裁品,具有法律效力。油样的选取应有代表性并应由质量检验机关负责完成,但必须有船方和货方共同参与。

装油时选取油样一般有两种方法:

(1)在装油过程中,从码头装油管道的取样口进行取样。装油开始取一次,以后每隔 1~2 h 取一次。

(2)在已装油的油舱内取样。一般油轮至少要从 25% 的油舱中取样,其中艏部和艉部油舱各占 5%,舯部油舱占 15%。每个油舱取样时,一般应连续地从上、中、下三层分别采集,混合后装入容器,也有只从油舱中层取样。

船舶抵港卸货前,只采用上述第二种方法取样。

2. 油样封存

选取的油样经搅拌均匀后装入两个容器内,其中一份由船上密封后交给货方,作为货方发货的质量凭证;另一份由货方密封后交给船方,作为船方收货的质量凭证。

知识点 5　油轮的安全操作及防污染

石油类货物具有多种危险特性,为保证油轮的安全运输和货油的运输质量,油轮在装油、运输和卸油的全过程中应注意做好以下几方面。

油轮的安全
操作及防
污染(微课)

一、防火、防爆

1. 管制烟火

禁止人员携带火种及易燃物品上船,禁止在船上使用明火,只准在规定的安全处所吸烟,在未取得明火作业许可证时不得进行明火作业等。

2. 防止电火

包括船上必须使用防爆型灯具及电气设备,电气设备和电路的技术状态必须良好。船舶靠港和进行装卸、压载、洗舱、除气作业时必须关闭雷达和无线电发报机天线,不得进行电瓶充电。靠泊时如需进行雷达天线的维修保养必须得到有关部门的同意等。

3. 防止静电放电

包括装载能积蓄静电的货油时,油舱应惰化或在货油中加入抗静电添加剂,装卸时应控制流速,装载挥发性油品时不能用空气吹扫管线,作业人员应穿防静电服装等,以减少静电积聚;清除舱内漂浮的金属物体,测量和取样使用的器具必须保证不产生静电放电,以避免尖端放电。

4. 防止自燃和铝金属火

包括易燃物品应存放于安全处所并由专人保管,经常检查主、辅机的燃油管路,防止其漏油。严禁任何油品与高温管路接触,禁止在电器设备、蒸汽管和机炉舱内烘烤衣物及放置易燃物品。在油舱、货泵舱及其他可能聚集油气的处所,禁止使用铝质的工具等。

5. 预防摩擦和撞击火花

包括船舶靠离码头及用锚时应防止擦碰产生火花,使用工具应轻拿轻放,吊装物料时应停止货油装卸,关阀封舱并放好衬垫,轻吊轻放。禁止敲铲铁锈作业,登船人员不能穿带钉子的鞋靴等。

6. 防止意外火情

如遇雷雨、闪电、烟囱冒火星或附近发生火灾时,应立即停止装卸,必要时船舶移离码头。

(1)停止装卸作业的条件

①当风速超过 15 m/s(蒲福风级约 7 级)、浪高 1 m 且预计将继续增大;

②雷暴天气;

③附近有火灾等危及本船;

④有船邻靠或邻驶,可能危及本船。

(2)停止靠泊作业的条件

① 6 级以上的风力将穿越油区;

②风速超过 15 m/s(蒲福风级约 7 级)、浪高 1 m 以上;

③暴雨天气;

④油区海上能见度 1 000 m 以下。

(3)紧急驶离的条件

①风速超过 18 m/s、浪高 1.5 m 以上;

②邻区有火灾,危及本船。

二、防止人员中毒

(1)装卸货油时,船上生活区的所有门窗和开口,船尾生活区面向货物区域的所有门窗和开口均应关闭,以防油气进入住室。

(2)未经许可任何人不得进入货泵舱或其他封闭空间,人员进入油舱前应对油舱进行彻底通风并经测定确认舱内气体对人员安全时才能下舱,下舱人员应穿戴防护服具,必要时需佩戴呼吸器及其他安全用具。

(3)进行监测和取样人员应站在与风向成直角的位置并穿戴防护服,必要时佩戴呼吸器。

三、防止和减少油污事故

1. 保证船上防污染设备的技术状态良好

应由专人负责,做好经常的维护保养。所配备的防污染设备应坚持使用。

2. 严格执行有关防污染规定和法规

(略)

3. 增加船舶及港口接收与处理含油污水的设备和装置

(略)

4. 防止油轮操作性排油污染

(1)使用专用压载舱(SBT)

在空载航行时,在专用压载舱内装载的是干净的海水,装油前可以在任何海区及内陆水域将专用压载水排出舷外。

(2)使用清洁压载舱(CBT)

是现有油轮作为专用压载舱的临时替代措施,即在船舶油舱中专门划定某几个货油舱,经清洗后专门用来装载压载水,因此在压载航行时,清洁压载舱内装载的是干净的清洁压载水,避免了货油和压载水交替污染的问题。

(3)采用"装于上部"(load-on-top)法

不将油轮操作中产生的含油污水直接排出,而是经过船内的设备适当处理或经过一定时间的静置,将油水混合物初步分离后,再将含油量符合规定的水排出舷外,把含有若干水分的残油保留在船上的污油舱内,在装货港将货油直接装在它的上部,一起在卸油港卸掉。

(4)采用原油洗舱(COW)法

是指用原油代替海水作为清洗介质的一种洗舱方法,即运输原油的油轮在卸油过程中,把一部分原油用固定式洗舱机在一定的压力下,喷射到正在卸油或卸完油的货油舱内管路、肋骨等结构表面,将附着的油渣和在舱底沉积的石蜡、沥青等残渣清除掉,并随货油一起卸出。

5. 防止油轮事故性溢油

(1)设置专用压载舱保护位置(PL),即将专用压载舱合理地布置在船舶易损坏部位。

(2)正确进行货油装卸作业,防止作业中货油的跑、冒、滴、漏。

①装卸前应认真检查有关的阀门、管系、货泵、属具及其控制系统并使其处于良好的技术状态。

②装卸前应堵塞甲板所有的泄水孔。装卸时应在货油管路接口处放置盛油器。

③装卸时应正确安排管路,防止开错阀门。装货换舱时应先开空舱阀,后关满舱阀。

④装货时应正确掌握装货进度,注意留出适当的空当舱容。

⑤卸货时应保证货泵有足够的压力,防止货油倒流。

6. 发生污染海洋事故时控制和消除污染的措施

(1)围栏法:适用于少量油污染事故。

(2)燃烧处理法:适用于大量溢油事故。

(3)化学处理法:必须得到港务监督部门同意(对海洋造成二次污染)。

(4)生物处理法:适用于被污染的海岸和水域的净化和复原。

四、保证货油质量的要求

保证货油质量主要应注意防止油品掺混及产生货损、货差。为此应注意以下要求:

(1)应定期对油舱及膨胀舱口进行油密性试验,以保证其油密性。对各种管路、阀门进行压力试验,以确保其不渗漏。

(2)对上述设备应有专人负责,做好经常的维修保养,使其技术状态始终良好。

(3)装油前,船方应认真核实所装油品的理化性质,当其与所提供的资料有较大出入时应予提出,加以批注或拒装。

(4)当油轮需改变承装油种时,应按原装油种和换装油种的不同理化性质,根据要求的洗舱等级对油舱进行清洗,以保证货油质量。

(5)当同船装运两种或两种以上油品时,应严防不同油品的掺混。油泵舱位于舯部的油轮可以安全地装运两种不同油品,油泵舱将油舱分隔为三部分时,可以安全地装运三种不同的油品。

(6)装卸前船岸应填写船/岸安全项目检查表。同时双方商定装卸速度、数量、压力、联系方法等,防止产生操作性事故。

(7)装货结束进行货油计量时,如船货双方的计量有较大的出入,应立即进行复核,必要时可要求重新计量。要认真办好货物交接手续,船方所签提单上的货油数量与计量部门所签发的货油数量要保持完全一致。

(8)船舶离港前要检查所有阀门是否关紧,以防冒油和货油掺混。

(9)航行中要经常检查油舱的空当,发现异常应查明原因,采取措施。夏季及高温地区,甲板温度过高时,应按规定做好洒水降温工作。

(10)卸货前应由船货双方共同测量油舱空当、油温、密度并计算装油量,同时进行油品取样化验,此项工作结束前船方不能开始卸货。卸货时应做到相对干净,保证货油如数交付。卸货结束船方应取得干舱证书(dry certificate),办清货物交接签字手续。

知识点 6　散装液体化学品运输

以下将简要介绍散装化学品的主要特性,其运输船舶的结构特点及其主要的装运要求。

一、散装液体化学品及其危险特性

目前,与散装运输危险化学品有关的规则有:《国际散装运输危险化学品船舶构造及设备规则》(简称《IBC 规则》)、《散装运输危险化学品船舶构造及设备规则》(简称《BCH 规则》)、MARPOL73/78 附则Ⅱ"防止散装有毒液体物质污染规则"及中国船级社《散装运输危险化学品船舶构造与设备规范》(简称《散化船规范》)。

液体化学品是指温度为 37.8 ℃时,其蒸气压力不超过 0.28 MPa 的液体危险化学工业产品。主要有石油化工产品、煤焦油产品、碳水化合物的衍生物(糖蜜与酒精制品、动植物油)、强化学剂等,但不包括石油及上述所指的货物以外的物品。这些货物的危险性有:

1. 易燃性

多数化学品都具有易燃性,与其他易燃液体一样,其易燃性可用货品的闪点、燃点、自燃点及可燃范围衡量。货品的易燃性将给运输带来火灾的危险性。

2. 毒害性和腐蚀性

多数液体化学品都具有这种特性。可以用半数致死量 LD_{50} 及半数致死浓度 LC_{50} 来衡量其直接接触的毒害性,或用紧急暴露限值(EEL——emergency exposure limit)(即一次临时性接触的允许浓度)、货品的水溶性、挥发性等来衡量其间接接触的毒害性。货品的毒害性和腐蚀性将会造成人员由于直接接触而产生的健康危害性,或由于货品溶于水中或混入空气中而产生的水污染和空气污染造成人员间接接触的危害性。

3. 反应性

这是指货品本身的分解或聚合反应性、货品与水的反应性以及货品与其他化学品的反应性。这些反应性将会给运输带来相应的危险。

二、散装化学品船及其液货舱

《IBC 规则》和《散化船规范》规定:凡从事运输上述液体危险化学品的船舶称为散装化学品船(以下简称散化船)。由于散装化学品的特性及其给运输带来的潜在的危险,为确保运输的安全,对散化船的结构和设备都有特殊的要求。

根据《IBC 规则》和《散化船规范》的规定,所有散化船的装货区域的船底、甲板、舷侧、横舱壁均为双层结构,其边舱可用作压载,但固定压载不能置于货物区域内的双层底,以免船底受损时引起的冲击载荷直接传递到货舱结构上;货舱与其他非载货处所之间均设有隔离舱;每个液货舱都有一套独立的不通过其他液舱的泵和管系以及液舱透气系统、消防系统和通风系统。此外,船上还设有污液舱,供储存具有污染的舱底水和洗舱水;同时,还应装备有液位测量仪、蒸气探测仪、自动截止系统及安全报警装置等专用设备。

根据所运货品的危险程度,散化船分为以下三种类型:

1. Ⅰ型船舶

适用于运输危险性最大的货品的散化船。其结构要求能够经受最严重的破损并需要用最有效的预防措施来防止货物的泄漏,因此,这种船上的液货舱舱壁与船舷侧外板之间要求的间隔距离最大,即 $B/5$ 或 $11.5\ m$(取小者);与船底外板之间的距离为 $B/15$ 或 $6\ m$(取小者),但其他任何部位离船体外板的距离都不得小于 $760\ mm$,如图 7-17(a)所示。

2. Ⅱ型船舶

适用于危险性次于Ⅰ型船舶所运的货品的散化船。其液货舱舱壁与船外板之间要求的间隔距离不小于 $760\ mm$,但小于Ⅰ型船舶,如图 7-17(b)所示。

3. Ⅲ型船舶

适用于运输危险性最小的货品的散化船。其液货舱所在位置基本上与单壳体油轮相同,如图 7-17(c)所示。

为保证货物运输的安全,《IBC 规则》和《散化船规范》对散化船上的货物围护系统做了专门的规定,并列出了各种货品对液货舱舱型的要求。货物围护系统(cargo containment systems)是指用来围护货物的装置,它包括液货舱的舱壁及其附属设备和支持这些构件的邻接结构,而液货舱是指货物围护系统中用于装载货物的主要容器。

散化船的货物围护系统从不同的角度分为两组四类。从与船体结构关系的角度,分为独立液舱(其结构不直接与船体结构相接触)和整体液舱(其结构与船体结构直接接触);按舱顶设计表压力大小的不同,分为重力液舱(其舱顶设计蒸气压力不大于 0.07 MPa 的液舱)和压力液舱(舱顶设计蒸气压力大于 0.07 MPa 的液舱,只能是独立液舱)。

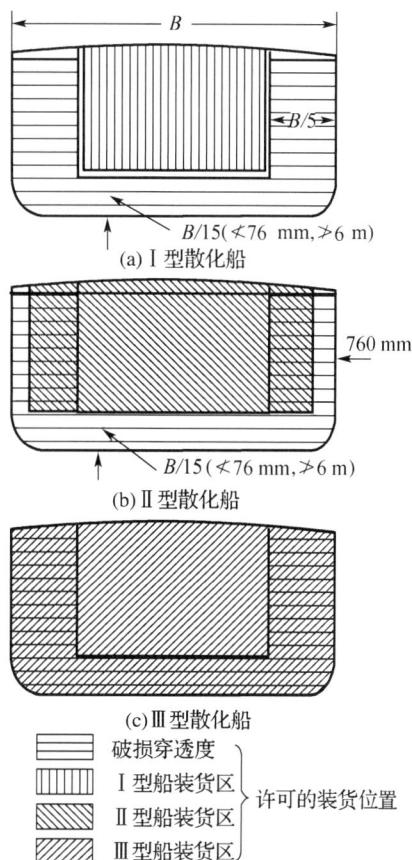

图 7-17　Ⅰ、Ⅱ、Ⅲ 型散化船

三、散装化学品的分类

《MARPOL73/78》附则 Ⅱ "防止散装有毒液体物质污染规则"中,根据其毒性和操作排放对环境污染的影响将其分为四大类:

1. X 类

X 类化学品指排放入海后将会对海洋资源或人类健康造成严重危害的有毒液体物质。因此有必要严禁将此类物质排入海洋环境。

2. Y 类

Y 类化学品指排放入海后将会对海洋资源或人类健康造成严重危害,或对舒适性或对其他合法利用海洋造成损害的有毒液体物质。因此有必要对排入海洋环境的此类物质的质量加以限制。

3. Z 类

Z 类化学品指排放入海后将会对海洋资源或人类健康造成较小的危害。因此,有必要对排入海洋环境的此类物质的质量加以限制。

4. OS 类

《IBC 规则》第 18 章污染类栏中所示的 OS 类物质经评估后发现其并不属于 X 类、Y 类或 Z 类,将其排入海中后不会对海洋资源或人类健康造成危害,或不会对舒适性或其他合法利用海洋造成损害。因此排放含有 OS 类物质的舱底污水、压载水其他残余物或混合物不受附则 Ⅱ 和《IBC 规则》要求的约束。

四、散装化学品船装运操作要求及装卸安全注意事项

(1)承运前,货主应提供所托运货物的完整资料,包括货物名称、理化特性说明书、医疗急救和消防措施。对于易于分解的货物,应提供稳定剂证书,载明有关稳定剂的内容,否则应拒装。对于易放出无法察觉的剧毒蒸气的货物,应加入能察觉的添加剂,否则也应拒装。

(2)装货前,应对液货舱进行环境控制,其方法如下。

①惰化法。用既不助燃也不与货物反应的气体或蒸气置换货物系统中的原有气体。

②隔绝法。将液体、气体或蒸气充入货物系统,使货物与空气隔绝。

③干燥法。将无水气体或在大气压力下其露点为-40 ℃或更低的蒸气充入货物系统。

④通风法。各种货物对液舱环境控制的具体要求在《IBC 规则》的第十九章和《散化船规范》的第十七章中有具体说明。

（3）各舱装载量应不超出其最大允许载重量。按要求Ⅰ型船舶的任一液舱所装的货物数量不得超过 1 250 m³，Ⅱ型船舶的任一液舱所装货物数量不得超过 3 000 m³，同时应考虑因货温变化引起货物体积的胀缩，留出合理的空当舱容。

（4）运输怕热的货物时应与热货、热源隔离，所装舱柜的加热管系应能盲断（BLANKEDOFF），并应安装货温的监测和报警装置。

（5）装卸前应取得港口当局签发的危险货物装运证书并严格遵守其要求。

（6）装卸前，船岸双方应逐项填写船/岸安全检查项目表。并共同商定装卸的流速、流量及停止作业的信号等。

（7）装货开始前，由货方在船方人员在场的情况下检查液货舱，检查合格后才能开始装货。装货结束应按规定方法进行货品取样及确定货量；卸货前需经货方确认封舱符合要求后方能开封并进行货品取样及确定货量。当货方认为货品质量合格后，才能开始卸货。

（8）装卸开始前，应正确设定各种阀的开关位置。装卸中应经常检查，以确保阀的开关正确无误，并注意泵和管路上有无泄漏现象，以确保安全。

（9）装卸开始时应以低速（1 m/s 以下）进行装卸，待经检查确认作业正常后才能按正常流速进行装卸（一般应限制在 3 m/s 以下）。

（10）装运过程中必须遵守有关装运危险品及防污染等法规。装卸前，准备好灭火拖缆，置放危险标志，与其他船保持 30 m 以上的距离。装卸期间应禁止一切明火和进行装卸货以外的其他作业，并注意船舶周围海域的安全。当风速超过 15 m/s、浪高超过 1.5 m 时，不得进行靠泊和装卸作业。

（11）进入货物作业区的人员必须穿戴规定的防护服，人员不得随意进入可能有货物蒸气的处所。

（12）装卸结束应清除软管内残留液体。2007 年 1 月 1 日或以后建造的散货船，经排放压载以后的舱内或有关管系内的残留物的最大允许残留量，对 X、Y 和 Z 类物质均为 75 L。

（13）散货船在装卸散装液体危险化学品期间禁止进行以下作业：

①检修和使用雷达、无线电发射机和卫星导航仪；

②从事可能产生火星的作业及明火作业；

③供受油（水）作业；

④进行吊运物件及其他影响安全的作业；

⑤其他影响船舶靠离泊及船舶、装卸货安全的作业。

（14）凡散化船在港期间进行洗舱、污水排放、冲洗甲板、驱气等可能导致污染的操作，均需向主管机关提出申请，批准后方可作业。

（15）船方应逐项检查并填写"船/岸安全检查项目表"中的 A 部分和 B 部分。

五、散化船装货量的计算

散装化学品的液舱装载量的计算方法与油船货油装载量的计算步骤基本相同。

（1）根据实测液舱空当高度查液舱容量表得实际装货体积；

（2）实测液货温度和密度；

（3）将实测温度时的换算成标准温度时的数值；

（4）考虑空气浮力的修正，求得液货装载量。

知识点 7　液化气体运输

液化气是一种特殊的危险货物，从事运输的人员必须充分了解其特性，才能保证安全运输。下面简要介绍船运液化气的种类及其特性，船舶结构特点和装运要求。

一、液化气的种类和主要特性

液化气体是指在常温常压下为气体，通过冷却或在其临界温度下加压或冷却而成为液态的物质。

与液化气海上运输有关的规则有《国际散装运输液化气体船舶构造和设备规则》（简称IGC 规则）《散装运输液化气体船舶构造和设备规则》（简称 GC 规则）及中国船级社《散装运输液化气体船舶构造与设备规范》（简称《液化气船规范》）。

根据上述规则，船运液化气的定义为"在 37.8 ℃时其蒸气的绝对压力超出 0.28 MPa的液体化学品。"

根据液化气的成分不同，主要分为液化石油气（liquefied petroleum gas，LPG）、液化天然气（liquefied nature gas，LPG）和液化化学气（liquefied chemical gas，LPG）。液化石油气和液化天然气的主要成分是碳氢化合物，其中，液化石油气是丙烷、丁烷及它们的混合物的总称，以丙烷为主；液化天然气的主要成分是甲烷，其他还有乙烷、丙烷、丁烷等。液化化学气的成分中除了碳氢化合物外，还有其他成分，例如氧化丙烯和聚氯乙烯单体等。液化化学气的大多数混合物是活性的。

根据液化气的沸点及临界温度不同又可分为高沸点液化气（指沸点不低于−10 ℃的物质）、中沸点液化气（指沸点在−10~−55 ℃，且临界温度在 45 ℃以上的物质）和低沸点液化气（指沸点低于−55 ℃，且临界温度低于 45 ℃的物质）三种。

液化气主要具有易燃易爆性、毒害性、腐蚀性、化学反应性和低温和压力危险性。其中低温和压力危险性是指液化气采用冷却或加压方式储运时，由于低温、高压及低压（与周围压力的压差）会造成对人员冻伤的危害，对船体、设备的脆性破坏，对液舱及其设备的破坏，危险物质的释放和反应造成的毒害或腐蚀以及对货物和船体发生的燃烧或危险反应。

二、液化气船的种类和货物围护系统

《IGC 规则》和《液化气船规范》规定：凡从事运输温度在 37.8 ℃时其蒸气绝对压力超过 0.28 MPa 的液化气体和它们的第十九章所列的其他货品的船舶为液化气体船（以下简称为液化气船）。

由于液化气具有上述危险特性，因此，以上两个规则对液化气船的结构和设备提出了内容基本相同的许多特殊要求。

液化气船的总体结构与散化船相似，其货物区域也是双层壳结构，艉机型，货舱与其他非货物舱室之间设有隔离舱。但由于其货物的特殊性，液化气船上必须设置的装置与散化船有所不同。液化气船上除了各液货舱独立的泵、管系、消防系统外，还设有远距离操纵装置用以遥控各种管系的阀门、泵等，设有测量仪器及监测装置用以测定液货舱的液面高度、压力和温度并监测各种设备的运转情况等。还设有许多安全设施，用于气体的检测、货舱的增压、货泵的自动应急止动等，低温式液化气船上还设有再液化装置等。

1.液化气船按危险程度分类

根据所运货物的危险程度可分为以下三种类型。

(1)IG 型船舶

这是适用于运输危险性最大的货品的液化气船。这种船舶结构要求能经受最严重的破损,基本同 I 型散化船。

(2)ⅡG 型和ⅡPG 型船舶

这是适用于运输危险性次于比型船舶运输的货品的液化气船,其结构要求基本同Ⅱ型散化船。其中ⅡPG 型船是指船长不超过 150 m 的具有 C 型独立液舱的船舶。

(3)ⅢG 型船舶

这是指适用于运输危险性最小的货品的液化气船。其货舱在船上的位置与ⅡG 型基本相同,但其船体结构经受破损的能力略低于ⅡG 型船。

2. 液化气船按液化方式的分类

根据其运输对象被液化的方式不同又可分为以下三种类型。

(1)压力式液化气船(又称全加压式液化气船)

这种船主要用于运输液化石油气和氨。它是将加压液化气装载于耐高压的容器(液舱)中,在常温下运输。其液舱为圆柱形或球形或具有纵隔壁的双圆柱形或三圆柱形。这种船舶的规模一般较小。

(2)低温式液化气船(又称全冷冻式液化气船)

这是在常压下将气体冷却至其沸点以下而使气体液化的运输船。这种船舶用于运输液化石油气时,其冷却温度为-55 ℃,用于运输乙烯时,其冷却温度为-104 ℃,用于运输液化天然气时,其冷却温度为-165 ℃。液舱形状为棱柱形或梯形。

(3)低温低压式液化气船(又称半冷冻式液化气船)

这种船是压力式和冷冻式两种方式的折中方案。即采用在一定压力下使气体冷却液化,一般,设计压力为 0.30~0.7 MPa,而冷却温度则随运输对象的不同而异,较多的是-10 ℃左右。这种船的液舱形状有圆柱形、圆锥形、球形和双凸轮形。

3. 液化气船的围护系统

液化气船的货物围护系统有五种类型,即整体液舱、薄膜液舱、半薄膜液舱、独立液舱、内部绝热液舱。下面分别做简要介绍。

(1)整体液舱

整体液舱定义同上节所述。其设计蒸气压力通常不应超过 0.025 MPa,船体构件尺度加大时,其最高值应小于 0.07 MPa。这种液舱一般不适于装运沸点低于-10 ℃的货品。

(2)薄膜液舱

它是非自身支持的液舱,由其邻接的船体结构通过绝热层支持的一层薄膜组成,其设计蒸气压力同整体液舱。薄膜厚度一般应不超过 10 mm。这种围护系统必须有完整的附属隔板(又称次屏蔽)(secondary birrer),以保证万一主液舱泄漏,其货物围护系统仍保持完整(图 7-18)。

(3)半薄膜液舱

这种液舱在空载时为自身支持,装载时由其相邻的船体结构通过绝热层支持。其液舱结构为单层,作用在主液舱壁上的液体和蒸气压力通过绝热层传递到内船壳。其设计蒸气压力同整体液舱(图 7-19)。

(4)独立液舱

其定义见上节所述。根据其设计蒸气压力的不同,分为 A 型独立液舱,B 型独立液舱和 C 型独立液舱三类。具体结构如图 7-20、图 7-21、图 7-22 所示。

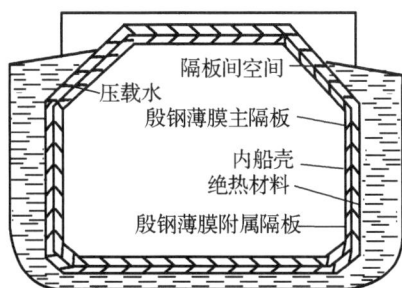

图 7-18　薄膜液舱

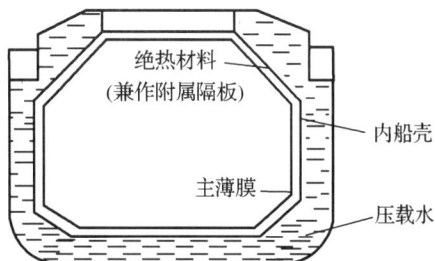

图 7-19　半薄膜液舱

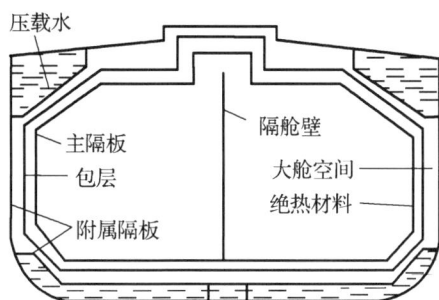

图 7-20　A 型独立液舱

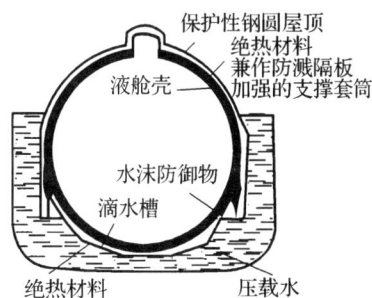

图 7-21　B 型独立液舱

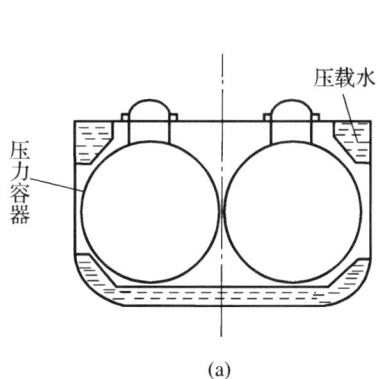

(a)

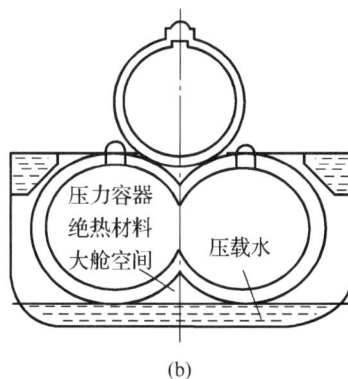

(b)

图 7-22　C 型独立液舱

（5）内部绝热液舱

它是非自身支持的液舱，由适合于货物围护的绝热材料组成，受其相邻的内层船体结构支持（设计蒸气压力小于 0.07 MPa），或受独立液舱支持（设计蒸气压力可以大于 0.07 MPa），绝热层的内表面直接与货物接触。这种系统已用于少数冷冻式液化石油气船上，但效果并不令人满意。

三、液化气船的装载要求及装卸安全注意事项

1. 货物主要提供完整资料

船舶承运液化气货物时，货主必须提供所托运货物的完整资料，包括货物名称、货物理

化特性说明书,构成货物危险特性的主要因素、泄漏时应采取的措施、防止人员意外接触的措施,消防程序及应使用的灭火材料以及其他特殊要求和内容等。

2. 做好货舱的准备工作

船舶受载前,必须对货舱进行以下特殊作业:

(1)惰化(inerting)

即用惰性气体置换货物系统中的空气或货物蒸气,降低货物系统中气体的含氧量,以防止货物气化过程中引起燃烧。惰化后一般要求货物系统中气体的含氧浓度(氧的体积分数)应不超过 5%。当然,不同货种的惰化要求也不同。

(2)除气(purging,gas freeing)

又称驱气。即装货前需用待装货物的蒸气置换货物系统中的惰气。

(3)预冷(cool down)

冷冻式液化气船上,在对货物系统进行除气后,货物装载前应先以缓慢的速度将低温的液货输入货物系统,使其在正式装货前达到并保持足够的低温,以防止装货初期货物急剧气化和结构材料产生过度的热应力。

3. 装卸货过程中的注意事项

(1)装货前应由货方人员在船方人员在场的情况下,检查液货舱(主要通过仪表)并获通过后才能装货。卸货前需经货方确认封舱符合要求才能启封并按规定的方法取样和确定货量,确认货物质量合格后才能开始卸货。

(2)装卸前,船岸双方应逐项填写船/岸安全检查表。

(3)装卸开始时应以低速进行(1 m/s 以下),确认输送系统工作正常后,才能逐渐加快直至达到允许的最大速度。为防止静电,正常流速限制在 3 m/s 以下。

(4)装卸过程中必须严密监视货舱液面和压力的变化,发现异常应及时查明原因并采取相应措施。

(5)装卸过程中,各种阀不能快速操作和闭锁,换舱时应先开空舱阀后关满舱阀,以防货管中产生过大的压力差和严重的水击现象。

(6)装货时应注意,相邻货舱的温差不能太大,陆罐送出的货温也不能过低(如丙烷不能低于−46 ℃,丁烷不能低于−7 ℃),否则应停止装货。

(7)如同一航次装载同一种货物,各舱可以同时装货,但近结束时,应使各舱的结束时间差开,并降低装货速度,以便逐舱结束装货。

(8)满舱时各舱装货量不能超过舱容的 98%;LNG 船满载时,各液舱应装至 90%～98%,不能低于 80%。装货结束时各舱应留出足够的空当,而且应考虑管道内的残液将送入液舱。

(9)卸货时应防止液舱产生负压和超压。

(10)装卸作业应在白天进行,装卸期间(显示国际信号"RY"旗)应禁止一切明火和进行其他作业并注意附近水域的安全,与其他船保持 30 m 以上距离。在恶劣天气时,如台风到来期间或风速大于 15 m/s,浪高大于 1.5 m 不允许靠泊。当风速超过 15 m/s、浪高超过 0.7 m 时,有雷电或附近有火灾时,应停止装卸。

(11)在装卸过程中必须注意人员的安全,操作人员必须穿戴防护服,遵守各项操作规程。

(12)船方应逐项检查并填写"船/岸安全检查项目表"中的 A 部分和 C 部分。

四、液化气船装货量的计算

液化气船液舱装货量的计算与油船装油量的计算原理是相同的,不同的是液化气在运输过程中,液舱内始终是液体和蒸气并存的,计量时不仅要计算舱内液体的重量,而且要计算舱内货物蒸气的重量,因为后者是货物的一部分。

具体的计算方法和步骤如下:

(1)测定舱内液体和蒸气空间的平均温度及蒸气压力(通过仪表读取)。

(2)测定舱内的空当高度(通过液位仪读取),并对其进行纵、横倾修正。

(3)根据修正后的空当高度查取液舱容量表,得到标定温度下的液体体积 V_t。

(4)测定舱内液体密度,根据密度换算表查得液货的标准密度。

(5)根据船舶资料查得液舱从标定温度至货液测定温度时的体积热修正系数 K_1(即货舱体胀缩修正中的冷缩系数);根据船舶资料查得液舱从标定温度至蒸气温度时的体积热修正系数 K_2;从货物计量表中得得货液从测定温度至标准温度时的体积温度系数 f。

(6)计算货液的标准体积 V_{15}:

$$V_{15} = V_t \cdot K_1 \cdot f \tag{7-38}$$

(7)计算货液的质量 M:

$$M = \rho_{15} \cdot V_{15} \tag{7-39}$$

(8)计算测定温度时的蒸气体积 V_{t1}:

$$V_{t1} = (V - V_t) \cdot K_2 \tag{7-40}$$

式中,V 为标定温度下液舱的容积,单位为 m^3。

(9)计算测定温度时蒸气空间的蒸气密度 ρ_{Vt}:

$$\rho_{Vt} = \frac{T_S}{T_V} \cdot \frac{P_V}{P_S} \cdot \frac{M_m}{I} \cdot \frac{1}{1\,000} \tag{7-41}$$

式中　T_S——标准温度,用绝对温标表示,即 $T_S = 288$ K;

P_V——蒸气空间的绝对压力,kPa;

P_S——标准压力,即 $P_S = 101.3$,kPa;

M_m——混合蒸气的摩尔质量,kg/mol;

I——混合蒸气的摩尔体积,m^3/mol,即在标准温度 288 K 和标准压力 101.3 kPa 时的数值;由于蒸气的质量在液货质量中所占比例很小,所以一般没有必要精确确定蒸气的 M_m 值,可以取液体和摩尔质量。

(10)计算蒸气质量 m:

$$m = V_{t1} \cdot \rho_{Vt}(t) \tag{7-42}$$

(11)计算货物总质量 M_T:

$$M_T = M + m \ (t) \tag{7-43}$$

(12)将货物质量换算成空气中的质量 Q:

$$Q = F \cdot M_T(t) \tag{7-44}$$

【项目实施】

<h2 style="text-align:center">任务一　散装固体货物积载图识读</h2>

一、训练目标与要求

能正确理解散装固体货物积载图中的各项内容及含义。

二、训练设备

散装固体货物积载图若干。

三、训练步骤

正确理解积载图中的各项内容(包括积载计划表的形成过程)和装载步骤。

<h2 style="text-align:center">任务二　散装谷物船积载计划的编制</h2>

一、训练目标与要求

根据航次货运任务、船舶资料、港口及航线情况,能正确确定出航次积载计划。

二、训练设备

船舶资料、装货清单、积载格式等;计算器、笔和纸等。

三、训练步骤

1. 拟定装载方案;

2. 确定部分装载舱的装舱深度;

3. 对所拟定装载方案进行稳性核算,若不满足要求则改变装载方案后再行校核;

4. 绘制积载图。

根据学生(员)的任务完成情况进行点评。

【扩展知识】

20万吨级散货船典型积载
(案例)

散货船积载——
配载图的制定
(案例)

散货船积载——
水尺检量单
(案例)

任务三　固体散装货物积载计划的编制

一、训练目标与要求

根据航次货运任务、船舶资料、港口以及航线情况,能够编制航次积载计划。

二、训练设备

船舶资料、航次任务、固体货物装载表、散装固体货物积载软件等。

三、训练步骤

1. 拟定装载方案;

2. 确定装货步骤与排水方案;

3. 填写航次积载计划表;

4. 绘制积载图。

根据学生(员)的任务完成情况进行点评。

【课后自测】

一、单项选择题

1. 散装谷物的_____特性对船舶稳性产生不利的影响。

A. 下沉性和吸附性　　　　　B. 散落性和吸湿性

C. 散落性和吸附性　　　　　D. 下沉性和散落性

2. 散粮船中,由于谷物移动引起的横倾角与_____无关。

A. GM　　　　　B. KG　　　　　C. 谷物种类　　　　　D. 排水量

3. 按照 1974 年《SOLAS》,对散粮船进行稳性校核时,若满载舱内谷物重心取在体积中心处,则_____。

A. $M'_H = 1.00\ M_H$　　　　　B. $M'_H = 1.06\ M_H$

C. $M'_H = 1.12\ M_H$　　　　　D. M'_H 与 M_H 无关

(M'_H——谷物移动倾侧总的体积矩;M_H——谷物移动横向体积矩)

4. 散粮船装载时,若为多头作业,则_____。

A. 必须隔舱装载　　　　　B. 可同时相邻装载

C. 应分 2~3 轮装满　　　　　D. A+C

5. 散装谷物验舱在国外一般由_____负责并出具证明。

A. 货主　　　　　　　　　B. 商品检验部门

C. 海事局　　　　　　　　D. 公证鉴定机构

6. 1974 年的《SOLAS》关于散粮船稳性的计算提出的谷物假定移动倾侧模型中规定,部分装载舱按谷面倾侧_____。经平舱的满载舱按谷面倾侧_____来计算谷物移动倾侧体积矩。

A. 12°;12°　　　　　B. 15°;15°

C. 15°;25°　　　　　D. 25°;15°

7. 某散粮船的第二舱(满舱),谷物重心取在舱容中心处,查得谷物移动体积力矩 1 665 m^4,谷物积载因数为 1.2 m^3/t,问该舱谷物横向移动倾侧力矩为_____ t·m。

A.1 387.5   B.1 470.8   C.1 554.0   D.0.0

8.下列_____不属于散装谷物船的止移装置。

A.止移板   B.立柱   C.拉索   D.漏斗

9.根据《BC规则》,固体散货分为以下几类_____。

(1)易流态化货物;(2)具有燃烧爆炸性的货物;(3)具有化学危险性的货物;(4)既不具有化学危险性又不易流态化的货物;(5)既有化学危险性又易流态化的货物。

A.(1)(3)(5)   B.(1)(3)(4)

C.(1)(3)(4)(5)   D.(1)(2)(3)(4)(5)

10.下列_____属于MHB货物。

(1)煤炭;(2)氟石;(3)铁精矿;(4)铜精矿;(5)生石灰;(6)鱼粉;(7)直接还原铁。

A.(1)(2)(3)(4)(5)(6)(7)   B.(1)(2)(4)(5)(7)

C.(1)(2)(5)(7)   D.(2)(4)(6)(7)

11._____不属于易流态化货物。

A.细颗粒矿粉   B.散装鱼   C.散装草泥   D.散装鱼粉

12.国际航运中,易流态化货物在船运时的含水量不得超过其_____。

A.8%   B.最大含水量

C.适运水分限   D.流动水分点

13.船运干精矿粉时,每天至少应测温_____次,发现货温升高应及时通风散热。

A.2   B.3   C.4   D.5

14.某矿石船卸货前的排水量和油水存有量分别是:卸前58 450 t,800 t;卸后7 300 t,1 000 t。则卸货量为_____t。

A.51 150   B.51 350   C.50 950   D.51 550

15.某轮第4舱舱长25 m,舱宽20 m,该轮夏季满载吃水为9.0 m,则该舱在装载固体散货时的最大重量为_____t。

A.4 050   B.4 250   C.4 950   D.4 500

16.在进行水尺检量时,为尽可能使结果准确,在计算吃水和排水量时应进行下列修正:_____。

(1)拱垂修正;(2)纵倾修正;(3)空当高度修正;(4)港水密度修正;(5)艏艉垂线修正。

A.(1)(3)(4)   B.(1)(2)(4)(5)

C.(1)(2)(3)(4)   D.(1)(2)(3)(4)(5)

17.石油及其制品的挥发性大小以_____衡量。

A.闪点   B.TLV   C.雷氏蒸气压   D.爆炸极限

18.某油舱舱容为5 000 m^3,预计航线最大温差为20 ℃,膨胀系数 $f=0.000\ 81$,则在装油时应留出的膨胀余量为_____m^3。

A.47   B.79   C.180   D.240

19.液舱测深孔在舱长中点后部,测深时船舶艉倾,则所测得的液面深度_____。

A.大于舱内液面的平均深度

B.小于舱内液面的平均深度

C.等于舱内液面的平均深度

D.与舱内液面平均深度的关系不能确定

20. 散装化学品装卸作业中,将无水气体或在大气压力下其露点为-40 ℃或更低的蒸气充入货物系统,称为_____。

A. 惰化法　　　　B. 隔绝法　　　　C. 干燥法　　　　D. 通风法

二、简答题

1. 改善散装谷物船稳性的措施有哪些?

2. 试论述水尺计量的原理,并说明计量过程中需要哪些修正。

3. 油量计量的步骤分别是什么?

项目八 集装箱船积载

【目标任务】

集装箱船运输是现代运输最为常见的运输方式之一。通过本项目的学习,应达到以下要求:

一、知识要求

1. 掌握集装箱船结构特点及积载特点;

2. 对积载图的正确理解与识读;

3. 了解集装箱船系固设备的使用。

二、能力要求

1. 能正确识读集装箱积载图;

2. 熟悉集装箱船积载;

3. 熟悉集装箱船系固设备的使用。

【相关知识】

集装箱是一种有 1 m³ 及以上容积,具有足够强度,便于反复周转使用的标准化运输设备或流动小货舱。集装箱运输是指把大小不一、包装多样、换装不便的货物装入标准化的大型集装箱,并将集装箱作为货运单元实现从一地的门(door)、货运站(container freight station,CFS)或堆场(container yard,CY)到另一地的门、货运站或堆场的一种现代化运输方式。它为实现货物运输和装卸的机械化、自动化创造了条件。

知识点 1 集装箱和集装箱船概述

集装箱和集装箱船概述（微课）

一、集装箱(container)

1. 集装箱国际标准

集装箱有国际标准、地区标准、国家标准、公司标准等几种。国际标准集装箱(简称标准集装箱)是指按国际标准化组织(ISO/TC104)制定的标准设计和制造的集装箱。表 8-1 列出的是几种标准集装箱的外部尺寸和总重量。

由表 8-1 可见,标准集装箱的宽度均为 8 ft,长度有 40 ft、30 ft、20 ft 和 10 ft 四种,高度有 9.5 ft、8.5 ft、8 ft 和小于 8 ft(表中未列出)的四种,其中后两种高度集装箱现已极为少见。目前海运中,最多采用的是 1AA(箱容系数约 2.433 m³/t)、1AAA(箱容系数约 2.654 m³/t)和 1CC(箱容系数约 1.493 m³/t)三种箱。据统计,目前国际流通的集装箱中按 TEU(twenty equivalent unit)计算,20 ft 箱约占总量的 48.5%,40 ft 箱约占总量的 49.7%。

表 8-1 部分标准集箱外部尺寸和总重

集装箱 名称	长度			宽度			高度			总重	
	mm	ft	in	mm	ft	in	mm	ft	in	kg	lb
1AAA	12 192	40	0	2 438	8	0	2 896	9	6	30 480	67 200
1AA	12 192	40	0	2 438	8	0	2 591	8	6	30 480	67 200
1A	12 192	40	0	2 438	8	0	2 438	8	0	30 480	67 200
1BBB	9 125	29	11.25	2 438	8	0	2 896	9	6	25 400	56 000
1BB	9 125	29	11.25	2 438	8	0	2 591	8	6	25 400	56 000
1B	9 125	29	11.25	2 438	8	0	2 438	8	0	25 400	56 000
1CC	6 058	19	10.50	2 438	8	0	2 591	8	6	24 000	52 920
1C	6 058	19	10.50	2 438	8	0	2 438	8	0	24 000	52 920
1D	2 991	9	9.75	2 438	8	0	2 438	8	0	10 160	22 400

2. 集装箱标志

为便于集装箱在国际运输中的识别、管理和交接,国际标准化组织制定了《集装箱的代码、识别和标记》国际标准。该标准自 1969 年制定以来已经过多次修改,最新版本是 1995 年 12 月通过并颁布实施的 ISO 6346—1995。该标准中规定了集装箱标记的内容,标记字体的尺寸、标记的位置等。集装箱标记分为必备标记和自选标记。

(1)必备标记

①集装箱箱号(Container No.)

按顺序由箱主代码(3 个大写拉丁字母)、设备识别代码(1 个大写拉丁字母)、顺序号(6 个阿拉伯数字)和核对数字(1 个阿拉伯数字)共 11 位代码组成,如"COSU 0012342"。其标记位置如图 8-1 中"1"所示。箱主代码是集装箱所有人向国际集装箱局登记注册的代码。如中远集团的箱主代码之一是"COS"。

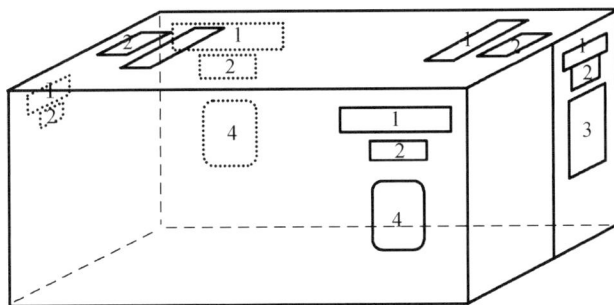

图 8-1 集装箱标志涂刷位置

设备识别代码规定:"U"表示集装箱;"J"表示集装箱所配备的挂装设备;"Z"表示集装箱专用车和底盘车。

顺序号用以区别同一箱主的不同集装箱。若顺序号不足 6 位数字,则前面以"0"补足,如"001234"。

核对数字是在集装箱的数据记录或计算机处理时用于验证集装箱箱号前十位代码是否正确的一位数字。按规定核对数字等于计算整数 N 除以模数 11 所得的个位余数。其中,计算整数 N 的确定方法是:首先,将集装箱箱号前 4 位字母 A~Z 与等效数字 10~38(扣除其中的 11,22,33)相对应;然后,以箱主代码和设备识别代码的对应等效数字与顺序数字(共 10 个)依次假设为 $X_0,X_1,\cdots,X_9$,则计算整数 N 是按下式计算的结果。

$$N=\sum_0^9 2^i \cdot X_i \tag{8-1}$$

例如,对应于集装箱箱号前十位代码"COSU 001234"的整数 N 为

$$N=2^0 \cdot 13+2^1 \cdot 26+2^2 \cdot 30+2^3 \cdot 32+2^4 \cdot 0+$$
$$2^5 \cdot 0+2^6 \cdot 1+2^7 \cdot 2+2^8 \cdot 3+2^9 \cdot 4=3\,577$$

将 N 除以模数 11 所得余数 2,就是核对数字。其完整的集装箱箱号即为"COSU 0012342"。在船舶有关单证或积载文件中,若遇到某箱集装箱箱号印制不清或同一箱在两处单据上的数据有差异时,即可按上述方法校核确认。

②额定重量和自重标记

标记位置如图 8-1 中"3"所注。额定重量实为最大总质量,简称总重,是集装箱设计的最大允许总质量。自重是集装箱空箱时的质量。这两项标记要求同时以千克(kg)和磅(lb)标示,如:

MAXGROSS	24 000	kg
	52 920	lb
TARE	2 300	kg
	5 070	lb

③超高标记

标记位置如图 8-1 中"4"所标注,标记如图 8-2 所示。凡箱高超过 2.6 m(8.5 ft)的集装箱必须标有超高标记,标记位置通常在集装箱的两侧,标志框内底色为黄色。

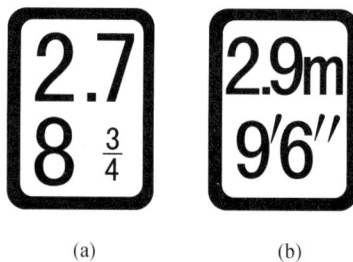

(a)　　　　　(b)

图 8-2　超高标记

④空陆水联运集装箱标记

如图 8-3 所示,此类集装箱设计了适合于空运的系固和装卸装置。因其设计强度较低,海上运输时这类箱禁止在甲板上堆装,但在舱内堆码时箱上最多允许堆装 1 层箱。在陆上堆码时,这类箱上规定最多允许堆装 2 层箱。

⑤登箱顶触电警告标记

如图 8-4 所示,一般标于罐式集装箱上。位于邻近登箱顶的扶梯处,以警告登箱顶者

有触电的危险。

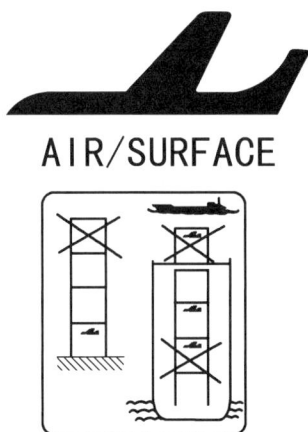

图 8-3　空陆水联运集装箱标记

图 8-4　登箱顶触电警告标记

（2）自选标记

①尺寸代码和类型代码（原国家或地区代码已被取消）

标记位置如图 8-1 中"2"所标注。尺寸和类型代码由 4 位数字和字母组成，前 2 位表示尺寸，后 2 位表示类型。尺寸代码中第一位表示箱长度（如"2"表示 20 ft 箱，"4"表示 40 ft 箱，"M"表示 48 ft 箱等），第二位表示箱的宽度和高度（如"2"表示宽 8 ft，高 8.5 ft 的箱；"5"表示宽 8 ft，高 9.5 ft 的箱）。类型代码分成总代码（type group code）和细代码（detailed type code）两种。总代码用于在集装箱特性尚不明确或不需要明确的场合。细代码用于对集装箱特性要有具体标示的场合。当然，在新出厂集装箱上必须标注细代码。例如，"GP"是无通风设备的通用箱总代码，而"G0"是该类中一端或两端开门箱的细代码。ISO 6346-1995 文件（附录 G 表 G-3 ~ 表 G-5）中提供了集装箱尺寸和集装箱类型代码资料。

②国际铁路联盟标记

凡符合《国际铁路联盟条例》规定的技术条件的集装箱可以获得此标记，如图 8-5 所示。

标记方框上部的"ic"表示国际铁路联盟（Union International des Chemise de Fer），标记方框下部的数字表示各铁路公司代码（33 是中华人民共和国铁路的代码）。

此外，《国际集装箱安全公约》（简称 CSC）要求主管部门对符合人身安全检验的集装箱加贴"CSC 安全合格"金属标牌。为确保集装箱对运输工具的安全，国际标准化组织要求检验机关（多为船舶检验机关）对符合该组织所制定标准并经试验合格的集装箱，在箱门处加贴该检验机关的检验合格

图 8-5　国际铁路联盟标记

徽记。《集装箱海关公约》（简称 CCC）要求经批准符合运输海关加封货物技术条件的集装箱增加标有"经批准作为海关加封货物运输"字样的金属标牌（常与"CSC 安全合格"金属标

牌合二为一),以便于集装箱进出各国国境时,不必开箱检查箱内货物,以加速集装箱的流通。对运往澳大利亚和新西兰的集装箱,还应增加表明集装箱所用的裸露木材已经免疫处理的"免疫牌"等。

3. 集装箱分类

为适应不同货物的装载要求,出现了多种类型的集装箱。集装箱按其用途可分为:

(1)杂货集装箱(dry cargo container)

杂货集装箱又称通用集装箱(图8-6),适合装载除散装液体货和需要调节温度货以外的各类杂货。据统计,世界上这类集装箱的数量约占集装箱总数量的85%。

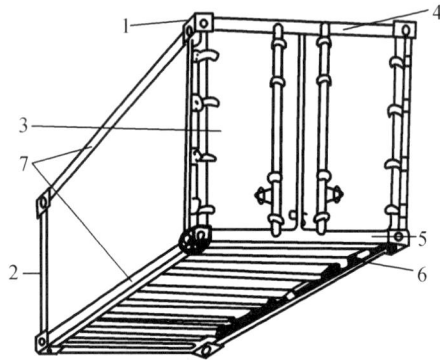

1—角件;2—角柱;3—端门; 4—门楣;5—槛;
6—底梁;7—上、下侧。

图8-6　杂货集装箱

(2)敞顶式集装箱(open top container)

此类箱箱顶采用可折叠式或可拆式顶梁作支撑由帆布、塑料布或涂塑布组成的可拆卸顶篷,适合装载超高货物,或需要从箱顶部吊入箱内的如玻璃板、钢制品、机械类等重大件货物。此类箱的防水性较差。

(3)通风集装箱(ventilated container)

此类箱的侧壁或端壁设置4~6个装有铅丝网罩,箱外部可以开闭操作的通风口,适合装载不需冷藏而需通风的水果、蔬菜、兽皮等货物。

(4)台架式集装箱和平台式集装箱(platform based container & platform container)

前者指箱体设有能承受载荷的四个角柱,但箱顶、侧壁和(或)端壁可以拆除或根本不设的一种非水密型集装箱(图8-7),适合装载一定限度超标准箱尺度的货物、钢材、木材、机械设备等。后者指在台架集装箱上再简化,四个角柱被去除或可折叠,主要由具有较强承载能力(有些40 ft平台式箱的额定总承载量达54 t)的下底板组成的特殊集装箱。在集装箱船的舱面上,若将多个平台式集装箱组成一个大平台,适合装载重大件货物。

(5)冷藏集装箱(reefer container)

冷藏集装箱指箱体内设冷冻机,能使箱内温度保持在−25~25 ℃间某一指定温度的一种绝热集装箱,有20 ft箱也有40 ft箱。其多数装船后需要船舶提供电源,但也有可自行发电制冷的冷藏箱,适合于装载要求保持一定温度的冷冻货或低温货,如鱼、肉、新鲜水果、蔬菜、某些化工品或危险品等。世界上流通的冷藏集装箱约占箱总量的4%。

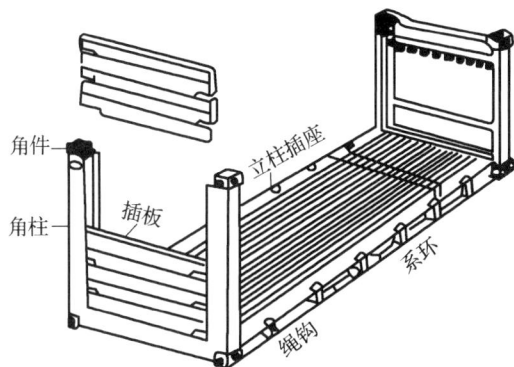

图 8-7　台架式集装箱

（6）干散货集装箱（bulk container）

箱顶设有带水密盖子的 2~3 个装货口，端壁下部设有两个卸货口，适合于装载大豆、面粉、水泥、矿砂等固体散货。

（7）罐式集装箱（tank container）

主要由罐体和箱体框架两部分构件组成。罐体为圆柱或椭圆体，箱体框架为箱形。罐顶设有带水密盖子的装货口，罐底设有排出阀。此类集装箱适合于装载酒类、油类、化学品等液体货。

（8）动物集装箱（pen container）

在箱一侧设有大尺度的提升窗，侧壁下方设有清扫口和排水口，箱体多采用易于清扫的玻璃钢制成，堆码强度低于国际标准，其上不允许其他箱体堆装。此类集装箱适合于装载鸡、鸭、鹅等活家禽和牛、马、羊等活家畜。

集装箱除按用途分类外，还可按集装箱主体部件使用材料分为钢集装箱、铝合金集装箱、玻璃钢集装箱和不锈钢集装箱四种；按集装箱结构，又可分为内柱式和外柱式集装箱、折叠式和固定式集装箱、预制件式和薄壳式集装箱。

二、集装箱船舶

1. 集装箱船舶特点

（1）单层甲板，宽舱口，舱口与货舱同宽

国际标准集装箱的强度设计要求达到其上能承受堆码 8 层满载箱的负荷。目前大型集装箱船的舱内设计最多堆码 9 层。因此，集装箱船货舱目前还没有必要设置多层甲板来减小上层箱对下层箱的负荷量。船舶舱口一般达船宽的 70%~90%，目前，6 000 TEU 集装箱船的船舱内最多横向为 15 列，舱面为 17 列。集装箱船舱口与货舱同宽的设计能保证舱内装载的每一集装箱无须横移，均能被直接吊进或吊出货舱。

（2）舱内设有固定的箱格导轨，舱面设有集装箱系固设备

为方便装卸和防止船舶摇摆运动引起集装箱发生移位，集装箱船在舱内设计了由角钢立柱、水平桁材和导箱轨组成的箱格导轨（图 8-8）。装卸时，集装箱自动吊具可通过导箱轨顶端的喇叭口形的导槽，顺着导箱轨进出货舱。显然，装入与舱内箱格导轨角钢立柱的间距相同长度的集装箱，就无须任何系固。集装箱船舱面通常设有整套系固设备，如扭锁、桥锁、锥板、绑扎装置等。装载于舱面的集装箱目前通常是靠人工方法进行系固。目前不

少新型集装箱船在舱面设置了一定高度的箱格导轨,以减少舱面集装箱系固的作业数量。

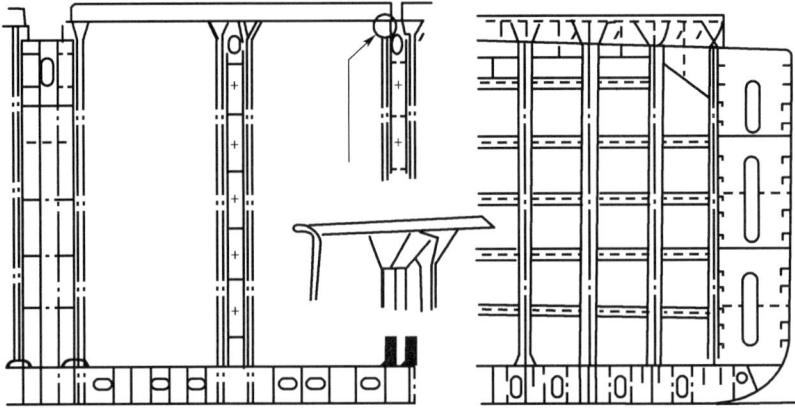

图 8-8　集装箱船舱内箱格导轨

(3)采用双层船壳结构,设置有大容量压载水舱

为弥补单层甲板和长大货舱开口设计对船体结构强度的不利影响,集装箱船体通常采用双重侧壁、双重横舱壁和双层底的双层船壳结构,以增加船体强度。双层船壳结构同时为船舶提供了大量的液体舱室。这些舱室除用作燃油、淡水舱外,大量用作压载水舱(约占船舶夏季总载重量的30%),以适应船舶空载或舱面装载大量集装箱时调整船舶重心高度的需要。

(4)采用艉机型或舯后机型

这种布置主要为提高船舶的舱位利用率,即在船体形状变化较大部位布置机舱,就能在船体中部形状变化较小的部位安排更多的集装箱箱位。

2. 集装箱船箱位编号

为准确地表示每一集装箱在船上的装箱位置,以便于计算机管理和有关人员正确辨认,集装箱船上每一装箱位置均应按国际统一的代码编号方法表示。目前集装箱船箱位代码编号是采用 ISO 9711－1:1990 标准。它是以集装箱在船上呈纵向布置为前提,每一箱位坐标以 6 位数字表示。其中最前 2 位表示行号(或称为"排号"),中间 2 位表示列号,最后 2 位表示层号。行号、列号和层号的每组代码不足 10 者在前一位置 0。

(1)行号(Bay No.)

行号作为集装箱箱位的纵向坐标。自船首向船尾,装 20 ft 箱位上依次以 01,03,05,07,…奇数表示。当纵向 2 个连续 20 ft 箱位上被用于装载 40 ft 集装箱时,则该 40 ft 集装箱的行号以介于所占的 2 个 20 ft 箱位奇数行号之间的一个偶数表示。例如,在船舶的 03 行上装载某一 20 ft 集装箱时,则该箱的行号即为 03;若在 03 和 05 两个行上装载某一 40 ft 集装箱时,则该箱的行号就以介于 03 和 05 之间的 04 这一偶数作为其行号。

(2)列号(Row No. or Slot No.)

列号作为集装箱箱位的横向坐标。以船舶纵中剖面为基准,自船舯向右舷以 01,03,05,07,…奇数表示,向左舷以 02,04,06,08,…偶数表示。若船舶纵中剖面上存在一列,则该列列号取为 00。

（3）层号（Tier No.）

层号作为集装箱箱位的垂向坐标。舱内以全船最低层作为起始层，自下而上以02,04,06,08,…偶数表示。舱面也以全船最低层作为起始层，自下而上以82,84,86,88,…偶数表示。舱内和舱面非全船最低层的层号，大致上以距船舶基线高度相同、层号相同为原则确定。

显然，全船每一装箱位置，都对应于唯一的以6位数字表示的箱位坐标；反之，一定范围内的某一箱位坐标，必定对应于船上一个特定而唯一的装箱位置。例如，某一集装箱的箱位号为"080382"，则由此即能判断：该箱必定为40 ft箱，纵向位于自船首起的第4和第5（行号07和09）2个20 ft箱位上，横向位于自船纵中剖面起向右舷的第2列上，垂向位于舱面的最下层。

知识点2　集装箱船配积载与装运特点

一、充分利用船舶的装箱容量和净载重量

在集装箱箱源充足的条件下，提高集装箱船的箱位利用率，充分利用集装箱船的净载重量，是提高集装箱船营运经济效益的重要途径。

1.提高集装箱船的箱位利用率

（1）集装箱船舶的装箱容量指标

与编制杂货船积载计划相类似，当航次箱源较多时，校核集装箱船的装箱容量与航次订舱单所列的集装箱数量是否相适应，是编制集装箱船预配积载计划第一步中的一项重要内容。表征集装箱船装箱容量大小的指标包括：

①换算箱容量

换算箱容量指船舶所能承运各类国际标准集装箱的最大换算箱容量（TEU）。这是一项表征集装箱船规模的重要指标。

②20 ft箱容量

20 ft箱容量指集装箱船所能承运20 ft箱的最大箱位数（TEU），通常不等于船舶的标准箱容量，这是因为许多集装箱船上都设计有一些仅适合装载40 ft集装箱的箱位FEU（forty equivalent unit缩写）。

③40 ft箱容量

40 ft箱容量指集装箱船所能承运40 ft箱的最大箱位数（FEU）。它并非是船舶标准箱容量的一半。这是因为集装箱船每个货舱长度往往难以都被设计成安排40 ft箱位所需长度的整数倍。

④特殊箱容量

船舶承运如危险品箱、冷藏箱、非标准箱、平台箱等特殊箱数量的最大限额（TEU），即为特殊箱容量。

集装箱船的危险品箱装载容量有一定限制。同一船舶常常有些货舱的设计决定了不容许装载任何危险品箱，另一些货舱的设计则仅限于装载《国际危规》定义的某几类危险品箱。因此，在为集装箱船选配仅限于舱内积载的危险品集装箱时，必须考虑船舶的这一限制条件。

冷藏集装箱装船后多数需要船舶电站连续提供电源。受船舶电站容量和电源插座位置的限制，每一集装箱船所能承运的冷藏箱最大数量和装箱位置通常是确定的。

集装箱船
配积载与
装运特点
（微课）

⑤巴拿马运河箱容量

巴拿马运河当局规定,过运河的任何船舶不得因舱面堆装的货物而阻挡驾驶台的瞭望视线。这样,多数集装箱船的舱面前部有不少箱位将阻挡驾驶台的瞭望视线,因而,过运河前这些箱位将不得使用,从而使船舶的装箱容量减少。

(2)提高集装箱船的箱位利用率的主要途径

①集装箱船预配时,如船舶某离港状态箱源数量接近船舶标准箱容量时,应当注意核对订舱单上该离港状态的20 ft箱数量和40 ft箱数量与船舶20 ft箱容量和40 ft箱容量相适应,以提高船舶的箱位利用率。

②为提高在中途港承载该港以后卸港的集装箱承载能力,减少或避免集装箱的捣箱数量,在箱位选配时,应尽量保持不同卸港集装箱垂向选配箱位和卸箱通道各自独立。

③当需由船舶供电制冷的冷藏集装箱的数量超过船舶额定冷藏集装箱容量时,其超出船舶供电容量的冷藏箱应改换成能自行发电制冷的冷藏箱;或者船上配备一定数量的定时器,其作用是实现在一定时间间隔内自动交替向其连接的两个冷藏箱之一提供电源;或者根据装箱港条件,超容量冷藏箱数量,船舶装载状况等资料进行经济论证,以确定能否承租载于舱面的流动电站集装箱,用以向超容量冷藏集装箱提供电源,以提高船舶承载冷藏集装箱的能力。

④在装箱港箱源充足的条件下,选配特殊箱箱位时,应当尽量减少承运这类货箱引起的箱位损失数量,例如,在条件许可时,可以将原安排于舱内占用垂向两个箱位的超高集装箱,选配于舱面的顶层,以减少舱内箱位的损失。

2. 充分利用集装箱船的净载重量

当航次承运的集装箱总重量较大或船舶吃水受航线水深限制时,校核航次订舱单所列的集装箱总重量与集装箱船的净载重量是否相适应,是编制集装箱船预配计划第一步中的另一项重要内容。集装箱船的净载重量 NDW 计算式为

$$NDW = DW - \sum G - C - B \text{ (t)} \tag{8-2}$$

式中,B 是为满足船舶稳性要求而必须打入的压载水重量。

在集装箱船预配时,准确地估计所需打入压载水的重量,需要一定的积载经验。在缺乏经验时,可以参考船舶的《稳性报告书》或借助装载计算机进行估算。集装箱船 NDW 计算式中的船舶常数 C 通常较大,这是因为 C 中包括了船舶所有非固定系固设备的重量。

集装箱船在箱位接近装满时,船舶重心往往很高。此时,为降低船舶重心高度获得适度稳性,就需要在压载舱内打入大量压载水,这样使船舶净载重量大幅减少。因此,努力提高集装箱船配积载计划的编制水平,合理确定不同卸港轻重集装箱在舱内和舱面的配箱比例,减少用于降低船舶重心所需打入的压载水重量,是增加集装箱船净载重量的主要措施。

二、满足集装箱船的稳性要求

集装箱船由于要求舱形方整,使船舶容积的利用率降低。为提高装箱能力,集装箱船通常将占总量 1/3~1/2 的箱位安排于舱面。这将引起船舶重心上升,水线以上受风面积增大,对船舶稳性不利。因此,营运中的集装箱船除必须具有足够的稳性外,又不宜使其初稳性高度过大,以免船舶剧烈摇摆使集装箱所受惯性力过大而对系固设备产生不利的影响。

1. 我国《法定规则》的特殊稳性标准要求

我国《法定规则》对装载集装箱的专用和非专用船舶,除要求其满足对普通船舶稳性的各项基本标准指标要求外,还提出了两项稳性的特殊标准指标要求:

（1）经自由液面修正后初稳性高度 GM 应不小于 0.30 m；

（2）船舶在横风作用下从复原力臂曲线上求得的静倾角应不大于 1/2 上层连续甲板边缘入水角，且不超过 12°。

《法定规则》对这类船舶在稳性计算时提出了三项规定：

（1）计算船舶稳性时，每一集装箱重心垂向位置应取在集装箱高度的一半处；

（2）计算稳性特殊标准指标时所使用的横风风压倾侧力臂，取在计算稳性标准数 K 时所确定值的 1/2，且假定其不随船舶横倾而变化；

（3）计算复原力臂曲线时，不计入舱面集装箱浮力的影响。

除《法定规则》外，我国中远集团对所属集装箱船经自由液面修正后的初稳性高度最低要求值为 0.60 m，高于《法定规则》要求。

2.《IMO 稳性规则》的特殊稳性标准要求

《IMO 稳性规则》即"IMO 关于适合各种类型船舶的完整稳性规则（A.749(18)）"对于船长大于 100 m 的集装箱船和其他具有可观外漂或大的水线面面积的货船，建议采用下列 6 项完整稳性的标准要求，以代替《IMO 稳性规则》对各种类型船舶完整稳性基本标准要求中除天气标准以外的前 6 项要求：

（1）复原力臂曲线在横倾角 0°～30°之间所围面积不应小于 0.009/C（m·rad）（C 为船体形状因数，其计算后述）；

（2）复原力臂曲线在横倾角 0°～40°或进水角 θ_f 中较小者之间所围面积应不小于 0.016/C（m·rad）；

（3）复原力臂曲线在横倾角 30°～40°或进水角 θ_f 中较小者所围面积应不小于 0.006/C（m·rad）；

（4）复原力臂在横倾角 30°处的值应大于或等于 0.033/C（m）；

（5）最大复原力臂应大于或等于 0.042/C（m）；

（6）复原力臂曲线在横倾角 0°～进水角 θ_f 之间所围面积不应小于 0.029/C（m·rad），即

上述标准中的船体形状因数 C 的计算，规定按下列公式求取，即

$$C = \frac{d \cdot D'}{B_h^2} \sqrt{\frac{d}{KG}} \cdot \left(\frac{C_B}{C_W}\right)^2 \cdot \sqrt{\frac{100}{L}} \tag{8-3}$$

式中　d——平均吃水，m；

　　　L——船舶两柱间长，m；

　　　B_h——船中剖面 $d/2$ 吃水处的船宽，m；

　　　KG——船舶重心距基线距离，不应小于 d；

　　　C_B——方形系数；

　　　C_W——水线面系数。

$$D' = D + h \frac{2b - B_D}{B_D} \cdot \frac{2 \sum L_H}{L} \tag{8-4}$$

式中　h——船舶舱口围高度，m；

　　　b——船舶中部货舱舱口宽度，m；

　　　D——船舶型深，m；

B_D——船中剖面上甲板左边缘与右边缘之间的水平距离,m;

$\sum L_H$——船舶 $L/2$ 船中处向前 $L/4$ 和向后 $L/4$ 之间船长段货舱舱口长度之和,m。

保证集装箱船适度稳性的方法是:控制舱内和舱面所装集装箱的重量处于合适的比例范围内。对于不同船舶和同一船舶在不同排水量条件下,这一合适比例是不同的,可以通过计算或长期配积载实践的资料积累获得。例如,全集装箱船在满载状态下,舱内装箱的总重量通常取全船装箱总重量的 60%或以上。

三、合理确定各类集装箱箱位

编制集装箱船配积载计划时,首先需要熟悉航次箱源的挂港数量、平均箱重、特殊集装箱对运输的要求等;随后总体上划定各挂港集装箱在船上的装箱区域;最后按"特殊箱先配,普通箱后配,后到港箱先配,先到港箱后配,下重上轻、下强上弱"的原则,逐一为每一待装集装箱选定合理的具体箱位。

1. 特殊集装箱的箱位选配原则

(1)危险品集装箱的箱位选配

①危险品集装箱之间的隔离

根据箱内所装危险货物的正确学名或联合国编号,查《国际危规》确定其所属危险品类别号,并由类别号查《国际危规》中包装危险品的隔离表 6-10 确定其隔离等级,然后,按照《国际危规》规定的危险品集装箱的隔离表 8-2 确定不同危险品集装箱之间的具体隔离要求。

表 8-2 中,"封闭式"是指封闭式集装箱,意为采用永久性的结构将内装货物全部封装在内的集装箱。它不包括具有纤维质周边或顶部的集装箱。"开敞式"是指开敞式集装箱,意为非封闭式集装箱。"一个箱位"是指前后不小于 6 m,左右不小于 2.4 m 的空间。

②危险品集装箱与包装危险货物之间的隔离

《国际危规》规定:包装危险货物与开敞式危险品集装箱之间的隔离,应遵照包装危险货物之间的隔离表 6-10 要求执行;包装危险货物与封闭式危险品集装箱之间的隔离除下列情况外,仍遵照包装危险货物之间的隔离表要求执行:

a. 要求"远离"时,包装危险货物与封闭式危险品箱之间无隔离要求;

b. 要求"隔离"时,包装危险货物与封闭式危险品箱之间按包装危险货物隔离表中的"远离"要求执行。

③危险品集装箱的舱位选配

舱面承运危险品集装箱的特点:运输中观察方便;通风条件良好,箱内若有有毒气体逸出时易于被驱散;若装载腐蚀品的集装箱有渗漏时,危害较小而且处置方便;遇危急时,有可能打开箱门采取抛货措施。

舱内承运危险品集装箱的特点:遮蔽条件好,不会受到海浪冲击;环境温度较低而且相对稳定;航行途中遇火灾时,可施放 CO_2 扑灭。

《国际危规》规定:装有可挥发易燃蒸气危险货物的封闭式或开敞式集装箱如果选配于舱内,那么,不应与可能提供火源的冷藏或加热集装箱装在同一舱室中;如果选配于舱面,那么,这类封闭式箱在纵向和横向都应与这些可能的火源保持至少不小于 4.80 m 距离,这类开敞式箱与这些可能的火源应"隔离一整个舱室或货舱"的距离。装有海洋污染物的集装箱,应尽可能选配于舱内;若只限于舱面装载时,则应优先选配于舱面防护或遮蔽条件良好的处所。

装有第 4.3 类遇水放出易燃气体物质和有温度控制要求的危险品集装箱,其选配的箱位应能避免受阳光直射,能保持阴凉,温差变化较小和不易受上浪海水冲击。

装有"如有可能卷入火灾,应将货物投弃"这类消防建议货物的集装箱,当数量相当多时,应尽可能远离居住处所和驾驶区域;当数量较少时,应尽可能选装于舱面,且其箱门应在易于被打开的位置,以便于遇危险时用人力将包件从集装箱中取出并加以投弃。

(2)冷藏集装箱的箱位选配

此类箱多数由于在其箱位附近需要设置外接电源插座和监控插座,因此,船舶所能提供的此类箱位和数量是确定的,通常位于舱面船中和船后部,且避开船舶左右舷最外一列箱位的下面几层。具体箱位可以查阅船舶资料确定。在此类箱位的船舷外侧应当选配几层通用集装箱作遮挡,以防止冲上甲板的海浪对冷藏箱制冷设备的冲击。

(3)超高集装箱的箱位选配

集装箱船货舱的有效高度多按 8.5 ft(趋向于按 9.5 ft)箱高的整数倍再加少许余量设计。因此,舱内选配超高集装箱时,应当校核该处箱体总高度是否小于货舱的有效高度。若超过时,则应相应减少其装箱层数。软顶超高箱防水性较差应尽量选配于舱内,这类箱如果箱内货物堆装高度超过集装箱角件的高度时,那么无论选配于舱内或舱面,其箱顶部都不宜堆装任何其他集装箱而必须选配于最上一层。

表 8-2 危险货物集装箱的隔离表

隔离要求	垂直				水平						
	封闭式与封闭式	封闭式与开敞式	开敞式与开敞式		封闭式与封闭式		封闭式与开敞式		开敞式与开敞式	
					舱面	舱内	舱面	舱内	舱面	舱内
"远离"1	允许一个装于另一个上面	允许敞式装于封闭式上面,否则按开敞式和开敞式的要求装载	除非以一层甲板隔离,否则不允许装于同一垂直线上①	艏艉向	无限制	无限制	无限制	无限制	一个箱位	一个箱位或隔一个舱壁
				横向	无限制	无限制	无限制	无限制	一个箱位	一个箱位
"隔离"2	除非以一层甲板隔离,否则不允许装于同一垂直线上①	按开敞式与开敞式的要求装载		艏艉向	一个箱位	一个箱位或隔一个舱壁	一个箱位	一个箱位或隔一个舱壁	一个箱位②	隔一个舱壁
				横向	一个箱位	一个箱位	一个箱位	两个箱位	两个箱位②	隔一个舱壁
"用一整个舱室或货				艏艉向	一个箱位②	一隔一个舱壁	一个箱位②	隔一个舱壁	两个箱位②	隔两个舱壁

表 8-2(续)

隔离要求	垂直				水平					
	封闭式与封闭式	封闭式与开敞式	开敞式与开敞式		封闭式与封闭式		封闭式与开敞式		开敞式与开敞式	
					舱面	舱内	舱面	舱内	舱面	舱内
舱隔离"3				横向	两箱位②	隔一个舱壁	两个箱位②	隔一个舱壁	三个箱位②	隔两个舱壁
"用一介于中间的整个舱室或货舱作纵向隔离"4	禁止			艏艉向	最小水平距离24 m②	隔一个舱壁并且最小水平距离不小于24 m③	最小水平距离24 m②	隔两个舱壁	最小水平距离24 m②	隔两个舱壁
				横向	禁止	禁止	禁止	禁止	禁止	禁止

注:所有舱壁和甲板均应是防火防液的;

①对于无舱盖集装箱货船,《国际危规》定义为"不允许在同一垂线上";

②对于无舱盖集装箱货船,《国际危规》定义为"一个箱位且不在同一货舱上";

③集装箱距离中间舱壁不少于6.0 m。

(4)超长集装箱的箱位选配

对于舱内设置固定箱格导轨的集装箱船,因舱内每一箱格通常设有横向构件,无法装载超过箱格长度的超长箱。因此,20 ft 的超长箱可以选配于舱内 40 ft 箱位,但 40 ft 的超长箱通常只能配于舱面。

(5)超宽集装箱的箱位选配

此类箱可以选配于舱面,能否装于舱内,取决于货舱的箱格结构和入口导槽的形状和尺寸。一般,对于中部超宽,两端 50 cm 范围内不超宽的集装箱,可以选配于舱内;但对于货舱箱格结构之间设有纵向构件的集装箱船,则舱内不能装载此类箱。无论舱内或舱面,当超宽箱的超宽尺度小于该行与相邻列位之间的空隙时,则该超宽箱不占相邻箱位;反之,箱内超宽货物将伸至相邻箱格中,相邻箱位必须留出空位。

(6)通风集装箱的箱位选配

为便于箱内货物的自然通风和监控,此类箱通常应选配于舱面,而且应当选择能避开冲上甲板的海浪并经通风口灌入箱内的箱位。对于装载兽皮的通风集装箱,为避免箱内温度过高引起货物腐败变质,应避免选配于受阳光直射的甲板最上一层。

(7)动物集装箱的箱位选配

此类箱因耐压强度较弱,其上通常不得堆装其他货箱。应选配于通风良好的舱面,但为减少风浪的袭击,周围须以其他货箱作遮蔽,也可以将饲料箱选配于动物箱的两侧。此外,所选的箱位还应满足供水方便,周围留有便于在航行中清扫和喂料的通道,而且能最后装最先卸和不妨碍其他集装箱作业的要求。

2. 普通集装箱的箱位选配原则

(1)垂向箱位选配

重箱、强结构箱应配于下层,轻箱、弱结构箱应配于上层,舱面应尽量选配新箱、强结构箱,舱内多配旧箱、弱结构箱。

40 ft 箱上面不得配装非 40 ft 箱(主要是 20 ft 箱),否则会造成被压的 40 ft 箱顶板和上侧梁等结构受损。纵向两个高度不同的 20 ft 箱之上除非增设高度补偿器,否则仅在两个箱的角件处于同一水平面时才能配装 40 ft 集装箱。

满足集装箱船的局部强度(堆积负荷)要求。在集装箱船的资料中均提供有舱面和舱内设计的每一堆装集装箱的四个底座上最大允许负荷量数据。因此,在确定集装箱垂向箱位时,应当满足每叠集装箱总重不得超过集装箱船装箱底座的最大允许负荷量要求。

确定集装箱垂向箱位时,应当注意控制舱内和舱面所配集装箱重量的合适比例,以保证船舶的稳性处于适度的范围内。

箱内装载易出"汗水"或有温度控制要求货物的集装箱,应选配于温度较稳定的舱内箱位。如必须配于舱面,则应尽量避免选配于温差变化较大的上甲板顶层箱位。

由于有些运河当局制定的船舶过运河收费规则规定,集装箱船通过运河将随船舶舱面集装箱堆装最高层数的不同加收一定百分比的额外运河通航费。因此,集装箱船在通过这类运河前,应适当考虑过运河的特殊收费规定,在可能的条件下,采取措施以减少运河通航费的支出。

(2)纵向箱位选配

纵向箱位选配应当满足船舶的纵强度条件和适当的吃水差要求。当船舶资料中提供有最佳纵倾数据时,则应尽量调整船舶的纵倾至推荐的最佳状态。此外,还应当兼顾满足集装箱的快速装卸要求。为保证驾驶员具有良好的瞭望视线,舱面驾驶台前部集装箱的堆装层数,要求满足 IMO 的 A(17)708 文件规定,即船舶驾驶台瞭望盲区不得超过 2 倍船长。

(3)横向箱位选配

横向箱位选配应尽量保证各卸箱港集装箱在每一行(排)位上集装箱重量对船舶中纵剖面的力矩代数和接近于零,以满足船体扭转强度不受损伤以及船舶在每一离港状态下无初始横倾角的要求。对于舱面无箱格导轨的集装箱船,在舱面无外层堆码或两列箱横向空间较大(特别是超过 5 m),即受风压影响的集装箱箱位,应选配轻箱(特别是上层箱位),并尽可能选配 20 ft 集装箱(所受风压约为 40 ft 箱的一半),这样,在同样系固条件下,能增加这类箱位所装箱的系固可靠性。

四、满足集装箱装卸顺序和快速装卸的要求

集装箱船多以班轮形式投入营运,中途常有一个以上挂港,港口常常多线作业,装卸同时进行,港口作业机械效率很高,船舶在港停泊时间短。因此,合理选配箱位,满足集装箱装卸顺序和快速装卸要求,对确保船舶安全准班,减少不必要的港口费用支出具有重要意义。

1. 避免或尽量减少中途港发生捣箱现象

编制集装箱船预配积载计划时,要有全航线的整体观念,要对船舶在整个航线的挂港顺序和各挂港的箱源情况进行综合考虑。应当避免后卸港集装箱压住先卸港箱或堵住先卸港箱卸箱通道的现象出现,否则将产生捣箱现象。应当特别注意的是,有些航线上同船运输的相同卸箱港集装箱,因港内有多个卸箱泊位或采用不同的卸箱方式(如一部分特定箱采用码头卸箱,而另一部分箱采用锚地驳卸),如不留意也会出现捣箱现象。为避免或尽量减少中途港发生捣箱现象,应当注意集装箱船舶的舱盖形式和一些港口的特殊规定对不同卸港集装箱箱位选配的影响。

集装箱船有多种舱盖形式,甚至一艘集装箱船的不同货舱,有时也采用不同的舱盖形式,应当根据不同舱盖形式正确确定舱内和舱面不同卸港集装箱的合理箱位,以避免发生捣箱现象。如图 8-9 所示为某集装箱船第 25 行的行箱位图。该舱舱盖形式是在纵向一个 40 ft 箱位行上,横向设计 3 块可被独立吊至岸上的箱型舱盖。如果在该舱全部承载 40 ft 集装箱,则这 3 块舱盖相当于将一个舱分为无纵隔壁的 3 个小舱,左舷小舱占 04,06,08 三列,中间小舱占 02,00,01 三列,右舷小舱占 03,05,07 三列。若设 A,B 为某航次任意两个卸箱港港名缩写,则该行箱位上较合理的箱位选配方案之一是:舱内中间小舱选配 A 港箱,舱内左右两个小舱选配 B 港箱,舱盖上 01 和 02 列上只能选配 A 卸港或先于 A 卸港的集装箱,舱盖上 05~12 列上只能选配 B 卸港或先于 B 卸港的集装箱,而舱盖上 03 和 04 列上只能选配 A,B 中的先卸港或先于 A,B 卸港的集装箱。

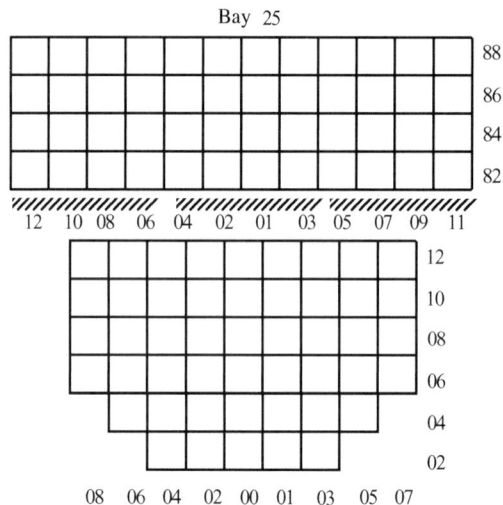

图 8-9　某集装箱船第 25 行行箱位图

目前,无舱盖集装箱船已投入使用,这类船舶中部多个舱设计成无舱盖形式,并将舱内箱格导轨延伸到舱面。它不但可以省去舱面集装箱的系固作业,而且为彻底避免出现捣箱现象提供了有利的条件。

国际上有些港口制定的港内危险品装卸和过境管理特殊规则,对不同到港危险品集装箱的箱位选配也有影响。例如,新加坡当局规定,凡装载当局规定的一级危险品货物(包括集装箱)的船舶,必须先在规定锚地将这类危险品过驳后,才准许靠码头作业。若这类危险品属于过境性质,则需要等船舶靠泊作业完毕后,再驶回锚地重新将暂存的危险品装船。这就要求装有当局规定的一级危险品箱驶往新加坡且必须靠泊作业的船舶,对这类无论卸港是新加坡还是过境的危险品箱,都必须选配于抵港后能一次卸载的箱位上,以免引起捣箱。

2.尽力满足快速装卸要求

集装箱船舶的装卸作业多采用岸上高效的集装箱装卸桥。大型集装箱船有时采用多达5台以上装卸桥同时并排作业。但由于装卸桥的结构原因,使得两台装卸桥不容许紧靠在一起作业,必须至少纵向间隔一个40 ft行箱位。因此,在集装箱箱位选配时,应当考虑这一因素,以满足其快速装卸要求。

当船舶在港作业量较大时,应当根据集装箱泊位的装卸桥作业台数,均衡分配船上各台装卸桥作业区域的集装箱作业量(主要以自然箱数计算),以缩短船舶装卸作业时间。当船舶在港作业量很少时,若条件许可,其箱位应尽量选配于舱面,以减少开关舱作业量。

20 ft箱和40 ft箱在每一行位的舱内和舱面上应当尽量保持各自对船舶纵中剖面的力矩接近于零,以免装卸中为减少船舶横倾角而需多次调整装卸桥自动吊具尺度和装卸桥大车沿岸移动及其对位时间。

当船舶停靠的泊位装卸作业可同时进行时,船上同一泊位卸载箱和装载箱的箱位应选配于相近位置,以减少装卸桥吊具空返次数和装卸桥大车沿岸移动及对位时间。对于靠泊具备一次起吊一层2个或两层4个20 ft箱吊具的某些港口的集装箱船,20 ft集装箱的箱位应当成对选配,以发挥这类装卸机械的作业效率。对于一些需要特殊吊具操作的特殊集装箱(如超高箱或平台箱),其箱位应选配于相近位置,以减少在集装箱自动吊具上更换附属吊具的次数。

五、集装箱船配积载文件的编制

集装箱船配积载通常需要经历下列几个程序。

1.编制集装箱船"航次订舱单"

航次订舱单(booking list)是船公司航(箱)运部门或其代理根据货主的托运申请为特定船舶的具体航次分配待运集装箱的清单。该清单通常按不同卸港、重量和不同箱类型列出,对特殊箱有必要的备注。在编制订舱单时往往由于许多货物还未完成装箱,因此,清单上还无法提供集装箱箱号和其他一些细节内容。

2.编制集装箱船积载计划

集装箱船积载图通常由全船行箱位总图(封面图,行箱位断面总图)和每行一张的行箱位图组成。集装箱船行箱位总图是将集装箱船上每一装20 ft箱的行箱位横剖面图自船首到船尾按顺序排列而成的总剖面图。从该图上可以总览全船的箱位分布情况。集装箱船行箱位图是船舶某一装20 ft箱的行箱位横剖面图(图8-10)。它是对集装箱船行箱位总图上某一行箱位横剖面图的放大。在该图上可以标注和查取某一特定行所装每一集装箱的详细数据。

(1)集装箱船行箱位总图的标注方式

行箱位总图通常有两种标注方式:

①在总图上每一小方格内,标注以吨为单位的集装箱重量数据,并涂以代表集装箱不同卸港的特定颜色。方格内标以"×",表示该箱位已被40 ft箱所占用。对特殊集装箱箱位,则在其箱位方格上画圈并在适当位置加以标注。如"R"表示冷藏集装箱;"D6.1"表示危险品集装箱,箱内装有6.1类危险货物等;

②因上述标注方式中代表不同卸箱港的颜色无法用单色打印机或复印机制作,也无法使用传真机传输,所以有时采用两张行箱位总图——字母图和重量图(图8-11)来分别标注集装箱的卸箱港和箱重。在字母图上每一装箱箱格的方格内,标注代表某一卸箱港港名

的一个字母(如以"S"代表 Shanghai)。在重量图上每一装箱箱格的方格内,则仍标注以吨为单位的集装箱重量。特殊集装箱可以在字母图也可以在数字图上标注。当特殊集装箱标注内容较多时,可以单独用一张行箱位总图特别予以标注,该图被称为特殊集装箱行箱位总图。

(2)集装箱船行箱位图的标注内容

行箱位图的标注内容如图 8-12 所示,该图中所标字母和数字说明如下:

①卸箱港港名缩写,如"SHA"表示上海港缩写。

②装箱港港名缩写,如"KOB"表示神户港缩写。

③集装箱箱号。

④集装箱实际重量,t。

⑤集装箱在船上的箱位号或集装箱在码头堆场上的箱位编号。集装箱箱位号由于很容易根据其在行箱位图中所处的相对位置确定,所以这项标注常常被省略。但为便于集装箱在港内的装箱作业,集装箱装卸公司往往将待装集装箱在码头堆场上的箱位编号标注于该位置。

⑥集装箱备注,如"E"表示空箱;"M"表示邮件箱;"R+2~+4"表示冷藏集装箱,要求的冷藏温度应保持在 2~4 ℃之间;"D3.1,H3.1,IMDG3.1 或 IMO3.1"通常都表示危险品集装箱,箱内装有《国际危规》3.1 类危险货物等。

⑦集装箱类型。"40′或 F"表示 40 ft 集装箱;"20′或 T"表示 20 ft 集装箱。40 ft 箱仅需在前一箱位上标注,而后一箱位通常标以"×"。

此外,对非标准集装箱,常用"∧""<"和">"符号并配以数字以标注超高、左超宽或右超宽集装箱,其数字为货物超出箱体外表面的尺度。有时在行箱位图中还标出集装箱尺寸和类型代码如"42GO"(附录 G 表 G-3~表 G-5),集装箱承租人名称缩写如"COS"等(图 8-10)。

(3)编制集装箱船积载计划的过程

集装箱船在港停泊时间短,积载计划编制的工作量大,船舶性能指标核算的要求高,装卸公司在船舶装箱前通常需要在堆场上对集装箱堆码位置和顺序进行调整以适应集装箱的装船顺序。因此,编制集装箱船积载计划,通常需要借助计算机,在船公司或其代理、装卸公司以及集装箱船船长和大副共同参与下,依靠传真、计算机网络等现代化通信手段进行文件传送,并经历预配、初配和审核三个过程才能完成。

①预配过程

装箱船的航次预配工作是由船公司配积载部门、船舶代理或集装箱船大副承担。其任务是将"航次订舱单"上所列的每一集装箱,按照集装箱箱位选配的基本原则,满足装卸顺序和快速装卸等要求,在集装箱船的行箱位总图上做一大致安排,并绘制船舶预配积载图。该图所确定的航次装载方案通常需在计算机上经集装箱船装载计算系统的粗略核算,以保证船舶各项性能指标符合要求。由于"航次订舱单"上往往无法提供集装箱箱号和其他一些细节资料,因此,集装箱预配积载图有时仅仅是在行箱位总图上确定每一卸港集装箱在船上的装载区域。该图绘制后需及时送交集装箱装卸公司。

②初配过程

为保证航次装船集装箱在码头堆场上的堆码顺序与"集装箱预配积载计划"确定的集装箱装船顺序相吻合,集装箱装卸公司在收到"集装箱预配积载计划"后,将着手编制集装箱船的初配积载计划。该项工作通常由装卸公司集装箱配载部门承担。

Bay25[26]

图 8-10　Z 轮某航次 25 行行箱位图

M/V:2

XX Ocean shipping Co.

From: 中国上海

To ：美国查尔斯大林顿

General Bayplan

Voy.No:v0077E

Page:3 of 3

June 16 2006,14:48 (print)

Stow By MTSC

Bay01(02)

Bay03

Bay05(06)

Bay07

Bay09(10)

Bay11

Bay13(14)

Bay15

Bay17(18)

Bay19

Bay21(22)

Bay23

Bay25(26)

Bay27

Bay29(30)

Bay31

Bay33(34)

Bay35

Bay37(38)

Bay39

Bay41(42)

Bay43

Bay45(46)

Bay47

Bay49(50)

Bay51

Bay55(56)

Bay5

Bay59(60)

Bay61

Bay37(38)

Bay64

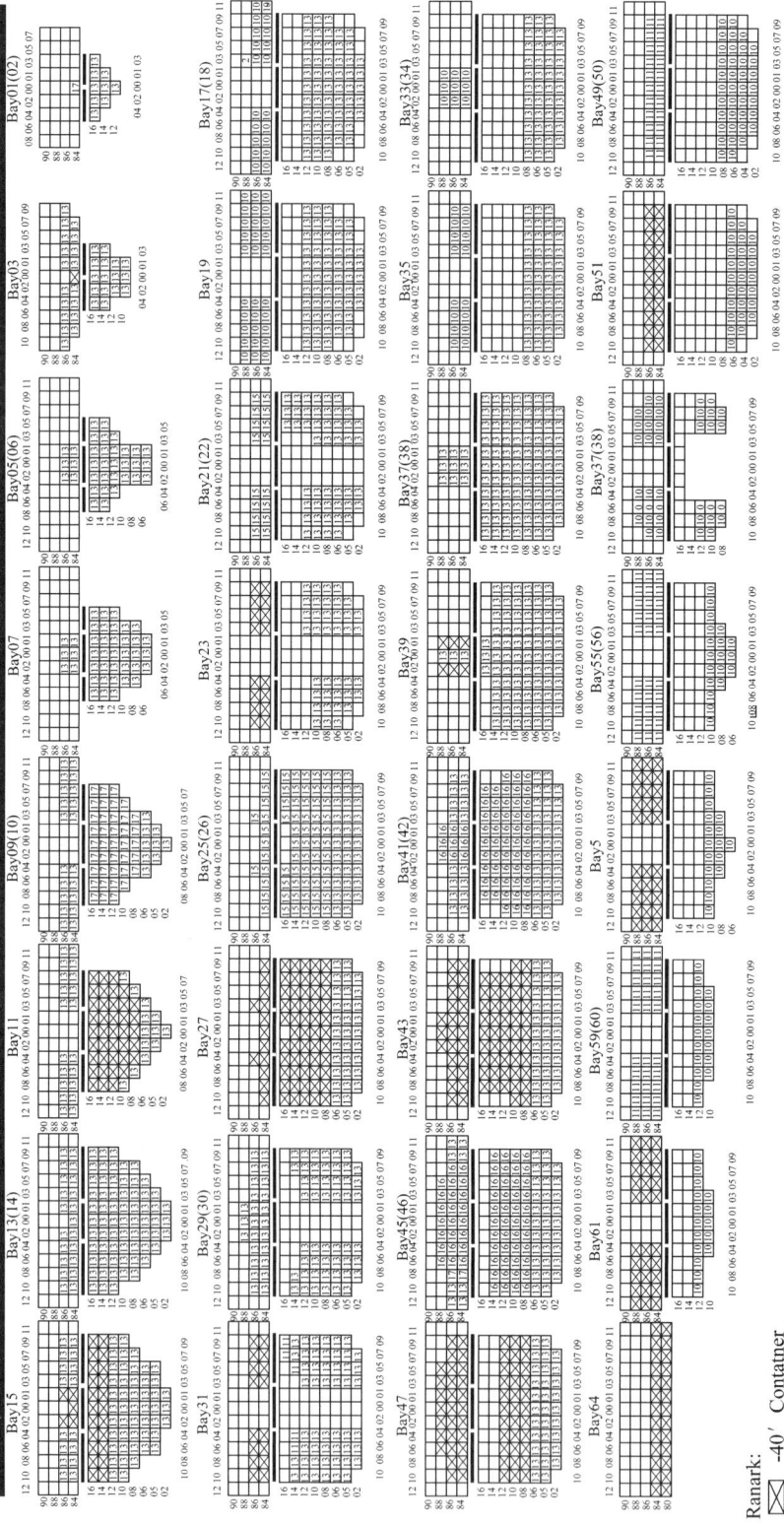

Container Weight General Bayplan

Ranark:

☒ -40' Container

? -Question Cell

18 -Container about Weight(maric tons)

图 8－11　Z 轮某航次全船箱位总图（重量图）

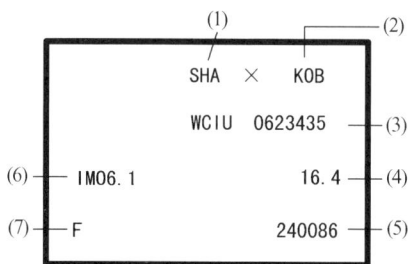

图8-12　行箱位图标示

在编制预配积载计划时,航次计划装船的集装箱货物,有些已装箱正在中转运输途中,或者堆存于指定泊位或远离指定泊位的集装箱堆场上,但有些还未完成装箱作业。集装箱装卸公司掌握着航次装船集装箱的动态,并负责这些货箱在码头的聚集并安排在堆场上的箱位。为保证集装箱装船过程有序而快速,在装船前装卸公司通常需要将装船集装箱按一定顺序安排于码头特定的堆场上,并编制集装箱装船顺序表。

装卸公司的集装箱配载员根据装船集装箱在堆场上的堆码状况,在既能满足"集装箱预配积载计划"的总体要求,又能减少码头堆场集装箱作业量的条件下,借助集装箱船计算机装载计算系统,在集装箱船的行箱位总图和行箱位图上按上述规定格式填入详细的集装箱数据。在集装箱初配积载计划中的行箱位图上,除标注有集装箱的卸港、箱重、箱号、备注以外,还通常标注有集装箱在码头堆场上的箱位编号,以方便集装箱的装船作业。

③审核过程

集装箱船舶的船长和大副了解航线状况、本船航次油水的配置与消耗、船舶的装载特性、途中各挂靠港的作业特点等细节内容,并对船舶和集装箱的运输安全负责。因此,由集装箱装卸公司编制的集装箱船初配积载计划必须在集装箱装船作业开始前送交集装箱船船长和大副做全面审核。

船长和大副对集装箱船初配积载计划需要按照集装箱箱位选配的基本原则以及满足装卸顺序及快速装卸要求,在船舶计算机上利用集装箱装载计算系统进行船舶各项性能指标的全面核算。若对初配积载计划有任何修改意见,船方应通过代理或直接与装卸公司协商解决。由于在装箱前供审核初配积载计划的时间通常较短,装卸公司往往以初配积载计划为依据已编制了集装箱装船顺序表并下发至装卸公司有关的各部门。同时,集装箱堆场上该轮待装箱的堆码顺序通常已经保持与所制定的集装箱装船顺序表相吻合。因此,在确保船舶、集装箱及其货物安全的前提下,船长和大副应尽量减少对集装箱初配积载计划的修改量,或者选择对集装箱堆场作业影响较小的修改方案,以免造成集装箱堆场作业顺序混乱,影响作业效率。

船长和大副对集装箱船初配积载计划审核通过后,常常根据航线条件和船上《货物系固手册》中推荐的集装箱系固方案,在积载计划的行箱位总图和行箱位图上使用特定符号绘制集装箱系固方案图,供装卸公司在装箱同时按要求进行系固操作。

只有经船长和大副核准并签字后,该初配积载计划才能作为指导船舶装箱作业的正式积载计划。它与初配积载计划的形式和内容基本上相同。

3.编制集装箱船实配积载文件

集装箱船积载计划在装箱过程中会因某些原因需要做一些修改。集装箱船现场理货员对每一装船集装箱箱号、所配箱位等均做有记录。船舶装箱完毕后,由船舶理货员依据现场记录负责绘制集装箱船实配积载图,集装箱船大副负责进行实际装载条件下船舶稳性、强度、吃水和吃水差的核算。目前,该项工作可以通过对船舶计算机磁盘上已存积载文件的修改和计算结果的打印来完成。实配积载文件内容通常包括:

(1)全船行箱位总图(封面图);

(2)集装箱船各行箱位图;

(3)集装箱装船统计表;

(4)船舶稳性、强度和吃水核算结果。

集装箱船实配积载文件中全船行箱位总图和各行箱位图与积载计划中的形式和内容基本相同,只是在实配积载文件的行箱位图中删除了集装箱在堆场的箱位编号。实配积载文件中行箱位总图和各行箱位图应当由船舶代理通过某种通信手段送交船舶各有关的挂靠港。它是港口有关部门编制船舶卸箱或中途加载计划的主要依据。

集装箱装船统计表是用于统计实船装载的不同装港和卸港、不同状态货箱(重箱、冷藏箱、危险品箱和空箱)、不同尺度货箱(20 ft 和 40 ft 箱)的数量和重量,以及各卸港和航次装船集装箱的合计数量和重量。

知识点3　集装箱系固设备

集装箱系固设备系指用于固定专用集装箱船及多用途船(适用时)在装载集装箱时所用的设备。该类设备均是经批准的专用设备。

一、固定式系固设备

标准货固定式系固设备主要包括:底座、固定锥、可折地令、眼板、导轨系统、支撑底座、集装箱绑扎桥等几种。

1.底座

底座直接焊接在舱底、甲板、支柱及舱盖上,相互之间的间距按集装箱四角角件孔的尺寸设计,并通过安放在其上的扭锁、底座扭锁或定位锥来对集装箱进行定位和固定。底座的种类主要有以下几种。

(1)突出式底座

突出式底座主要用于舱盖、支柱及甲板上,其主体部分突出于所在部位结构的表面,用于安放并固定扭锁。有单式、横向双式及纵向双式三种形式,如图8-13所示。

(2)突出式滑移底座

突出式滑移底座焊接位置与作用同突出式座底,但该种底座允许在一定方向和距离内适当调整底座间距,以满足装载尺寸在长度或宽度上有一定变化的集装箱。有单滑移式、横向双连单滑移式、纵向双滑移式三种形式,如图8-14所示。

(3)埋入式底座

埋入式底座主要用于舱底,也有用于舱盖的,其结构表面略高于所在部位的结构表面,用于安放并固定扭锁。有单式、横向双式、纵向双式及四连式四种,如图8-15所示。

集装箱系固设备
(微课)

(4)燕尾底座

燕尾底座又称燕尾槽,主要用于舱盖及甲板支柱上。并专用于与底座扭锁配套使用,有单式与横向双式两种,如图8-16所示。

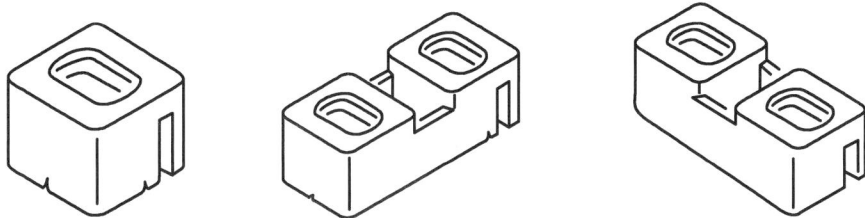

图 8-13　突出式底座

（5）板式底座

板式底座主要用于舱底，并与堆锥配套使用，如图 8-17 所示。

（6）插座

插座用于舱内，并与座底堆锥配套使用，如图 8-18 所示。

2. 固定锥

固定锥通过一覆板直接焊接在舱底前后端导轨的底脚处，用于固定舱内最底层集装箱（固定锥插入集装箱的角件孔内），如图 8-19 所示。

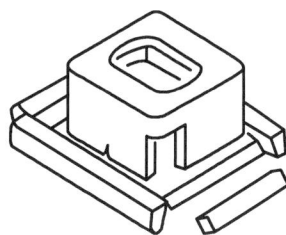

图 8-14　突出式滑移底座

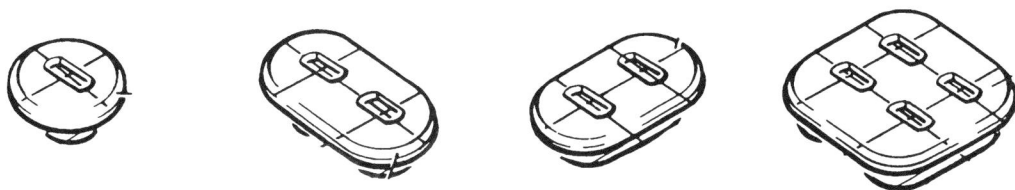

图 8-15　埋入式底座

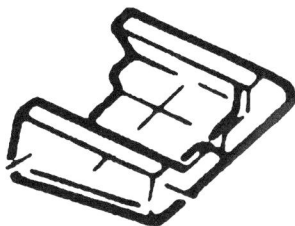

图 8-16　燕尾底座

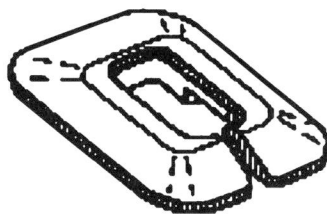

图 8-17　板式底座

3. 可折地令

可折地令又称 D 形环，主要用于舱盖、甲板、集装箱支柱及绑扎桥上，多用途船也将其用于舱底。主要作用是作为一个系固点与花篮螺丝、绑扎杆等组成系固系统固定集装箱，可折地令如图 8-20 所示。

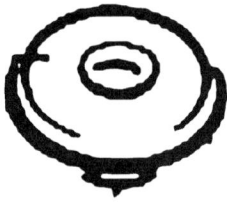

图 8-18　插座

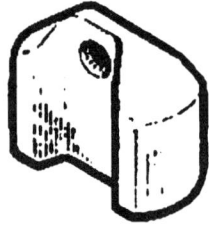

图 8-19　固定锥

4.眼板

眼板使用位置与作用同地令,但一般不用于舱内。眼板的结构形式有单眼、双眼、三眼及四眼等几种,其形式如图 8-21 所示。

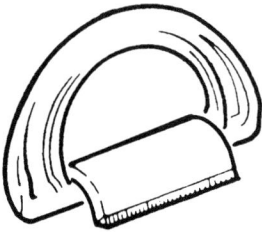

图 8-20　可折地令

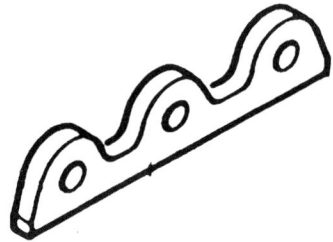

图 8-21　眼板

5.导轨系统

导轨系统可分为两类,一类是传统意义上的导轨系统,另一类则是目前船舶广泛应用的导轨系统。无论何种系统,其作用均是用于控制集装箱的歪斜、倾覆与滑移。

(1)传统的导轨系统

传统的导轨系统又可称之为箱格导轨系统,如图 8-22 所示。一般由钢板和型钢构成,主要组成部分包括导轨、横撑材、导箱构件等。导轨从内底延伸至导箱构件下缘,安装在导轨顶部的导箱构件是引导集装箱进入箱格导轨系统的重要构件。该种导轨系统由于在货舱的中间区域均设置有导轨,且导轨与导轨之间有横撑材连接,这种导轨结构形式极大地限制了集装箱舱内装载集装箱的灵活性,使集装箱船舱内适装能力下降,影响经济效益。

该种导轨系统一般设置于舱内,也有在甲板上无舱口的位置处设置该系统的,但已较少采用。

(2)船舶广泛应用的导轨系统

目前船舶广泛应用的导轨系统,是在传统导轨系统基础上的改进型,其设置方法仅在舱内前后舱壁和两舷侧处设置导轨,有的甚至仅在前后舱壁处设置,导轨底脚处同时配备固定锥,舱内区域在 20 in 位置处用高约 10 cm 的导板代替导轨。这样,在免去导轨与横撑材设置的基础上,满足了舱内装载 20 in 或 40 in 或同时装载 20 in 和 40 in 集装箱的航运需求,最大限度地提高了船舶对航运市场需求的适应性。如图 8-23 所示为实船在舱壁处设置的导轨。

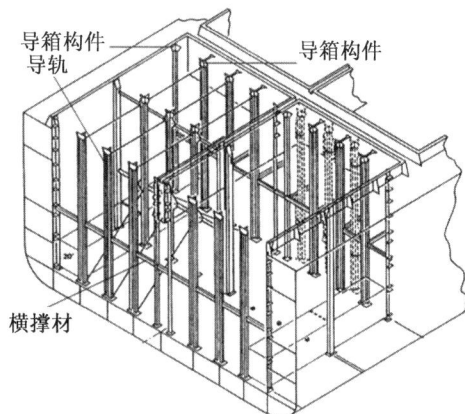

图 8-22　箱格导轨系统

图 8-23　实船导轨

（3）有关规定

按《钢质海船入级规范》的规定,专用集装箱船导轨系统应满足:

①不应与船体构件形成整体结构,且不受船体主应力的影响;

②应能将因船舶运动时产生的集装箱负荷传递到船体结构,并能承受由集装箱装卸时产生的负荷及阻止集装箱移动;

③为确保顺利吊装集装箱,每只集装箱与导轨之间的横向间隙之和应不超过 25 mm,纵向间隙之和不超过 40 mm。

6. 横向支撑底座

横向支撑底座一般设置于多用途船舱内两舷舷侧,其作用是与横向支撑装置组成一支撑系统,以控制舱内上层集装箱因船舶运动可能产生的横向歪斜、倾覆、移动。横向支撑底座如图 8-24 所示。

7. 集装箱绑扎桥

集装箱绑扎桥设置于大型集装箱专用船甲板,上部设有眼板、D 形环或可左右转动的眼板及便于人员安全行走的人行通道,用于系固高层集装箱。集装箱绑扎桥如图 8-25 所示。

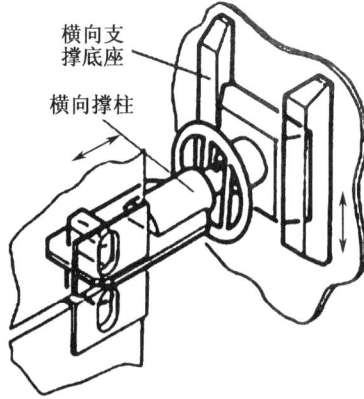

图 8-24 横向支撑底座

图 8-25 集装箱绑扎桥

二、便携系固设备

1. 扭锁

扭锁按结构特点、功能及优缺点的不同,可分为手柄式扭锁、钢索拉柄式扭锁、半自动扭锁及底座扭锁几种。

(1)手柄式扭锁

手柄式扭锁又可称之为普通扭锁,是船舶最早使用的一种锁紧装置。主要用于甲板上下层集装箱之间的连接锁紧或底层集装箱与突出式底座之间的连接锁紧,以防集装箱发生倾覆或滑移。

手柄式普通扭锁分左旋锁紧式和右旋锁紧式两种。图 8-26 所示为左旋锁紧式普通扭锁,也是目前船舶主要使用的一种结构形式,图中手柄位置为扭锁处于打开(非锁紧)状态,如将图中操作手柄从右向左旋转至极限位置时,扭锁达锁紧状态。

为此,使用时,应首先将操作手柄置于非锁紧状态并将其置放到下层集装箱顶部的角件孔或突出底座内,待上层集装箱全部堆放妥后,利用扭锁操作杆转动操作手柄,即可将箱与箱或箱与底座连接起来。卸箱时应首先用扭锁操作杆将操作手柄转至扭锁处于非锁紧位置方可卸箱。

该种扭锁的最大缺点是：装卸货时扭锁的安装或取下，必须由工人爬到集装箱上去完成，从而大大增加装卸工人因需上高作业带来的风险。此外，手柄式扭锁还会因装卸工人的野蛮操作（直接从高处将扭锁扔下）而造成损坏和损耗，如手柄被摔弯甚至摔断、失去功能、扭锁跳落入水等。随着船舶系固定设备的不断更新升级及对装卸工人作业安全要求的提高，该种扭锁将会被逐渐淘汰。

（2）钢索拉柄式扭锁

钢索拉柄式扭锁是近几年得到船舶广泛应用的一种扭锁，如图 8-27 所示。其结构特征是上下锁头的同步转动由带弹簧的钢索拉柄完成，当拉出钢索并将其定位结压入卡口内时，扭锁处于非锁紧状态；反之，拉出钢索并使定位结脱开卡口时，扭锁处于锁紧状态。

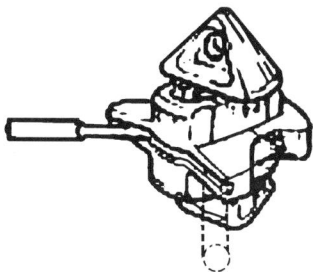

图 8-26　扭锁

图 8-27　钢索拉柄式扭锁

钢索拉柄式扭锁的特点主要是：不需要装卸工人爬到集装箱上将其安装和取下，故能最大限度地减少工人上高作业的风险，从而保证人员安全；扭锁价格相比较适中；装货完毕后及卸货前仍需人工借助专业工具解锁。

钢索拉柄式扭锁的操作方法是：

装货时，在码头上当集装箱起重机将集装箱吊起至人手臂举起的高度时，由装卸工人在码头上将处于非锁紧状态的扭锁从下往上插入集装箱角件内，待吊上船并对准突出式底座或另一集装箱角件孔时放下，直至全部装完，再由装卸工人借助扭锁操作工具操作锁紧。

卸货前，应首先由装卸工人借助扭锁操作工具将钢索拉柄拉出并卡在卡口上解锁后，再由集装箱起重将其机吊至码头上，用人工将其卸下。

（3）半自动扭锁

半自动扭锁如图 8-28 所示，其作用同前述扭锁。半自动扭锁除具有无须装卸工人爬到集装箱上将其安装和取下的过程，最大限度地实现减少工人上高作业的风险，保证安全这一优点外，尚具有自动锁紧的功能，因而，既省去了装货后由人工锁紧的环节，又大大缩短了船舶在港的停港时间。因此，该种扭锁不仅得到了大力推广应用，同时也是某些国家港口当局强制要求使用的。

半自动扭锁的操作方法总体和钢索拉柄式扭锁相似，也是装货时在码头上当集装箱起重机将集装箱吊起至人手臂举起的高度时，由装卸工人在码头上将处于非紧锁状态的半自动扭锁从下向上插入集装箱角件孔内，待吊上船并对准突出式底座或另一集装箱角件孔时放下，该锁的自动装置即起作用并旋转锁锥将箱与底座或箱与箱连接锁紧。

卸箱时，应首先由装卸工人借助扭锁操作杆将锁销拉出，从而打开扭锁与突出式底座或另一集装箱顶部角件孔的连接,再由集装箱起重机将起吊至码头上,由工人将其卸下。

(4)底座扭锁

底座扭锁如图 8-29 所示,仅与燕尾底座配套使用。其作用与操作使用方法同手柄式扭锁。

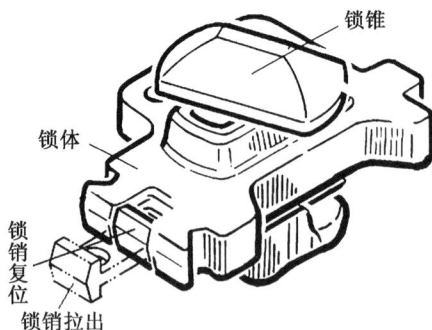

图 8-28　半自动扭锁

图 8-29　底座扭锁

2. 堆锥

堆锥按使用位置及功能的不同,可将其分为以下四种。

(1)中间堆锥

其上下锥头固定,垂向方向无锁紧功能,仅用于舱内箱与箱之间的连接。有单头和双头堆锥两种。

(2)底座堆锥

底座堆锥之一又称为可移动锥板,其结构特点是上为锥头下为插杆(图 8-30 所示),仅与舱底的固定式系固设备插座配套使用,有单头、横向双头、纵向双头及四连四种。另一种底座堆锥为单头,但上下均为锥头,这种堆锥与板式底座配套使用。

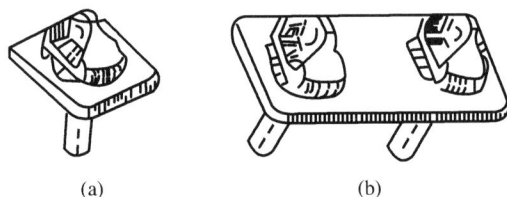

(a)　　　　　　　　　　(b)

图 8-30　锥板

(3)自动定位锥

图 8-31 所示为自动定位锥,为全自动型,且也是由装卸工人在码头上完成将自动定位锥插入和取出集装箱角件孔这一过程。由于固定甲板上 40 in 箱位处在装 20 in 集装箱时处于中间的集装箱角件孔,并与半自动扭锁配合使用,即如在 40 in 箱位处改装 20 in 集装箱,则在 40 in 箱位的前后两端用半自动扭锁,中间 20 in 处用自动定位锥,这样不仅可以起到半自动扭锁的作用,同时也克服了 40 in 中间狭窄空间处无法操作的缺陷。自动定位锥已得到广泛应用,且也是发达国家港口当局强制要求配备的一种设备。

自动定位锥的使用方法与半自动扭锁相似,所不同的是它不存在在卸箱时必须由人工将锁销拉出这一过程,而是靠锁紧装置自动将定位锥转换成非锁紧状态。即首先将20 in 集装箱一端的半自动扭锁由人工将锁销拉出,使之转为非锁紧状态,然后用集装箱起重机缓慢起吊,此时自动定位锥将会在起重机的拉力作用下,锁紧装置动作并解锁,从而完成卸箱工作。

(4)调整堆锥

调整堆锥又称高度补偿锥,由于在装载某些非标准高度的集装箱时调整其高度至标准状态。调整堆锥如图8-32所示。

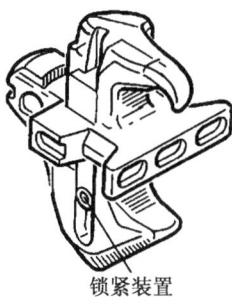

图8-31 自动定位锥

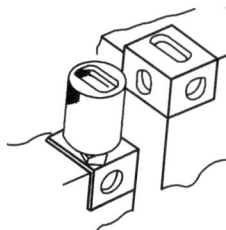

图8-32 调整堆锥

3. 桥锁

如图8-33所示为桥锁,用于对相邻两列最上层集装箱的顶部进行横向锁紧链接,以分散主系固系统的负荷。

图8-33 桥锁

目前桥锁仅在一些甲板上尚使用强度较小的扭锁或可装载集装箱的多用途船舱内与甲板上装卸集装箱时使用。因为,在恶劣天气时,此种横向锁紧链接,有时甚至会对船舶安全带来负面影响。随着强度较大的钢索拉柄式扭锁,半自动扭锁及自动定位锥的进一步推广使用,桥锁在甲板层集装箱的使用功能将会最终被淘汰。

桥锁的使用方法较简单,只需将桥锁的两个锁钩(头)分别插入相邻两集装箱的角件孔中,再旋转调节螺母,即可把集装箱连接拉紧。

4. 花篮螺丝与绑扎杆

花篮螺丝与绑扎杆如图8-34所示,该两种设备通常需组合成一个整体后,方可达到系固集装箱的目的。

图8-35所示为利用花篮螺丝与绑扎杆组合后系固集装箱的示意图,其操作方法是首先将绑扎杆与集装箱角件孔连接的一端插入集装箱的角件孔内,另一头与花篮螺丝相连,再将花篮螺丝与固定式系固设备地令或眼板相连,最后调整花篮螺丝,使整个系固系统紧固。

图 8-34 绑扎杆

图 8-35 实船花篮螺丝与绑扎杆组合使用图

有时在利用上述系固系统系固时,因绑扎杆长度的原因,或有特殊系固要求,需加长绑扎杆,为此需使用加长钩,以满足系固需求。

5. 横向撑柱

用于舱内无导轨或多用途船舱内装载集装箱时,对舱内紧靠两舷舷侧的最上层集装箱进行支撑,以防集装箱的歪斜、倾覆或横移。

使用时,将横向撑柱的一端插入与其配套的专用底座内,另一端插入紧邻的集装箱角件孔内,再利用调整装置使其拉紧受力。

6. 辅助工具

便携式系固设备所用辅助工具主要有两类:一类是扭锁操作杆;另一类是花篮螺丝操作工具。扭锁操作杆的作用是控制扭锁的手柄或锁销,达到解锁的目的;花篮螺丝操作工具的作用是将花篮螺丝收紧或松开。

三、集装箱系固设备的检查保养

1. 各种底座、系固眼板、地令、固定锥、槽座及集装箱导轨系统

(1)应检查这些固定式系固设备与船体结构的焊接部位,如有缺陷和裂缝,则应开槽后覆焊。如船体本身有缺陷(如不平整),则应先将要重新焊接处的船体部分用合适方式予以修复。该船体部分包括舱底、舱盖、舷侧、集装箱支柱和甲板等。

(2)应检查其磨损、变形和其他缺陷。如该设备缺陷轻微且不影响其功能,可暂不修理。如有较严重的缺陷,则应用至少同等强度的设备进行更换(同型或其他型号),该设备重新附着船体的焊接操作应由持有相应证书的电焊工进行,并严格按焊接工艺操作,特别是靠近油舱的焊接操作。

(3)在使用该设备前,应将该设备处的灰尘、碎石以及前几航次的残留物清除干净。

（4）集装箱导轨系统应定期检查，以防止因变形、损坏而影响装卸货及货运安全，对变形和损坏的部分应及时修复。

（5）正常的除锈、油漆保养工作。

2. 花篮螺丝与绑扎杆

（1）花篮螺丝应经常加油活络，防止因腐蚀而咬死无法转动。

（2）应检查花篮螺丝的螺纹损坏情况，防止由于错咬而无法转动，当螺纹损坏严重时应予换新。

（3）应检查与绑扎杆连接端的磨损情况，如磨损严重应予换新，同时应检查卸扣端弹簧栓的状况。

（4）绑扎杆除应注意检查本体外，还应注意检查两头的磨损状况，若磨损严重或不能有效的绑扎时，应予换新。

（5）上述本体如有裂纹出现，则应立即更换。

3. 扭锁、桥锁、堆锥（包括自动定位锥）及横向撑柱

（1）在使用前，应检查其变形、损坏情况，如发现扭锁转不动、手柄断裂，应予修复，使其恢复功能，对损坏严重以致影响其功能的，应予换新。这里应特别注意半自动扭锁及自动定位锥的自动功能，如已失去，则应及时修复，无法修复的应予换新。

（2）桥锁及横向撑柱应经常加油活络，并检查螺纹情况。

（3）如发现上述本体有裂纹，则应立即更换。

（4）在集装箱的装卸、系固和拆卸过程中，上述设备容易受到损坏，特别是在提升和放落这些设备时应避免野蛮操作而造成损坏。

（5）该类设备应及时收集在专用的箱子内，以防丢失。

知识点 4　集装箱运输常见事故原因及注意事项

集装箱运输常见事故原因及注意事项（微课）

一、集装箱运输中产生货运事故的原因

与普通货船运输相比，集装箱船运输中的货损货差事故率已有了明显下降。这主要是因为：集装箱运输能够实现"门到门"的直达运输，运输途中货物操作次数减少；集装箱本身坚固耐压，箱体高度远低于货舱舱高，箱内货物多采用货板装载方式，使箱内底层货物承受的压力大大减小；集装箱货物多数都被箱体严密封闭，箱门被妥善铅封，其防盗性大大增强。但尽管如此，国内外集装箱运输的货运事故还是时有发生。据统计，船运集装箱货损事故90%以上发生在舱面。集装箱运输各环节中产生货运事故的主要原因如下：

（1）箱内货物本身或其包装存在缺陷，如货物含水量过高；货物包装强度不足等。

（2）集装箱不适货或货箱本身存在缺陷，如怕潮货选用敞顶（软顶）式集装箱装运，结果造成货物受潮变质；冷藏集装箱装运冷藏货物时，因未打开箱底排水口，致使冷藏货物因箱内污水积存造成货损等。

（3）箱内货物装载或系固方法不当，如不相容货物装于一箱，货物固定或衬垫不当等。

（4）集装箱在搬运或装卸操作中疏忽大意，如司机操作技术不熟练，违章操作等。

（5）集装箱在船上箱位选配或系固不当，如危险品集装箱隔离不当；舱面集装箱系固不当，造成航行途中集装箱被甩入海中等。

（6）集装箱在运输途中因箱内产生汗水造成货损，如受外界温、湿度变化的影响，导致

箱内货物受湿造成货损。

(7)其他偶然事故,如将箱顶带积雪的集装箱装入舱内,船舶航行途中因积雪融化但又未及时排出舱外,造成该舱下层集装箱因融化的雪水进入箱体使货物水湿受损等。

二、集装箱运输注意事项

在集装箱船舶运输各个过程中,除应当注意与杂货船相同的一些事项外,还包括:

1. 装卸前的注意事项

装箱前船方应按照已制定的集装箱系固方案,整理和安排好数量充足且技术状态良好的系固索具。检查货舱污水井及其排水系统、货舱通风系统,货舱箱格导轨、货舱舱盖、甲板上系固用地令、全船压载水系统等是否处于适用状态。如有问题,应尽力在装箱前予以修复。

卸箱前船方应向卸箱方(工头)详细介绍船上待卸集装箱的系固情况,以方便装卸工人按卸箱顺序迅速解除集装箱系固索具。

2. 监装中的注意事项

严格监督集装箱的装船过程是维护船方利益、确保集装箱船货运质量的重要一环。现场值班监装人员应注意选择适宜的观察位置,并随身携带对讲机和计划积载图。装箱中如遇各类问题应随时随地与大副保持联系并及时予以处理。应当特别重视做好在夜间、风雨中等视线不良时的监装工作。

(1)严格执行"积载计划"确定的集装箱装载箱位

积载计划图中确定的每一集装箱装载箱位都有一定考虑,未经船舶大副和装卸公司同意,不得随意修改。否则,可能会造成船舶某行位所配集装箱重量对船舶纵中剖面力矩左右不等,先卸港箱被后卸港箱堵住等后果。应当督促理货员对每一装船集装箱的箱号进行严格核对并做正确记录,以防止发生错装漏装的现象。

监装中,应当要求装船的每一非冷藏箱端门保持向船尾方向堆码,以避免上浪海水对集装箱水密性较差的一端的直接冲击。

(2)检查集装箱箱门铅封的封志是否完好

除空箱和非封闭结构的集装箱外,卸箱时若发现箱门的铅封封志缺少,因疏忽未被完全锁住,受撞击遭受破坏或已被人为剪断等情况,除非船方能举证说明,否则将对箱内货物短缺或与提单记载不符负有难以推卸的责任。因此,现场值班船员应当对装船的每一集装箱箱门的铅封封志进行严格检查。

(3)检查集装箱箱体外表状况是否良好

认真观察箱体外表,若发现箱体破损、严重锈蚀,局部或整体严重变形等现象,在区分原残(装船以前已存在的残损)还是工残(装船过程中造成残损)的基础上,应在现场记录单(container inspection record)上用准确的文字记载或图形标注(必要时配以现场照片),并及时送交工头或理货员签认,以免除船方对该箱破损或变形的任何责任。否则,在卸箱中若港方发现集装箱破损(此时被认作"原残")时,往往要求船方在卸箱港提供的箱体破损记录上签字,从而可能最终承担对收货人或保险人的赔偿责任。

(4)检查箱体外是否有液体渗漏或气体外泄

装箱前,箱内货物可能因堆码或系固不当,受到猛烈冲击和震动,受到温度、湿度剧烈变化等原因造成货物包装破损,引起液体货物渗漏或气体货外泄现象。此时,应当从该箱舱单上了解所装货物的名称、性质等。如确认箱内所装货物属危险品,则应坚决拒装,并严格按《国际危规》和当地有关法规采取正确的应急措施,妥善处理泄漏物。

(5)对冷藏、危险品等特殊箱的装船严格把关

冷藏集装箱装载时,为防止航行中上浪海水侵入冷藏箱的机械和电器部分,应要求将冷藏箱制冷机组一端朝船尾方向。而且该端应留有人员能接近的通道,并尽量避免冷藏箱堆装超过两层,以方便有关人员的检查和修理。冷藏箱装船后,应由大管轮和电机员负责尽快按冷藏箱舱单(reefer cargo manifest)上的标注检查其设定的冷藏温度并对制冷机械试机运行。若存在故障,则应采取及时修理、临时换箱或退关的方法解决。若对冷藏箱有任何疑问,大副应在冷藏箱设备交接单上签名的同时加以批注。

危险品集装箱装载时,除检查其箱体外表状况是否良好外,还应特别核查其箱外两端和两侧是否均粘贴了符合《国际危规》要求的危险品主、副标牌或海洋污染物标记。若缺少时,应及时补上。无关的各种标记、标志或标牌均应去除。此外,承运危险品集装箱必须附有表明符合《国际集装箱安全公约》要求的"CSC安全合格"金属铭牌。船上应备有托运人提供的"集装箱装运危险货物装箱证明书"(container packing certification),以表明箱内所装货物符合《国际危规》各项要求。对装运过危险货物的集装箱在未彻底清洗或消除危害之前,应仍按原所装危险货物的要求运输。

(6)做好集装箱的系固工作

船舶值班人员应严格按计划积载图上集装箱系固方案监督执行。对于舱面不设或部分设置箱格导轨的集装箱船舶,做好舱面集装箱的系固工作对确保集装箱的运输安全尤其重要。如因系固过失造成集装箱灭失,则属于船方管货过失而应承担责任。

应当特别注意的是,使用非自动扭锁索具进行舱面集装箱系固的船舶,因这类扭锁的开启和关闭难以由视觉直接判断,因此,在监装中,特别在船舶开航前,应确保舱面系固的每一扭锁处于锁闭状态。

3. 监装监卸中的共同注意事项

(1)装卸过程中,应当均衡各作业线的作业进度,保证满足船体的强度和最低限度的稳性要求。同时注意调整平衡水舱的压载水,防止船舶装卸中出现较大的横倾和纵倾(通常应在2°~3°),以免集装箱被箱格导轨卡住而无法装卸。

(2)应当监督装卸工人正确进行集装箱的装卸操作。集装箱起吊受力后应稍停顿,以检查箱的受力是否平衡;当箱稳定后继续起吊时,操作动作应尽量平缓;集装箱在快速下降中应避免突然停止;集装箱在着地前,下降速度应减慢;着地时,不能使箱受到猛烈冲击。在大风浪恶劣天气下作业时,应使用防震索控制集装箱的晃动。

(3)严禁在地面或其他集装箱上拖曳集装箱;不能用滚轮或撬棒移动集装箱;集装箱不能在摇摆状态时着地或者拖曳起吊;不能利用摇动作用力将集装箱放置在吊索正下方以外的位置。

(4)堆装集装箱的舱内或舱面,不能放置任何可能损伤集装箱的障碍物或突出物,也不能有积水,这是因为除罐式集装箱等少数箱外,集装箱不具有水密性,而仅具有风雨密性。

(5)集装箱装卸中如因装卸工人操作不当造成如货舱、箱格导轨、舱盖等船体或设备的任何损坏,船方应及时出具现场事故报告并要求港方(工头)签认。

4. 运输途中的注意事项

集装箱船航线设计,应尽量避开大风浪出现频率较高的海域。航行途中,应当对船上所载的集装箱进行有效监管。遇到大风浪警报时,应当注意检查和增设集装箱的系固设

备。当舱面集装箱系固索具发生松动或断裂现象时,应当及时采取当时条件下力所能及补救措施,以避免集装箱被甩入海中。对装载有温度控制要求的集装箱,航行中须定时检查其温度。对集装箱箱内货物产生的任何异常现象,应当尽快查明原因,采取尽量不殃及其他集装箱的处置措施,并注意记录事故发生的时间、环境、气象、温度及观测到的其他各种现象和变化过程,以及船方的处理措施。

当认为必须进入集装箱内部才能查明事故原因或采取确保船、货安全的措施时,经船公司同意后可以打开集装箱箱门,但应考虑其所装货物的性质以及渗漏可能产生毒性或易燃蒸气,或箱内可能产生富氧气体或缺乏氧气的可能性。如这种可能性存在时,进入集装箱内部时应格外小心。

【项目实施】

任务一　集装箱船积载图识读

一、训练目标与要求

能正确理解集装箱船积载图。

二、训练设备

集装箱船积载图(包括封面图、箱位总图、行箱位图)若干。

三、训练步骤

正确理解积载图中的各项内容。

任务二　集装箱船积载计划的编制

一、训练目标与要求

根据航次货运任务、船舶资料、集装箱船积载软件,能够编制航次积载计划。

二、训练设备

船舶资料、航次任务和集装箱船积载软件等。

三、训练步骤

1.输入待装箱信息;

2.拟定装载方案;

3.绘制积载图。

根据学生(员)的任务完成情况进行点评。

【扩展知识】

集装箱装箱示意图　　　　　集装箱行箱位图　　　　集装箱行箱位标注示意图

【课后自测】

一、单项选择题

1.两个 1CC 型国际标准集装箱的长度之和比一个 1AA 型国际标准集装箱的长度_____。

A.长　　　　　　　B.短

C.相同　　　　　　D.视具体集装箱而定

2.按集装箱的_____可以将其分为杂货箱、通风箱、冷藏箱等。

A.结构　　　　　　B.大小

C. 用途　　　　　　　D. 主体部件使用材料

3. 冷藏集装箱箱内可保持的温度范围为_____。

A. −25 ~ +25 ℃　　　B. −10 ~ +25 ℃

C. −15 ~ +20 ℃　　　D. −5 ~ +20 ℃

4. 根据规定,凡箱高超过_____的集装箱均应有超高标记。

A. 8.0 ft　　　B. 8.5 ft　　　C. 2.6　　　D. B 或 C

5. 在国际标准集装箱标志中,第二行位置按顺序标明的内容是_____。

A. 顺序号和核对数字

B. 尺寸和类型代码

C. 箱主和设备识别代号、顺序号和核对数字

D. 箱主代号、尺寸和核对数字

6. 带有空陆水联运集装箱标记的集装箱,在岸上其顶上仅能堆码_____层。

A. 1　　　B. 2　　　C. 3　　　D. 4

7. 集装箱箱号第四位若为"J",则表示该集装箱为_____。

A. 集装箱

B. 带可拆卸设备的集装箱

C. 集装箱拖车和底盘车

D. 敞顶集装箱

8. 集装箱标记中,常用_____代码表示固体散货集装箱。

A. GP　　　B. PF　　　C. BU　　　D. RF

9. 吊装式全集装箱船舱口宽大,不利于_____。

A. 配积载　　　　　　　B. 集装箱装卸

C. 船舶总纵强度和扭转强度　　　D. 集装箱箱格导轨设置

10. 集装箱在船上的装载位置可以用_____表示,其中中间两位表示_____的位置。

A. 六位数字,沿船宽方向　　　B. 六位数字,沿船长方向

C. 六位字母,沿船宽方向　　　D. 五位字母,沿船长方向

11. 某集装箱船上,集装箱的装载位置为090482,它表示该箱_____。

A. 是 40 ft 箱,装于左舷舱内　　　B. 是 40 ft 箱,装于右舷舱内

C. 是 20 ft 箱,装于左舷甲板　　　D. 是 20 ft 箱,装于右舷甲板

12. 表征集装箱船箱容量大小的指标包括_____。

(1)20 ft 箱容量;(2)40 ft 箱容量;(3)20 ft 换算箱容量;(4)标准换算箱容量;(5)特殊箱容量。

A. (1)(2)(3)(4)(5)　　　B. (1)(2)(3)(5)

C. (1)(2)(3)(4)　　　D. (2)(3)(4)(5)

13. 根据 IMO 对集装箱船舶稳性的要求,横倾角在 0° ~ 40°或进水角中较小者之间,静稳性曲线下的面积应不小于_____ m·rad。(C 为船体形状因数)

A. 0.016/C　　　　　B. 0.009/C

C. 0.09/C　　　　　D. 0.006/C

14. 在集装箱船的实际营运中,船舶的计算重心与实际重心相比,通常计算重

心_____。

　　A. 较低　　　　　　　　　　　　B. 较高

　　C. 两者相同　　　　　　　　　　D. 大小不定

　　15. 根据我国《法定规则》对国内航行海船稳性的要求,以下_____船舶装载后经自由液面修正的 GM 值不小于 0.30 m。

　　(1)油船;(2)木材甲板货船;(3)集装箱船;(4)滚装船;(5)固体散货船;(6)散装谷物船。

　　A. (1)(2)(3)(4)(5)(6)　　　　　B. (2)(3)(4)(5)(6)

　　C. (3)(6)　　　　　　　　　　　D. (2)(3)(6)

　　16. 冷藏集装箱在船上堆装时,其制冷机组一端应保持朝向_____方向,以防止海浪的冲击和侵入。

　　A. 船首　　　　　　　B. 船尾

　　C. 船舶左舷　　　　　D. 船舶右舷

　　17. 判断下列两种装载下,是否会发生倒载_____。

　　(1) 先卸港箱位 130304,后卸港箱位 140382;(2) 先卸港箱位 160484,后卸港箱位 170408。

　　A. (1)会;(2)不会　　B. (1)不会;(2)会

　　C. (1)(2)都会　　　　D. (1)(2)都不会

　　18.《国际危规》规定:装有可挥发易燃蒸气危险货物的封闭式集装箱选配于舱面时,其在纵向和横向上与火源的水平距离应不小于_____ m。

　　A. 3　　　　B. 4.8　　　　C. 6　　　　D. 8

　　19. 以下_____集装箱常配置在上甲板。

　　(1)危险货物集装箱;(2)40 ft 超长且超高集装箱;(3)冷藏集装箱;(4)超高集装箱;(5)动物集装箱;(6)通风集装箱。

　　A. (1)(2)(3)(4)(5)(6)　　　B. (2)(3)(4)(5)(6)

　　C. (2)(3)(5)(6)　　　　　　　D. (1)(2)(3)(5)

　　20. 就"远离"和"隔离"而言,包装危险货物与封闭式危险货物集装箱之间的隔离要求比包装危险货物之间的隔离要求_____。

　　A. 低　　　　　B. 相同　　　　　C. 高　　　　　D. 不能确定

　　二、简答题

　　1. 按用途划分的集装箱的种类。

　　2. 集装箱的必备标志和自选标志有哪些?

　　3. 集装箱船舶的箱位是如何表示的?

　　4. 集装箱船的稳性要求有哪些规定?

　　5. 危险集装箱隔离要求有哪些?

　　6. 简述集装箱的系固设备的种类及用途。

　　7. 集装箱船积载的总体思路是什么?

附录 A　船舶总布置图

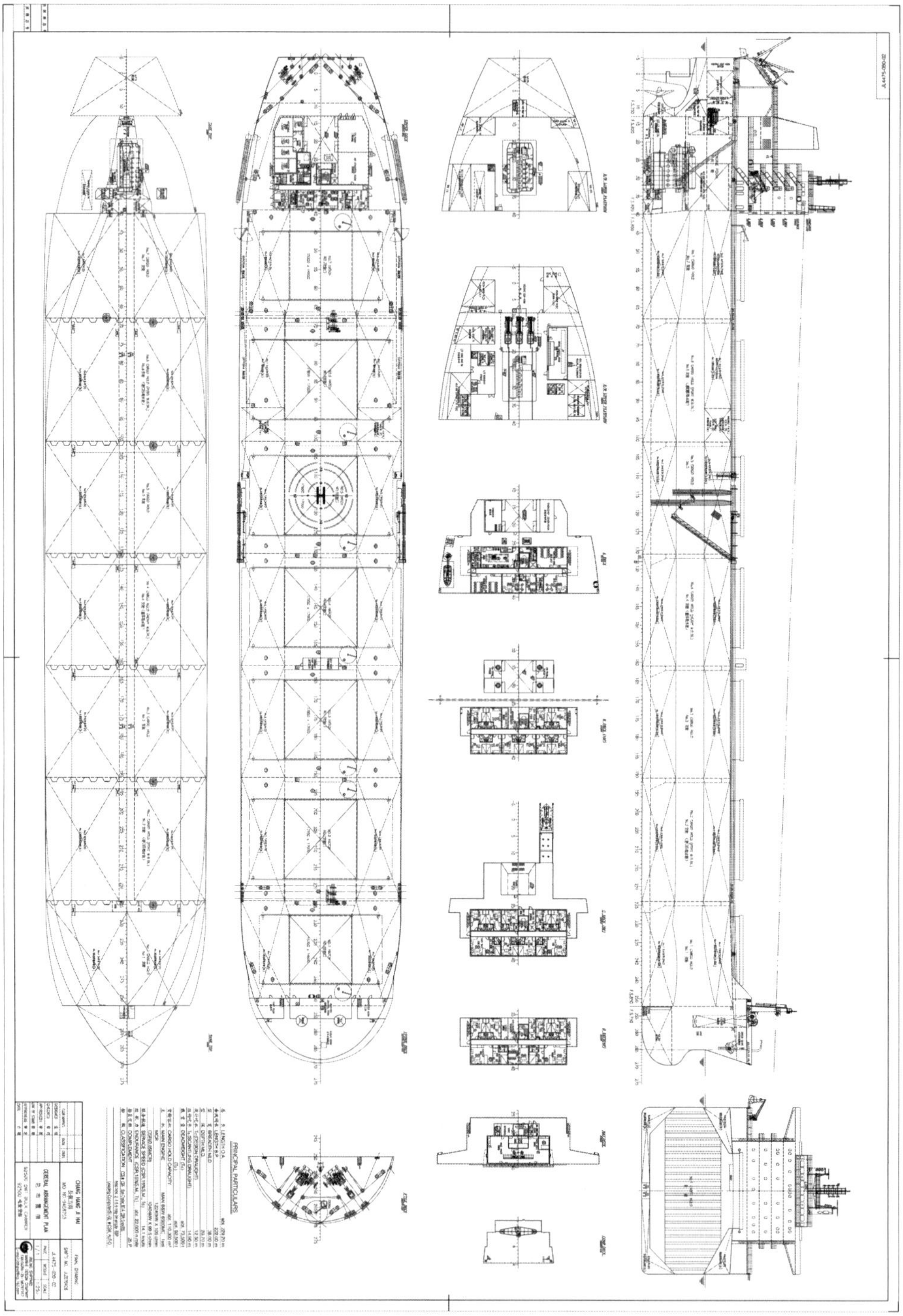

图 A-1　船舶总布置图

附录 B 杂货船"Q 轮"船舶资料

1. 主要参数(表 B-1)

表 B-1 主要参数表

夏季排水量 Δ_S	19 710 t	夏季型吃水 d_s	9.200 m
热带排水量 Δ_T	20 205 t	热带型吃水 d_T	9.392 m
冬季排水量 Δ_w	19 215 t	冬季型吃水 d_w	9.008 m
空船排水量 Δ_L	5 565 t	空船型吃水 d_L	3.140 m
总吨位 GT	10 267.7	总长 L_{oa}	161.5 m
净吨位 NT	5 388.72	垂线间长 L_{BP}	148.0 m
苏伊士总吨	10 673.08	型宽 B	21.2 m
苏伊士净吨	7 533.17	型深 D	12.5 m
巴拿马总吨	10 830.12	龙骨板厚度	26 mm
巴拿马净吨	7 068.96	设计航速 V	17.5 kn

2. 货舱容积表(表 B-2)

表 B-2 货舱容积表

舱名		位置	包装舱容		舱容中心位置/m		散装舱容		舱容中心位置/m	
		(肋号)	m³	ft³	距基线	距船中	m³	ft³	距基线	距船中
第一舱	二层舱	160~187	1 030	36 373	11.85	53.18	1 116	39 410	11.92	53.18
	底舱	160~187	804	28 392	6.97	52.38	887	31 324	7.04	52.38
	合计		1 834	64 756	9.71	52.38	2 003	70 734	9.76	52.83
第二舱	二层舱	127~160	1 789	63 176	11.42	32.18	1 897	66 813	11.47	32.19
	底舱	127~160	3 260	115 124	5.51	31.30	3 441	121 515	5.58	31.30
	合计		5 049	178 300	7.60	31.61	5 333	188 328	7.67	31.61
第三舱	二层舱	95~127	1 630	57 562	11.18	8.00	1 724	60 881	11.23	8.00
	底舱	95~127	3 830	135 253	5.35	7.85	4 043	142 775	5.42	7.85
	合计		5 460	192 815	7.09	7.90	5 767	203 656	7.16	7.89
第四舱	二层舱	69~95	1 312	46 332	11.17	−13.87	1 388	49 016	11.23	−13.87
	底舱	69~96	3 090	109 120	5.37	−13.79	3 262	115 194	5.44	−13.79
	合计		4 402	155 452	7.10	−13.81	4 650	164 210	7.17	−13.81

表 B-2(续)

舱名		位置	包装舱容		舱容中心位置/m		散装舱容		舱容中心位置/m	
		(肋号)	m³	ft³	距基线	距船中	m³	ft³	距基线	距船中
第五舱	二层舱	12~40	1 461	51 594	11.54	−55.55	1 580	55 797	11.60	−55.55
	底舱	12~41	1 126	39 764	7.24	−54.25	1 241	43 825	7.31	−54.25
	合计		2 587	91 358	9.67	−54.99	2 821	99 622	9.72	−54.99
贵重舱	二层舱(左)	4~12	131	4 626	11.63	−68.70	142	5 015	11.71	−68.70
	二层舱(右)	4~12	128	4 520	11.63	−68.70	139	4 909	11.71	−68.70
	合计		259	9 146	11.63	−68.70	281	9 924	11.71	−68.70
总计			19 591	691 836			20 855	736 474		

3. "Q 轮"静水力性能数据表(表 B-3)

表 B-3　"Q 轮"静水力性能数据表

型吃水 d/m	排水量 Δ/t	总载重量 DW/t	厘米吃水吨数 TPC/ t·cm⁻¹	厘米纵倾力矩 MTC/ 9.81 kn·m·cm⁻¹	横稳心距基线高度 KM/m	浮心距基线高度 KB/m	浮心距船中距离 X_b/m	漂心距船中距离 x_f/m
3.14	5 565	0	20.65	140.00	11.540	1.690	+0.360	+0.500
3.40	6 100	535	20.91	144.48	11.000	1.830	+0.370	+0.460
3.60	6 532	967	21.16	147.90	10.648	1.940	+0.379	+0.420
3.80	6 964	1 399	21.29	150.80	10.350	2.045	+0.380	+0.370
4.00	7 380	1 815	21.47	153.60	10.100	2.152	+0.379	+0.315
4.20	7 820	2 255	21.64	156.25	9.866	2.260	+0.371	+0.250
4.40	8 260	2 695	21.81	158.80	9.684	2.368	+0.362	+0.175
4.60	8 700	3 135	21.96	161.25	9.516	2.473	+0.350	+0.100
4.80	9 160	3 595	22.11	163.65	9.376	2.582	+0.336	+0.020
5.00	9 600	4 035	22.27	166.15	9.248	2.693	+0.316	−0.090
5.20	10 040	4 475	22.43	168.30	9.140	2.800	+0.294	−0.190
5.40	10500	4 935	22.57	170.60	9.044	2.908	+0.270	−0.330
5.60	10 960	5 395	22.72	172.75	8.966	3.012	+0.238	−0.490
5.80	11 400	5 835	22.86	175.00	8.900	3.120	+0.202	−0.660
6.00	11 860	6 295	23.02	177.25	8.840	3.228	+0.164	−0.880

表 B-3(续)

型吃水 d/m	排水量 Δ/t	总载重量 DW/t	厘米吃水吨数 TPC/ $t \cdot cm^{-1}$	厘米纵倾力矩 MTC/ $9.81\ kn \cdot m \cdot cm^{-1}$	横稳心距基线高度 KM/m	浮心距基线高度 KB/m	浮心距船中距离 X_b/m	漂心距船中距离 x_f/m
6.20	12 340	6 775	23.17	179.60	8.800	3.338	+0.120	−1.130
6.40	12 820	7 255	23.32	182.00	8.760	3.448	+0.068	−1.400
6.60	13 280	7 715	23.46	184.50	8.738	3.553	+0.015	−1.710
6.80	13 760	8 195	23.63	187.00	8.720	3.660	−0.048	−2.040
7.00	14 240	8 675	23.78	189.75	8.710	3.770	−0.114	−2.400
7.20	14 710	9 145	23.95	192.50	8.710	3.887	−0.192	−2.750
7.40	15 200	9 635	24.11	196.00	8.714	3.990	−0.280	−3.135
7.60	15 680	10 115	24.29	198.50	8.720	4.100	−0.370	−3.510
7.80	16 180	10 615	24.46	202.00	8.740	4.212	−0.483	−3.895
8.00	16 660	11 095	24.64	205.60	8.760	4.322	−0.582	−4.250
8.20	17 160	11 595	24.83	209.40	8.786	4.435	−0.697	−4.600
8.40	17 660	12 095	25.01	213.60	8.820	4.535	−0.812	−4.900
8.60	18 180	12 615	25.21	217.65	8.852	4.651	−0.930	−5.200
8.80	18 680	13 115	25.39	222.50	8.894	4.760	−1.050	−5.450
9.00	19 200	13 635	25.59	226.60	8.936	4.870	−1.170	−5.690
9.20	19 710	14 145	25.78	231.20	8.980	4.983	−1.292	−5.890
9.392	20 205	14 685	25.94	235.50	9.020	5.100	−1.405	−6.055

4.液舱容积表(表 B-4)

表 B-4　液舱容积表

舱名	位置（肋号）	净舱容/m³					舱容中心位置/m	
		燃油	柴油	滑油	压载水	淡水	距基线	距船中
No. 1 燃油舱（左）	95~127	231				0.77	7.61	
No. 1 燃油舱（右）	95~127	288				0.76	7.67	
No. 2 燃油舱（左）	68~95	187				0.77	−13.88	
No. 2 燃油舱（右）	68~95	253				0.76	−13.95	
燃油深舱（左）	40~44	95				6.25	−43.81	
燃油深舱（右）	40~44	95				6.25	−43.81	
燃油沉淀舱（左）	40~44	56.4			7.12		−43.85	

表 B-4(续)

舱名	位置 (肋号)	净舱容/m³					舱容中心位置/m	
		燃油	柴油	滑油	压载水	淡水	距基线	距船中
燃油沉淀舱(右)	40~44	56.4			7.12			−43.85
燃油日用柜(左)	40~44	28.5			10.76			−13.85
燃油日用柜(右)	40~44	24.0			10.64			−44.00
溢油舱	40~43	24.1	0.78					−44.20
柴油舱(左)	50~68		113			1.01		−30.78
柴油舱(右)	43~68		139			1.02		−32.57
柴油日用柜(左)	46~50		14.3			10.70		−39.35
柴油日用柜(右)	46~50		14.3			10.70		−39.35
柴油沉淀柜	40~50		40.4			10.73		−41.51
滑油循环舱	44~56			22.5		1.32		−37.60
滑油沉淀柜	40~44			21.6		10.74		−43.45
滑油储存柜	40~45			19.7		10.70		−43.29
气缸油柜(左)	40~44			8.6		10.70		−43.85
气缸油柜(右)	40~44			7.7		10.62		−43.98
气缸油日用柜	43~44			0.9		11.40		−42.73
污滑油舱	44~61			35		0.67		−34.50
艏尖舱	187~艏				438	5.91		69.31
No.1 压载水舱	160~187				481	2.53		52.22
No.2 压载水舱(左)	127~160				149	0.78		30.21
No.2 压载水舱(右)	127~160				200	0.76		31.21
No.3 压载水舱	20~39				82	0.80		−51.83
艉压载水舱	4~12				124	7.59		−68.42
艉尖舱	艉~4				165.9	9.63		−74.43
饮水柜	64~69					60.6	11.10	−25.50
淡水舱(左)	25~39					101	3.32	−50.80
淡水舱(右)	25~39					129.6	3.27	−50.69
锅炉水舱	44~49					19.9	1.07	−40.31
气缸冷却水舱	62~65					13.0	0.92	−27.40
总计		1 320.4	321	116	1 639.9	324.1		

5. 各液舱自由液面惯性矩(表 B-5)

表 B-5　各液舱自由液面惯性矩

序号	舱别	肋号	最大装载重量/t	液体密度 $\rho/(g/cm^3)$	惯性矩 i_x/m^4	$\rho \cdot i_x$ /(9.81 kn·m)
1	No. 1 燃油舱(左)	95~127	203.3	0.88	1 000	880
2	No. 1 燃油舱(右)	95~127	253.4	0.88	1 780	1 566
3	No. 2 燃油舱(左)	68~95	164.6	0.88	777	684
4	No. 2 燃油舱(右)	68~95	206.8	0.88	1 445	1 276
5	燃油深舱(左或右)	40~44	83.6	0.88	50	440
6	燃油沉淀舱(左)	40~44	49.6	0.88	16	14
7	燃油日用柜(左)	40~44	25.1	0.88	16	14
8	燃油日用柜(右)	40~44	21.1	0.88	16	14
9	溢油舱	40~43	21.2	0.88	191	168
10	柴油舱(左)	50~68	94.9	0.84	250	210
11	柴油舱(右)	43~68	116.8	0.84	263	225
12	艏尖舱	187~艏	449.0	1.025	71	72
13	No. 1 压载水舱	160~187	493.0	1.025	1 200	1 230
14	No. 2 压载水舱(左)	127~160	152.7	1.025	383	393
15	No. 2 压载水舱(右)	127~160	205.0	1.025	811	830
16	No. 3 压载水舱	2 039	84.0	1.025	316	324
17	艉尖舱	艉~4	170.0	1.025	543	556
18	饮水柜	64~69	60.6	1.000	42	42
19	淡水舱(左)	25~39	101.0	1.000	72	72
20	淡水舱(右)	25~39	129.6	1.000	124	124
21	锅炉水舱	44~49	19.9	1.000	22	
22	艉压载水舱	4~12	127.1	1.025	520	533

注: i_x 小于 10 m^4 的各油水舱柜均未列入本表。

6. "Q 轮"防堵舱容表(表 B-6)

表 B-6　"Q 轮"防堵舱容表

舱别		No. 1	No. 2	No. 3	No. 4	No. 5
舱口位容积/m³		299	531	489	313	479
防堵舱容	舱盖半开时	799	1 429	1 299	1 084	969
	舱盖全开时	568	1 068	968	865	637

7. "Q 轮"对船中载荷弯矩允许范围(表 B-7)

表 B-7 "Q 轮"对船中载荷弯矩允许范围

型吃水 d_m/m	排水量 Δ/m	载荷对船中弯矩值 $\sum P_i X_i$ /(kn·m)				
		中拱状态			中垂状态	
		允许范围	有利范围		有利范围	允许范围
3.14	5 565	1 028 807	—	—	—	—
3.50	6 320	1 223 930	195 122	—	—	—
4.00	7 380	1 498 826	470 017	—	—	—
4.50	8 480	1 792 420	763 610	182 094	—	—
5.00	9 600	2 089 947	1 061 138	479 621	—	—
5.50	10 730	2 397 059	1 368 250	786 733	205 215	—
6.00	11 860	2 703 190	1 674 381	1 092 864	511 346	—
6.50	13 050	3 034 817	2 006 008	1 424 491	842 973	—
7.00	14 240	3 366 120	2 337 311	1 755 794	1174 277	145 468
7.50	15 440	3 700 347	2 671 539	2 090 021	1 508 503	479 695
8.00	16 660	4 046 375	3 017 566	2 436 049	1 854 531	825 723
8.50	17 920	4 412 681	3 383 871	2 803 355	2 220 837	1 192 029
9.00	19 200	4 781 389	3 752 580	3 171 063	2 589 546	1 560 737
9.20	19 710	4 933 023	3 904 213	3 322 697	2 741 179	1 712 371
9.392	20 205	5 078 632	4 049 823	3 468 306	2 886 789	1 857 980
9.40	20 240	5 093 799	4 064 991	3 483 473	2 901 955	1 873 147

8. 基本装载情况稳性总结(表 B-8)

表 B-8 基本装载情况稳性总结

序号	装载情况	排水量/t	总载重量/t	货、油、水/t	平均吃水 艏艉吃水	KG	初稳性高度/m		K	$GZ\|_{\theta=30°}$	θ_{smax}	θ_V	T_θ
							FS 修正前	FS 修正后					
1	空船	5 565	—	—	3.140 1.380 4.930	9.070	2.460	2.460	—	—	—	—	10.32
2	满载出港	19 710	14 145	12 400 1341 324	9.200 8.925 9.435	7.806	1.180	1.158		0.644	33	>55	14.06

表 B-8(续)

| 序号 | 装载情况 | 排水量/t | 总载重量/t | 货、油、水/t | 平均吃水 艏艉吃水 | KG | 初稳性高度/m | | K | $GZ\|_{\theta=30°}$ | θ_{smax} | θ_V | T_θ |
							FS修正前	FS修正后					
3	满载到港	18 208	12 643	12 400 134 62	8.620 8.854 8.417	8.220	0.640	0.624		0.510	37	>55	19.45
4	满载到港(加压载水144 t)	18 352	12 787	12 400 134 62	8.670 8.670 8.670	8.215	0.645	0.570	—	—	—	—	—
5	空船压载出港	8 991	3 426	— 1 341 324	4.730 3.260 6.210	7.020	2.400	2.352		2.020	53	>55	9.52
6	空船压载到港	7 489	1 924	— 134 62	4.050 3.465 4.640	7.870	2.170	2.132		1.450	52	>55	10.40
7	满载出港(装有300 t甲板货)	19 710	14 145	12 400 1341 324	9.200 8.925 9.435	7.893	1.093	1.071		0.595	32	>55	14.66
8	满载到港(装有300 t甲板货)	18 208	12 643	12 400 134 62	8.620 8.854 8.417	8.315	0.545	0.529		0.453	36	>55	21.12
9	满载出港(结冰、装有甲板货)	18 259	12 694	12 400 134 62	8.640 8.891 8.423	8.332	0.528	0.512		0.448	35	>55	21.52

9. 加载 100 t 艏艉吃水变化数值表（表 B-9）

表 B-9　加载 100 t 艏艉吃水变化数值表

型吃水	排水量	No. 1 货舱 x=52.83 m		No. 2 货舱 x=31.61 m		No. 3 货舱 x=7.89 m		No. 4 货舱 x=-13.81 m		No. 5 货舱 x=-54.98 m		贵重货舱 x=-68.70 m	
d/m	Δ/t	δd_F/cm	δd_A/cm	δd_F/cm	δd_A/cm	δd_F/cm	δd_A/cm	δd_F/cm	δd_A/cm	δd_F/cm	δd_A/cm	δd_F/cm	δd_A/cm
3.14	5 565	23.406	-13.973	15.878	-6.343	7.464	2.185	-0.234	9.987	-14.838	24.791	-19.705	29.724
3.50	6 320	22.536	-13.246	15.333	-5.955	7.280	2.195	-0.086	9.651	-14.063	23.796	-18.720	28.510
4.00	7 380	21.680	-12.510	14.801	-5.573	7.113	2.181	0.079	9.275	-13.265	22.734	-11.713	27.219
4.50	8 480	20.984	-11.910	14.373	-5.272	6.982	2.149	0.220	8.938	-12.607	21.817	-16.882	26.109
5.00	9 600	20.435	-11.420	14.040	-5.039	6.892	2.094	0.353	8.619	-12.054	20.999	-16.188	25.124
5.50	10 730	19.991	-10.993	13.781	-4.851	6.841	2.015	0.459	8.297	-11.556	20.214	-15.570	24.185
6.00	11 860	19.673	-10.626	13.616	-4.711	6.846	1.901	0.652	7.950	-11.099	19.426	-15.015	23.250
6.50	13 050	19.429	-10.252	13.517	-4.584	6.908	1.751	0.862	7.547	-10.608	18.544	-14.430	22.208
7.00	14 240	19.224	-9.872	13.453	-4.463	7.002	1.583	1.101	7.115	-10.096	17.610	-13.827	21.107
7.50	15 440	19.023	-9.480	13.395	-4.336	7.105	1.415	1.350	6.675	-9.568	16.651	-13.206	19.982
8.00	16 660	18.742	-9.032	13.283	-4.165	7.180	1.275	1.598	6.252	-8.993	15.695	-12.524	18.841
8.50	17 920	18.322	-8.524	13.065	-3.939	7.188	1.186	1.812	5.875	-8.387	14.772	-11.786	17.736
9.00	19 200	17.807	-8.007	12.767	-3.686	7.133	1.143	1.979	5.561	-7.799	13.943	-11.058	16.736
9.20	19 710	17.589	-7.809	12.634	-3.585	7.096	1.136	2.029	5.455	-7.582	13.650	-10.786	16.381
9.392	20 205	17.381	-7.623	12.507	-3.487	7.059	1.136	2.075	5.368	-7.382	13.393	-10.533	16.068
3.14	5 565	7.375	2.275	-0.273	10.027	-10.875	20.775	-6.605	16.445	29.252	-19.898	23.189	-13.754

表 B-9（续1）

型吃水	排水量	No.1 货舱 x=7.64 m 容积 519 m³		No.2 货舱 x=-3.92 m 容积 422 m²		燃油深舱 x=-43.81 m 容积 190 m³		燃油舱 x=-31.77 m 容积 252 m³		艏尖舱 x=-69.31 m 容积 438 m³		No.1 压载水舱 x=52.22 m 容积 481 m²	
d/m	Δ/t	δd_F/cm	δd_A/cm	δd_F/cm	δd_A/cm	δd_F/cm	δd_A/cm	δd_F/cm	δd_A/cm	δd_F/cm	δd_A/cm	δd_F/cm	δd_A/cm
3.50	6 320	7.195	2.281	-0.124	9.688	-10.271	19.958	-6.183	15.821	28.131	-18.908	22.329	-13.036
4.00	7 380	7.032	2.263	0.044	9.311	-9.645	19.082	-5.742	15.146	27.021	-17.897	21.482	-12.310
4.50	8 480	6.904	2.227	0.187	8.972	-9.126	18.323	-5.375	14.556	26.119	-17.066	20.794	-11.710
5.00	9 600	6.817	2.169	0.320	8.652	-8.688	17.640	-5.059	14.019	25.401	-16.375	20.251	-11.236
5.50	10 730	6.768	2.088	0.459	8.329	-8.287	16.981	-4.764	13.495	24.813	-15.763	19.812	-10.817
6.00	11 860	6.774	1.970	0.621	7.980	-7.910	16.312	-4.474	12.956	24.376	-15.220	19.499	-10.456
6.50	13 050	6.838	1.818	0.832	7.577	-7.496	15.560	-4.141	12.344	24.020	-14.654	19.259	-10.089
7.00	14 240	6.934	1.647	1.071	7.143	-7.058	14.762	-3.784	11.693	23.706	-14.073	19.058	-9.717
7.50	15 440	7.039	1.475	1.321	6.702	-6.605	13.948	-3.413	11.029	23.393	-13.474	18.861	-9.332
8.00	16 660	7.116	1.333	1.569	6.277	-6.120	13.133	-3.023	10.371	22.982	-12.812	18.585	-8.892
8.50	17 920	7.126	1.240	1.785	5.899	-5.620	12.358	-2.637	9.756	22.404	-12.086	18.170	-8.393
9.00	19 200	7.074	1.194	1.953	5.583	-5.146	11.669	-2.287	9.218	21.721	-11.362	17.662	-7.883
9.20	19 710	7.038	1.186	2.004	5.477	-4.974	11.427	-2.163	9.030	21.436	-11.090	17.446	-7.688
9.392	20 205	7.001	1.186	2.049	5.389	-4.816	11.216	-2.051	8.869	21.166	-10.836	17.241	-7.504
3.14	5 565	15.935	-6.404	-13.720	23.658	-19.605	29.623	-21.737	31.784	-4.380	14.191	-13.337	23.270
3.50	6 320	15.390	-6.013	-12.993	22.714	-18.625	28.414	-20.665	30.479	-4.055	13.667	-12.627	22.343
4.00	7 380	14.857	-5.628	-12.244	21.704	-17.622	27.128	-19.570	29.092	-3.710	13.097	-11.894	21.351
4.50	8 480	14.425	-5.325	-11.625	20.832	-16.794	26.022	-18.667	27.902	-3.422	12.595	-11.289	20.494

表 B—9(续 2)

型吃水	排水量	No.2 压载水舱 $x=31.78$ m 容积 349 m³		No.3 压载水舱 $x=-51.83$ m 容积 82 m²		艉压载水舱 $x=-68.42$ m 容积 124 m³		艉尖舱 $x=-74.43$ m 容积 165.9 m³		饮水柜 $x=25.5$ m 容积 60.6 m³		淡水舱 $x=-50.75$ m 容积 230.6 m²	
d/m	Δ/t	δd_F/cm	δd_A/cm	δd_F/cm	δd_A/cm	δd_F/cm	δd_A/cm	δd_F/cm	δd_A/cm	δd_F/cm	δd_A/cm	δd_F/cm	δd_A/cm
5.00	9 600	14.091	-5.090	-11.104	20.051	-16.104	25.040	-17.915	26.847	-3.170	12.134	-10.779	19.727
5.50	10 730	13.831	-4.900	-10.634	19.302	-15.488	24.104	-17.247	25.844	-2.929	11.681	-10.318	18.989
6.00	11 860	13.665	-4.759	-10.200	18.548	-14.935	23.172	-16.650	24.848	-2.684	11.208	-9.891	18.247
6.50	13 050	13.564	-4.630	-9.730	17.702	-14.352	22.134	-16.026	23.739	-2.394	10.670	-9.429	17.414
7.00	14 240	13.499	-4.506	-9.240	16.807	-13.751	21.036	-15.386	22.568	-2.078	10.095	-8.945	16.531
7.50	15 440	13.441	-4.377	-8.732	15.892	-13.132	19.914	-14.726	21.371	-1.750	9.509	-8.446	15.630
8.00	16 660	13.326	-4.204	-8.184	14.972	-12.452	18.778	-13.998	20.155	-1.410	8.933	-7.906	14.724
8.50	17 920	13.107	-3.976	-7.607	14.091	-11.717	17.676	-13.206	18.897	-1.084	8.401	-7.339	13.878
9.00	19 200	12.807	-3.721	-7.051	13.302	-10.992	16.679	-12.419	17.903	-0.797	7.941	-6.795	13.082
9.20	19 710	12.674	-3.619	-6.847	13.023	-10.720	16.326	-12.123	17.522	-0.699	7.782	-6.595	12.808
9.392	20 205	12.546	-3.520	-6.658	12.779	-10.469	16.013	-11.849	17.185	-0.610	7.464	-6.410	12.569

附录C 散装谷物船"L轮"船舶资料

1. 主要参数(表C-1)

表C-1 主要参数表

夏季排水量 Δ_s	32 600.0 t	夏季型吃水 d_s	9.80 m
热带排水量 Δ_T	34 000.0 t	热带型吃水 d_T	10.20 m
冬季排水量 Δ_w	31 300.0 t	冬季型吃水 d_w	9.40 m
空船排水量 Δ_L	8 486.55 t	空船型吃水 d_L	3.60 m
总吨位 GT	14 108	总长 L_{oa}	187.72 m
净吨位 NT	10167	垂线间长 L_{BP}	172.0 m
空船重心高度	9.53 m	型宽 B	23.2 m
空船重心距艏	−9.116 m	型深 D	14.2 m
船员与行李重量	10.2 t	龙骨板厚度	28 mm
船员与行李重心高度	21.0 m	设计航速 v	15.5 kn
船员与行李重心距艏	−59.0 m	粮食重量	13.6 t
粮食重心高度	16.0 m	粮食重心距艏	−74.0 m

2. 货舱容积表(表C-2)

表C-2 货舱容积表

货表面距舱底/m	No. 1			No. 2, No. 3, No. 4, No. 5			No. 6		
	V/m	X_g/m	Z_g/m	V/m	X_g/m	Z_g/m	V/m	X_g/m	Z_g/m
1.00	440.0	62.01	1.95	520.0	No. 2 舱	2.10	400.0	−33.85	2.00
2.00	610.0	62.02	2.44	700.0	X_g = 41.73 m	2.65	800.0	−33.80	2.50
3.00	1 080.0	62.03	2.98	1 100.0		3.20	1 300.0	−33.78	3.00
4.00	1 500.0	62.04	3.40	1522.8	No. 3 舱	3.70	1 800.0	−33.75	3.50
5.00	1 900.0	62.05	4.00	1 990.0	X_g = 23.05 m	4.00	2 250.0	−33.72	4.05
6.00	2 400.0	62.06	4.50	2 400.0		4.70	2 800.0	−33.71	4.60
7.00	2 880.0	62.07	5.10	2 800.0	No. 4 舱	5.20	3 300.0	−33.70	5.10
8.00	3 210.0	62.08	6.15	3 200.0	X_g = 4.35 m	5.65	3 800.0	−33.68	5.58
9.00	3 800.0	62.10	6.20	3 600.0		6.10	4 210.0	−33.66	6.10

表 C-2(续)

货表面距	No. 1			No. 2, No. 3, No. 4, No. 5			No. 6		
舱底/m	V/m	X_g/m	Z_g/m	V/m	X_g/m	Z_g/m	V/m	X_g/m	Z_g/m
10.00	4 210.0	62.18	6.80	3 800.0	No. 5 舱 $X_g = -14.35$ m	6.50	4 600.0	−33.64	6.50
11.00	4 600.0	62.30	7.30	4 300.0		6.90	4 990.0	−33.62	6.90
12.00	5 000.0	62.50	7.80	4 500.0		7.10	5 210.0	−33.62	7.30
13.00	5 400.0	62.53	8.10	4 680.0		7.60	5 500.0	−33.64	7.60
14.00	5 580.0	62.54	8.30	4 800.0		7.65	5 610.0	−33.66	7.70
15.00	5 687.0	62.65	8.44	4 839.0		7.73	5 706.0	−33.64	7.79

3. "L轮"静水力性能数据表(表 C-3)

表 C-3 "L轮"静水力性能数据表

吃水 d_m/m	排水量 Δ/t	厘米纵倾力矩 MTC/$(t \cdot m/cm)$	横稳心垂向坐标 KM/m	漂心纵向坐标 x_f/m	浮心纵向坐标 X_b/m
5.00	15 750	353.0	10.82	5.75	6.10
5.20	16 420	356.0	10.62	5.62	6.09
5.40	17 100	358.0	10.45	5.53	6.07
5.60	17 850	360.0	10.30	5.42	6.06
5.80	18 500	362.0	10.15	5.30	6.05
6.00	19 200	364.0	10.03	5.17	6.00
6.20	19 900	367.0	9.92	5.04	5.98
6.40	20 550	368.5	9.82	4.90	5.95
6.60	21 300	370.5	9.75	4.73	5.91
6.80	21 900	372.5	9.67	4.55	5.88
7.00	22 600	374.5	9.60	4.36	5.85
7.20	23 350	376.5	9.55	4.16	5.80
7.40	24 050	378.0	9.50	3.93	5.73
7.60	24 800	380.0	9.46	3.70	5.68
7.80	25 500	382.0	9.44	3.43	5.60
8.00	26 200	384.0	9.42	3.12	5.55
8.20	26 900	386.5	9.41	2.86	5.45
8.40	27 600	389.0	9.40	2.57	5.37
8.60	28 350	391.5	9.40	2.15	5.31
8.80	29 000	394.0	9.40	1.88	5.22

表 C-3(续)

吃水 d_m/m	排水量 Δ/t	厘米纵倾力矩 MTC/(tm/cm)	横稳心垂向坐标 KM/m	漂心纵向坐标 x_f/m	浮心纵向坐标 X_b/m
9.00	29 700	397.5	9.40	1.50	5.14
9.20	30 400	401.0	9.40	1.12	5.05
9.40	31 100	404.5	9.41	0.72	4.95
9.60	31 850	408.5	9.44	0.37	4.86
9.80	32 600	413.5	9.45	0.00	4.74
10.00	33 250	417.5	9.48	−0.30	4.65
10.20	34 000	422.0	9.50	−0.60	4.54

4. 最大许用倾侧力矩 M_a 表(9.81 kN·m)(表 C-4)

表 C-4 最大许用倾侧力矩 M_a 表

$\dfrac{KG_0}{\Delta}$	7.5	7.6	7.7	7.8	7.9	8.0	8.1	8.2	8.3	8.4	8.5
28 000	12 535	11 916	11 297	10 678	10 059	9 440	8 821	8 202	7 583	6 964	6 345
29 000	12 981	12 340	11 699	11 058	10 417	9 776	9 135	8 494	7 853	7 212	6 571
30 000	13 428	12 765	12 102	11 439	10 776	10 113	9 450	8 787	8 124	7 461	6 798
31 000	14 204	13 519	12 834	12 149	11 464	10 779	10 094	9 409	8 724	8 039	7 354
32 000	14 661	13 954	13 247	12 540	11 833	11 126	10 419	9 712	9 005	8 298	7 591
33 000	15 470	14 741	14 012	13 238	12 544	11 825	11 096	10 367	9 634	8 909	8 180
34 000	16 299	15 548	14 797	14 046	13 295	12 544	11 793	11 042	10 299	9 540	8 789

5. 燃油舱柜容积表(表 C-5)

表 C-5 燃油舱柜容积表

序号	舱柜	位置(肋位)	净容积 /m³	重心距基线高度/m	重心距舯距离/m	自由液面惯性矩/m⁴
1	左轻油舱	50~76	387.5	1.258	−34.32	1 540.0
2	右轻油舱	50~76	387.5	1.258	−34.32	1 540.0
3	左重油舱	120~142	382.0	1.258	23.05	1 830.0
4	右重油舱	120~142	382.0	1.258	23.05	1 830.0
5	左燃油舱	44~50	230.8	7.070	−48.30	53.0
6	右燃油舱	44~50	230.8	7.070	−48.30	53.0

表 C-5(续)

序号	舱柜	位置(肋位)	净容积 /m³	重心距基线 高度/m	重心距艏 距离/m	自由液面惯 性矩/m⁴
7	燃油日用柜(右)	11~15	60.5	11.300	-77.15	28.0
8	柴油日用柜(左)	11~15	14.8	12.420	-78.09	19.5
9	柴油日用柜(左)	13~15	16.0	12.420	-76.39	24.6
10	柴油沉淀柜(左)	11~15	50.2	10.150	-77.25	43.0
11	燃油日用柜(中)	11~15	65.3	10.830	-77.25	21.0
12	左燃油沉淀舱	47~50	140.4	6.650	-47.06	40.7
13	右燃油沉淀舱	47~50	140.0	6.650	-47.06	40.7
燃油舱柜总容积			2 488.2			

6. 滑油舱柜总容积表(表 C-6)

表 C-6 滑油舱柜总容积表

序号	舱柜	位置(肋位)	净容积 /m³	重心距基 线高度/m	重心距艏 距离/m	自由液面惯 性矩/m⁴
14	滑油循环舱(左)	12~21	28.1	1.18	-73.54	6.0
15	滑油循环舱(右)	12~21	28.1	1.18	-73.54	6.0
16	滑油储存柜(左)	16~22	53.7	12.95	-72.30	30.6
17	气缸油柜(左)	25~25	20.5	12.92	-67.90	14.0
18	气缸油柜(右)	25~27	20.95	12.90	-66.29	15.6
19	滑油沉淀柜(右)	23~25	20.5	12.92	-67.90	14.0
20	滑油污油柜(右)	25~27	20.95	12.90	-66.29	15.6
21	透平油柜(左)	27~28.5	8.67	12.27	-64.659	11.0
22	透平油柜(右)	28.5~30	8.9	12.27	-63.386	11.7
滑油舱柜总容积			210.37			

7. 淡水舱柜容积表(表 C-7)

表 C-7 淡水舱柜容积表

序号	舱柜	位置(肋位)	净容积 /m³	重心距基 线高度/m	重心距艏 距离/m	自由液面惯 性矩/m⁴
23	清水舱	199~207	321.0	12.97	77.83	940.0
24	饮水柜(左)	16~19	25.3	12.96	-73.50	13.12
25	饮水柜(右)	19~22	28.4	12.95	-70.90	17.1

表 C-7(续)

序号	舱柜	位置(肋位)	净容积/m³	重心距基线高度/m	重心距舯距离/m	自由液面惯性矩/m⁴
26	备用清水舱(左)	4~9	40.0	13.10	-81.25	27.2
27	备用清水舱(右)	4~9	90.5	13.22	-81.15	194.0
	淡水舱柜总容积		505.2			

8. 压载水舱容积表(表 C-8)

表 C-8　压载水舱容积表

序号	舱柜	位置(肋位)	净容积/m³	重心距基线高度/m	重心距舯距离/m	自由液面惯性矩/m⁴
28	第一压载舱(首尖舱)	199~207	1 102	7.50	81.30	855
29	第二压载舱	164~199(左)	409	1.51	62.10	1 170
30	第三压载舱	164~199(右)	409	1.51	62.10	1 170
31	第四压载舱	142~164(左)	364	1.24	41.40	1 700
32	第五压载舱	142~164(右)	364	1.24	41.40	1 700
33	第六压载舱	98~120(左)	382	1.238	4.35	1 830
34	第七压载舱	98~120(右)	382	1.238	4.35	1 830
35	第八压载舱	76~98(左)	376	1.28	-14.20	1 810
36	第九压载舱	76~98(右)	376	1.28	-14.20	1 810
37	第十压载舱	22~50(左)	198	1.12	-57.50	630
38	第十一压载舱	22~50(右)	198	1.12	-57.50	630
39	第十二压载舱(艉尖舱)	10~11	256	9.60	-82.44	480
40	第一、二边水舱	142~199	2×635	12.84	50.51	400
41	第三、四边水舱	98~142	2×680	12.57	13.70	400
42	第五、六边水舱	50~98	2×725	12.57	-24.98	450
	压载水舱柜总容积		8 896	7.51	18.68	

9. 回油舱、污水、污油舱柜容积表(表 C-9)

表 C-9　回油舱、污水、污油舱柜容积表

序号	舱柜	位置(肋位)	净容积/m³	重心距基线高度/m	重心距舯距离/m	自由液面惯性矩/m⁴
43	燃油回油舱	45~50	16.7	1.05	-47.9	2.50
44	柴油回油舱	45~50	22.0	1.05	-47.9	5.66

表 C-9(续)

序号	舱柜	位置(肋位)	净容积/m³	重心距基线高度/m	重心距舯距离/m	自由液面惯性矩/m⁴
45	污水舱	45~50	22.0	1.05	−47.9	5.66
46	废油舱	45~50	16.7	1.05	−47.9	2.50

10. "L 轮"布置图(图 C-1)

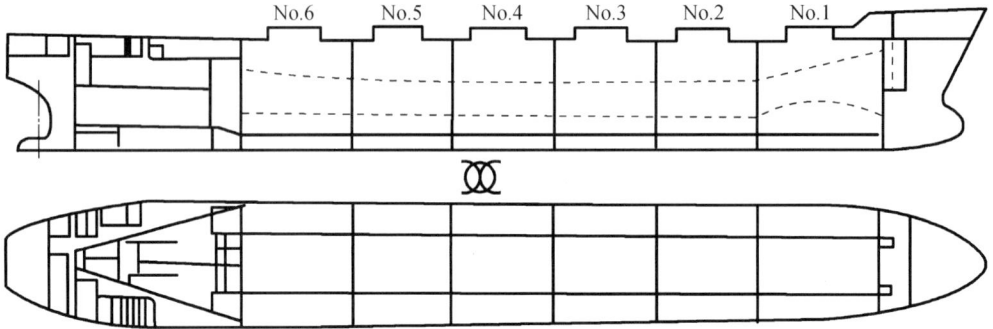

图 C-1 "L 轮"布置图

11. "L 轮"进水角曲线(图 C-2)

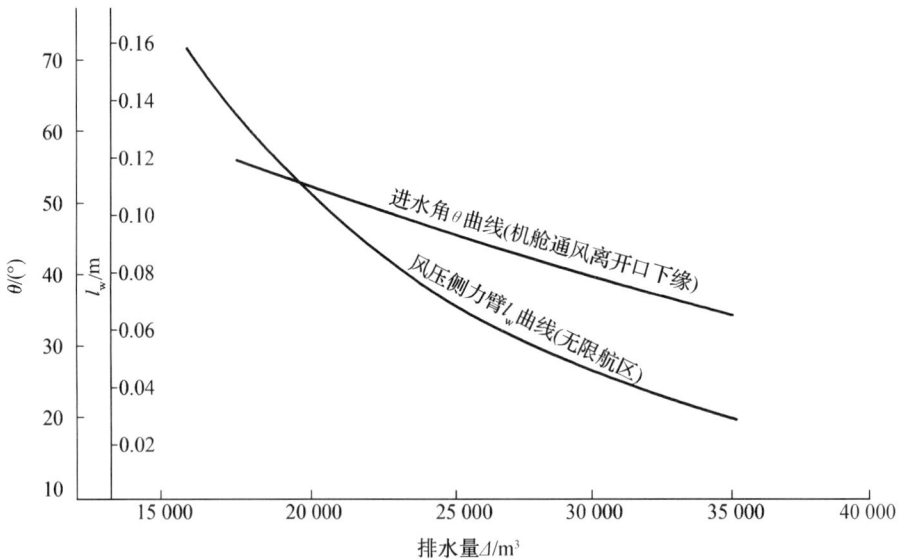

图 C-2 "L 轮"进水角曲线

12. "L 轮"形状稳性力臂 *KN* 曲线(图 C-3)

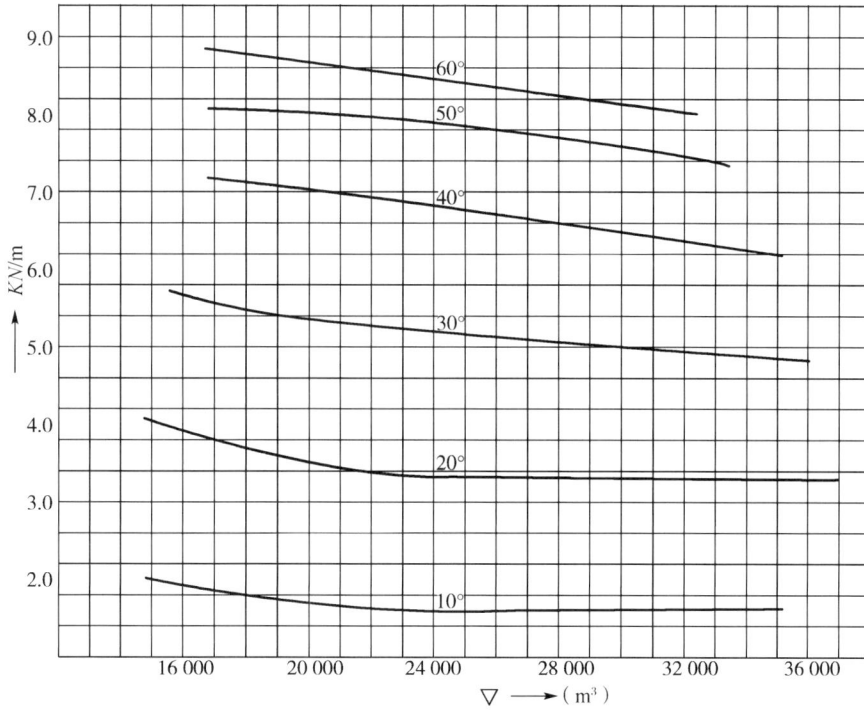

图 C-3　"L 轮"形状稳性力臂 *KN* 曲线

附录 D 杂货船积载格式与实例

下面以"Q 轮"为例介绍杂货船积载格式与实例。

一、杂货船积载格式

(一)核定航次货运任务与船舶载货能力是否相适应

1. 计算航次净载重量 NDW,查取航次装货重量,并判别能否承运;

2. 查取货物总体积及船舶总舱容,并判别能否承运;

3. 船舶其他装载能力是否满足要求。

(二)确定航次货重在各货舱、各层舱的分配控制数

见表 D-1、表 D-2。

表 D-1 各货舱配货重量核算表

离港别	舱别 数量/t	No. 1	No. 2	No. 3	No. 4	No. 5	合计
	各舱容占总值百分比	9.36%	25.77%	27.87%	22.47%	14.53%	100%
	各舱装载重量调整值/t	115	314	339	274	147	
离港	各舱装货重量 上下限允许范围/t	/	/	/	/	/	
	各舱实际装货重量/t						
离港	各舱装货重量 上下限允许范围/t	/	/	/	/	/	
	各舱实际装货重量/t						
离港	各舱装货重量 上下限允许范围/t	/	/	/	/	/	
	各舱实际装货重量/t						

表 D-2 各层舱配货重量核查表

舱层及离港港别	二层舱		
	离_____港	离_____港	离_____港
实配重量/t 所占百分比/%	/	/	/

(三)确定货物的舱位和货位(货物初步配舱)

货物配舱的基本要求(供参考):

1. 为满足稳性、纵强度和吃水差的要求,各舱实配货物重量应在上下限范围内,上下层舱配货重量比应保持在 30%~35%,65%~70%;

2. 合理确定不同货物的舱位和货位;

3. 忌装货物之间应进行妥善隔离;

4. 无重货压轻货,易碎品受压现象;

5. 各舱室实际配货体积至少需小于该舱舱容 20 m³;

6. 满足装卸顺序要求,先卸港货不被后卸港货堵住;

7. 各卸港货物的装载左右均衡,船舶无初始横倾角。

(四)对初配方案进行全面核查

见表 D-3、表 D-4、表 D-5。

表 D-3　各货舱配货容积核查表

舱别	No. 1		No. 2		No. 3		No. 4		No. 5			合计
项目	二层舱	底舱	二层舱	底舱	二层舱	底舱	二层舱	底舱	贵重舱	二层舱	底舱	/m³
货舱容积 /m³	1 030	804	1 789	3 260	1 630	3 830	1 312	3 090	259	1 461	1 126	19 591
配货体积 /m³												

(五)离始发港状态下船舶的稳性、纵向受力和吃水差的核查与调整

表 D-4　船舶载荷力矩计算表

项目		重量 P_i/t	重心高度 Z_i/m	重心距舯距离 X_i/m		垂向重量力矩 $P_i Z_i$ /(t·m)	纵向重量力矩 $P_i X_i$/(t·m)		载荷对舯弯矩 $|P_i X_i|$ /(t·m)	自由液面倾侧力矩 ρi_x /(t·m)
				舯前+	舯后-		舯前+	舯后-		
货物	No. 1 二层舱		11.85	53.18						
	底舱		6.97	52.38						
	No. 2 二层舱		11.42	32.18						
	底舱		5.51	31.30						
	No. 3 二层舱		11.18	8.0						
	底舱		5.35	7.85						
	No. 4 二层舱		11.17		13.87					
	底舱		5.37		13.79					
	No. 5 二层舱		11.54		55.55					
	底舱		7.24		54.25					
	小计									

表 D-4(续)

项目	重量 P_i/t	重心高度 Z_i/m	重心距舯距离 X_i/m 舯前+	舯后−	垂向重量力矩 P_iZ_i/(t·m)	纵向重量力矩 P_iX_i/(t·m) 舯前+	舯后−	载荷对舯弯矩 $|P_iX_i|$/(t·m)	自由液面倾侧力矩 ρi_x/(t·m)
No.1 燃油舱(左)	203	0.77	7.61		156	1 545		1 545	
No.1 燃油舱(右)	253	0.76	7.61		192	1 941		1 941	
No.2 燃油舱(左)	164	0.77		13.88	126		2 276	2 276	
No.2 燃油舱(右)	206	0.76		13.95	157		2 874	2 874	
燃油深舱(左)	83	6.25		43.81	819		3 636	3 636	
燃油深舱(右)	83	6.25		43.81	519		3 636	3 636	
燃油沉淀舱(左)	49.5	7.12		43.85	352		2 171	2 171	
燃油沉淀舱(右)	49.5	7.12		43.85	352		2 171	2 171	
燃油日用柜(左)	25	10.76		13.85	269		346	346	
燃油日用柜(右)	21	10.64		44.00	223		924	924	
柴油舱(左)	94	1.01		30.78	95		95	95	
柴油舱(右)	116	1.02		32.57	118		118	118	
柴油日用柜(左)	12	10.70		39.35	128		472	472	
柴油日用柜(右)	12	10.70		39.35	128		472	472	
柴油沉淀柜	33	10.73		41.51	353		1 370	1 370	
滑油循环舱	20	1.32		37.60	26		752	752	
滑油储存柜	17	10.70		43.29	182		736	736	
气缸油柜(左)	7.5	10.70		43.85	80		329	329	
气缸油柜(右)	6.5	10.62		43.95	69		286	286	
污滑油舱	25	0.67		34.50	17		863	863	
小计	1 480				4 061	3 486	23 527	27 013	
饮水机	60	11.10		25.50	666		1 530	1 530	
淡水舱(左)	101	3.32		50.80	335		5 131	5 131	
淡水舱(右)	129	3.27		50.69	422		6 539	6 539	
锅炉水舱	19	1.07		40.31	20		766	766	
气缸冷水舱	13	0.92		27.40	12		356	356	
小计	322				1 455		14 322	14 322	
粮食	8	10.8		34.0	86		272	272	
船员和行李	10	15.5		30.0	155		300	300	
备品	10	13.0	15.0		130	150		150	
船舶常数	220	10.8		0.0	2 376		0	0	
小计	248				2 747	150	572	722	

（行首分类：油；淡水；其他）

表 D-4(续)

项目	重量 P_i/t	重心高度 Z_i/m	重心距舯距离 X_i/m		垂向重量力矩 P_iZ_i/(t·m)	纵向重量力矩 P_iX_i/(t·m)		载荷对舯弯矩 $\mid P_iX_i\mid$/(t·m)	自由液面倾侧力矩 ρi_x/(t·m)
			舯前+	舯后-		舯前+	舯后-		
空船	5 565.0	9.07		-8.63	50 475.0		48 026.0		
合计									

表 D-5 从船舶资料中查取

查表引数（排水量）	d_m/m	X_b/m	MTC/(t·m/cm)	KM/m	GM_c/m

1.1 计算离_____港(出发港)时的吃水差 t：

$$X_g = \frac{\sum P_iX_i}{\Delta} =$$

$$t = \frac{\Delta(X_g-X_b)}{100\ MTC} =$$

调整(若需要)：

$$\left\vert \sum P_iX_i \right\vert =$$

1.2 核算船舶离_____港(出发港)时的纵强度：

查船舶强度曲线图,船舶处于_____状态,

调整(若需要)：

1.3 计算船舶离_____港(出发港)时 GM 值,判别稳性是否符合要求：

$$KG_0 = \frac{\sum P_iZ_i}{\Delta} =$$

$$\delta GM_f =$$

$$GM = KM - KG_0 - \delta GM_f =$$

$$GM_0 + 0.2 =$$

$$GM > GM_C + 0.20$$

结论：

调整(若需要)：

1.4 横摇周期计算：

$$T_\theta = 0.58f\sqrt{\frac{B^2+4KG^2}{GM}}\quad(s)$$

2.1 计算到_____港(中途港)时的吃水差 t(油、水消耗方案自己拟定,以下同):

$$X_g = \frac{\sum P_i X_i}{\Delta} =$$

$$t = \frac{\Delta(X_g - X_b)}{100MTC} =$$

$$\left| \sum P_i X_i \right| =$$

调整(若需要):

2.2 核算船舶到_____港(中途港)时的纵强度:

查船舶强度曲线图,船舶处于_____状态,

调整(若需要):

2.3 计算船舶到_____港(中途港)时 GM 值,判别稳性是否符合要求:

$$KG_0 = \frac{\sum P_i Z_i}{\Delta} =$$

$$\delta GM_f =$$

$$GM = KM - KG_0 - \delta GM_f =$$

$$GM_C + 0.2 =$$

$$GM > GM_C + 0.20$$

结论:

调整(若需要):

2.4 横摇周期计算:

$$T_\theta = 0.58f\sqrt{\frac{B^2 + 4KG^2}{GM}} \quad (s)$$

3.1 计算离_____港(中途港)时的吃水差 t:

$$X_g = \frac{\sum P_i X_i}{\Delta} =$$

$$t = \frac{\Delta(X_g - X_b)}{100MTG} =$$

调整(若需要):

$$\left| \sum P_i X_i \right| =$$

3.2 核算船舶离_____港(中途港)时的纵强度:

查船舶强度曲线图,船舶处于_____状态,

调整(若需要):

3.3 计算船舶离_____港(中途港)时 GM 值,判别稳性是否符合要求:

$$KG_0 = \frac{\sum P_i Z_i}{\Delta} =$$

$$\delta GM_f =$$

$$GM = KM - KG_0 - \delta GM_f =$$

$$GM_c + 0.2 =$$

$$GM > GM_c + 0.20$$
结论：

调整(若需要)：

3.4 横摇周期计算：

$$T_\theta = 0.58 f \sqrt{\frac{B^2 + 4KG^2}{GM}} \quad (s)$$

4.1 计算到_____港(目的港)时的吃水差 t：

$$X_g = \frac{\sum P_i X_i}{\Delta} =$$

$$t = \frac{\Delta(X_g - X_b)}{100 MTC} =$$

调整(若需要)：

$$\left| \sum P_i X_i \right| =$$

4.2 核算船舶到_____港(目的港)时的纵强度：
查船舶强度曲线图,船舶处于_____状态,
调整(若需要)：

4.3 计算船舶到_____港(目的港)时 GM 值,判别稳性是否符合要求：

$$KG_0 = \frac{\sum P_i Z_i}{\Delta} =$$

$$\delta GM_f =$$

$$GM = KM - KG_0 - \delta GM_f =$$

$$GM_c + 0.2 =$$

$$GM > GM_c + 0.20$$
结论：

调整(若需要)：

4.4 横摇周期计算：

$$T_\theta = 0.58 f \sqrt{\frac{B^2 + 4KG^2}{GM}} \quad (s)$$

(六)绘制正式积载图

二、杂货船积载实例

"Q 轮"第038航次计划于11月10日在上海港拟承运下列"装货清单"(表D-6)所列货物,经苏伊士运河开往英国的伦敦和德国的汉堡港。全航程中船舶吃水无水深限制,船舶航速17.5 kn,船舶在始发港补足油水,无中途油水补给计划。船舶各液舱油水等储备量见表D-4,"Q 轮"其他详细资料见本教材附录B。试编制本航次积载计划。

表 D-6　装货清单

关单号码 S/O No.	件数及包装 No. of PKGS	货名 description	重量/t weight in metric tons	估计体积/m³ estimated space in cu. m	目的港 destination	备注 remarks
S/O1	32 500 cases	hard ware 五金	1 300	1 020	London	
S/O2	36 667 ctns	porcelain 瓷器	1 100	3 100	London	no pressing
S/O3	82 000 bags	sodium nitrate 亚硝酸钠	400	480	London	dangerous cargo class 5. 1
S/O4	26 428 bags	sunflower seed 葵花籽	1 000	3 000	London	
S/O5	550 ctns	canned goods 罐头	1 100	1 890	Hamburg	
S/O6	3 240 rolls	newsprint paper 新闻纸	810	2 187	Hamburg	
S/O7	In bulk	dead burned magnesite 重烧镁	3 000	2 400	Hamburg	
S/O8	1 600 drums	hog casing 肠衣	500	950	Hamburg	away from heat stow below waterline
S/O9	426 sheet	steel plate 钢板	1 500	765	Hamburg	
Total	183 411		10 710	15 792		

三、核定航次货运任务与船舶载货能力是否相适应

1. 计算航次净载重量 NDW,查取全船货舱总容积(包装舱容)

由开航日期查载重线海图得知本航次应使用夏季载重线,查得 $\Delta_S = 19\ 710$ t,根据续表D-5 所示得到 $\sum G = 1\ 830$ t,$C = 220$ t,从而

$$\text{NDW} = \Delta_S - \Delta_L - \sum G - C = 19\ 710 - 5\ 565 - 1\ 830 - 220 = 12\ 095 \text{ t}$$

查取全船货舱包装总舱容 $\sum V_{ch} = 19\ 332$ m³

2. 审核装货清单所列货物

经审核,装货清单所列货物总重 $\sum Q = 10\ 710$ t,包括亏舱的货物总体积为 $\sum V_c = 15\ 792$ m³。

3. 比较船舶的载货能力是否满足航次货运任务的要求

本航次计划货载中有少量特殊货物,其中有易碎品:瓷器(s/o2);危险货:亚硝酸钠(s/o3);怕热货:肠衣(s/o8)。根据本船情况,上述特殊货物可以承运。

由以上计算和分析可知,本船本航次载货能力大于货运任务,并初步判定货物的装运条件基本上可以满足,可以承运装货清单所列全部货物。

四、确定航次货重在各货舱、各层舱的分配控制数

见表D-7、表D-8。

表 D-7　各货舱配货重量核算表

港别	舱别 数量/t	No. 1	No. 2	No. 3	No. 4	No. 5	合计
各舱容占总值百分比		9.36%	25.77%	27.87%	22.47%	14.53%	100%
各舱装载重量调整值/t		115	314	339	274	147	
离上海港	各舱装货重量上下限允许范围/t	1 117/887	3 074/2 446	3 324/2 646	2 681/2 132	1 703/1 409	
	各舱实际装货重量/t	984	2 787	3 000	2 360	1 579	10 710

表 D-8　各层舱配货重量核查表

舱层及离港港别	二层舱	
	离上海港	离港
实配重量/所占百分比	3 567/33.3%	—

本船底舱和二层舱货物分配比例为66.7%和33.3%,即二层舱配货3 567 t,底舱配货7 143 t。

五、确定货物的舱位和货位(货物配舱)

1. 按港口和货物性质对货物分类和归纳

(1)伦敦货物港货物:共计3 800 t/7 600 m³,4 票。其中特殊货物有怕压货物:瓷器1 100 t/3 100 m³;危险货物:亚硝酸钠400 t/480 m³,其他都为普通货物。

(2)汉堡港货物:共计6 910 t/8 192m³。其中特殊货物有怕热货:肠衣500 t/950 m³;其他都为普通货物。

2. 配货整体思路

(1)本航次中间港口(伦敦港)货物3 800 t/7 600 m³,末港货物6 910 t/8 192 m³,因两港之间距离较近,可将伦敦港大部分货物配装于二层舱,汉堡港大部分货物则配装于底舱。

(2)本航次批量较大的货物应分装于几个舱内,便于货物的轻重搭配。

(3)瓷器属于易碎品,应配装于二层舱或底舱舱口下面,其他货物的上面,尽量后装

先卸。

（4）亚硝酸钠为第 5 类危险货物,和其他货物配装时要注意隔垫。

（5）肠衣为怕热货,配装于远离机舱且在水线以下舱位。

（6）其他一般货物可按照轻重搭配及不同到港的要求,分布于各舱中。

（7）配装时,适当考虑二层舱和底舱的配货比例,以取得适当的船舶稳性,另外,对伦敦港卸货以后货物重量在各舱的分布也要给予考虑,以保证卸货后船舶保证安全的航行性能。

3. 各舱配货结果见配载图,实际配载中,应先拟定配载方案,然后根据核查结果,待调整以后给出正式配载图。

六、对初配方案进行全面核查

1. 检查各舱货物的配置情况

各舱货物的配置,基本符合各项配装原则,货物搭配基本适当,无货物互抵及舱位选择不当情况。

2. 检查装货清单所列货物是否全部配入

经核查,装货清单所列货物已全部配入,无漏配重配现象,其重量和体积与装货清单所列完全一致,没有差错。

3. 核查卸货港港序是否满足

由配载图可知,伦敦港的货物大多配装于二层舱,只有少部分货物配装于底舱上层,因此,伦敦港的货物能够顺利卸出,不会发生倒载现象。

另外,两港货物均分别配装于各个货舱中,这样有利于货物多头作业,以减少船舶在港停泊时间。

4. 核查各舱配货重量及体积

各舱所装货物的体积见表 D-9,各货舱所装货物重量在表 D-10。

表 D-9　各货舱配货容积核查表

舱别 项目	No. 1		No. 2		No. 3		No. 4		No. 5			合计 /m³
	二层	底舱	二层	底舱	二层	底舱	二层	底舱	贵重	二层	底舱	
货舱容积	1 030	804	1 789	3 260	1 630	3 830	1 312	3 090	259	1 461	1 126	19 591
配货体积	1 000	780	1 755	2 276	1 580	3 180	619	2 257	230	1 400	715	15 792

七、离始发港状态下船舶的稳性、纵向受力和吃水差的核查与调整

1. 核算船舶离上海港时的稳性、吃水差、纵强度

（1）列表计算船舶重量、重心及对船中载荷弯矩

根据初配方案中各舱装货质量,列表计算船舶排水量、垂向重量力矩、纵向重量力矩、对船中载荷弯矩、自由液面倾侧力矩及船舶重心距基线高度、船舶重心距船中距离和自由液面修正值。

表 D-10 船舶载荷力矩计算表

项目	重量 P_i/t	重心高度 Z_i/m	重心距舯距离 X_i/m		垂向重量力矩 P_iZ_i/(t·m)	纵向重量力矩 P_iX_i/(t·m)		载荷对舯弯矩 $\lvert P_iX_i\rvert$/(t·m)	自由液面倾侧力矩 ρi_x/(t·m)
			舯前+	舯后−		舯前+	舯后−		
货物 No. 1 二层舱	354	11.85	53.18		4 195	18 826		18 826	
底舱	630	6.97	52.38		4 391	33 000		33 000	
No. 2 二层舱	1 317	11.42	32.18		15 040	42 381		42 381	
底舱	1 470	5.51	31.30		8 100	46 011		46 011	
No. 3 二层舱	767	11.18	8.0		8 575	6 136		6 136	
底舱	2 233	5.35	7.85		11 946	17 529		17 529	
No. 4 二层舱	550	11.17		13.87	6 143		7 628	7 628	
底舱	1 810	5.37		13.79	9 720		24 960	24 960	
No. 5 二层舱	579	11.54		55.55	6 682		32 163	32 163	
底舱	1 000	7.24		54.25	7 240		54 250	54 250	
小计	10 710				82 032	163 883	119 001	282 884	
油 No. 1 燃油舱(左)	203	0.77	7.61		156	1 545		1 545	
No. 1 燃油舱(右)	253	0.76	7.61		192	1 941		1 941	
No. 2 燃油舱(左)	164	0.77		13.88	126		2 276	2 276	
No. 2 燃油舱(右)	206	0.76		13.95	157		2 874	2 874	
燃油深舱(左)	83	6.25		43.81	819		3 636	3 636	
燃油深舱(右)	83	6.25		43.81	519		3 636	3 636	
燃油沉淀舱(左)	49.5	7.12		43.85	352		2 171	2 171	
燃油沉淀舱(右)	49.5	7.12		43.85	352		2 171	2 171	
燃油日用柜(左)	25	10.76		13.85	269		346	346	
燃油日用柜(右)	21	10.64		44.00	223		924	924	
柴油舱(左)	94	1.01		30.78	95		95	95	
柴油舱(右)	116	1.02		32.57	118		118	118	
柴油日用柜(左)	12	10.70		39.35	128		472	472	
柴油日用柜(右)	12	10.70		39.35	128		472	472	
柴油沉淀柜	33	10.73		41.51	353		1 370	1 370	
滑油循环舱	20	1.32		37.60	26		752	752	
滑油储存柜	17	10.70		43.29	182		736	736	
气缸油柜(左)	7.5	10.70		43.85	80		329	329	
气缸油柜(右)	6.5	10.62		43.95	69		286	286	
污滑油舱	25	0.67		34.50	17		863	863	
小计	1 480				4 061	3 486	23 527	27 013	

表 D-10(续)

项目		重量 P_i/t	重心高度 Z_i/m	重心距舯距离 X_i/m		垂向重量力矩 P_iZ_i /(t·m)	纵向重量力矩 P_iX_i/(t·m)		载荷对舯弯矩 $\lvert P_iX_i\rvert$ /(t·m)	自由液面倾侧力矩 ρi_x /(t·m)
				舯前+	舯后-		舯前+	舯后-		
淡水	饮水机	60	11.10		25.50	666		1 530	1 530	
	淡水舱(左)	101	3.32		50.80	335		5 131	5 131	
	淡水舱(右)	129	3.27		50.69	422		6 539	6 539	
	锅炉水舱	19	1.07		40.31	20		766	766	
	汽缸冷水舱	13	0.92		27.40	12		356	356	
	小计	322				1 455		14 322	14 322	
其他	粮食	8	10.8		34.0	86		272	272	
	船员和行李	10	15.5		30.0	155		300	300	
	备品	10	13.0	15.0		130	150		150	
	船舶常数	220	10.8		0.0	2 376		0	0	
	小计	248				2 747	150	572	722	
空船		5 565.0	9.07		-8.63	50 475.0	48 026.0			
合计		18 325	7.68		-2.07	140 771	167 519	205 448	310 619	

(2)查取有关静水力参数

根据船舶离开上海港的排水量,邮静水力参数表及临界稳性高度曲线图中查取有关数据,如表 D-11 所示。

表 D-11　静水力参数表

查表引数(排水量)	d_m/m	X_b/m	MTC/(tm/cm)	KM/m	GM_C/m
18 325	8.66	-0.96	219	8.86	0.60

(3)计算初稳性高度、横摇周期及吃水差、校核总纵强度。

①计算并校核稳性

$$KG_1 = \frac{\sum P_iZ_i}{\Delta} = 7.68 \text{ m}$$

未经自由液面修正的初稳性高度:

$$GM_1 = KM_1 - KG_1 = 8.86 - 7.68 = 1.18 \text{ m}$$

经过自由液面修正后的初稳性高度:

$$G_0M_1 = GM_1 - \delta GM_{fl} = 1.18 - 0 = 1.18 \text{ m}$$

查找船舶最小许用初稳性高度曲线得到船舶在离开上海港时的最小初稳性高度:

$$GM_C = 0.6 \text{ m}$$

所以
$$G_0M_1 > GM_C + 0.2$$

②计算横摇周期

$$T_{\theta1} = 0.58f\sqrt{\frac{B^2+4KG^2}{GM_1}} = 14 \text{ s}$$

③计算吃水差

$$t = \frac{\Delta(X_g - X_b)}{100\text{MTC}} = \frac{18\,325(-2.07+0.96)}{100\times219} = -0.93 \text{ m}$$

④核算船舶离港时的纵强度

$$\left|\sum P_iX_i\right| = 310\,619\times9.81 \text{ kn}\cdot\text{m}$$

查船舶强度曲线表,船舶处于中拱有利状态。

结论:经过初配后的船舶稳性、吃水差和船舶强度都符合要求。

2. 核算船舶到达伦敦港时的稳性、吃水差和总纵强度

(1)根据上海到伦敦的航程、船舶航速及油水消耗定额并考虑消耗天数,经计算得到船舶到达伦敦港时油水存量如表 D-12 所示。

表 D-12　核算表(1)

项目	重量 /t	垂向重量力矩 /(9.81 kn·m)	纵向重量力矩 /(9.81 kn·m)		对船中 载荷弯矩	自由液面力矩 /(9.81 kn·m)
			船中前	船中后		
油舱	430	1 240	5 314		19 980	302
淡水舱	20	90		890	890	
其他	15	157		180	180	
合计	465	1 487	4 224		21 050	302

(2)计算船舶到达伦敦港时的排水量、垂向重量力矩、纵向重量力矩、载荷对船中弯矩、重心据基线高度、重心距船中距离、自由液面倾侧力矩和它对初稳性高度的影响,表 D-13 所示。

表 D-13　核算表(2)

项目	重量 /t	重心 基线 距离	重心距舯距离		垂向 重量 力矩	纵向重量力矩 (9.81kn·m)		对中 载荷 弯矩	自由 液面 倾侧 力矩
			船中前	船中后		船中前	船中后		
货物合计	10 710				82 032	44 882		282 884	
其他合计	6 250				54 338		70 478	21 050	302
合计	16 960	8.04			136 370		25 592	303 934	302

(3)查取有关静水力参数

根据船舶抵达伦敦港时的排水量,查取静水力参数表和临界稳性高度曲线图中查得有关数据如表 D-14 所示。

表 D-14　静水力参数查取表

名称	排水量	平均吃水	横稳心距基线高度	浮心距船中距离	漂心距船中距离	每厘米吃水吨数	厘米纵倾力矩	临界稳性
数值	16 960 t	8.12 m	8.77 m	−0.651 m	−4.46 m	24.75 t/cm	207.88	0.32 m

(4)计算船舶到达伦敦港时的稳性、吃水差

①未经自由液面修正的初稳性高度

$$GM_2 = KM_2 - KG_2 = 8.77 - 8.04 = 0.773 \text{ m}$$

经过自由液面修正后的初稳性高度

$$G_0M_2 = GM_2 - \frac{\delta\rho i_x}{\Delta_2} = 0.73 - \frac{302}{16\,960} = 0.71 \text{ m}$$

②计算横摇周期

$$T_{\theta2} = 0.58f\sqrt{\frac{B^2 + 4KG^2}{GM_1}} = 18 \text{ s}$$

③吃水差

$$t_2 = \frac{\Delta_2(x_{g2} - x_{b2})}{100\text{MTC}} = \frac{16\,960 \times (-1.5 + 0.651)}{100 \times 207.88} = -0.7 \text{ m}$$

④查取船舶载荷曲线:

由 $d_{m2} = 8.12$ m 和 $\sum P_i X_i = 303\,934 \times 9.81$ kn·m 查强度曲线图可知,船舶到达伦敦港的总纵强度处于中供有利范围之内。

3. 核算船舶到达汉堡港时的稳性、吃水差和总强度

由于伦敦港到汉堡港之间航程短,途中油水消耗数量少,对船舶稳性、吃水差和纵强度影响不大,故对到达港(汉堡)状态核算不再赘述。

八、绘制正式积载图(图 D-1)

中国远洋运输公司
CHINA OCEAN SHIPPING COMPANY
货物积载图
STOWAGE PLAN

船名(M.V/S.S.)　Q轮　　038
航次(VOY.)　038　自(FROM) SHA　至(TO) LONDON
水尺(DRAFT)：首(F.) 8.16　后(A.) 9.09　平均(M.) 8.66

船位	甲板	二层舱	底舱	总计件数/吨数
第一舱		354	630	11 950/984
第二舱		1 317	1 470	32 017/2 787
第三舱		767	2 233	108 424/3 000
第四舱		550	1 810	11 631/2 360
第五舱		579	1 000	19 385/1 579
总　计		3 567	7 143	183 411/10 710

卸港	第一舱	第二舱	第三舱	第四舱	第五舱	甲板	总　计
伦敦	354	1 117	1 400	350	579		3 800
汉堡	630	1 670	1 600	2 010	1 000		6 910
总　计	984	2 787	3 000	2 360	1 579		10 710

NO. 1
L S/O ② 瓷器　354 t 11 800 ctns
H S/O ⑤ 罐头　300 t 150 ctns
H S/O ⑦ 重烧镁　330 t 265 m³

NO. 2
L S/O ② 瓷器　167 t 5 567 ctns
L S/O ① 五金　950 t 23750 C/S
H S/O ⑥ 新闻纸　200 t 800 rolls
H S/O ⑤ 罐头　600 t 300 ctns
H S/O ⑦ 重烧镁　370 t 296 m³
H S/O ⑧ 肠衣　500 t 1 600d rums

NO. 3
L S/O ④ 葵花籽　367 t 8810 bags
L S/O ③ 亚硝酸钠　400 t 82 000 bags
L S/O ④ 葵花籽　633 t 17 618 bags
H S/O ⑦ 重烧镁　1600 t 1 280 m³

NO. 4
L S/O ① 五金　350 t 8 750 C/S
S/O ⑤ 罐头　200 t 100 ctns
H S/O ⑥ 新闻纸　610 t 2 440 rolls
H S/O ⑨ 钢板　1 200 t 341 sheet

NO. 5
L S/O ② 瓷器　497 t 16 567 ctns
L S/O② 瓷器　82t 2 733 ctns
H S/O ⑦ 重烧镁　700 t 560 m³
H S/O ⑨ 钢板　300 t 85 sheet

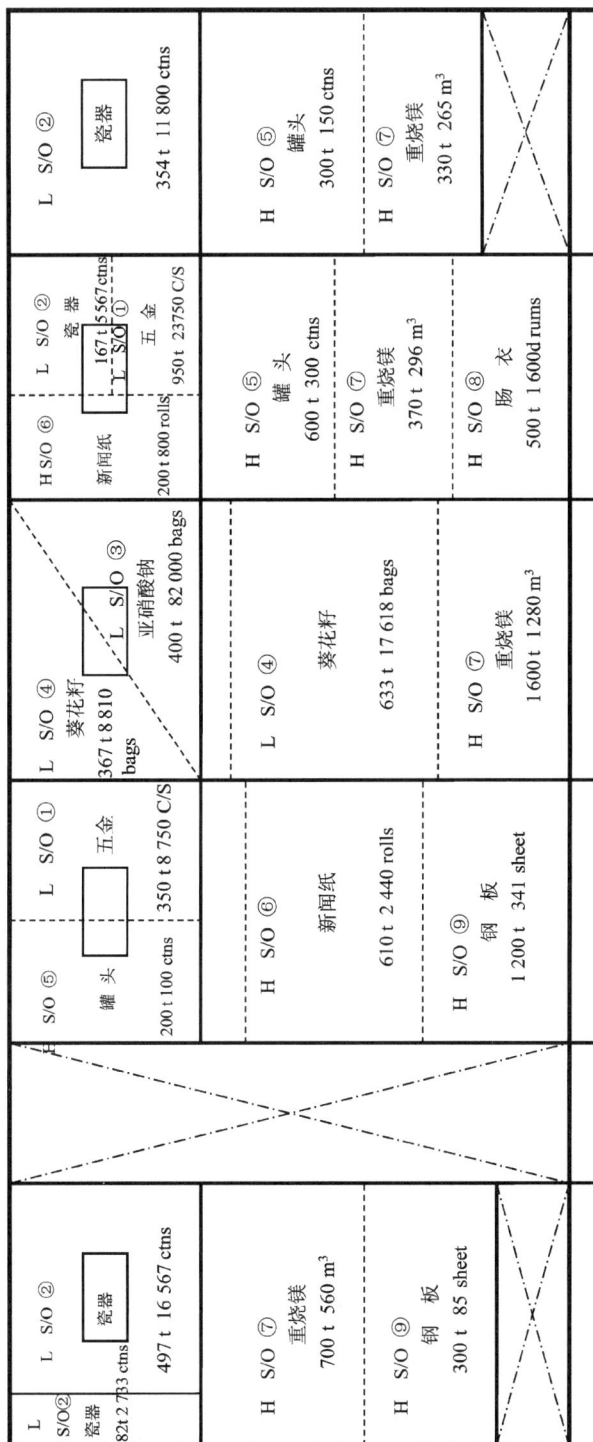

备注　1. 吊杆负荷量 5 吨；　2. 申请理货；　3.No.1、No.2、No.3 舱中重烧镁上面铺新闻纸；　4.No.2 船肠衣上面和No.2 舱二层舱新闻纸上辅塑料布；　5. No.3 二层舱葵花籽上面铺帆布。

大副签章（SIGNATURE OF C/O.）

图D-1　积载图

附录 E 散粮船积载格式

一、CCS 制定的稳性标准计算书

(资料以"L轮"为例)装载情况见表 E-1,填写表 E-2、表 E-3、表 E-4。

表 E-1 装载情况(谷物重量:吨积载因素:m³/t)

项目	重量 P/t	重心垂向坐标/m	垂向力矩 ∑PZ ×9.81 kN·m	重心纵向坐标/m	纵向力矩 船中前 ×(9.81 kN·m)	纵向力矩 船中后 ×(9.81 kN·m)	谷物体积倾侧力矩/m⁴	自由液面矩 ×9.81 kN·m
空船	8 486.55	9.656	76 924.8	-9.713			-77 380	
船员备品	10.2	21.0	214.0	-59			-602	
粮食	13.6	16.0	218.0	-74			-1005	
燃油	2 283.2	4.223	9 642.5	-26.96			-61 554	
淡水	374.7	12.965	4 858.0	56.481	21 163			
小计	10 648.6		91 858				-119 378	
货舱								
第一货舱								
第二货舱								
第三货舱								
第四货舱								
第五货舱								
第六货舱								
小计								
总计								

表 E-2 查取资料并计算填表

平均吃水 d_m	m	自由液面修正值 δGM	m
浮心纵向坐标 X_b	m	修正后重心高度 KG_0	m
厘米纵倾力矩 MTC	×9.81 kN·m/cm	修正后初稳性高度 GM_0	m
吃水差 t	m	许用倾侧力矩 M_a	×9.81 kN·m
横稳心垂向坐标 KM	m	计算倾侧力矩 M_u	×9.81 kN·m
重心垂向坐标 KG	m	如 $M_u < M_a$,符合要求	
初稳性高度 GM	m	如不符合,则采取措施	

表 E-3 静稳性力臂计算表格

θ	10°	20°	30°	40°	50°	60°
KN/m						
$\sin\theta$						
$KG\times\sin\theta/\text{m}$						
$GZ = KN - KG\times\sin\theta$						

表 E-4 θ_m 前剩余稳性面积计算

	$GZ-\lambda_\text{H}$	辛氏系数	乘积
	(1)	(2)	(1)×(2)
a		1	
b		4	
c		2	
d		4	
e		2	
f		4	
g		1	
$\sum$			

$$\lambda_0 = M_\text{u}/\Delta = \qquad (\text{m})$$
$$\lambda_{40} = 0.8\times\lambda_0 = \qquad (\text{m})$$
$$S = \qquad (\text{m}\cdot\text{rad})$$

如 $S>0.075$ m·rad,符合要求。

结论:

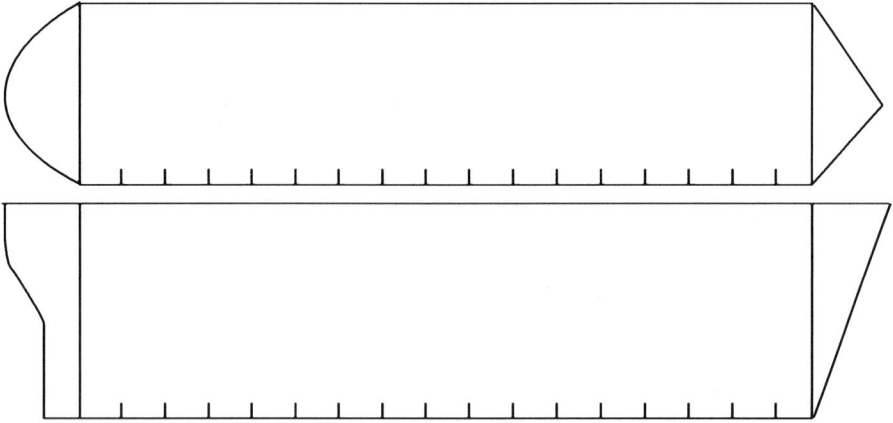

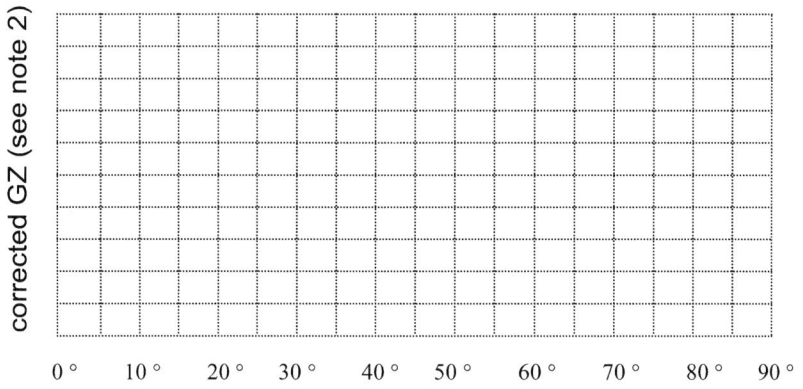

corrected GZ (see note 2)

0° 10° 20° 30° 40° 50° 60° 70° 80° 90°

二、澳大利亚装载散装合物船舶的重金属标准计算表(运输部)

（DEPARTMENT OF TRANSPORT）

<table>
<tr><td rowspan="11">CALCULATION OF STABILITY FOR SHIPS LOADING BULK GRAIN</td><td colspan="3">PORT OF REGISTRY</td></tr>
<tr><td colspan="3">OFFICIAL NUMBER</td></tr>
<tr><td colspan="3">TYPE OF SHIP</td></tr>
<tr><td colspan="3">☐ Bulk carrier　☐Tween Decker　☐Tanker　☐Other-Specify</td></tr>
<tr><td>SUMMER DRAFT</td><td colspan="2">SUMMER FREE BOARD</td></tr>
<tr><td>SUMMER DEADWEIGHT</td><td>F.W.A.</td><td>T.P.CM</td></tr>
<tr><td>Tons/Tonnes</td><td>INS/MMS</td><td>T.P.I</td></tr>
<tr><td colspan="3">LOADING PORT(S)</td></tr>
<tr><td colspan="3">DISCHARGING PORT(S)</td></tr>
<tr><td colspan="3">GRAIN STABILITY INFORMATION APPROVAL AUTHORITY AND DATE</td></tr>
</table>

CARGO PLAN: INDICATE HOLDS, TWEENDECKS, COAMINGS/TRUNKS, TYPE OF GRAIN, SECURED AND UNSECURED SURFACES AND BALLAST

<table>
<tr><td colspan="4" align="center">DEPARTURE CONDITION</td></tr>
<tr><td colspan="2">CREW & STORES (CONSTANT)</td><td colspan="2">BALLAST</td></tr>
<tr><td colspan="2">BUNKERS</td><td colspan="2">CARGO</td></tr>
<tr><td colspan="2">FRESH WATER</td><td></td><td>Tons</td></tr>
<tr><td>DRAFT　　F　　A　　M</td><td>Ft / m</td><td>TOTAL DEADWEIGHT</td><td>Tonnes</td></tr>
</table>

I CERTIFY THAT THE CALCULATIONS SHOWN ON THIS DOCUMENT INDICATE THE WORST STABILITY CONDITION THAT WILL BE EXPERIENCED DURING THE VOYAGE AND THAT THE INFORMATION GIVEN IN THIS DOCUMENT IS CORRECT.

_____　　_____　　_____

　DATE　　　　　　　　　　PORT　　　　　　　　　　MASTER

START HERE →

IS SHIP SUPPLIED WITH APPROVED DOCUMENTATION UNDER IMCO RESOLUTIONS 184 OR 264 OR SOLAS 1974 PART A7 (i.e. ANGLE OF HEEL LESS THAN 12°) ?

— NO → IS SHIP SUPPLIED WITH APPROVED DOCUMENTATION AS SPECIALLY SUITABLE SHIP UNDER SOLAS 1960 REGULATION 12 SOLAS 1974 PART B (V) (c)? (i.e. ANGLE OF HEEL LESS THAN 5°)

— NO → IS YOUR SHIP A TANKER AND NO APPROVED SCHEME OF LOADING IS PROVIDED?

— NO → IS YOUR SHIP AN "EXISTING" SHIP AND NO APPROVED SCHEME OF LOADING IS PROVIDED?

YES branch (from first box):

IS SHIP PROVIDED WITH ALLOWABLE HEELING MOMENT CURVE OR TABLE?

— YES → COMPLETE TABLES 1, 2, 3, 4, 5, 6 AND 7 CALCULATION COMPLETED

— NO → COMPLETE TABLES 1, 2, 3, 4, 5, 6 AND 8

→ FOR THIS CONDITION IS GZ CURVE OF NORMAL FORM AND DO MAXIMUM GZ AND FLOODING ANGLE OCCUR AT ANGEL OF HEEL GREATER THEN 40°?

— YES → COMPLETE TABLE 9 CALCULATION COMPLETED

— NO → COMPLETE TABLE 10 CALCULATION COMPLETED

YES branch (from second box):

IS SHIP PROVIDED WITH ALLOWABLE HEELING MOMENT CURVE OR TABLE?

— YES → COMPLETE TABLES 1, 2, 3, 4, 6 AND 7 CALCULATION COMPLETED

— NO → COMPLETE TABLES 1, 2, 3, 4, 6, AND 11 CALCULATION COMPLETED

YES branch (from tanker box):

COMPLETE TABLES 1, 2, 3, 4, 6, 12 AND 8

→ FOR THIS CONDITION, IS GZ CURVE OF NORMAL FORM AND DO MAXIMUM GZ AND FLOODING ANGLE OCCUR AT ANGLE OF HEEL GREATER THEN 40°?

— YES → COMPLETE TABLE 9 CALCULATION COMPLETED

— NO → COMPLETE TABLE 10 CALCULATION COMPLETED

"EXISTING" ship box:

COMPLETE TABLES 1, 2, 4, 6 AND 12

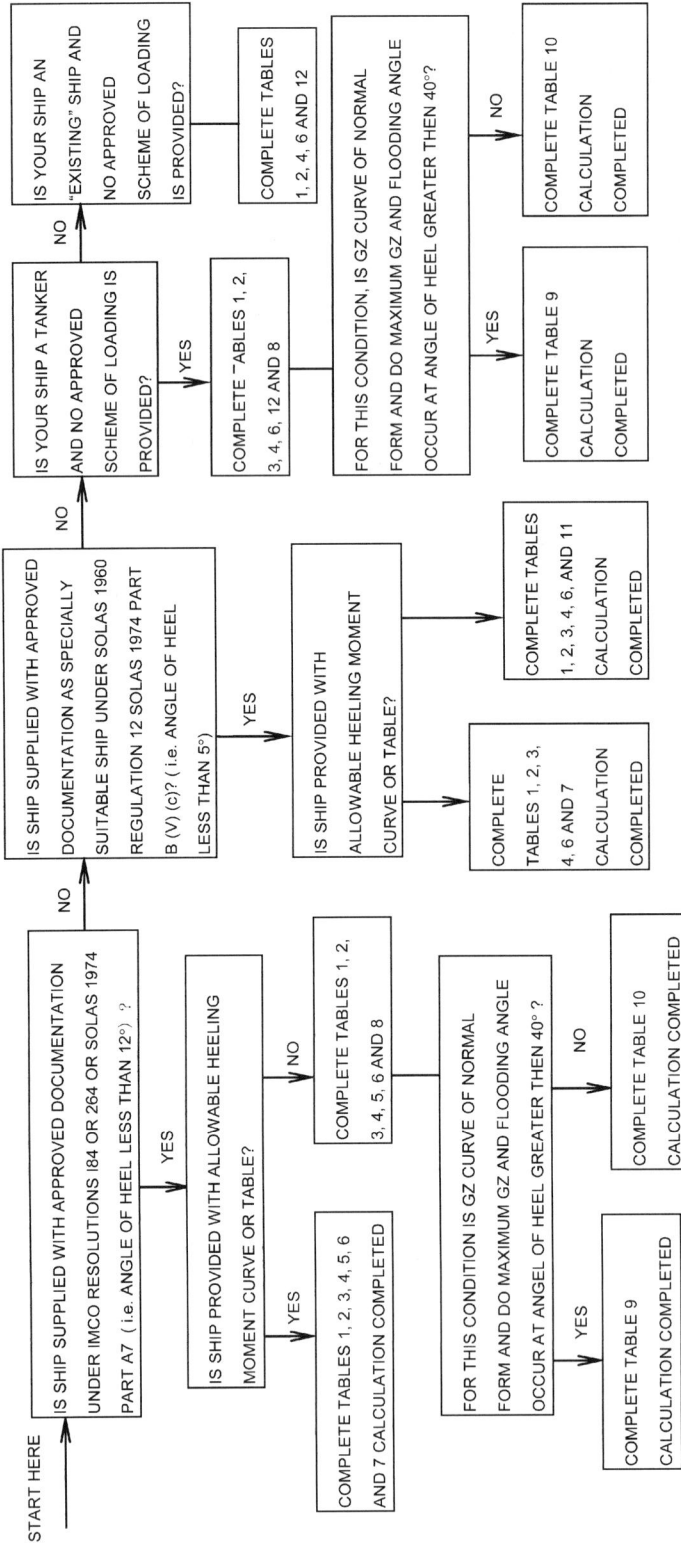

SHOULD YOU WISH TO LOAD IN A MANNER OTHER THAN SHOWN IN THE ABOVE DIAGRAM CONSULT DEPARTMENT OF TRANSPORT SURVEYOR

BEFORE COMMENCING TO LOAD

NOTES ON TABLES

TABLE 3 - STOWAGE FACTOR - WHERE TWO KINDS OF GRAIN ARE STOWED IN THE SAME COMPARTMENT, USE THE STOWAGE FACTOR OF THE GRAIN AT THE SURFACE.

-CORRECTION FACTOR COLUMN 5 - THIS IS NOT TO BE APPLIED IN THE CASE OF SHIPS LOADING AS A SPECIALLY SUITABLE SHIP.

TABLE 8 - WHERE THE ANGLE OF HEEL IS CLOSE TO OR ABOVE 12°, A MORE ACCURATE ANGLE OF HEEL MAY BE ESTABLISHED BY USING GRAPHIC METHODS IN TABLE 10.

TABLE 12 - THIS METHOD FOR TANKERS GIVES THE WORST CONDITION i.e. ALL TANKS ARE ASSUMED TO BE PARTLY FILLED. THE KG OF THE CARGO IN A TANK IS TO BE ASSUMED TO BE AT THE VOLUMETRIC CENTRE OF THE TANK WHEN CALCULATING THE KG OF THE SHIP IN TABLE 2. WHERE A TANK IS LESS THAN 50% FULL.. THE ACTUAL KG OF THE GRAIN MAY BE USED PROVIDED THE UPSETTING MOMENT FOR THAT TANK IS MULTIPLIED BY 1.12.

THIS TABLE IS TO BE COMPLETE FOR THE WORST CONDITION THAT CAN OCCUR DURING THE VOYAGE - TABLE 4 MUST BE FILLETED TO SHOW MOVEMENTS OF LIQUIDS DURING VOYAGE. FOR FULL COMPARTMENTS INDICATE WHETHER CARGO CENTRES "C" OR VOLUME CENTRES "V" ARE USED IF YOUR GRAIN STABILITY INFORMATION DOES NOT DESCRIBE WHICH ARE USED PRESUME "V" VALUES USED AND USE KG GIVEN FOR THE TOTAL MOMENT OF COMPARTMENTS.

TABLE 2

Compartment Number	Weight Tons Tonnes	KG FT/M	Solid Moments - Weight × Kg Ft-tons/M-Tonnes	C or V Centres	Grain Cubic CU. FT/M
LIGHT SHIP	8486.55	9.53	80846.80		
CREW & STORES	10.2	21.00	214.00		
CARGO					
Sub-Total (1)		Sub-Total (2)			

LIQUID'S WORST CONDITION

Tank Number	Weight Tons Tonnes	KG FT/M	Liquid Moments -Weight × Kg Ft-Tons /M-Tonnes		Free surface (F.S.)Moments
FUEL /LUB OIL	289.05	5.94			98.00
FRESH WATER	40.00	11.75			65.20
BALLAST WATER	262.00	9.60			267.10
Sub-Total Sub-Total (1)	+	Sub-Total Sub-Total (2)	+	TOTAL F.S 430.30 MOMENTS	
Displacement		Total Moments			

FILLED COMPARTMENTS (i) If "V" centres have been used in Table 2 - No correction is needed.

(ii) If "C" centres have been used in Table 2 - Correction factor is 1.06.

PARTLY FILLED COMPARTMENTS: CORRECTION FACTOR OF 1.12 IS TO DE USED EXCEPT.

(i) Where "V" centre of full compartment has been used in Table 2.

(ii) Where table or curve of upsetting moments has been adjusted for this correction.

TABLE 3

1	2	3	4	5	6
Grain Depth or Ullage Ft/M	Volumetric Upsetting Moment Ft^4 / m^4	Stowage Factor CU. FT per Ton / CU.M.per tonnes	Uncorrected Upsetting Moment Ft.Tons/M.Tonnes $(2) \div (3)$	Correction factor to allow for Vertical Shift of Grain Surface	Corrected Upsetting Moments Ft. tons/M. tonnes $(4) \times (5)$
		Total Uncorrected Upsetting Moment		Total Corrected Upsetting Moments	

TABLE 4

TABLE 2 HAS BEEN COMPLETED FOR THE WORST CONDITION THAT WILL BE EXPERIENCED DURING THE VOYAGE. THE PROGRAM OF USE, TRANSFER AND ADDITION OR DISCHARGE OF LIQUIDS DURING THE VOYAGE IS EXPECTED TO BE AS FELLOWS

....

....

....

....

....

DAILY CONSUMPTION OF FUEL AND WATER

TABLE 5 ALTERNATIVE METHOD OF CORRECTING

UPSETTING MOMENTS TO ALLOW FOR VERTICAL SHIFT OF GRAIN SURFACE

TABLE 6 CALCULATION OF KG & GM

UNCORRECTED KG FROM: $\dfrac{\text{TOTAL MOMENTS(TABLE 2)}}{\text{DISPLACEMENT(TABLE 2)}}$ =   +   M   FT

LIQUID F.S. GAIN FROM: $\dfrac{\text{TOTAL F.S. MOMENTS(TABLE 2)}}{\text{DISPLACEMENT(TABLE 2)}}$ =

CORRECTED KG =   −

KM(FROM SHIPS STABILITY INFORMATION)FOR DISPLACEMENT SHOWN IN TABLE 2   +

LEAST GM =   FT/M (MUST NOT BE LESS THAN 12 INCHES/ 0.3M)   =

TABLE 7　MAXIMUM ALLOWABLE UPSETTING MOMENTS

CORRECTED KG OR GM (FROM TABLE 6)

DISPLACEMENT (FROM TABLE 2)

(A) MAXIMUM ALLOWABLE UPSETTING MOMENT (FROM SHIP'S STABILITY BOOK) $\boxed{\text{A}}$

(B) ACTUAL CORRECTED VALUE OF UPSETTING MOMENTS FROM (TABLE 3). $\boxed{\text{B}}$

　　IF (A) EXCEEDS (B) SHIP COMPLIES.

NOTE: WHERE THE SHIPS DATA SHOWS THE MINIMUM GM OR MAXIMUM KG ALLOWED FOR THE ACTUAL UPSETTING MOMENT, THIS FORM SHOULD BE COMPLETED BY USING THE ACTUAL KG OR GM AND ENTERING THE TABLE OR CURVE IN THE SHIPS DATA TO FIND THE MAXIMUM ALLOWABLE HEELING MOMENT.

TABLE 8　ANGLE OF HEEL CALCULATION (FOR 12° CRITERION)

$$\text{NAT TAN ANGLE OF HEEL} = \frac{\text{SUM OF CORRECTED UPSETTING MOMENTS (TABLE 3)}}{\text{DISPLACEMENT (TABLE 2)} \times \text{GM (TABLE 6)}}$$

$$= \frac{}{ \times } =$$

ANGLE OF HEEL　　　　=

ANGLE IS LESS THAN 12° SHIP COMPILES.

TABLE 9　CORRECTED RIGHTING ARM AT 40° HEEL USING CROSS CURVES

KN OR GZ FOR 40° FROM CROSS CURVES (SHIPS STABILITY INFORMATION) =_____ Ft/M

WHERE KN GIVEN,

　　ACTUAL GZ AT 40° = KN $-$ CORRECTED KG (TABLE 6) $\times$ SIN 40°

　　　　　= $-$ 　　　　　$\times$ 0.6428 　　　　　　　= A_____.

　　OR 　　　　　　　　　　　　　　　　　　　　　　　　　　　　OR

WHERE GZ IS GIVEN FOR ASSUMED KG.

　　KG ON WHICH GZ CURVES ARE BASED (SHIPS STABILITY INFORMATION)=

　　　　　　　ACTUAL CORRECTED KG (TABLE 6)　　=_____

　　　　　　　KG DIFFERENCE　　　　　　　$\pm$_____.

ACTUAL GZ 40°　= GZ FROM CURVES $\pm$ KG DIFFERENCE $\times$ SIN 40°

　　　= 　　$\pm$　　　$\times$ 0.6428 　　　　　　　= A_____.

$$\text{UPSETTING ARM CORRECTION} = \frac{\text{CORRECTED UPSETTING MOMENTS (TABLE 3)}}{\text{DISPLACEMENT (TABLE 2)}} \times 0.8$$

$$= \frac{}{} \times 0.8 = \underline{B}$$

(A $-$ B) CORRECTED GZ AT 40° HEEL =_____

IF CORRECTED GZ EXCEEDS 1.008 Ft. OR 0.307 M SHIP COMPLIES (SEE NOTE BELOW).

IF GZ CURVE IN THE NEAREST TYPICAL LOADED CONDITION SHOWN IN STABILITY BOOKLET IS OF NORMAL FORM AND MAXIMUM GZ OCCURS AT NOT LESS THAN 40°, OR THE ANGLE OF FLOODING OCCURS AT NOT LESS THAN 40°, THEN THE COMPLETION OF TABLE 9 IS SUFFICIENT TO DEMONSTRATE COMPLIANCE WITH REQUIREMENT FOR RESIDUAL AREA. IF ANY OF THESE CONDITIONS ARE NOT MET TABLE 10 IS TO BE COMPLETED.

TABLE 10 UPSETTING ARM CURVE AND RIGHTING ARM CURVE

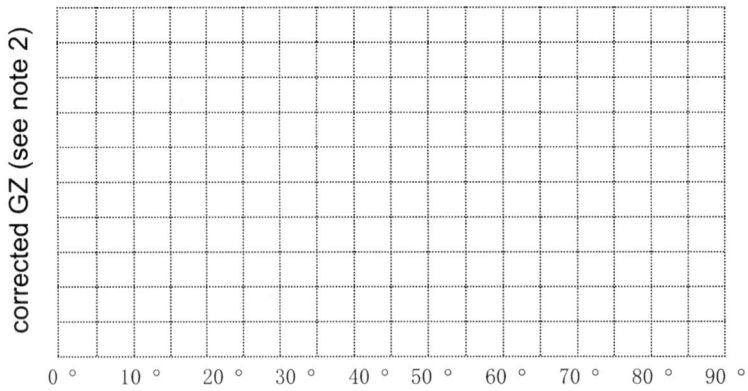

ANGLES OF HEEL (LIMITING ORDINATE FOR AREA IS 40°, ANGLE OF MAXIMUM GZ

VALUE OR FLOODING ANGLE WHICHEVER IS LEAST)

CORRECTION OF GZ VALUES									
ANGLES OF HEEL (°)	10°	20°	30°	40°	50°	60°	70°	80°	90°
KN or GZ FROM CROSS CURVES									
CORRECTIONS FOR DIFF.OF KG'S (See Note 3)									
CORRECTED GZ VALUES									

SIMPSON'S PRODUCT FOR AREA		
SELECTED ORDINATE (See Note 4)	S.M.	PRODUCT FOR AREA
0	1	0
	4	
	2	
	4	
	2	
	4	
	1	
SUM OF PRODUCTS		

AREA UNDER CURVE = $\dfrac{\text{SELECTED INTERVAL} \times \text{SUM OF PRODUCTS}}{3}$

$$= \dfrac{\underline{\hspace{3cm}}}{3} \times \underline{\hspace{2cm}}$$

= \underline{\hspace{3cm}} FT. DEGREES / M.DEGREES

MINIMUM REQUIREMENT = 14.104 FT.DEGREES / 4.296 M.DEGREES

NOTE 1: THE UPSETTING ARM CURVE IS A STRAIGHT LINE CONSTRUCTED BETWEEN THE FOLLOWING TWO VALUES:

$$\text{AT } 0° = \dfrac{\text{CORRECTED UPSETTING MOMENTS} \left(\text{TABLE } 3 \right)}{\text{DISPLACMENT} \left(\text{TABLE } 2 \right)}$$

AT 40° = 0.8 (VALUE AT 0°)

NOTE 2: THE VALUES OF GZ AND UPSETTING MOMENTS MUST BE DRAWN ON THE SAME SCALE.

NOTE 3: IF SHIP IS PROVIDED WITH KN CURVES, THE CORRECTION = $-$KG SIN40°.

　　　IF SHIP IS PROVIDED WITH GZ CURVES FOR ASSUMED KG THE CORRECTION

　　　　= ($\pm$KG DIFFERENCE) SIN 40°.

NOTE 4: THE POSITION OF THE SELECTED ORDINATE SHALL BE AS FOLLOWS:

(1) THE FIRST ORDINATE SHALL OCCUR AT THE INTERSECTION OF THE UPSETTING ARM CURVE AND THE GZ CURVE.

(2) OTHER ORDINATES SHALL OCCUR AT INTERVALS FROM THE POINT OF INTERSECTION

OF $\frac{1}{6}$ {NUMBER OF DEGREES BETWEEN POINT OF INTERSECTION AND LIMITING ANGLE}.

TABLE 11   ANGLE OF HEEL CALCULATION (FOR 5 ° CRITERION)

$$\text{NAT TAN ANGLE OF HEEL} = \frac{\text{SUM OF UPSETTING MOMENTS(TABLE3, COLUMN 4)}}{\text{DISPLACEMENT}\left(\text{TABLE 2}\right) \times \text{GM}\left(\text{TABLE 6}\right)}$$

$$= \frac{}{\times} =$$

ANGLE OF HEEL   =

IF ANGLE IS LESS THAN 5° SHIP COMPLIES.

TABLE 12 ANGLE OF HEEL CALCULATION FOR TANKERS (WHERE NO APPROVED DATA IS HELD ON BOARD)

TOTAL COMBINED LENGTH OF ALL WING TANKS TO BE LOADED (L)   =   FT.

(P. AND S. TANKS COUNTED SEPARATELY)   M.

MAXIMUM BREADTH OF WING TANKS TO BE LOADED (B)   =

TOTAL COMBINED LENGTH OF ALL CENTRE TANKS TO BE LOADED (L_1) =

MAXIMUM BREADTH OF CENTRE TANKS TO BE LOADED (B_1)   =

WING TANKS UPSETTING MOMENT

$$= \frac{0.0389 \text{L} \cdot \text{B}^3}{\text{S.F.}} = \frac{0.0389 \times \left(\text{L}\right) \quad \times \left(\text{B}\right) \quad \times \left(\text{B}\right) \quad \times \left(\text{B}\right)}{\text{S.F.}} =$$

CENTRE TANKS UPSETTING MOMENT

$$= \frac{0.0389 \text{L}_1 \cdot \text{B}_1^{\,3}}{\text{S.F.}} = \frac{0.0389 \times \left(\text{L}_1\right) \quad \times \left(\text{B}_1\right) \quad \times \left(\text{B}_1\right) \quad \times \left(\text{B}_1\right)}{\text{S.F.}} =$$

TOTAL CORRECTED UPSETTING MOMENT   FT. TONS

M. TONNES

THIS TOTAL CORRECTED HEELING MOMENT IS THEN USED TO SHOW COMPLIANCE BY COMPLETING TABLES 8, 9 AND 10 AS APPROPRIATE

SPACE FOR ADDITIONAL CALCULATIONS OR INFORMATION

TABLE 13 CALCULATION FOR SHIP WITHOUT APPROVED DOCUMENTATION OTHER THAN A TANKER

AVERAGE VOID

DEPTH(V_d) = MAXIMUM STANDARD VOID

DEPTH + 0.75 (GIRDER DEPTH

MM$-$600MM)FROM TABLE

= + 0.75($-$600MM)

= MM.

= METRES.

NOTE: MAXIMUM VOID DEPTH OCCURRING IN ANY FULL COMPARTMENT IS TO BE USED FOR THE CALCULATION BELOW.

MINIMUM REQUIRED GM =

$$\frac{L \cdot B \cdot V_d \left(0.25B - 0.645\sqrt{V_d \cdot B}\right)}{SF \cdot DISPLACEMENT \cdot 0.0875}$$

CALCULATION

DISTANCE FROM HATCH END OR HATCH SIDE TO BOUNDARY OF COMPARTMENT METERS	STANDARD VOID DEPTH MM.
0.5	570
1.0	530
1.5	500
2.0	480
2.5	450
3.0	440
3.5	430
4.0	430
4.5	430
5.0	430
5.5	450
6.0	470
6.5	490
7.0	520
7.5	550
8.0	590

FOR DISTANCE GREATER THAN 8.0 METERS STANDARD VOID DEPTH SHALL BE LINEARLY EXTRAPOLATED AT 80MM INCREASE FOR EACH 1.0M INCREASE IN DISTANCE

AVERAGE VOID DEPTH $\times$ MOULDED BREADTH OF SHIP = $[A]$

$\times$ =

$0.645\sqrt{A}$ = $[B]$

$0.645\sqrt{}$ =

$0.25 \times$ MOULDED BREADTH OF SHIP = $[C]$

$0.25 \times$ =

$[C] - [B]$ = $[D]$

$-$ =

MINIMUM REQUIRED GM = $\dfrac{\text{TOTAL COMBINED LENGTH OF ALL COMPARTMENTS} \times \text{MOULDE BREADTH OF SHIP} \times V_d \times [D]}{\text{STOWAGE FACTOR} \times \left(\text{DISPLACEMENT} \atop \text{FROM TABLE 2}\right) \times 0.0875}$

$= \dfrac{\times \qquad \times \qquad \times}{\times \qquad \times \ 0.0875}$

=

SHIP COMPLIES IF ACTUAL GM IS GREATER THAN MINIMUM REQUIRED GM OR 1.0 METER, WHICHEVER IS GREATER, THROUGHOUT THE VOYAGE.

附录 F 组件货物系固方案的核查计算方法

货物单元装于甲板上所受的外力主要由船舶运动引起的惯性力、风压力和波溅力所组成。就货物积载和系固而言,主要是横向力和纵向力。对货件的系固目的在于阻止货件的水平(主要是横向)移动和倾覆。

一、核查计算方法

1. 阻止货件运动的约束力和货件运动力的平衡条件

当 $F_y \leqslant [F_y]$ 时,货件不会产生横向移动;

当 $F_x \leqslant [F_x]$ 时,货件不会产生纵向移动;

当 $M_y \leqslant [M_y]$ 时,货件不会产生横向倾覆。

若同时满足以上条件时,系固方案符合要求。

其中 F_y,F_x——货件在横向和纵向的移动力,kN;

M_y——货件横向倾覆力矩,kN·m;

$[F_y]$,$[F_x]$——阻止货件移动的横向和纵向约束力,kN;

$[M_y]$——阻止货件横向倾覆的约束力矩,kN·m。

2. 货件移动力(力矩)的确定

$$F_y = m \cdot \alpha_y + F_{wy} + F_{sy}$$
$$F_x = m \cdot \alpha_x + F_{wx} + F_{sx}$$
$$M_y = F_y \times L_z$$

式中 m——货件的质量,t;

α_y,α_x,α_z——货件所在位置的横向、纵向和垂向加速度,m/s²;

F_{wy},F_{wx}——上甲板货件横向、纵向所受的风压力,kN;

F_{sy},F_{sx}——上甲板货件横向、纵向所受的波溅力,kN;

L_z——货件横向倾覆力臂,m。

(1)货件所受加速度的确定

$$\alpha_y = \alpha_{0y} \cdot K_1 \cdot K_2$$
$$\alpha_x = \alpha_{0x} \cdot K_1$$
$$\alpha_z = \alpha_{0z} \cdot K_1$$

式中 α_{0y},α_{0x},α_{0z}——货件所在位置的横向、纵向和垂向基本加速度(表 F-1);

K_1——船长及航速修正系数(表 F-2);

K_2——船宽与初稳性高度比修正系数(表 F-3)。

表 F-1 基本加速度表

垂向货位	横向加速度 $a_{0y}/(\text{m}\cdot\text{s}^{-2})$									纵向加速度 $a_{0x}/(\text{m}\cdot\text{s}^{-2})$
上甲板高位	7.1	6.9	6.8	6.7	6.7	6.8	6.9	7.1	7.4	3.8
上甲板低位	6.5	6.3	6.1	6.1	6.1	6.1	6.3	6.5	6.7	2.9
二层舱	5.9	5.6	5.5	5.4	5.4	5.5	5.6	5.9	6.2	2.0
底舱	5.5	5.3	5.1	5.0	5.0	5.1	5.3	5.5	5.9	1.5
纵向货位(距船尾)	0.1	0.2	0.3	0.4	0.5	0.6	0.7	0.8	0.9L	
垂向加速度 $a_{0z}/(\text{m}/\text{s}^2)$	7.6	6.2	5.0	4.3	4.3	5.0	6.2	7.6	9.2	

注:表中 L 为船长。

表 F-1 所列基本加速度的条件为:无限航区;全年航行;25 天连续航行;船长等于 100 m;服务航速 15 kn;B/GM 不小于 13。(B 为船宽,GM 为船舶未经自由液面修正的初稳性高度)

当本船的船长、航速及 B/GM 不符合上述条件时,应根据表 F-2 和表 F-3 查得相应的修正系数 K_1 和 K_2 进行修正计算。

表 F-2 与船长(L)和航速(V)有关的 K_1 修正系数

V/kn L/m	50	60	70	80	90	100	120	140	160	180	200
9	1.20	1.09	1.00	0.92	0.85	0.79	0.70	0.63	0.57	0.53	0.49
12	1.34	1.22	1.12	1.03	0.96	0.90	0.79	0.72	0.65	0.60	0.56
15	1.49	1.36	1.24	1.15	1.07	1.00	0.89	0.80	0.73	0.68	0.63
18	1.64	1.49	1.37	1.27	1.18	1.10	0.98	0.89	0.82	0.76	0.71
21	1.78	1.62	1.49	1.38	1.29	1.21	1.08	0.98	0.90	0.83	0.78
24	1.93	1.76	1.62	1.50	1.40	1.31	1.17	1.07	0.98	0.91	0.85

注:表中数据来源于以下公式:

$$K_1 = (0.345V/L^{1/2}) + (58.62 \times L - 1\,034.5)/L^2$$

本公式不适用于 50 m>L 或 L>300 m 的船舶。

表 F-3 与 B/GM 有关的 K_2 修正系数

B/GM	7	8	9	10	11	12	≥13
上甲板高位	1.56	1.40	1.27	1.19	1.11	1.05	1.00
上甲板低位	1.42	1.30	1.21	1.14	1.09	1.04	1.00
二层舱	1.26	1.19	1.14	1.09	1.06	1.03	1.00
底舱	1.15	1.12	1.09	1.06	1.04	1.02	1.00

（2）上甲板货件所受风压力的确定

$$F_{wy} = P_w \cdot A_{wy}$$
$$F_{wx} = P_w \cdot A_{wx}$$

式中　P_w——估计风压强，取 $P_w = 1\ \mathrm{kN/m^2}$；

　　　A_{wy}, A_{wx}——上甲板货件的横向、纵向受风面积，$\mathrm{m^2}$。风力作用点取在受风面积中心。

（3）上甲板货件所受波溅力的确定　$F_{sy} = P_s \cdot A_{sy}$

$$F_{sx} = P_s \cdot A_{sx}$$

式中　P_s——估计波溅压强，取 $P_s = 1\ \mathrm{kN/m^2}$；

　　　A_{sy}, A_{sx}——上甲板货件的横向、纵向受波溅面积，$\mathrm{m^2}$。

货件受波溅面积是指高出上甲板或上甲板舱盖 2 m 以内的货件受波溅面积，其作用点取在波溅面积中心。

2. 货件约束力（力矩）的确定

2005 年修订的《系固规则》中提出了力系平衡的替代方法，给出了考虑系索的水平系固角的更为精确的计算公式。因为系固装置通常不可能纯粹地纵向和横向，其中水平面上也会有一个与横向的夹角，这种系固装置在横向和纵向同时起到系固作用，所以应以 f_y 和 f_x 分别计入货件的横向和纵向约束力中。其计算公式如下：

$$\left[F_y\right] = \mu \cdot m \cdot g + \sum_{i=l}^{N_y} cs_i \cdot f_{yi}$$

$$\left[F_x\right] = \mu \cdot m \cdot (g - \alpha_z) + \sum_{i=l}^{N_x} cs_i \cdot f_{xi}$$

$$\left[M_y\right] = m \cdot g \cdot b_1 + 0.9 \sum_{i=l}^{N_y} cs_i \cdot f_i$$

式中　μ——货件底部与衬垫材料或船体结构之间的摩擦因数，见表 F-4；

　　　m——货件的质量，t；

　　　g——重力加速度，$g = 9.81\ \mathrm{m/s^2}$；

　　　b_1——货件重心至倾覆支点间的横向距离，m；

　　　cs_i——第 i 根系索的计算强度，$cs = MSL/1.35\ \mathrm{kN}$；

　　　c_i——横向系索至货件倾覆支点间的垂直距离，m，当系固高度不明时，可保守地取为货件的宽度；

　　　N——系索根数；

　　　f_{yi}, f_{xj}——第 $i(j)$ 根系索的一个系数，其计算公式为

$$f_{yi} = \mu \cdot \sin \alpha + \cos \alpha \cos \beta$$
$$f_{xj} = \mu \cdot \sin \alpha + \cos \alpha \sin \beta$$

当 $\alpha > 60°$ 时，$f = 0$。

表 F-4　摩擦因数 μ

接触材料	摩擦因数 μ
潮湿或干燥的木材—木材	0.4
钢—木材，或钢—橡胶	0.3

表 F-4(续)

接触材料	摩擦因数 μ
干燥的钢—钢	0.1
潮湿的钢—钢	0

二、系固方案核查计算用表(表 F-5 至表 F-10)

表 F-5 有关船舶资料表

船长 L/m	航速 V/kn	船宽 B/m	GM/m	B/GM

表 F-6 有关货物资料表

垂向货位 (上甲板高位/上甲板低位/ 二层舱/底舱)	纵向 货位/L (距船尾)	货物 质量/t	货物尺度			横向 力臂 L_z/m	货重心 距支点 横距 b_1/m	摩擦 因数 μ
			长/m	宽/m	高/m			
$a/b/c/d$	/	(1)	(2)	(3)	(4)	(5)	(6)	(7)

表 F-7 有关系索资料表

系索 编号 /N	系固 点高 度 h/m	MSL	CS= (9)/ 1.35	系索 垂直 角 α	系索 水平 角 β	f_x^*	$CS \cdot f_y$	左/右 P/S	c^*	$cs \cdot c$	f_x^*	$CS \cdot f_x$	前/后 F/A
	(8)	(9)	(10)	(11)	(12)	(13)	(10)× (13)		(14)	(10)× (14)	(15)	(10)× (15)	
1													
2													
3													
4													
5													
6													
7													
8													
合计						(左)		(16)	(18)		(前)		(20)
						(右)		(17)	(19)		(后)		(21)

*注:(13)$f_y = \cos(11)\cos(12) + (7)\sin(11)$,当(11)>60°时,取(13)$f_y = 0.0$。

(14)c:对于横剖面呈矩形的货件 $c = (8)\cos(11)\cos(12) + (3)\sin(11)$,当(11)≤45°,且(12)≥45°时,$c = 0$。当系固点高度(8)不知时,$c$ 可保守地取为货件的宽度(3)。

$(15)f_x = \cos(11)\sin(12)+(7)\sin(11)$，当$(11)>60°$时，取$(15)f_x=0.0$。

表 F-8　甲板货物单元的风压力和波溅力计算表

风压力		波溅力	
横向风压力	纵向风压力	横向波溅力	纵向波溅力
(22)	(23)	(24)	(25)
(22)=(2)×(4)	(23)=(3)×(4)	(24)=2×(2)*	(25)=2×(3)*

＊注：当(4)<2.0m 时，取(24)=(4)×(2)和(25)=(4)×(3)。

表 F-9　货物单元的加速度计算表

基本加速度			K_1	K_2	修正后的加速度			$m(g-a_z)$
a_{0y}	a_{0x}	a_{0z}			a_y	a_x	a_z	
(26)	(27)	(28)	(29)	(30)	(31)= (26)× (29)×(30)	(32)= (27)× (29)	(33)= (28)× (29)	(34)= (1)× [9.81-(33)]

＊注：表中(26)～(28)栏数据由表 F-1 中查取；
　　表中(29)栏数据由表 F-2 中查取或由计算求得；
　　表中(30)栏数据由表 F-3 中查取。

表 F-10　货物单元的运动情况核查表

横向移动核查			横向倾覆核查			纵向移动核查		
横向移动力 F_y	横向约束力 $[F_y]$	合格否？$F_y \leq [F_y]$？	横向倾覆力矩 M_y	横向约束力矩 $[M_y]$	合格否？$M_y \leq [M_y]$？	纵向移动力 F_x	纵向约束力$[F_x]$	合格否？$F_x \leq [F_x]$？
(35)	(36)	(37)	(38)	(39)	(40)	(41)	(42)	(43)
(35)= (1)× (31)+ (22)+ (24)	(36)P= 9.81× (1)× (7)+(16) (36)S= 9.81× (1)× (7)+(17)	(35)≤ (36)？	(38)= (35)×(5)	(39)P= 9.81× (1)× (6)+ 0.9×(18) (39)S= 9.81× (1)× (6)+ 0.9× (19)	(38)≤ (39)？	(41)= (1)× (32)+ (23)+ (25)	(42)P= (7)× (34)+(20) (42)S= (7)× (34)+ (21)	(41)≤ (42)？
		P		P	F			
		S		S	A			

附录 G　有关货物及其他资料

1. 常见货物包装种类(表 G-1)

表 G-1　常见货物包装种类

包装名称		缩写		适装货物
		单数	复数	
装箱	箱装(case)	C/-	C/S,Cs	箱的总称
	木箱(box)	Bx	Bxs	小箱、适装五金等
	木箱(chest)	Cst	Csts	小型轻便箱,适装茶叶等
	明格箱(skeleton case)	C/-	C/S,Cs	土豆、红葱等
	胶合板箱(veneer case)			
	夹板箱(plywood box)			
	席包箱(matted box)	M/Bx	M/Bxs	
	柳条箱(willow case)			
	亮格箱(crate case)	Crt	Crts	自行车、玻璃、机械等
	纸板箱(cardboard case)			
	纸箱(carton)	Ctn	Ctns	易碎品、香烟、日用品等
包捆装	包、捆(bale)	B,Bl	B/S,Bls	纺织品等
	机包(pressed bale)	Bl	Bls	棉花、棉布、纸张等
	席包、蒲包(mat)			
	布包(burlap)	Blp	Blps	砂糖、籽棉等
	麻布包(jute cloth)			
袋装	袋(bag)	Bg	Bgs	袋装总称,粮食、水泥等
	麻袋(gunny bag)	Bg	Bgs	大米、豆类、砂糖
	草袋(straw bag)	Bg	Bgs	谷物、盐等
	布袋(cloth bag)	Bg	Bgs	面粉、滑石粉、淀粉等
	布袋(sack)	Sk,Xe	Sks,Xes	
	聚乙烯袋(polyethylene bag)	Bg	Bgs	化肥、氯化铵等
	牛皮纸袋(paper bag,kraft bag)	Bg	Bgs	水泥、石灰、化肥等

表 G-1(续)

包装名称		缩写		适装货物
		单数	复数	
桶装	鼓形桶(barrel)	Brl	Brls	油类、肠衣、松脂等
	桶(keg)	Kg	Kgs	小五金、油漆等
	桶(cask)	Csk	Csks	水泥、碱性染料等
	罐头桶(can)	Cn	Cns	油漆等
	听(tin)			猪肉、油漆、药品等
	铁桶(drum)	Drm	Drms	酒类、染料、药品等
	桶(tub)			酱、酱油等
	手提桶(pail)			油漆等
	桶(butt)			酒等
	大木桶(hogshead)	Hghd	Hghds	烟叶、酒类等
特殊包装	瓶(bottle)	Botl	Botls	酒类、化学药品等
	柳筐瓶(demijohn)	Dmjn	Dmjns	酸类等
	坛(jar)			榨菜、咸蛋、酸类等
	钢瓶(cylinder)			液化气体、压缩气体等
	细颈瓶(flask)			化学药品等
	笼(cage)	Cg	Cgs	鸟类容器等
	篓、篮(basket)	Bkt	Bkts	水果、蔬菜等
	包裹(parcel)			样品、赠品、行李等
裸装	裸装(unpacked)			汽车、挖掘机等
	盘(coil)	Cl	Cls	盘圆、铁丝、绳索等
	卷(roll)	Rl	Rls	卷席、筒纸、油毡等
	卷(reel)			电线、电缆、铁丝等
	捆、扎(bundel)	Bdl	Bdls	铜棒、铁筋、藤条等
	大捆(skid)			马口铁、废铁片等
	管(pipe,Tube)			钢管、铁管等
	块(ingot,slab,castwheel)			铸铁块、铅块、豆饼块等
	棒(bar)			铁棒、铁条、角铁等
	张(sheet)	Sht	Shts	铁皮、铜板等
	个、件(package)	Pkg	Pkgs	个数的总称
	个、件(piece)	Pc	Pcs	铁条型钢等
	对(pair)	Pr	Prs	成对的车轮等
	组(set)			成套的轮胎等
	头、匹(head)	Hd	Hds	牛、马等

2.部分货物忌装表(表 G-2)

表 G-2　部分货物忌装表

忌装货名		混装后果	忌装要求
钢材、生铁、金属设备、干电池等	酸、碱、化肥	酸、碱、化肥对钢材、生铁、金属设备有腐蚀作用,会使后者生锈;干电池遇酸碱后会起铜绿,会使之走电,腐烂电池	酸、碱、化肥与贵重钢材、设备、干电池不同舱室;与一般金属制品不相邻堆装
白铁皮、紫黄铜、铝锭、镀锌五金	纯碱	锌遇碱性就会加重锌皮锈蚀,纯碱腐蚀金属表层,并使金属发绿发锈	不同室
白铁皮、黑铁皮	食盐	白(镀锌)铁皮、黑(镀锡)铁皮遇盐溶解,产生黄色锈水而退锌退锡,加速铁皮生锈	不同室
棉制品、皮制品、文具、纸张	酸碱	棉制品遇酸碱使棉花纤维脆弱,皮制品遇酸碱使皮面生裂纹,纸张文具遇酸碱受蚀,失去使用价值	不同室
橡胶	酸、碱、苯、乙醚、二硫化碳等	橡胶遇上述物质受腐蚀使其表面生裂纹,失去弹性或被溶解	不同室
玻璃及其制品	纯碱及潮湿货	玻璃接触纯碱会使玻璃表面受蚀发毛,其受潮后会影响其透明度或不易分开	不同室
硫酸铵、氯化铵过磷酸等酸性肥料	碱类	酸性化肥与碱作用,起中和作用,失去肥效	不同室
萤石、白云石、方界石	酸类	它们多为散装,萤石遇酸易产生有极毒和腐蚀性的氟化氢;白云石和方界石遇酸会溶解	不同室
尼龙及其制品	樟脑	两者有亲和力,樟脑气体进入尼龙纤维内部,影响其强度和染色牢度	不同室
水泥	食糖、氧化镁、氨肥	水泥遇万分之一的糖类会失去凝固作用,食糖混入水泥不能食用;水泥中如有氧化镁,在使用时氧化镁会与水化合,体积膨胀,影响水泥制品的质量;氨肥混入水泥会使水泥加速凝固,降低其使用价值,混入水泥的化肥也会降低肥效并影响土质	不同室
滑石粉、膨润土	生铁、矿砂等粉粒状货物	滑石粉混入杂质不能用作造纸、医药、化妆品等原料;膨润土为白色块状物质,作翻砂制模型用,混入杂质会影响翻砂质量	不同室

3. ISO 6346—1995 文件——集装箱识别和标记代号国际标准摘录

国际标准化组织集装箱技术委员会（ISO/TC104）于 1994 年 9 月通过该项国际标准。标准中集装箱尺寸代码和类型代码表摘录如下：

（1）集装箱尺寸代码（表 G-3，表 G-4）

表 G-3　第一位字符

代码	箱长（L）		代码	箱长（L）	
	mm	ft in		mm	ft in
1	2 991	10′	D	7 430	24′6″
2	6 058	20′	E	7 800	
3	9 125	30′	F	8 100	
4	12 192	40′	G	12 500	
5	备用号		H	13 106	41′
6	备用号		K	13 600	
7	备用号		L	14 716	43′
8	备用号		M	14 630	48′
9	备用号		N	14 935	49′
A	7 150		P	16 154	
B	7 315	24′	R	备用号	
C	7 420		…	…	

表 G-4　第二位字符

W H	2 438	2 438<W≤2 500	>2 500
mm(ft,in)	(8′)	8′<W(8′2″)	(>8′2″)
2 438(8′)	0		
2 591(8′6″)	2	C	L
2 743(9′)	4	D	M
2 895(9′6″)	5	E	N
>2 895(9′6″)	6	F	P
1 295(4′3″)	8		
1 219(4′)	9		

注：表中 H——集装箱箱高；W——集装箱箱宽。

（2）集装箱类型代码（表 G-5）

表 G-5

代码	箱型	总代码	集装箱主要特性	细代码	代码	箱型	总代码	集装箱主要特性	细代码
G	通用集装箱（无通风设备）	GP	一端或两端开门	G0	R	保温集装箱	RE	机械制冷	R1
			货箱上部空间设有透气孔	G1				冷藏	
							RT	冷藏和加热 机械制冷和加热	R1
			一端或两端开门，加上一侧或两侧全部敞开	G2		自备动力冷藏和加热集装箱	RS	机械制冷	R2
								机械制冷和加热	R3
			一端或两端开门，加上一侧或两侧部分敞开	G3				……	…
								（备用号）	R9
			（备用号）	G4	P	平台式集装箱（具有不完整上部结构板架势）	PL	平台式集装箱	P0
			……	…					
			……	…				……	…
			（备用号）	G9		固定式	PF	有两个完整和固定的端板	P1
V	通用集装箱（通风设备）	VH	无机械排气系统，货箱上部或底部空间设有通风口	V0				有固定独立柱或带有可拆卸的顶梁	P2
			（备用号）	V1		折叠式	PC	有折叠完整的端结构	PS
			箱体内部设有机械通风装置	V2				有折叠独立立柱或带有可拆卸的顶梁	P4
			（备用号）	V3					
			箱体外部设有机械通风装置	V4		具有完整上部结构的板架势	PS	顶部和端部都敞开	P5
S	以货物命名的集装箱	SN	牲畜集装箱	S0				（备用号）	P6
			小汽车集装箱	S1				……	…
			活鱼集装箱	S2				（备用号）	P9
			（备用号）	S2	T	罐式集装箱	TN	最小压力 45 kPa	P0
			……	…		用于液体非危险货物		最小压力 150 kPa	T1
			……	…				最小压力 265 kPa	T2
			……	…					
			（备用号）	S9					

表 G-5(续)

代码	箱型	总代码	集装箱主要特性	细代码	代码	箱型	总代码	集装箱主要特性	细代码
T	用于液体危险货物	TN	最小压力 150 kPa	T3	U	敞顶式	UT	一端或两端开门	U0
	非危险性液体货物	TD	最小压力 265 kPa	T4		集装箱		一端或两端开门,加上端框架顶梁可拆卸	U1
			最小压力 400 kPa	T5				一端或两端开门,加上一侧或两侧开门	U2
			最小压力 600 kPa	T6				一端或两端开门,加上一侧或两侧开门,加上端框架顶梁可拆卸	U3
	用于气体货物	TG	最小压力 910 kPa	T6					
			最小压力 220 kPa	T8					
			最小压力(待定)	T9					
H	保温集装箱设备	HR	设备置于箱体外部	H0				一端或两端开门,加上一侧局部敞开和另一侧全部敞开	U4
	设备		其传热系数 0.4[W/(m²·K)] 设置置于箱体内部	H1					
			设备置于箱体外部其传热系数 0.7[W/(m²·K)]					(备用号)	U5
	可拆卸的冷藏和(或)加热集装箱			H2				……	…
			备用号	H3				(备用号)	U9
			备用号	H4	B	干散货集装箱	BK	封闭式	B0
	隔热集装箱	HI	有隔热性,其传热系数 0.4 [W/(m²·K)]	H5		(无压力)		气密式	B1
								(备用号)	B2
			有隔热性,其传热系数 0.7 [W/(m²·K)]	H6		干散货集装箱		水平卸货,实验压力 150 kPa	B3
								水平卸货,实验压 265 kPa	B4
			(备用号)	H7				倾斜卸货,实验压 150 kPa	B4
			……	…				倾斜卸货,实验压 265 kPa	B6
			(备用号)	H9		(有压力)		(备用号)	B7
A	空陆水联运集装箱	AS		0A				……	…
								(备用号)	B9

4.商船用区带、区域和季节期海图(可自行查阅)

参 考 文 献

[1] 沈玉如.船舶货运[M].大连:大连海事大学出版社,2006.
[2] 中国海事服务中心.船舶结构与货运[M].北京:人民交通出版社,2012.
[3] 中国海事服务中心.船舶结构与设备[M].北京:人民交通出版社,2008.
[4] 中国海事服务中心.海上货物运输[M].北京:人民交通出版社,2008.
[5] 邱文昌,吴善刚.海上货物运输[M].大连:大连海事大学出版社,2010.
[6] 徐邦祯,田佰军.船舶货运[M].大连:大连海事大学出版社,2011.
[7] 范育军.船舶原理与积载[M].哈尔滨:哈尔滨工程大学出版社,2011.
[8] 王捷.海上货物运输[M].大连:大连海事大学出版社,2015.
[9] 刘雪梅.船舶原理[M].哈尔滨:哈尔滨工程大学出版社,2005.
[10] 国际海事组织(IMO).国际海上人命安全公约综合文本2014[S].北京:人民交通出版社,2014.
[11] 中华人民共和国海事局.中华人民共和国海船船员适任考试大纲[M].大连:大连海事大学出版社,2012.
[12] 中国船级社.钢质海船入级与建造规范[S].北京:人民交通出版社,2012.
[13] 中华人民共和国船舶检验局.船舶与海上设施法定检验规则[S].北京:人民交通出版社,2011.
[14] 国际海事组织(IMO).国际海运危险货物规则[S].北京:知识产权出版社,2009.
[15] 国际海事组织(IMO).STCW公约马尼拉修正案[S].大连:大连海事大学出版社,2010.
[16] 国际海事组织(IMO).国际完整稳性规则[S].北京:人民交通出版社,2008.
[17] 国际海事组织(IMO).国际海运散装货物规则[S].大连:大连海事大学出版社,2009.
[18] 中华人民共和国海事局.国际海运固体散装货物规则[S].大连:大连海事大学出版社,2010.
[19] 中国船级社.货物系固手册编制指南[M].北京:人民交通出版社,1997.
[20] 国际海事组织(IMO).国际散装运输危险化学品船结构和设备规则[S].大连:大连海事大学出版社,2009.
[21] 中华人民共和国海事局.中华人民共和国海船船员适任评估规范[S].大连:大连海事大学出版社,2012.
[22] IMO. Code of safe practice for cargo stowage and securing[S]. IMO Publication. 2003.
[23] WILSON J. Carriage of Goods by Sea[M]. 5th ed. Oxford:Oxford University Press, 2004.

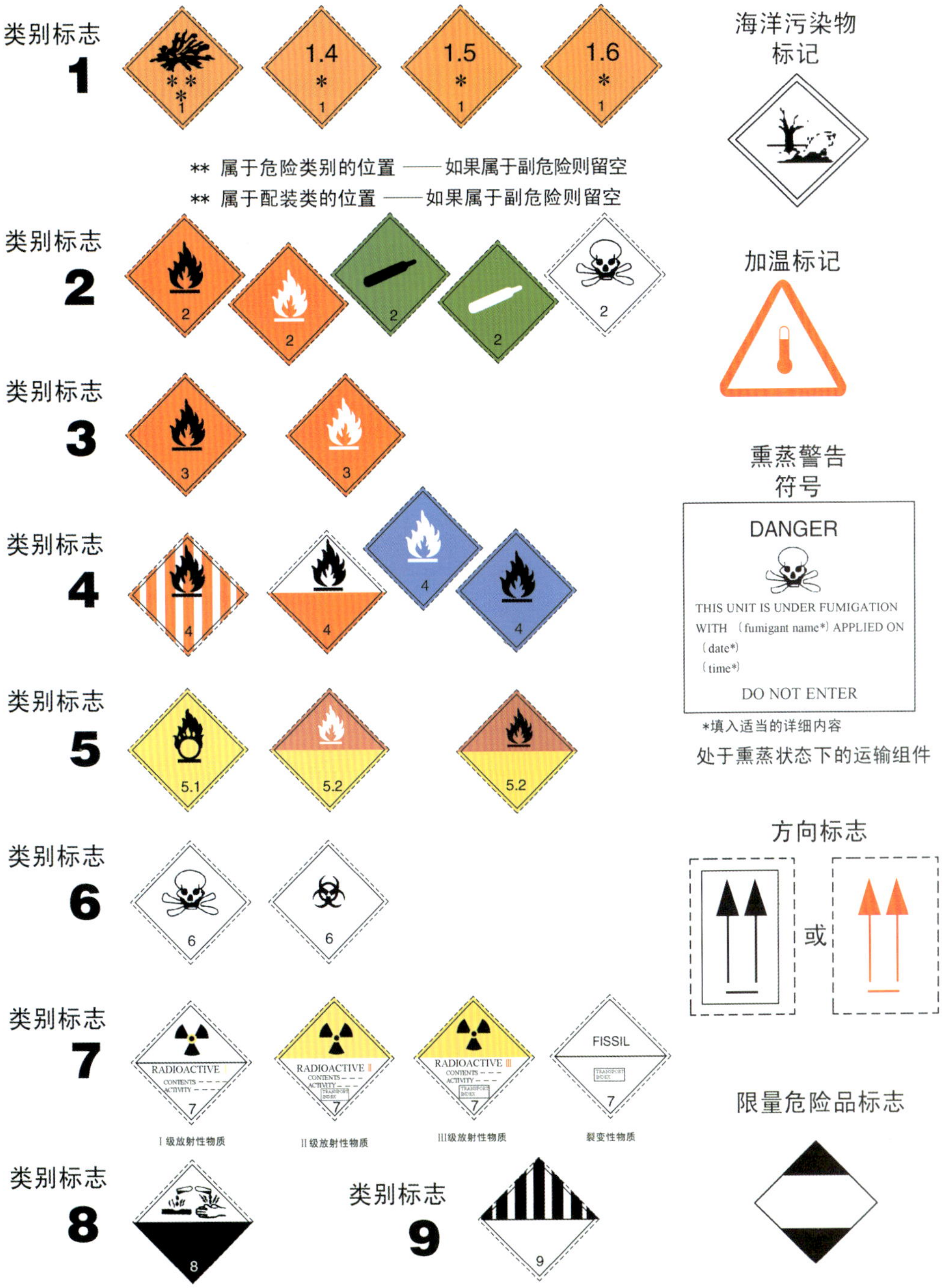

类别标志 **1**

类别标志 **2**

类别标志 **3**

类别标志 **4**

类别标志 **5**

类别标志 **6**

类别标志 **7**

I 级放射性物质　　II 级放射性物质　　III 级放射性物质　　裂变性物质

类别标志 **8**　　类别标志 **9**

** 属于危险类别的位置 —— 如果属于副危险则留空
** 属于配装类的位置 —— 如果属于副危险则留空

海洋污染物标记

加温标记

熏蒸警告符号

DANGER

THIS UNIT IS UNDER FUMIGATION
WITH 〔fumigant name*〕APPLIED ON
〔date*〕
〔time*〕

DO NOT ENTER

*填入适当的详细内容
处于熏蒸状态下的运输组件

方向标志

或

限量危险品标志

图6-23　《国际危规》危险货物标志和标牌

类别标志
1

爆炸品
1

主1
适用于1.1，1.2和1.3项货物

1.4
爆炸品
1

主1.4
适用于1.4项货物

1.5
爆炸品
1

主1.5
适用于1.5项货物

类别标志
2

易燃气体
2

主2.1
适用于2.1项货物

不燃气体
2

主2.2
适用于2.2项货物

有毒气体
2

主2.3
适用于2.3项货物

类别标志
3

易燃气体
3

主3
适用于3类货物

类别标志
4

易燃固体
4

主4.1
适用于4.1项货物

自燃物品
4

主4.2
适用于4.2项货物

遇湿易燃物品
4

主4.3
适用于4.3项货物

类别标志
5

氧化剂
5.1

主5.1
适用于5.1项货物

有机过氧化物
5.2

主5.2
适用于5.2项货物

类别标志
6

6

主6.1
适用于6.1项货物

感染性物性
6

主6.2
适用于6.2项货物

类别标志
7

RADIOACTIVE
CONTENTS - - - -
ACTIVITY - - - -
7

Ⅰ级放射性物质

RADIOACTIVE Ⅱ
CONTENTS - - -
ACTIVITY - - -
TRANSPORT
INDEX
7

Ⅱ级放射性物质

RADIOACTIVE Ⅲ
CONTENTS - - - -
ACTIVITY - - - -
TRANSPORT
INDEX
7

Ⅲ级放射性物质

类别标志
8

腐蚀品
8

主8
适用于8类货物

类别标志
9

杂类
9

主9
适用于9类货物

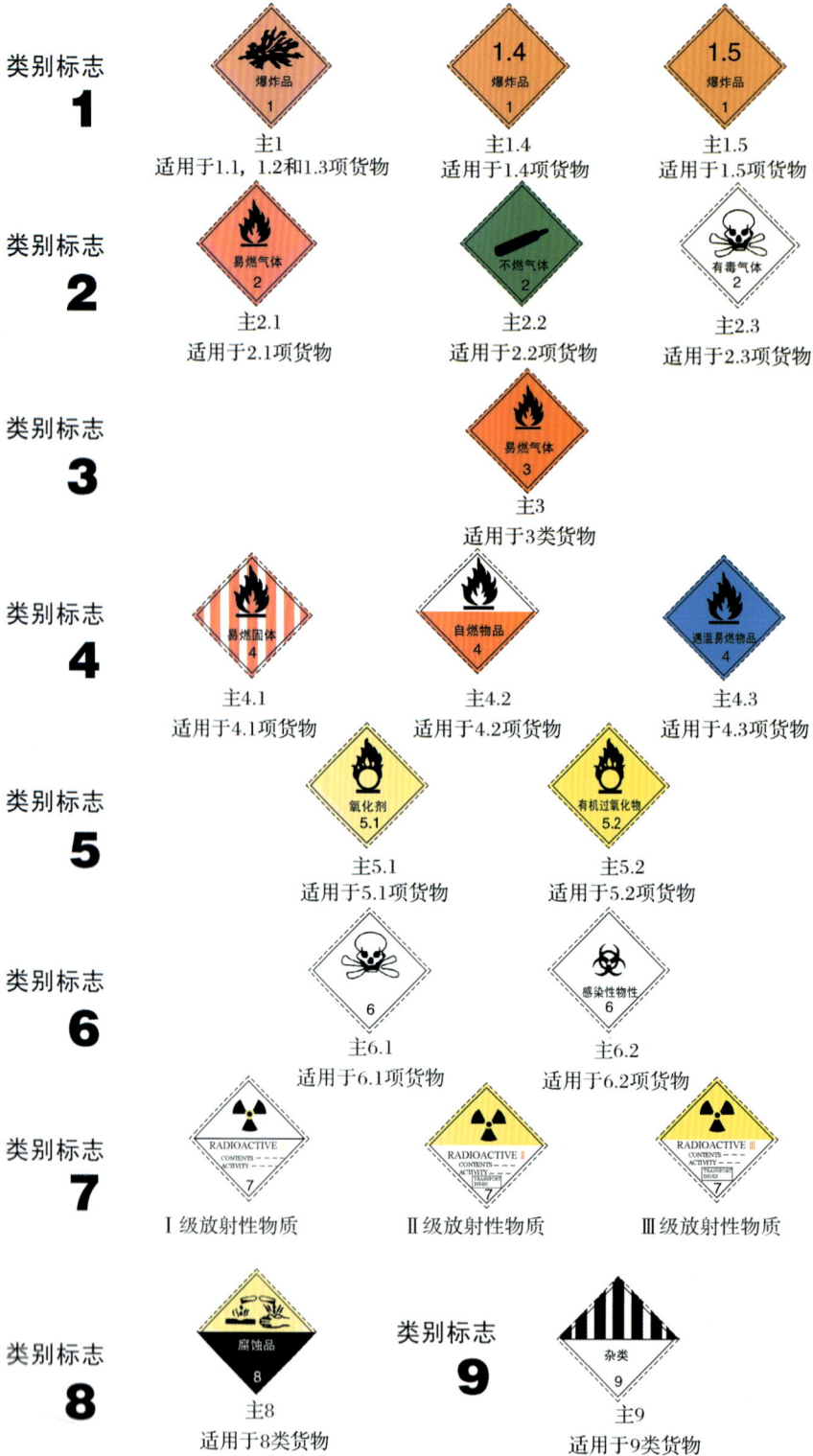

图6-24　《水路危规》危险货物主标志